F U J I A N   S H E H U I   K E X U E Y U A N   X U E Z H E   W E N K U

福建社会科学院学者文库

四十年追随改革开放

严正自选集

严 正 著

江苏大学出版社

镇江

图书在版编目(CIP)数据

四十年追随改革开放：严正自选集/严正著. —
镇江：江苏大学出版社，2020.11
ISBN 978-7-5684-1353-4

Ⅰ. ①四… Ⅱ. ①严… Ⅲ. ①经济学—文集 Ⅳ.
①F0-53

中国版本图书馆 CIP 数据核字(2020)第 211767 号

四十年追随改革开放：严正自选集
Sishi Nian Zhuisui Gaige Kaifang：Yan Zheng Zixuan Ji

著　　者/严　正
责任编辑/吴　君
出版发行/江苏大学出版社
地　　址/江苏省镇江市梦溪园巷 30 号(邮编：212003)
电　　话/0511-84446464(传真)
网　　址/http://press.ujs.edu.cn
排　　版/镇江文苑制版印刷有限责任公司
印　　刷/扬州皓宇图文印刷有限公司
开　　本/718 mm×1 000 mm　1/16
印　　张/22.75
字　　数/380 千字
版　　次/2020 年 11 月第 1 版　2020 年 11 月第 1 次印刷
书　　号/ISBN 978-7-5684-1353-4
定　　价/68.00 元

如有印装质量问题请与本社营销部联系(电话：0511-84440882)

出 版 说 明

　　《福建社会科学院学者文库》（以下简称《学者文库》）旨在集中展示我院具有一定代表性的学者的科研成果。作者范围包括政治学、经济学、社会学、法学、文学、历史学、哲学、图书馆·情报与文献学等诸多研究领域。为了尊重作品发表的原貌与时代背景，《学者文库》收录文章时，对其内容基本保持原貌。目前，我院正在积极探索推进哲学社会科学创新，编辑出版《学者文库》系列丛书是创新工程的一个组成部分。我们期待《学者文库》能够为读者提供更多更好的研究成果。

《福建社会科学院学者文库》编委会

2019 年 11 月 19 日

目　　录

第一部分　《资本论》与当代资本主义

第二部分　海峡西岸经济区与两岸经贸关系

第三部分　城市化

第四部分　农业、农村、农民

第五部分　福建经济

第六部分　思考

第一部分
《资本论》与当代资本主义 ■

《资本论》在西方经济学界[*]

　　《资本论》是马克思用毕生精力写出的伟大的皇皇巨著，是人类历史经验和智慧的结晶。《资本论》的出版"是向资产者（包括土地所有者在内）脑袋发射的最厉害的炮弹"[①]。它揭示了资本主义产生、发展以至灭亡并终将为共产主义所取代的客观规律，敲响了资产阶级的丧钟；《资本论》给资本主义制度下的雇佣奴隶提供了阶级斗争的思想武器，就像恩格斯在谈到《资本论》第一卷出版后的影响时所说的："《资本论》在大陆常常被称为'工人阶级的《圣经》'。任何一个熟悉工人运动的人都不会否认；本书所作的结论日益成为伟大的工人阶级运动的基本原则。"[②] 一百多年来，《资本论》在理论和实践两方面都经受了历史的考验，如高耸的磐石，巍然屹立，始终闪耀着真理的光芒。

　　资产阶级慑于《资本论》的巨大威力，一个多世纪以来动员了其豢养的学者和辩护士，不断对这部巨著发动围剿，千方百计地进行诋毁，企图削弱以至消灭《资本论》在劳动群众中的影响。在各个历史时期，资产阶级反对《资本论》的态度和手法也不尽相同，概括说来，大体上经历了三个阶段。

一、三个阶段　三种态度

　　第一个阶段：1867 年至 19 世纪末。

　　1867 年 9 月，《资本论》第一卷在德国汉堡出版，印数只有一千册，

---

　　* 原载于《福建师范大学报（哲学社会科学版）》1984 年第 1 期。

　　① 马克思、恩格斯：《马克思恩格斯全集》第 31 卷，北京：人民出版社，1972 年，第 542－543 页。

　　② 马克思：《资本论》第 1 卷，北京：人民出版社，1975 年，第 36 页。

德国反动政府竭力阻碍出版工作，企图制造借口加以扼杀，后来总算如恩格斯所说的，"幸而书中'上演的'可说几乎全是英国的事情，不然普鲁士法典第100条……就会生效——并且引起没收的后果"①，《资本论》第一卷终于冲破层层阻力诞生于世。1872年又出版了德文第二版（3000册），1883年出版了德文第三版（3000册）。不久俄文版和法文版也相继问世。

《资本论》的出版使资产阶级和他们的御用学者本能地感到恐惧，他们企图"用沉默置《资本论》于死地"②。"那些勇敢的庸俗经济学家毕竟是相当聪明的，他们对这本书小心翼翼，不强迫他们，他们就绝口不谈它。"③ 他们生怕评论和攻击反而会扩大《资本论》的影响，因而"谦恭地一言不发"，企图使人们不知道有这么一部书。

但是，真理的声音是封锁不住的，马克思逝世以后，各种文字的版本相继出版，《资本论》第二卷、第三卷也在恩格斯的努力下问世了。《资本论》在所有工人运动蓬勃发展的地区都得到了广泛的传播，并日益为工人阶级所掌握。资产阶级的抵制破产了，连奥地利学派著名的庸俗经济学家欧根·庞巴维克这时也不得不承认："马克思已经成为大批读者的传道者，包括通常并不爱读难懂书籍的许多人在内。"④ 因此，资产阶级学者对待《资本论》的态度，从沉默抵制的阶段转入公开进行攻击的阶段。

第二个阶段：19世纪末到20世纪30年代。

由于《资本论》的影响与日俱增，资产阶级意识到沉默"这种策略已经不再适合时势"⑤，于是转而用造谣污蔑、篡改歪曲、谩骂诽谤来围剿马克思的《资本论》。充当急先锋的就是资产阶级的辩护士庞巴维克。恩格斯逝世的第二年，庞巴维克首先跳出来，出版了他的反马克思主义著作《马克思体系的终结》。书中断言，马克思的《资本论》第三卷否定了第一卷，声称马克思在第三卷中放弃了劳动价值论，而采用通常的利润和价格体系，这样，马克思建立在劳动价值论上的理论体系就崩溃了。

---

① 马克思、恩格斯：《马克思恩格斯全集》第31卷，北京：人民出版社，1972年，第340页。
② 马克思：《资本论》第1卷，北京：人民出版社，1975年，第18页。
③ 马克思、恩格斯：《马克思恩格斯全集》第31卷，北京：人民出版社，1972年，第568—569页。
④ 转引自《现代国外经济学论文选》第三辑，北京：商务印书馆，1982年，第3页。
⑤ 马克思：《资本论》第1卷，北京：人民出版社，1975年，第18页。

资产阶级对《资本论》的围攻由于苏维埃俄国的诞生而更为猖獗。著名的英国资产阶级经济学家约·梅·凯恩斯从 20 世纪 20 年代就开始恶毒攻击马克思主义和苏维埃俄国。列宁称凯恩斯是"一个资本主义的坚决卫士，布尔什维主义的死敌"①。凯恩斯在他的《劝说集》一书中，诬蔑《资本论》"只是一册陈腐的经济学教本"，胡说什么"这本书不但在科学上是错误的，而且与现代世界已经没有关系或不相适应"②。并声称要用他的著作来粉碎"马克思主义的李嘉图基础"。

参与围攻马克思《资本论》的还有从工人运动内部分裂出去的第二国际修正主义者。臭名昭著的伯恩斯坦打着反对"教条主义"的旗号，攻击马克思的劳动价值论"纯粹是想象上的事实"，鼓吹价值论必须用庞巴维克的边际效用论来补充，否认经济危机是资本主义生产的内在规律，宣扬资本主义的发展会提高工人的福利，自行进入社会主义。妄图以此瓦解无产阶级的斗志。

第三个阶段：20 世纪 30 年代经济大危机之后。

1929—1933 年，深刻的经济大危机席卷了资本主义世界，资产阶级惊慌失措，彷徨无着。主张自由放任主义、鼓吹供给会自己创造需求的传统庸俗经济学破产了，西方经济学家纷纷寻找出路。这时，一方面凯恩斯主义应运而生；另一方面严重的危机证实了马克思对资本主义生产方式所做的论断，再加上苏联社会主义经济建设的成就，使一些西方学者开始注意马克思的经济理论，有些人也想从马克思那里寻找医治资本主义痼疾的药方。多布的《政治经济学与资本主义》（1937 年）、里昂惕夫的《马克思的经济学对当代经济理论的意义》（1938 年）和斯威齐的《资本主义发展的理论》（1942 年）就是这种思潮的代表。这一阶段，大多数资产阶级经济学家对待《资本论》的态度有所变化：谩骂式的诽谤少了，全盘否定式的攻击不多见了。许多资产阶级经济学家摆出一副和解的姿态，承认马克思的经济理论是一个重要的学术流派，对马克思本人也不吝奉上几句赞颂的言辞，称赞他是一位伟大的学者。例如，美国经济学家熊彼特曾宣称，绝大部分人的作品经过一段时间之后就永远过时了，而对于马克思的作品来

---

① 列宁：《列宁选集》第 4 卷，北京：人民出版社，1972 年，第 322 页。
② 凯恩斯：《劝说集》，北京：商务印书馆，1962 年，第 226 页。

说，"把伟大和生命力联系在一起并无不利之处"，"伟大一词毫无疑问是适用于马克思的启示的"①。英国新剑桥学派的头面人物琼·罗宾逊不仅声称要向马克思"学习很多东西"，而且认为"现代的学院派经济学已经离开了传统的正统派而向马克思发展"②。第二次世界大战以后，不少资产阶级国家的著名大学开设了关于马克思经济学说的课程和讲座。在日本的大学里，讲授马克思主义经济理论的教授几乎和讲授西方传统经济学的教授人数相当。一些流行的经济学教科书和经济学说史著作，例如萨缪尔森的《经济学》，也或多或少地（当然是带有偏见地）介绍了《资本论》的重要论点。

但是，资产阶级经济学者的和解姿态决不能说明他们赞同马克思主义是科学的经济学说。《资本论》和他们的经济理论终究属于完全不同的理论体系，服务于不同的阶级，在基本经济理论上，他们和马克思主义总是持完全不同的立场。所以，赞颂与和解，貌似客观与装扮公正，仅仅是这些资产阶级经济学家攻击马克思及其巨著《资本论》的烟幕而已，仅仅是一种温柔的扼杀手法而已。他们中间的一些人，如琼·罗宾逊和美国新制度学派的加尔布雷思，虽然不公开反对马克思的经济学说，但在一系列基本理论问题上，总是歪曲马克思的理论。对此，我们要有清醒的认识。

第二次世界大战以后，西方经济学界出现了一批以马克思主义者自居的经济学家。他们表示拥护马克思的理论，宣扬资本主义必将为社会主义所取代。他们也往往从《资本论》中的某些原理出发来研究经济问题，并处处标榜自己是马克思经济学说的真正继承人。影响较大的有以美国的保罗·巴兰、保罗·斯威齐和比利时的曼德尔为代表的激进政治经济学派，以美国的约翰·格利、赫伯特·金蒂斯和哈里·布雷弗曼为代表的新左派，以及以德国的霍克海默、马尔库兹、哈伯尔梅斯为代表的法兰克福学派。这些经济学家敏感地觉察到了资本主义制度的一些弊病，有的也用激烈的言词揭露了资本主义社会的某些阴暗面，抨击了某些不合理的现象，这些揭露和抨击对于我们认识当代资本主义社会的现实颇有裨益。作为当代资产阶级庸俗经济学的对立面，这些以"马克思主义经济学家"自命的

① 熊彼特：《从马克思到凯恩斯十大经济学家》，北京：商务印书馆，1966年，第9页。
② 罗宾逊：《论马克思主义经济学》，北京：商务印书馆，1962年，第69页。

人固然在某些理论问题上提出过一些有价值的见解，但他们并不是真正的马克思主义者，他们对马克思主义经济学说的理解十分肤浅，并在一些基本经济理论问题上歪曲和修正了马克思的经济学说。例如法兰克福学派阉割了马克思的劳动价值理论，巴兰和斯威齐篡改了马克思的剩余价值理论。这些自命为"马克思主义经济学家"人成分相当复杂，没能形成统一的理论体系，不过其中相当一部分人毕竟不同于资产阶级庸俗经济学家，他们的理论一般来说不具有为资本主义制度辩护的色彩。这些学派的出现，反映了当代垄断资本主义制度不仅为无产阶级及其革命政党所反对，而且也为中间阶级乃至一些来自资产阶级营垒内部的人所反对。

二、当前西方马克思主义"复兴"的原因

20世纪60年代中期以来，西方世界掀起了一股研究马克思主义的热潮，马克思主义正式进入大学课堂，持马克思主义观点的教授数量大增，不讲授马克思学说的社会科学教授甚至不受学生的欢迎。在大学生、研究生和青年学者中出现了许多研究马克思主义的团体。例如，美国新"左派"组织的自称为马克思主义者的"激进政治经济学协会"，1974年成员已有2500多人。一些专门研究马克思主义的研究所、研究中心在西方世界建立并开展活动，定期举行各种学术讨论会，出版刊物和研究著作。70年代，西欧各国和美国、日本出版的研究马克思主义的专著有几十部，论文几百篇。这类书籍有的成了畅销书，多次再版仍然供不应求。报纸、广播、电视也常以马克思主义为主题。1967年《资本论》出版一百周年之际，西方学术界举办了人数众多的纪念活动，纪念会上不乏赞扬马克思思想功绩的颂词。马克思逝世一百周年的1983年被称为"马克思年"，西方国家举行了许多大型学术会议和纪念活动。上述情况被某些西方人士称作"马克思主义的复兴""马克思的第二次降世"。

为什么在当代资产阶级学术界会出现马克思主义的"复兴"呢？

原因之一，是马克思主义的伟大胜利和资产阶级攻击、诋毁的彻底破产。

100多年来，马克思主义的经济理论经受了历史的检验，无数的事实证明了《资本论》光辉思想的不朽。尽管马克思生活在没有电视、收音

机、原子能和电子计算机的时代，甚至当时连打字机都不曾问世，要由其夫人燕妮誊抄《资本论》的稿件，但马克思在《资本论》中所揭示的资本主义产生、发展以至为共产主义所取代的必然性，却穿过时间的长河为历史的实践所证实：十月革命宣告了人类社会向社会主义过渡的开端，列宁的理论和革命实践丰富和发展了《资本论》的思想；20 世纪 30 年代资本主义社会深刻的经济危机进一步暴露了资本主义制度无法克服的基本矛盾；社会主义国家的相继建立和民族解放运动的蓬勃发展，使资本主义国家中的革命力量受到了鼓舞，70 年代西方的"停滞膨胀"，粉碎了五六十年代相对繁荣时期资产阶级的自信和幻想。尽管当今社会和一个多世纪以前相比已经有了很大变化，人们依然感觉到《资本论》这部鸿篇巨制不仅能够解释过去，而且能以强有力的光芒照耀着人类的未来。"马克思学说之所以万能，就因为它正确。"列宁在纪念马克思逝世 30 周年时所写下的话，今天表现得更加清晰明了。马克思逝世前的 16 年里，《资本论》的发行量还不到两万册，而今它已在世界各地以上百种文字出版，发行量达到几千万册，影响巨大且还在年复一年地不断增强。

马克思主义的胜利，粉碎了资产阶级的攻击和诬蔑，迫使资产阶级不得不承认他们围剿的破产。我们可以拿一位资产阶级经济学界头面人物的供词作为证明。美国新制度学派的代表加尔布雷思说："若是马克思在大多数问题上是错的话，他的影响应早已很快地烟消云散，那些把注意力贯注在指出他的错误的数以千计的人们，早已会把他们的注意力转移到别处去了。"① 言出无奈，却也道出实情。尽管一个多世纪以来形形色色的资产阶级辩护士们指天画日，捶胸顿足，声称他们已经"消灭"了马克思的理论，但又不得不一次又一次重新向马克思主义宣战，这个事实本身就宣告了资产阶级御用学者对马克思及其《资本论》的围剿的破产。这就迫使西方经济学界不得不正视马克思主义的经济理论。

原因之二，是为了向马克思寻求治病的药方。

历史的经验表明，每当资本主义生产方式的矛盾尖锐地暴露出来的时候，批判这一生产方式的马克思主义经济学说就得到更广泛的承认和拥护。许多人在危机中想起了马克思，希望从马克思的著作中寻找解决资本

---

① 加尔布雷思：《丰裕社会》，上海：上海人民出版社，1965 年，第 62 页。

主义经济现实问题的出路，这种倾向在青年人中表现得尤为明显。美国新"左派"的成员大部分都是大学生、研究生和一些大学、研究机构的年轻经济学家，其中相当一部分人是豪门子弟。因此，当前西方研究马克思主义的热潮，本身就是资本主义制度日趋灭亡、腐朽的一个明显的证明。

原因之三，凯恩斯主义的破产。

20世纪30年代的经济大危机使主张自由放任主义的传统庸俗经济学破产了，资产阶级急于寻找逃脱经济危机的对策，于是，主张国家干预经济的凯恩斯主义应运而生。第二次世界大战以后，许多资本主义国家的统治者纷纷推行凯恩斯主义调节总需求的宏观财政政策和宏观货币政策，这些政策在一定时期内对于刺激资本主义世界的经济增长，平抑经济周期的波动，确实起过一些作用，因而凯恩斯主义在西方风靡一时。将凯恩斯的宏观经济理论和马歇尔、瓦尔拉的微观经济理论结合起来的新古典综合派，五六十年代成了资产阶级经济学界的主流学派。然而好景不长，由于长期推行赤字财政政策造成日益严重的通货膨胀，凯恩斯主义饮鸩止渴的做法导致资本主义基本矛盾的激化，70年代各主要资本主义国家普遍发生了高失业率和通货膨胀并存的经济停滞，即所谓"停滞膨胀"。凯恩斯主义失灵了，凯恩斯主义者也失宠了，他们在欧美资产阶级政府及其智囊团中的位置已经被"货币学派"和"供应学派"所取代，他们中间的一些人也哀叹凯恩斯理论需要重新加以注释和修补。西方经济学界纷纷寻找新的理论基础，因而进一步重视马克思的经济理论。一些在事实面前丢尽了脸的经济学家，这时也张口闭口地说到马克思、引用几句《资本论》中的话，妄图以此吸引群众，挽回颜面。

原因之四，出于资产阶级反对马克思主义的需要。

当前马克思主义在西方得到广泛的承认，使垄断资产阶级本能地感到恐惧，为了消除马克思主义的影响，资产阶级官方也设立了许多研究马克思主义的御用机构，专门研究对策，从事攻击和诋毁马克思主义的活动。当前西方出版的关于马克思主义的刊物和著作，有一些就完全是出自反对马克思主义的目的。

上述四个原因说明，当前西方资本主义国家里研究马克思主义热潮的兴起是由客观历史环境造成的。从事马克思主义研究的，既有革命的马克思主义者，也有或多或少接受了马克思主义的某些理论而又站在各自的立场上加以歪曲和臆造的资产阶级学者和学术团体，还有以攻击、篡改马克思主义为目的的资产阶级豢养的文丐和辩护士。这就造成西方国家对马克思主义的研究派别耸立、观点各异、良莠参差、论战不休。同时，一批人所未知的马克思的手稿陆续发表，为马克思主义的研究提供了新的资料，而一股利用手稿"重新评价"马克思主义的思潮便趁机在西方流行起来。当代国际共产主义运动中出现的种种情况，也导致西方学者对马克思主义和国际共产主义运动的不同观点的争论。

当然，西方国家有一批投身于工人运动的共产党人，他们对马克思主义和马克思的巨著《资本论》做了许多有成效的研究工作。同时，资本主义国家里也有一些信仰马克思主义的态度严肃的经济学家，对《资本论》的对象、方法和一些重要的理论问题进行了认真的研究，发表了一些有参考价值的著作和论文，其中以日本学者对《资本论》的研究尤为突出，虽然他们的看法未必完全正确，但他山之石可以攻玉，我们应当注意他们的研究成果。

尽管是非交织，但西方国家 20 世纪 60 年代以来研究马克思主义热潮的兴起终归说明：马克思主义已经得到广泛的传播，它的影响已经日益加深，为越来越多的人所承认。当然，作为马克思主义者，我们对于资产阶级学者攻击、诋毁马克思主义的谬论，以及他们炮制假马克思主义的行径，不能等闲视之，必须揭穿他们的骗局，驳斥他们的诋毁，回击他们的责难，以捍卫马克思主义的科学理论体系。

三、当代资产阶级诋毁马克思《资本论》的新手法

当前，像庞巴维克那样对《资本论》恶毒攻击、诬蔑谩骂的人固然还有，但绝大部分资产阶级经济学家已经改换了反对马克思《资本论》的手法。新手法大体上有以下几种。

第一种手法：宣扬马克思主义"过时"了。

一些资产阶级辩护士知道，完全否定马克思的学说已经不能奏效，便摆出一副貌似客观的面目，转而承认《资本论》对于马克思那个时代是正确的，承认马克思经济理论在历史上的地位。这些聪明的辩护士知道，肯定《资本论》适合于 19 世纪中叶的英国，这对现存的资本主义制度并没有

太大的危险，而他们的使命则在于维护当代垄断资产阶级的统治。因此，他们挖空心思地列举当代资本主义与 19 世纪中叶英国资本主义的不同之处。例如，科学技术发展了，垄断代替自由竞争了，工人实际工资提高了，资产阶级国家推行福利政策了，等等。借此宣扬资本主义社会已经"变质"了，已经进入了所谓"后工业化"时期，马克思主义的经济学说已经不再适用了。萨缪尔森攻击马克思的劳动价值论，美国的罗斯托用他的"经济成长阶段论"来取代马克思的社会发展规律，许多资产阶级经济学家攻击马克思的无产阶级贫困化理论，用的就是这种"过时论"的手法。

诚然，马克思主义者从来就认为，随着社会历史条件的发展，马克思的经济理论也应当有所发展。正如列宁所说："我们决不把马克思的理论看做某种一成不变的和神圣不可侵犯的东西；恰恰相反，我们深信，它只是给一种科学奠定了基础，社会主义者如果不愿意落后于实际生活，就应当在各方面把这门科学向前推进。"① 列宁在这方面为我们树立了光辉的典范，他的《帝国主义是资本主义的最高阶段》就是在垄断资本主义条件下对马克思《资本论》的运用和发展。

但是，资产阶级经济学家的《资本论》"过时论"，却企图借口条件的变化推翻马克思的经济理论。他们所强调的当代资本主义新特点，有的只是资本主义生产方式的阶段性的质的变化，有的只是社会经济的一些表面现象，都没有涉及资本主义社会的基本实质。资产阶级学者总是力图用表面现象的变化和阶段性的质的变化来抹杀资本主义生产方式的本质，他们小心谨慎地回避就实质性的问题同马克思主义者展开辩论。其实，资本主义的阶段性变异并没有改变这个生产方式的总的本质特征，《资本论》所揭示的剩余价值规律仍然是这个制度的绝对规律，阶级剥削、阶级利益对立和阶级斗争，资本主义生产方式的基本矛盾，资本主义制度崩溃的历史必然性，以及《资本论》中阐述的许多基本经济原理，这些并不会因为时间的流逝和资本主义由自由竞争阶段进入垄断资本主义阶段，以及当代国家垄断资本主义的日益加强而有所改变。当然，我们批判资产阶级经济学家所散布的《资本论》"过时论"，除了阐明《资本论》的基本原理不容篡

---

① 列宁：《列宁全集》第 4 卷，北京：人民出版社，1972 年，第 186－187 页。

改之外，也要注意用马克思主义观点和方法，去考察当代资本主义社会出现的各种新情况和新特点，有针对性地回击资产阶级学者的责难，并在斗争中把马克思的经济学说推向前进。

第二种手法：把马克思的理论同当代资产阶级的经济理论融合起来。

一些资产阶级经济学家致力于把马克思的理论和当代西方资产阶级经济学说融合起来，尤其致力于把马克思主义和凯恩斯主义融合起来。英国的琼·罗宾逊就是典型的代表。她鼓吹在马克思学派和凯恩斯学派之间不再有一条不可逾越的鸿沟，两者都遵循自己的道路，达到大体相似的境地。她认为在两个学派的理论中，失业问题都占有重要的地位，两派都认为资本主义蕴含着自身崩溃的种子，分歧只在于关于积累和分配的理论。美国后凯恩斯主流学派的克莱因也鼓吹：马克思和凯恩斯都把经济体系作为一个总体来看待，都使用总量分析的方法，二者之间有许多相似之处。英国经济学家米克在他的《劳动价值学说的研究》一书中，声称要在马克思主义经济学家与非马克思主义经济学家之间建立某种桥梁，要开辟一个两派共存的时代。

许多资产阶级学者在企图把马克思的理论融合到资产阶级经济理论中去的时候，常常采用"比较研究"的方法。他们把两派学说进行对比，回避了两者水火不相容的本质区别，绞尽脑汁地寻求某些"相似之处"。这种阉割经济理论的本质，牵强附会以致公然歪曲地将某些观点和方法加以比拟的手法，就如列宁所指出的，其目的在于"用拥抱手段来扼杀马克思主义"①。资产阶级学者在融合过程中，抛弃了《资本论》中最重要的基本原则，贬低了《资本论》的科学性和革命精神，抹杀了政治经济学的阶级性，把马克思的思想篡改成对现存资本主义制度无害的纯学术性的东西。因此，资产阶级经济学家所鼓吹的"融合论"是一种诋毁马克思《资本论》的狡猾伎俩。

"融合论"者所鼓吹的两派经济学家的相似之处，其实仅仅是表面形式乃至所用词汇上的相似，理论上并无共同点。例如，"融合论"者把失业问题看作马克思主义和凯恩斯主义的相似之处之一，但是，马克思《资本论》中是把失业现象看作由于资本积累、有机构成的提高导致可变资本

---

① 列宁：《列宁全集》第21卷，北京：人民出版社，1972年，第198页。

的相对减少，因而必然形成相对的人口过剩；而凯恩斯却鼓吹失业有摩擦性失业、自愿失业和非自愿失业三种，只有非自愿失业才算真正失业，而对非自愿失业的原因，凯恩斯却用所谓"有效需求"不足，即用所谓"边际消费倾向""灵活偏好""资本边际效率"等主观心理因素来解释。显然，凯恩斯关于失业问题的理论和马克思的科学的经济理论毫无共同之处。

还有一些资产阶级经济学家，由于看到承认马克思主义的人越来越多，为了招揽群众，吸引读者，不惜在他们的理论和著作里掺上《资本论》的只言片语，贴上马克思主义的标签，以扩大自己的影响。"融合论"在这些资产阶级经济学家中则仅仅是可怜的招摇撞骗的工具而已。

此处，还有一些"融合论"者竭力要把马克思恭维成当代资产阶级的经济理论的奠基者和先驱，竞相把当代资产阶级的经济理论挂到马克思的名下。例如：萨缪尔森多次鼓吹马克思是俄裔美国经济学家里昂惕夫的投入产出理论的先驱；克莱因则宣扬马克思的理论是西方宏观经济学的起源；琼·鲁宾逊认为马克思的扩大再生产图式是解决凯恩斯问题的基础，又是哈罗德—多马的长期经济发展理论的基础；美国著名经济学家汉森认为，马克思的危机理论大大影响了非马克思主义者的商业周期理论，为后者提供了各种提示；等等。

对于资产阶级经济学家玩弄的这一手法，可以从两方面来认识：一方面，一些当代西方经济学家确实从马克思那里剽窃了某些理论观点和方法，借以建立他们的新理论，虽然其本人对这一点往往讳莫如深。里昂惕夫投入产出理论的建立就是一个明显的例证。如果里昂惕夫没有接受马克思对斯密的所谓社会总产品分解为（$v+m$）的斯密教条的批判，没有接受马克思的把"中间产品"包括在内的社会总产品的概念，没有接受马克思研究社会再生产问题的一些前提和假设，那么，他是不可能提出投入产出理论的。另一方面，也要清醒地认识到，资产阶级理论家把马克思恭维成当代西方经济理论的先驱，其目的在于破坏马克思无产阶级理论家的形象，把马克思妆扮成资产阶级也能接受的人物，以达到抹杀马克思经济学说的阶级性和革命性，抹杀《资本论》中基本经济理论的目的。在这里，吹捧和恭维是为了篡改和阉割。

第三种手法：杜撰两个马克思的神话。

1932年，当过去人所不知的马克思在1844年写的《经济学哲学手稿》

第一次全文发表时，一批资产阶级学者就开始致力于把创作《经济学哲学手稿》的青年马克思和创作《资本论》的成熟的马克思对立起来。近几十年来，西方理论界发表了许多论述青年马克思的论文和专著，声称从马克思的早期著作里重新发现了马克思，认为早期的马克思主义是"人道的马克思主义""真正的马克思主义"，宣扬《经济学哲学手稿》是包罗马克思的全部思想境界的唯一文件，歪曲马克思的"异化"概念，用资产阶级的理论和观点对马克思的早期著作做了种种曲解，进而宣传马克思后来背叛了自己最初提出的原则，谴责共产党人低估了马克思的早期著作，呼吁"回到青年马克思去"。

与此相似，一些资产阶级学者也挖空心思地在马克思与恩格斯之间、马克思与列宁之间寻找所谓"对立"之处，以此来攻击马克思主义。

借马克思的早期著作和手稿来毁谤马克思，这真是无计可施的资产阶级才想得出来的荒谬手段。众所周知，马克思主义有一个产生的过程，马克思的经济理论也有一个发展和成熟的过程，马克思的早期著作包含了许多后来在成熟著作里加以全面阐述的天才思想的萌芽。马克思主义的研究者们当然要运用辩证唯物主义的方法，研究马克思主义理论的产生过程，研究《资本论》的创作史。但是，那些杜撰"神话"的资产阶级学者热衷于研究青年马克思问题，目的并不是要研究马克思和马克思主义的发展过程，而是企图通过歪曲青年马克思的观点，破坏马克思思想的深刻统一性，用他们所杜撰的青年马克思来诋毁成熟的马克思，诋毁马克思的天才巨著《资本论》，以达到他们过去对马克思的直接攻击所不能达到的目的。这种阴谋我们应当予以揭露和批判。

第四种手法：鼓吹伪科学的"新马克思主义"。

20 世纪 60 年代以来，西方出现了打着马克思的旗号曲解马克思主义，将马克思主义加以"创新"，将马克思主义和西方资产阶级的哲学新流派结合起来的所谓"新马克思主义"。其派别很多，有以法国的让·保罗·萨特为代表的"存在主义的马克思主义"，企图把存在主义哲学和马克思主义结合起来，鼓吹把马克思主义人道主义化，用人学作为马克思主义的基础；有以法国的阿尔都塞为代表的"结构主义的马克思主义"，企图以结构主义来解释《资本论》，宣称《资本论》的功绩在于把资本主义理解为没有主体的过程，反对以"人类主体"作为分析社会的着眼点，反对人道主义的理论主张；有以德国法兰克福学派成员赫伯特·马尔库兹为代表的"弗洛伊德马克思主义"，主张用精神分析学家弗洛伊德的文明哲学去补充马克思主义，用泛性欲理论来解释社会现象，用意识革命去代替无产阶级革命，鼓吹主观因素在实践中的作用；此外，甚至还有"宗教与马克思主义"之类的荒谬绝伦的货色。

"新马克思主义"在欧美产生的主要原因是：这些国家的劳动者、知识分子和青年学生对马克思主义的兴趣日益增长，资产阶级学者正面攻击马克思主义已经不得人心，他们只好变换手法，打起马克思的旗号，用伪造的"新马克思主义"来迷惑群众，以达到把水搅浑、消除马克思主义科学理论的影响的目的。同时，也有一些不是诚心反对马克思的学者，由于脱离实际，脱离政治，把马克思主义和无产阶级的政治斗争对立起来，自以为是纯学术地研究和发展了马克思的理论，结果却走向反面，曲解了马克思主义。"新马克思主义"大部分侧重于哲学方面的研究，但也把篡改的目标直接对准《资本论》。

尽管资产阶级思想家变换了种种新手法来诋毁马克思及其巨著《资本论》，但终究将如他们的前辈一样，在真理面前碰得头破血流。一个多世纪的历史证明，灰飞烟灭的只是形形色色的资产阶级伪科学，而马克思的《资本论》却经受了实践的检验，巍然屹立。"沉舟侧畔千帆过，病树前头万木春。"我们深信，马克思及其《资本论》将永远照耀着世界人民推翻资本主义制度，奔向光辉灿烂的共产主义社会。

对扩大再生产积累问题的初步探讨[*]

积累是扩大再生产的唯一源泉。当社会总产品中两大部类产品的比例，以及两大部类的有机构成和上一周期（上一年度）的剩余产品已经确定，扩大再生产的积累量是不能任意制定的，积累在两大部类间的分配也不能任意制定，否则扩大再生产将不能顺利进行。本文试图从马克思的再生产理论出发，以数学形式探讨积累量、积累率与社会总产品中各有关指数之间的关系，探讨积累在两大部类间的不同分配所将产生的后果。

通常，积累率指的是积累在净产值（$v+m$）中占据的比例，其中 v 表示劳动报酬，m 表示社会纯收入。由于剩余产品是积累的唯一源泉，本文将积累在剩余产品中占据的比例，也就是剩余产品中的积累率，记以符号 j，并以 j_1，j_2 分别表示 I，II 部类的剩余产品积累率。

将有机构成记以符号 y，$y=c/v$，式中 c 表示不变资本，并以 y_1，y_2 分别表示 I，II 部类的平均有机构成。

将剩余率（剩余产品与必要产品的比值）记以符号 S，$S=m/v$，并以 S_1，S_2 分别表示 I，II 部类的剩余率。

在马克思研究再生产所做的产品价值不变，产品按价值交换等假设的前提下，分别以 I，II 表示两大部类的产品总值。

$$\text{I}=\text{I}_c+\text{I}_v+\text{I}_m \qquad \text{II}=\text{II}_c+\text{II}_v+\text{II}_m$$

因为 $\text{I}_c=y_1\text{I}_v$，$\text{I}_m=S_1\text{I}_v$，如果设 I_o 为 I 部类产品总值的一个基数，令 $\text{I}_o=\text{I}_v$，则有

$$\text{I}=y_1\text{I}_o+\text{I}_o+S_1\text{I}_o=(y_1+1+S_1)\text{I}_o$$

同样，$\text{II}=y_2\text{II}_o+\text{II}_o+S_2\text{II}_o=(y_2+1+S_2)\text{II}_o$。

* 原载于《福建师范大学学报（哲学社会科学版）》1979 年第 4 期。

如果积累从 I 部类开始，I 部类的 $\mathrm{I}_m = S_1 \, \mathrm{I}_v$ 中，$j_1 S_1 \, \mathrm{I}_v$ 为积累，$(1-j_1) S_1 \, \mathrm{I}_v$ 必须与 II 部类交换供社会消费。

按 I 部类不变的有机构成，积累 $j_1 S_1 \, \mathrm{I}_v$ 应分解为追加的 $\Delta \mathrm{I}_c$ 和 $\Delta \mathrm{I}_v$。

$$\Delta \mathrm{I}_c = \frac{y_1}{y_1+1} j_1 S_1 \, \mathrm{I}_v \qquad \Delta \mathrm{I}_v = \frac{1}{y_1+1} j_1 S_1 \, \mathrm{I}_v$$

在 I 部类产品中，$\mathrm{I}_v + \Delta \mathrm{I}_v + (1-j_1) \, \mathrm{I}_m$ 必须与 II 部类交换成消费品，因而其实物形态必须是 II 部类生产所需的生产资料，即 $\mathrm{II}_c + \Delta \mathrm{II}_c$。

所以，$\mathrm{II}_c + \Delta \mathrm{II}_c = \mathrm{I}_v + \Delta \mathrm{I}_v + (1-j) \, \mathrm{I}_m$，这是扩大再生产中两大部类间交换必须遵循的公式。

从而，II 部类扩大再生产追加的

$$\begin{aligned} \Delta \mathrm{II}_c &= \mathrm{I}_v + \Delta \mathrm{I}_v + (1-j_1) \, \mathrm{I}_m - \mathrm{II}_c \\ &= \mathrm{I}_v + \frac{1}{y_1+1} j_1 S_1 \, \mathrm{I}_v + (1-j_1) S_1 \, \mathrm{I}_v - y_2 \, \mathrm{II}_v \\ &= \frac{y_1 + 1 + S_1 + y_1 S_1 - y_1 j_1 S_1}{y_1+1} \, \mathrm{I}_v - y_2 \, \mathrm{II}_v \end{aligned}$$

按 II 部类不变的有机构成 y_2

$$\Delta \mathrm{II}_v = \frac{1}{y_2} \Delta \mathrm{II}_c + \frac{y_1 + 1 + S_1 + y_1 S_1 - y_1 j_1 S_1}{y_2 (y_1+1)} \, \mathrm{I}_v - \mathrm{II}_v$$

因为 $\mathrm{II}_m = S_2 \, \mathrm{II}_v$，$\mathrm{II}$ 部类积累应为 $j_2 \, \mathrm{II}_m = j_2 S_2 \, \mathrm{II}_v$，而 $j_2 S_2 \, \mathrm{II}_v$ 应等于 $\Delta \mathrm{II}_c + \Delta \mathrm{II}_v$，即：

$$\begin{aligned} j_2 S_2 \, \mathrm{II}_v &= \Delta \mathrm{II}_c + \Delta \mathrm{II}_v \\ &= \frac{(y_2+1)(y_1+1+S_1+y_1 S_1 - y_1 j_1 S_1)}{y_2 (y_1+1)} \, \mathrm{I}_v - (y_2+1) \, \mathrm{II}_v \end{aligned}$$

整理 $j_2 = \dfrac{(y_2+1)(y_1+1+S_1+y_1 S_1 - y_1 j_1 S_1) \, \mathrm{I}_v}{y_2 S_2 (y_1+1) \, \mathrm{II}_v} - \dfrac{y_2+1}{S_2} \quad [j_2 = \varphi(j_1)]$

上式表明，j_2 是 j_1 的一次减函数，j_1 增加，j_2 必减少，反之亦然。函数 $j_2 = \varphi(j_1)$ 的经济学含义是显而易见的。

如果从 II 部类积累开始扩大再生产，不难推导出函数 $f(j_1 j_2) = 0$ 与 I 部类积累开始的扩大再生产完全相同。实践中，两大部类的扩大再生产互相交错地进行，无所谓孰先孰后。而抽象地分析，对应于同一组 j_1，j_2，从 I 部类积累开始和从 II 部类积累开始的扩大再生产效果相同。

j_1 和 j_2 在其定义域里一一对应，但 j_1，j_2 的选取要受到由积累和消费关系所决定的社会总积累量和总积累率 j 的制约。

社会总积累量为 $j_1 \text{I}_m = j_2 \text{II}_m = j_1 S_1 \text{I}_o + j_2 S_2 \text{II}_o$。

上周期社会总剩余产品价值为 $S_1 \text{I}_o + S_2 \text{II}_o$。

总积累率 $j = \dfrac{j_1 S_1 \text{I}_o + j_2 S_2 \text{II}_o}{S_1 \text{I}_o + S_2 \text{II}_o}$

以 $j_2 = \varphi(j_1)$ 代入，整理，可得出

$$j_1 = \frac{y_2(y_1+1)(S_1 \text{I}_o + S_2 \text{II}_o)}{S_1(y_2 - y_1)\text{I}_o} j + \frac{y_2(y_1+1)(y_2+1)\text{II}_o}{S_1(y_2 - y_1)\text{I}_o} - $$

$$\frac{(y_2+1)(y_1+1+S_1+y_1 S_1)}{S_1(y_2 - y_1)}$$

函数 $j_1 = \varphi(j)$ 说明对于每一个总积累率 j，j_1 有一个确定的值与之对应，再依据 $j_2 = \varphi(j_1)$，又有一个确定的 j_2 值与之对应。换句话说，一旦总积累率 j 确定下来，j_1，j_2 也就确定了。

考察函数 $j_1 = \varphi(j)$，当 $y_2 < y_1$，$j_1 = \varphi(j)$ 是一次减函数。j 增加，j_1 减少，又根据 $j_2 = \varphi(j_1)$，j_2 将增加，反之亦然。换句话说，在给定的再生产条件下，增加社会积累并不能导致生产资料的优先发展；相反，积累增加反而使 I 部类积累率下降，从而使 I 部类增长率不得不下降，否则扩大再生产将不能顺利进行。

当 $y_2 > y_1$ 时，情况相反。

分析马克思扩大再生产公式 $\text{I}_{(v+m)} > \text{II}_c$ 也能得出类似的结论。

社会之所以能扩大再生产，是因为 I 部类简单再生产所需的生产资料已由 I_c 来补偿，II 部类简单再生产所需的生产资料已由 $\text{I}_{(v+m)}$ 中价值与 II_c 相等的部分来补偿，生产资料 $\text{I}_{(c+v+m)}$ 较之简单再生产剩余出一份 $[\text{I}_{(v+m)} - \text{II}_c]$ 来，可以作为追加生产资料投入扩大再生产。

如果生产资料 $[\text{I}_{(v+m)} - \text{II}_c]$ 实物形态允许全部投入 II 部类扩大再生产，这时社会总积累要有

$$\Delta\text{II}_c + \Delta\text{II}_v = [\text{I}_{(v+m)} - \text{II}_c] + \frac{1}{y_2}[\text{I}_{(v+m)} - \text{II}_c] = \frac{y_2+1}{y_2}[\text{I}_{(v+m)} - \text{II}_c]$$

I 部类则仅仅维持简单再生产。

如果生产资料 $[\text{I}_{(v+m)} - \text{II}_c]$ 实物形态允许全部投入 I 部类扩大再生产，这时社会总积累要有

$$\Delta \text{I}_c + \Delta \text{I}_v = \left[\text{I}_{(v+m)} - \text{II}_c\right] + \frac{1}{y_1}\left[\text{I}_{(v+m)} - \text{II}_c\right] = \frac{y_1+1}{y_1}\left[\text{I}_{(v+m)} - \text{II}_c\right]$$

II 部类则仅仅维持简单再生产。

这里的 y_1，y_2 指的是新年度两大部类的有机构成，如果 $y_2 < y_1$，$\frac{y_2+1}{y_2} > \frac{y_1+1}{y_1}$。也就是说，当 $j_1 = 0$ 时，总积累量最大，j 最大，相应的 j_2 也最大；当 $j_2 = 0$ 时，总积累量最小，j 最小，相应的 j_1 最大。生产资料 $\left[\text{I}_{(v+m)} - \text{II}_c\right]$ 分别投入 I，II 部类，总积累率 j 介于上述两个界限之间，j_1 随 j 的增加而减少，j_2 随 j 的增加而增加。$\frac{y_2+1}{y_2}\left[\text{I}_{(v+m)} - \text{II}_c\right]$ 是总积累量的上限，$\frac{(y_2+1)\left[\text{I}_{(v+m)} - \text{II}_c\right]}{y_2\left(\text{I}_m + \text{II}_m\right)}$ 是总积累率的上限，超越此上限，两大部类的扩大再生产将不能顺利进行。$\frac{y_1+1}{y_1}\left[\text{I}_{(v+m)} - \text{II}_c\right]$ 是总积累量的下限，$\frac{(y_1+1)\left[\text{I}_{(v+m)} - \text{II}_c\right]}{y_1\left(\text{I}_m + \text{II}_m\right)}$ 是总积累率的下限，低于此下限，两大部类的扩大再生产同样也不能顺利进行。

试以《资本论》的扩大再生产发端表式第一例来说明：[①]

I. 4000C + 1000C + 1000m = 6000 ⎫
II. 1500C + 750V + 750m = 3000 ⎬ = 9000

其总积累量的上限为：$\frac{2+1}{2}(1000+1000-1500) = 750$

总积累率的上限为：$\frac{2+1}{2}\frac{(1000+1000-1500)}{(1000+750)} \approx 42.9\%$

这时相应的，$j_1 = 0$，$j_2 = 100\%$

总积累量的下限为：$\frac{4+1}{4}(1000+1000-1500) = 625$

总积累率的下限为：$\frac{(4+1)(1000+1000-1500)}{4(1000+750)} \approx 35.7\%$

当 j 介于上、下限之间，相应的 j_1，j_2 可以用下列二个图像表示（图1）。

---

① 马克思：《资本论》第 2 卷，北京：人民出版社，1964 年，第 567 页。

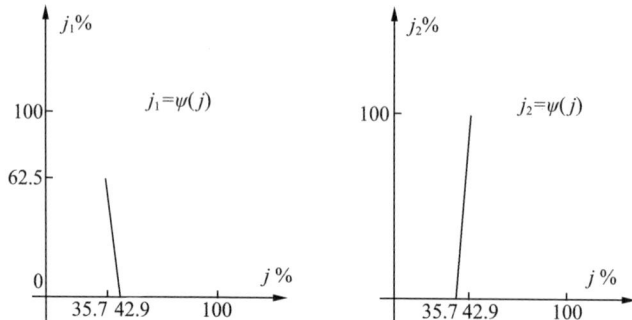

图1 《资本论》扩大再生产发端表式第一例得以顺利进行的 j_1，j_2 和 j 的关系

上述 j，j_1，j_2 的相应数值和从前述的 $j_2 = \varphi(j_1)$，$j_1 = \psi(j)$ 计算出的数值相符。

马克思在安排本例第一年扩大再生产时，正是选取了介于上、下限之间的，又能使 $j_1 > j_2$ 的总积累量 650，总积累率 37.1%。

社会总积累超越上、下限将产生什么结果呢?

如果总积累量高于上限 750，例如达 800，将 800 分开，500 投资于 I 部类，300 投资于 II 部类，安排成下式：

I. (4000C+400△C) + (1000V+100△V) +500m

II. (1500C+200△C) + (750V+100△V) +450m

这时，(1500 II$_c$+200△II$_c$) 要求与 (1000 I$_v$+100 I$_v$+500 I$_m$) 相交换，但生产资料短少 100，扩大再生产不能顺利实现。积累 800 按其他组合分配也将得到类似的结果。从而说明，社会总积累超越上限将导致生产资料短缺。

如果总积量低于下限 625，例如，只有 560。将 560 分开，350 投资于 I 部类，210 投资于 II 部类，安排成下式：

I. (4000C+280△C) + (1000V+70△V) +650m

II. (1500C+140△C) + (750V+70△V) +540m

这时，(1000 I$_v$+70△I$_v$+650 I$_m$) 要求与 (1500 II$_c$+140△II$_c$) 相交换，显然，生产资料多出 80，扩大再生产也不能顺利进行。积累 560 按其他组合分配将得到类似的结果。从而说明，社会总积累低于下限将导致生产资料过剩。

分析表明，对于给定的再生产条件，要使扩大再生产顺利进行，可供选择的总积累量和总积累率是有一定范围的，如果再考虑到这一选择要导致 j_1，j_2 的合理组合以保证生产资料生产的优先增长，考虑到生产资料实物形态未必都能在两大部类间通用，可供选择的范围将十分狭窄。上述纯理论的抽象分析也许有助于制订经济计划时寻求最优的经济发展方案。

生产力发展了，当 $y_1 = y_2$ 时，有如《资本论》的扩大再生产发端表式第二例：

$$\left.\begin{array}{l} \text{I．} 5000C + 1000V + 1000m = 7000 \\ \text{II．} 1430C + 285V + 285m = 2000 \end{array}\right\} = 9000$$

马克思针对资本主义生产方式指出："这种情况，假定资本主义生产已经有显著的发展；与此相应，社会劳动的生产力也已经有显著的发展；生产规模也已经有显著的先行的扩大；最后，一切会在劳动者阶级中生出相对过剩人口的事情也已经发展。"[①] 这时，上限和下限将因 $y_1 = y_2$ 而合二为一，要保证扩大再生产顺利进行，社会总积累都必须等于：

$$\frac{y+1}{y}\left[\text{I}_{(v+m)} - \text{II}_c\right] = \frac{5+1}{5}(1000 + 1000 - 1430) = 684$$

积累率都必须是 $j = 53.2\%$，相应的 j_1，j_2 可以有无穷多组互相关联的解。

如果 $y_1 < y_2$，情况将相反，$\frac{y_1+1}{y_1}\left[\text{I}_{(v+m)} - \text{II}_c\right]$ 将成为总积累量的上限，$\frac{y_2+1}{y_2}\left[\text{I}_{(v+m)} - \text{II}_c\right]$ 将成为总积累量的下限。

上述讨论都是在给定扩大再生产发端表式的前提下进行的。所谓给定发端表式意味着：社会总产品价值已经确定；总产品分属两大部类的比例已经确定；两大部类的有机构成已经确定；剩余产品在总产品中占据的比例已经确定。在给定发端表式后，积累可供选择的范围也就确定下来了。

马克思对再生产进行理论分析是以上一周期（上一年度）的社会总产品作为出发点的，再生产是按公式 $W' - G' - W \cdots P \cdots W''$ 来讨论的，在抽象的理论分析中，还以上一周期总产品的部类表式作为下一周期的发端表式。但是在经济实践中，上下周期间的部类表式并不完全连续。

---

① 马克思：《资本论》第 2 卷，北京：人民出版社，1964 年，第 572 页。

由于劳动生产率变化的差异，产品的价值会发生变化，基于价值的交换，价格也会发生变化，从而改变了产品的交换比率。在社会主义计划经济中，价格还可以有意识地加以调整，从而改变发端表式。

由于产品归属哪一部类不是在产品产出，而是在产品交付使用时才能确定，例如机床、发电机是生产资料，手表、枪炮是消费资料，而电力、燃料、谷物等产品既可作生产资料，也可作消费资料，因而产品产出到产品交付使用之间部类比例有一个有限的可容调节的范围，这将改变再生产的发端表式。

为保障再生产顺利进行，预防意外灾害，社会必须有储备。储备是社会总产品投入再生产前的一项扣除。新储备与前期结存储备之差也将改变发端表式。

对外贸易是改变部类比例的重要手段，进出口不同部类的产品可以改变发端表式，当进口商品的国内折价总和大于出口商品国内价值总和时，社会总产品价值还将改变。有计划地进行对外贸易可以调节社会再生产。

部类模式的不连续性，使我们有可能通过上述途径调整扩大再生产的条件，调整发端表式，积累量的选择也因此有一个较充裕的范围。但另一方面，总积累量的选择及其造成的两大部类积累的变化，是以生产资料能在两大部类间通用为条件的。一部分生产资料在两大部类间可以通用，也有一部分不能通用。如轧钢机不能制糖，织布机不能造机床。Ⅰ部类中制造生产资料的生产资料和制造消费资料的生产资料这两个部类的比例将限制两大部类积累率从而是总积累率的选择，这又是制订经济计划时必须考虑的。

在制订经济计划时，一方面调节扩大再生产的条件，调节发端表式，同时又按发端表式选择符合积累和消费关系的，能保证生产资料优先增长的，能保证扩大再生产顺利进行、又为Ⅰ部类中两个付类比例允许的积累率。这样做是否有助于选择最优的经济发展方案？实践中是否行得通？笔者知识浅薄，实际工作了解甚少，就此求教于行家。

对扩大再生产中固定资本补偿问题的探讨*

马克思在《资本论》中阐述过简单再生产中第Ⅱ部类固定资本补偿的原理："第Ⅱ部类不变资本的这个固定组成部分，即按自己的全部价值再转化为货币，因而每年要用实物更新的固定组成部分（第 1 部分），应该等于第Ⅰ部类不变资本中另一个固定组成部分的年损耗，也就是等于以旧的实物形式继续执行职能，而其损耗（即转移到所参与生产的商品中去的价值损失）先要用货币来补偿的那个固定组成部分的年损耗。因此，这样一种平衡，好像就是规模不变的再生产的规律了。"① 换句话说，只有 $Ⅱ_{c(1)} = Ⅱ_{c(2)}$，简单再生产才能顺利实现。

马克思对第Ⅱ部类固定资本所做的分析，同样适用于第Ⅰ部类的固定资本。第Ⅰ部类生产资料的一部分 $Ⅰ_c$，在第Ⅰ部类内部交换，以补偿耗费的生产资料，其中原料、燃料等流动部分当年实物、价值上都得到补偿，而固定资本部分也如同第Ⅱ部类固定资本一样存在着部分实物更新、部分只提取折旧，实物不更新的情况，因而，$Ⅰ_{c(1)} = Ⅰ_{c(2)}$，即第Ⅰ部类固定资本更新部分的价值和只折旧不更新部分的年转移价值相等，同样也是简单再生产得以实现的条件。

在扩大再生产中，固定资本随资本积累而扩大，且增长的速度大于总资本增长的速度。"劳动生产力提高的特征正好是：不变资本的固定部分大大增加，因而其中由于损耗而转移到单位商品中的价值部分也大大增加。"② 扩大再生产的固定资本补偿具有和简单再生产不同的特征，本文试图就此进行探讨。

---

　* 原载于《福建论坛（社会科学版）》1981 年第 3 期。
　① 马克思：《资本论》第 2 卷，北京：人民出版社，1975 年，第 521 页。
　② 马克思：《资本论》第 3 卷，北京：人民出版社，1975 年，第 290 页。

一、固定资本价值补偿和实物补偿的不一致造成扩大再生产实现的困难

如果暂时先撇开资本主义生产的周期性，假定固定资本每年度按相同的增长率均匀增长；假定固定资本周转的周期一定，按平均摊提法折旧，即每年折旧＝固定资产原值×折旧率，从而折旧年限一定，我们抽象地来考察一下扩大再生产实现的困难。

如同《资本论》第二卷（人民出版社，1964 年）第 576 页第一例（B）式，扩大再生产的开端公式为：

$$\left. \begin{array}{l} \text{I.}\ 4000c+1000v+1000m=6000 \\ \text{II.}\ 1500c+750v+750m=3000 \end{array} \right\} \text{总额}=9000$$

同时假设，上述公式所表示的是扩大再生产序列中的一年，而历年来第 I 部类生产都按每年 10% 的速度增长；假设 I、II 部类总产品价值中，流动不变资本部分 $c_流$ 和折旧转移的固定资本部分 $c_固$ 的比为 9：1；假定固定资本的折旧年限为 10 年，把修理费用暂时撇开。以下的讨论将表明，上述假设数字的变化对所探讨问题的实质并无影响。

先看第 I 部类：4000 I_c 按比例分为 3600 $I_{c_流}$ 和 400 $I_{c_固}$，前者通过 I 部类内部的交换可以用当年产品来补偿，而 400 $I_{c_固}$ 是 10 年来先后投入使用的固定资产的转移价值，按年增长率 10% 计，400 $I_{c_固}$ 分属 10 个年份的比例为：

$$1：(1+10\%)：(1+10\%)^2：\cdots：(1+10\%)^9$$

从而可推算出，400 $I_{c_固}$ 中，前第十年投入的固定资产的转移价值为：

$$400\times\frac{1}{1+(1+10\%)+(1+10\%)^2+\cdots(1+10\%)^9}=25.1$$

前第九年为：$400\times\dfrac{1+10\%}{1+(1+10\%)+(1+10\%)^2+\cdots+(1+10\%)^9}=27.6$

前第一年为：$400\times\dfrac{(1+10\%)^9}{1+(1+10\%)+(1+10\%)^2+\cdots+(1+10\%)^9}=59.2$

也就是说，前第十年投入的固定价值为 $25.1\times10=251$，前第九年为 276，第一年为 592。

10 年依次更新的固定资产中，只有前第十年添置和更新的价值为 251

的固定资产已折旧完毕，实物形式上需要更新，因此 400 $I_{c固}$ 的产品中也只有 251 实物形式上为本部类再生产所需要，余下 149 要转化为货币，作为折旧基金储藏起来。

进一步从更新部分和不更新部分资本来看：进行实物更新的那部分资本家，要更新价值 251 的固定资产，而他们自己的产品中只有 $25.1 I_{c固}$ 可以直接或通过本部类内部的商品交换来实现固定资产补偿，另有 225.9 是实行更新的资本家，用 9 年积储的以货币形式存在的折旧基金投入购买。另一方面，只提取折旧费未实行实物更新的资本家，其产品中有 $400-25.1=374.9$ 的产品价值上是补偿固定资本的，因而要出售其实物形态是生产资料的产品，并把转化的货币作为折旧基金储藏起来留待后 9 年渐次更新。这里，374.9 中的 225.9 可以出售给本年实行实物更新的资本家，与他们投入的储藏货币相交换（这相当于简单再生产中 $I_{c(1)}$ 和 $I_{c(2)}$ 的关系）。还剩下 149 生产资料也应当出售，换回货币，并把货币作为折旧基金储藏起来。

问题显然在于：这 149 生产资料应当出售给谁？从什么地方取得货币？

出售给第 I 部类进行扩大再生产的资本家作为追加生产资料吗？不行。第 I 部类扩大再生产的生产资料来自本部类的剩余产品，I_m 的实物形式已经是生产资料，他们只要以货币为媒介相互交换就可以作为追加生产资料投入扩大再生产，不需要也不可能投入货币来购买这价值 149 的生产资料，他们不可能只买不卖。

出售给第 II 部类换回货币吗？也不行。实际上第 II 部类也有与第 I 部类类似的情况：如果 $1500 II_c$ 也按比例分成 $1350 II_{c流}$ 和 $150 II_{c固}$，$II_{c流}$ 以实物是消费资料的产品向 $I\left(v+\dfrac{m}{X}\right)$ 交换回原材料、燃料等生产资料来补偿，而 $150 II_{c固}$ 同样也是 10 年来先后投入的固定资产的转移价值。按上述原理，如果第 II 部类增长率也是 10%（当然，两部类增长率未必等同），同样可以推算出，$150 II_{c固}$ 中前第十年投入的固定资产的转移价值为 9.41，前第九年的为 10.35，前一年的为 22.2，同样，只有期满 10 年其价值为 $9.41\times10=94.1$ 的固定资产需要更新，年转移价值比更新价值大 $150-94.1=55.9$。

从更新部分与不更新部分资本来看：需要更新 94.1 固定资产的资本

家，只能从当年产品中取出 9.4 消费资料的产品向 $I\left(v+\dfrac{m}{X}\right)$ 换回生产资料来更新，余下 $94.1-9.4=84.7$ 是这些资本家 9 年来积储的折旧基金投入向第 I 部类购买，这一购买实现了 $I\left(v+\dfrac{m}{X}\right)$ 中应与 II_c 交换的 150 生产资料的一部分，$I\left(v+\dfrac{m}{X}\right)$ 还有 $150-9.4-84.7=55.9$ 的生产资料不能转化为所需要的消费资料，从而第 I 部类无法实现的生产资料更多起来了。另一方面，第 II 部类生产 $150-9.4=140.6\,II_{c固}$ 消费品的资本家，要出售这一消费品，转化为货币，并将货币作为折旧基金储藏起来。其中的 84.7 可以出售给第 I 部类，因为第 I 部类从第 II 部类前九年积储折旧基金的资本家手中取得过这一货币，84.7 的货币流回第 II 部类，又作为折旧基金存储起来。

同样也产生了问题：第 II 部类还余下 $140.6-84.7=55.9$ 的消费资料应当出售给谁？从什么地方取得货币？

与 ΔI_c 一样，第 I、II 部类扩大再生产所需要的追加生产资料 ΔII_c、追加生活资料 ΔI_v 和 ΔII_v 都是由两部类剩余产品积累而来的，都不需要也不可能投入货币购买，都不是只买不卖，因而，都不能使上述出售不了的生产资料和生活资料得以实现。

只买不卖唯有生产黄金的资本家，但黄金生产在社会生产中所占的比例甚微，远不能解决上述 149 生产资料和 55.9 消费资料的实现问题。

以上分析表明：如果其固定资本实物上尚不需要更新的各个资本家都要把固定资本的转移价值，把出售商品收回的折旧费以储藏货币的形式作为折旧基金储藏起来，留待固定资产磨损殆尽才投入实物更新，那么，由于扩大再生产中固定资产不断增长，要求储藏的货币必然大于投入实物更新的货币，必然造成部分生产资料和生活资料无法转化为货币，无法形成折旧基金，致使扩大再生产不能实现。扩大再生产增长率愈高，固定资本折旧年限愈长，不能实现的产品也愈多，所造成的扩大再生产实现的困难也愈大，而且是生产过剩危机的一个现实因素。

但是，资本家为了将来到期要更新固定资本，把渐次收回的折旧费以货币形式储存在钱柜里，那是资本主义生产不发达时期才有的现象。随着资本主义生产的发展，一方面，越来越多更新期不同的固定资产集中在为数日益减少的资本家手中；另一方面，借贷资本用利息把所有暂存的折旧基金集中起来。资本集中和信用制度将大大减少上述扩大再生产实现的困难。

二、资本集中和信用制度在扩大再生产实现中所起的作用

一个以一台榨糖机起家的资本家，在经营之初就意识到其榨糖机有磨损到不能使用的一天，因而他必须在榨糖机可能使用的期间内逐渐提取折旧费积存起来作为重新购置榨糖机的费用。另有一个拥有 500 台织布机的工厂主，他的 500 台织布机是 10 年来渐次添置起来的，前几年每年添置较少，后几年每年添置数逐渐增多。如果织布机使用寿命为 10 年，这位资本家在经营中将很快发现，10 年后他每年提取的折旧费都多于每年更新织布机的费用，因而，他将意识到根本不必为织布机的更新储藏货币，只要以当年提取的折旧费就足以应付当年的更新；不仅如此，他还将发现折旧费大于更新费用的余额尽可以投入扩大再生产，不必存储起来，来年的更新自有来年的折旧费来支付。因此，固定资本价值补偿和实物补偿的不一致对可以渐次更新的资本来说倒成了扩大再生产的一个有利因素。

即使在简单再生产中，可以渐次更新的固定资本也可以用到期更新之前提取的折旧费预先投资，用新投资渐次收回的折旧费来支付前一个固定资本的到期更新。这时，固定资产总价值不变，实际发生作用的固定资产却增加了，从而有更大规模的再生产。恩格斯在 1867 年 8 月 27 日致马克思的信里用具体数例剖析了可渐次更新固定资产的这一有利因素。①

就上述意义来说，可渐次更新固定资产的资本在再生产中比集中更新的资本来得有利。随着资本的集中，有不同周转期，不同更新期、不同价值量的固定资产日益集中在愈来愈大的资本乃至垄断资本的统辖之下，各固定资产的实物更新时间上、数量上愈可能交错开，资本愈大，各年度总更新费用的波动将愈小，总折旧费与总更新费用之间差额的波动也将愈小，因而储藏折旧费的必要性也随资本的集中而日益减少，资本家最多只

① 马克思、恩格斯：《马克思恩格斯全集》第 31 卷，北京：人民出版社，1972 年，第 334—338 页。

要储备折旧费小于更新费用的年份所要垫支的差额。

个别资本折旧储备的减少必将大大减少整个社会总资本的折旧基金储备，从而也减少了因固定资本价值补偿和实物补偿不一致所造成的扩大再生产实现的困难。

随着信用制度的发展，利息把暂时储存的折旧费都吸收到银行里。如果固定资本是逐年增长的，银行家集中了各个个别资本的折旧储备后，将发现他每年收集的折旧费足以应付到期更新的资本家的需要，甚至还有余额可以贷出，进行投资。信用制度在固定资本补偿方面起了在更大范围调剂、集中折旧费的作用，使储备期间闲置的折旧基金发挥职能资本的效用。这时，借贷资本可以投入货币使上述无法实现的 149 生产资料和 55.9 的消费资料得以实现，而投入的货币在收集折旧费时回流到借贷资本家手中，其数额相当于当年收集进来的折旧基金大于当年提取出去的更新费用的差额。换句话说，通过借贷资本投入货币解决了扩大再生产实现的困难，通过折旧费的集中使原来无法实现的产品直接投入再生产。借贷资本本身越集中，收集折旧费的范围越大，就越能在较大的范围内发挥上述的作用。

总之，资本集中和信用制度愈益减少了储藏折旧基金的必要性，前者在单个资本内部减少这一储藏的必要性，后者在社会各资本间减少这一储藏的必要性，从而减少了上述扩大再生产实现的困难。此外，无法实现的产品，还可以转化为储备或商业库存，以实物形式储藏起来，也可以通过对外贸易，从国外换回货币，实现折旧基金的货币储藏。但是，在资本主义生产方式中，上述现实因素都不能完全消除固定资本价值渐次补偿，实物一次更新所造成的再生产实现的困难。这一方面由于集中和信用作用的范围有限，不能囊括整个社会生产，不能在整个社会范围进行调节，实物储备和对外贸易的作用也有限制；另一方面由于生产社会化和生产资料私人占有的矛盾，必然导致经济危机，生产的周期性使固定资本更新集中于萧条后期及其后的一段时间里，固定资产的生产在周期的各个阶段波动很大，并非每个年度都有 $c_{固(2)} > c_{固(1)}$，萧条、复苏时期大量更新的固定资产，繁荣时期只折旧、不更新，因而有许多补偿折旧价值的产品无法转化为货币，加剧了生产过剩的矛盾。如果资本家直接或通过交换把这些产品投入扩大再生产，则是把简单再生产要素提前充作扩大再生产要素，更增加了虚假繁荣掩饰下的生产过剩。如果借贷资本投入货币实现这些产品，将会酿成爆发于一朝的银根吃紧的信用危机。因此，不但固定资本更新是周期性危机的物质基础，而且固定资本补偿的矛盾也是生产过剩危机的一个现实的因素。

三、固定资本补偿的特点对追加扩大再生产的影响

以本文初的发端公式来看，假设第 I 部类积累率为 50%，$1000 I_m$ 中有 $500 I_m$ 投入再生产，在《资本论》假设的固定资本当年耗尽当年补偿的前提下，$500 I_m$ 按 4：1 分割为 $400\Delta I_c$ 和 $100\Delta I_v$。现在假定固定资本折旧年限为 10 年，$400\Delta I_c$ 按 9：1 分割为 $360 I_{c流}$ 和 $40 I_{c固}$，因而，对应于 $40 I_{c固}$ 的当年固定资本转移价值，投入的追加固定资本（以符号 $\Delta I_固$ 表示）将 10 倍于 $40\Delta I_{c固}$，即 $\Delta I_固$ 应为 400，从而整个追加资本应有：

$360\Delta I_{c流}+400\Delta I_固+100\Delta I_v=860$ 才能投入扩大再生产。

如果追加资本只有 $500 I_m$，则 $500 I_m$ 应按比例 $\Delta I_{c流}：\Delta I_固：\Delta I_v=18：20：5$ 来分割，因此，$\Delta I_{c流}=209.3$，$\Delta I_固=232.6$，$\Delta I_v=58.1$ 才能投入扩大再生产。来年的追加产品价值中生产资本应为 $\left(209.3+\dfrac{232.6}{10}\right)\Delta I_c+58.1\Delta I_v$。

同样，第 II 部类追加资本也要按 2：1 分割为 ΔII_c 和 ΔII_v，而 ΔII_c 按 9：1 分割为 $\Delta II_{c流}$ 和 $\Delta II_固$，对应于 $\Delta II_固$ 要投入 10 倍的 $\Delta II_固$，所以，第 II 部类追加资本应按 $\Delta II_{c流}：\Delta II_固：\Delta II_v=9：10：5$，才能投入扩大再生产。

按上述分析，如果无法实现的生产资料和生活资料通过资本集中和信用制度都直接投入扩大再生产，扩大再生产图式可安排如下：

$$I：4000 I_c+1000 I_v+500 I\frac{m}{x}+\underbrace{271.7\Delta I_{c流}+301.9\Delta I_固+75.5\Delta I_v}_{500+149}$$

直接投入扩大再生产

$$3600 I_{c流}+251 I_{c固}（更新）+149 I_{c固}（不更新）$$

其中：$1000 I_v+500 I\frac{m}{X}+75.5\Delta I_v=1575.5$ 向第 II 部类交换消费

资料。

$$II：1500\,II_c+750\,II_v+639.9\,II\frac{m}{x}+62.2\triangle\underbrace{II_{c流}+69.2\triangle\,II_固+34.6\triangle\,II_v}_{110.1+55.9}$$

直接投入扩大再生产

$$1350\,II_{c流}+94.1\,II_{c固}（更新）+55.9\,II_{c固}（不更新）$$

其中：$1350\,II_{c流}+94.1\triangle\,II_固+62.2\triangle\,II_{c流}+69.2\triangle\,II_固=1575.5$ 向第 I 部类交换生产资料。

第二年结束时可得出：

$$\left.\begin{array}{l}I.\;4301.9c+1075.5v+1075.5m=6452.9\\II.\;1569.1c+784.6v+784.6m=3138.3\end{array}\right\}9591.2$$

从上述图式可以得出什么结论？

第一，对应于相同的追加资本，由于固定资本一次投入渐次补偿的特点，投入的追加资本将有一部分被束缚在固定资本的实物上，当年未能转移入产品，和《资本论》第二卷 576 页第一例（B）式相比，扩大再生产的规模较小，第一例（B）式第二年总产品为 9800[1] 高于本例，因此，固定资本的折旧年限愈长，不变资本中固定资本所占的份额愈大，投资额相同的扩大再生产规模将愈小，扩大再生产的增长速度将愈低。

本例中第 I 部类当年新添置的固定资产为 $301.9+251=552.9$，比前一年添置的 592 还少，这显然与假设不符，造成这一现象的原因是本例和第一例（B）式一样假定历年来固定资本每年增长 10%，而考虑进固定资本补偿的特点，固定资产增长率应低于 10%，计算表明，本例如果假设固定资本每年只增长 7.1%，则能使以后各年度也能按同一速率增长。

第二，将本例与第一例（B）式相比，追加投资中所需生产资料的比例增大了，可变资本所占的比例减少了，本例中第 I 部类二者之比为 38∶5，第 II 部类为 19∶5，而第一例（B）式这一比例为 4∶1 和 2∶1。追加投资中生产资料比重的增加是由于追加固定资本的增加。这说明，固定资产价值补偿和实物补偿的时间差异越大，折旧年限愈长，不变资本中固定资本的比重愈大，扩大再生产愈要求第 I 部类生产尤其是厂房、机器等固定资

---

[1] 　马克思：《资本论》第 2 卷，北京：人民出版社，1975 年，第 578 页。

本的生产有先行的扩大，就愈要求这些生产资料优先增长。

对此，学术界有过不同的意见，鲁济典认为："由于固定资本的渐次转移，使消费资料的生产更加优先发展，还是实现了扩大再生产。"[①] 看了鲁济典的文章，我的理解是：他在再生产的分析中，发端公式中假设追加不变资本当年转移的价值部分与追加可变资本的比为 4∶1，而来年的扩大再生产表式中又假设整个追加不变资本与追加可变资本的比为 4∶1，前一次固定资产只计转移价值，后一次计入全部价值，前后计算口径不相同，根据不同口径的计算结果来比较，因而会得出完全相反的结论。

四、固定资产补偿问题的探讨对社会主义生产有何现实意义

当社会总固定资金每年折旧不更新的价值都大于实物更新的价值时，即 $C_{固(2)} > C_{固(1)}$，社会可以不必储备折旧费，而以当年的折旧提成来补偿当年的实物更新，并可将余额投入扩大再生产。如果某些年度 $C_{固(2)} < C_{固(1)}$，社会就要投入准备金，投入储备的生产资料才能使扩大再生产得以实现。因而，$C_{固(2)} < C_{固(1)}$ 是扩大再生产不平衡的表现，两者差额愈大愈反映了固定资产生产的猛涨猛落。当然，社会主义扩大再生产的增长率不可能年年一个样，尤其是工业化时期和技术改造时期固定资产的添置和更新往往较多，但社会主义扩大再生产有必要尽量使各相继年份的 $C_{固(2)} > C_{固(1)}$ 都能成立，这也就要求基本建设的兴建、固定资产的增长不要集中在某些年份里，尽可能在各个年度均匀铺开。社会主义计划经济提供了实现这一要求的可能性，但如果一时头脑发热，骤然增加固定资产的投资，那就不仅会造成一时紊乱，而且还遗祸多年，要一段时间的调整才能恢复平衡。众所周知，我国经济建设在这方面的教训是极其深刻的。

按照我国现行的折旧政策，绝大部分折旧费要上缴财政，而集中起来的折旧费主要用于投资，用于扩大再生产，致使许多企业设备陈旧，更新困难，挖潜、革新、改造缺乏资金，有的连简单再生产都难以维持，这是以扩大再生产挤了简单再生产。同时折旧年限太长，不利补偿，不利技术改造，有必要酌情逐步予以缩短。

---

① 原载于《经济研究》1979 年第 11 期。

在扩大企业自主权的讨论中，许多人主张折旧费全部留归企业支配，我的看法是：由于基本建设和大部分扩大再生产是社会投资的，折旧费留归企业支配的只应当是补偿简单再生产的部分，而用于扩大再生产的折旧基金部分应归社会支配，由建设银行把各企业包括集体所有制企业的折旧费集中起来，从中可以腾出一笔很大的资金用于贷款投资。即把每年提取的折旧费总额大于实物更新价值的差额投入扩大再生产，而且这一差额也必须投入扩大再生产才能使再生产得以实现。银行可利用的投资在折旧费总额中所占的比例可估算如下[①]：

设固定资产年增长率为 L，折旧年限为 S，前第 S 年投入的固定资产为 Y_o，则 S 年来更新的固定资产总和为：

$$Y_o + Y_o(1+L) + Y_o(1+L)^2 + \cdots Y_o(1+L)^{S-1}$$

根据等比级数求和公式，上式和为 $Y_o \dfrac{(1+L)^s - 1}{L}$

从中可提取折旧费 $Y_o \dfrac{(1+L)^s - 1}{SL}$

当年实物上需要更新的仅为 Y_o

更新价值占折旧费总额的比例 $\sigma = \dfrac{SL}{(1+L)^s - 1}$

可用于扩大再生产部分的比例为（$1-\sigma$）。

如果折旧年限为 20 年，固定资产年增长率为 5%，代入计算可求得 $\sigma = 60.5\%$，即当年折旧费的 39.5% 可用于投资。如果固定资产年增长率提高为 10%，则 $\sigma = 35\%$，当年折旧费的 65% 可用于投资。同时，企业每年提取折旧，到期一笔取回更新费用，不仅能保障简单再生产，而且随着劳动生产率的提高，固定资产重置价值下降，用同额资金企业仍能实现扩大再生产。

以上估算以平均摊提法折旧为前提，折旧费中的修理费用未考虑在内。目前，国外还有一种余数折旧法，即每年折旧费 = 固定资产净值 × 折旧率，净值是原值减去前几年已提取折旧费后的余额。按余数折旧法，头一年折旧最多，越往后折旧额越少。实行余数折旧法，一方面是为了减少技术进步迅速而造成的日益加剧的无形损耗的损失，另一方面又是资本家

---

① 鸟家培：《经济数学方法研究》，上海：上海三联书店，1980 年，第 183－190 页。

加速折旧，逃避征税，把纳税时间往后推移的一种伎俩。

固定资产补偿，可以是原来机器、设备的退役废弃，代之以新机器、新设备；也可以是旧设备的技术改造，恢复、增加其使用价值而继续使用。固定资产的革新、改造也是再生产，有时甚至是效率很高的再生产，改造费用同样可以通过提取折旧费来补偿。对旧设备、旧机器是改造利用还是退役更新，要以经济效果的比较来判断，即综合考虑进改造费用，改造后维修费用，改造后生产成本和劳动生产率；再考虑更新费用，更新后生产成本和劳动生产率。由于我国工业基础薄弱，缺的是机器设备，多的是人力资源，固定资产补偿主要应采取挖潜、革新、改造的方针，而且 20 多年来我国投资兴造的固定资产不少，发挥效用不足，一份投资，三分之二留存，三分之一发生效用，因此对现有固定资产实行挖潜、革新、改造意义尤为重大。只有维修费用太大，修理费用与更新费用相比划不来的时候才把旧设备退役废弃。随着工业的进步，固定资产退役率将来还是会逐渐提高的。

固定资产补偿，不仅要注意 $C_{固(1)}$ 和 $C_{固(2)}$ 的价值量的关系，还要注意整个社会产品必须产销对路，品种相符，否则，就不能补偿损耗的固定资产，不能实现再生产。我国当前钢材积压 2000 万吨，机电产品积压 500 多亿元，而前两年却又有 80 多亿元折旧基金没花完，这里除了储备制度、物资供应制度不合理外，产品不能适销对路也是个重要原因，这要通过完善计划，加强统计，产需结合，疏通经济信息的渠道来加以解决。

产品部类系数和部门部类系数的设想*

　　两大部类的比例是社会再生产中最重要的比例，对其理论马克思早已做了阐述。但是，我们往往在理论分析时讨论两大部类的比例关系，而在实际工作中却更多地讨论农、轻、重的比例关系。曾经有一段时间流行这样的看法：农业、轻工业就是第Ⅱ部类，重工业就是第Ⅰ部类，处理好农、轻、重的关系，也就处理好了两大部类的关系。而在实际工作中就以农、轻、重这种部门分析来取代两大部类的比例，造成了理论和实际工作中的一些混乱。

一、农、轻、重比例和两大部类比例是两种不同的比例

　　马克思把社会总产品划分为生产资料和消费资料两大部类，是从产品的最终使用方式出发的，它舍弃了各生产部门、各产品物质生产的特点，也舍弃了产品五花八门的物理特性。凡是继续留在生产领域作为固定资产、原材料的，是生产资料，属第Ⅰ部类；离开生产领域投入社会和个人消费的，是消费资料，属第Ⅱ部类。马克思从两大部类产品再生产中如何进行价值补偿和实物补偿来考察社会再生产得以实现的条件。

　　农业、轻工业、重工业、运输业等这些社会一般分工所产生的部门分类，是由这些部门的物质生产特点决定的。例如，在农业中，土地是主要的生产资料，农产品是劳动过程和自然过程交错的产物，是人类劳动促使动植物有机生长的产物。又如工业，通常使用人所生产出来的劳动工具——机器、手工工具，操作这些工具的是经过训练、有专业经验的劳动

---

　　* 原载于北京大学《经济科学》1981年第4期。

力，土地在工业中起次要作用。至于轻工业和重工业的划分，一方面以产品主要充作消费资料还是充作生产资料为划分标准，在一定的情况下，也以单位产值投资额的大小，资金周转的快慢，回收期限的长短作为划分标准。实际工作中农、轻、重的划分有时交叉混杂，甚至以管理方便来划分部门，如农村生产队，大队办的工业划入农业，县、社以上的才算工业，这已离开了按物质生产的特点划分工业的标准。

部类划分和部门划分的结果不相符合，而且差别在日益扩大。农产品中，粮食、棉花、甘蔗主要充作消费资料，但其中充作种子、饲料部分的却是生产资料。发达国家中粮食充作饲料的比例日益增大，供食用的粮食也往往多次经过加工，如美国商业出售的食品中，归于农民的价值份额仅占 35％，因此，发达国家的农产品分属两大部类的比例与我国的现状大不相同。住宅、电视机、小汽车是重工业的产品，但却是消费资料，随着现代化的实现，重工业生产的耐用消费品将日益增多。轻工业产品也未必都是消费品，半成品如棉纱，成品如供印刷业用的纸张，都属生产资料。总之，农业、轻工业、重工业的产品中都既有生产资料，也有消费资料，从发展方向看，农业中的第 I 部类产品的比重将上升，重工业中的第 II 部类产品的比重也将上升。

所以，无论从出发点还是从结果来看，部类划分和部门划分在本质上是两种不同的分类法，不能相互取代。按照马克思的再生产理论，分析社会再生产主要应当考察的是两大部类的比例关系，而不是农、轻、重三个部门的比例关系。

二、产品"部类系数"的设想

人们对再生产理论进行了大量的研究，但不论理论工作者还是实际工作者，都说不清我国第 I 部类产品价值究竟有多大，第 II 部类产品价值到底是多少，也说不清两大部类的比例是 3：2 还是 2.5：1，如果我们对两大部类的划分没有准确的或大致准确的"量"的认识，那我们凭什么来分析我国的再生产，又怎样应用马克思的再生产理论来指导生产实践和国民经济计划的制订？理论和实践如何联系起来？现在提出产品部类系数的设想，企图作为在"量"的方面应用马克思再生产理论的一种探讨。

　　社会产品种类繁多，同一产品的用途也不尽相同。从部类划分的角度来看，一些产品（如机床）纯属生产资料，一些产品（如手表）纯属消费资料，而有的产品既可充作生产资料，又可充作消费资料，如电力，大部分是动力用电，小部分是民用电。同一产品的部类划分不是在产品生产出来，也不是产品处在商品阶段所能决定的，而是在产品通过流通，交付使用时才能决定。尽管同一产品在不同年度、不同地区归属两大部类的比例可能不同，但总的说来在一定经济时期内，这个比例应该是比较稳定的。如果我们将产品 j 充作生产资料的部分在该产品总量中占据的比例称作这一产品的第 I 部类系数，记以符号 X_I，将产品 j 充作消费资料的部分在该产品总量中占据的比例称作这一产品的第 II 部类的系数，记以符号 X_{II}，则会有：

　　$X_{I机床}=1$，$X_{II机床}=0$，$X_{I手表}=0$，$X_{II手表}=1$

　　如果电力的 80% 是生产上用的动力电，则有 $X_{I电力}=0.8$，$X_{II电力}=0.2$。

　　对任一产品，都有 $X_I + X_{II} = 1$。

　　产品的部类系数可以从有关的经济统计数字中估算出来，也可以从投入产出表的数字中推算出来。如果没有现成的统计数字，还可以进行抽样调查，以样本部类系数的加权平均值作为该产品的部类系数。

　　得出部类系数后，产品 j 其总产值 W_j 分属两大部类的部分 I_j，II_j 将是：

$$I_j = X_{I_j} W_j \qquad II_j = X_{II_j} W_j$$

　　社会若有 n 种产品，则产品的总值分属两大部类的部分 I、II，即两大部类的总产品价值分别是：

$$I = \sum_{j=1}^{n} X_{I_j} W_j \qquad II = \sum_{j=1}^{n} X_{II_j} W_j$$

　　（$j=1, 2, 3, \cdots, n$ 为产品数）

　　对某一产品 j 而言，其价值分解为：

$$W_j = C_j + V_j + m_j$$

　　每一产品的 C_j，V_j，m_j 容易求出。C_j 为生产资料的转移价值，包括原料、轴助材料、固定资产折旧；V_j 为工资基金，包括奖金、福利；m_j 为总利润，包括企业利润、税金、贷款息金。有了部类系数，同样可以统计出两大部类的 I_c，II_c，I_v，II_v，I_m，II_m。例如产品 j 的 C_j 分属两

大部类的部分 I_{cj}，II_{cj} 分别是：

$$I_{cj} = XI_jC_j \qquad II_{cj} = XII_jC_j$$

由此，社会总产品的 I_c，II_c 为：

$$I_c = \sum_{j=1}^{n} XI_jC_j \qquad II_c = \sum_{j=1}^{n} XII_jC_j$$

同样可以得出：

$$I_v = \sum_{j=1}^{n} XI_jV_j \qquad II_v = \sum_{j=1}^{n} XII_jV_j。$$

$$I_m = \sum_{j=1}^{n} XI_jm_j \qquad II_m = \sum_{j=1}^{n} XII_jm_j。$$

（以上 $j=1$，2，3，$\cdots$，n 为产品数）

由此，我们可以写出社会总产品的部类表式。

三、部门部类系数的设想

社会产品的种类有如恒河沙数，逐一统计每种产品的部类系数 XI_j，XII_j，再逐一统计其 C_j，V_j，m_j，工作量浩繁无比，用上述统计数字列出社会总产品的部类表式，理论上说得通，实际上难以实行。

如果把"产品部类系数"改为"部门部类系数"，那么问题就大为简化了。也就是说，统计出诸如冶金、化工、机械等生产部门的部类系数，再按照各部门的总产值及其价值构成，同样可以得出社会总产值的部类表式。这时，上节所述的各个公式都完全适用，而 j 代表产品改为代表部门。

部门部类系数，当然可以来源于该部门各产品的产品部类系数，但也可以从按部门列出的投入产出表中的各部门"中间总需求"和"总产出"推算出来：

$$XI_j = \frac{\text{部门 } j \text{ 的中间总需求}}{\text{部门 } j \text{ 的总产出}}$$

统计出"产品部类系数"，尤其是统计出"部门部类系数"，将有助于再生产理论的实际应用。当然，这里提出的仅是一个初步设想，还有许多问题，例如：如何考虑部类系数的动态变化等，则有待于进一步的探讨。

对两大部类两分部类交换图式的看法[*]

马克思在《资本论》第二卷第二十章第Ⅳ节中，把消费资料分为必要
生活资料（Ⅱa）和奢侈品（Ⅱb）两个部类，指明奢侈品只供给资本家阶
级消费；必要生活资料不仅要供给工人阶级消费，而且还要供给资本家阶
级一部分消费。在这个基础上，马克思进一步研究了第Ⅱ部类内部的交
换，提出了第Ⅰ部类与第Ⅱ部类两个分部类之间的交换补偿问题。但是，
马克思在《资本论》中并没有具体论述第Ⅰ部类与第Ⅱ部类两个分部类之
间的交换是如何实现的。许多同志对马克思的提示做了这样或那样的注
释，提出了许多不同的实现图式。本文试就这些不同图式谈谈自己的
看法。

首先从马克思对第Ⅰ部类和第Ⅱ部类两个分部类的交换图式所做的几
个原则性假设谈起。

马克思对这一问题的论述，大致可归纳为以下几个要点①：

1. 对于第Ⅱ部类的两个分部类，"假定不变资本和可变资本的比例相
同"。两个分部类 a 和 b，可以用下列公式表示：

（Ⅱa）$1600c + 400v + 400m = 2400$

（Ⅱb）$400c + 100v + 100m = 600$

总计：$2000c + 500v + 500m = 3000$

2. 这两个分部类资本家在花费他们的收入时的平均比例，是 2/5 用于
奢侈品，3/5 用于生活必需品。

3. 以消费资料形式存在的、要和 $2000Ⅰ(v+m)$ 交换的 $2000Ⅱc$，其

---

* 原载于《学术月刊》1985 年第 6 期。

① 以下要点引自马克思：《资本论》第 2 卷，北京：人民出版社，1975 年，第 451—452 页。

中有 1600 用来交换必要生活资料的生产资料，有 400 用来交换奢侈品的生产资料。

4. 2000 Ⅰ（$v+m$）本身也会这样分割：（$800v+800m$）Ⅰ作为 a 的必要生活资料的生产资料＝1600，（$200v+200m$）Ⅰ作为 b 的奢侈品的生产资料＝400。

5. 不仅真正的劳动资料，而且原料和辅助材料等，在两个分类中，有很大部分是相同的。至于Ⅰ（$v+m$）全部产品的不同价值部分的交换，那么，这种划分似乎是毫无意义的。

对马克思上述论述，理解不同、分歧较大的是第四点，即 2000 Ⅰ（$v+m$）要不要在实物形态上分割出（$800v+800m$）Ⅰ作为Ⅱa 的必要生活资料的生产资料，分割出（$200v+200m$）Ⅰ作为Ⅱb 的奢侈品的生产资料。

《〈资本论〉提要》的作者认为，根据第Ⅱ部类 a，b 两个分部类的划分原则，"一般说来，2000 Ⅰ（$v+m$）不应分割为（$800v+800m$）Ⅰ与Ⅱa1600c 相交换，也不应分割为（$200v+200m$）Ⅰ与Ⅱb400c 相交换；而应该作这样的分割：Ⅰ（$1000v+600m$）与Ⅱa1600c 相交换，Ⅰ400m 与Ⅱb400c 相交换。"[1] 显然，作者对马克思提出的 2000 Ⅰ（$v+m$）划分为两个部分的论点持否定态度。但作者没有说明否定的理由，只是认为，马克思对以上 2000 Ⅰ（$v+m$）的分割，可以理解为是繁荣时期，工人阶级也暂时参加了他们通常买不起的各种奢侈品消费的情况。这种情况可以用下表来表示[2]：

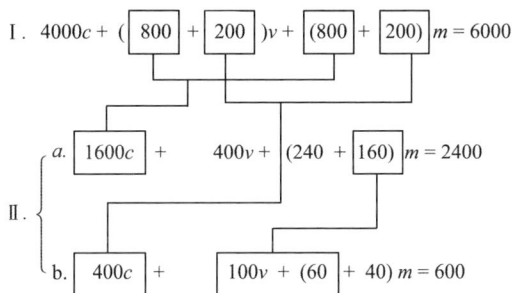

---

① 《〈资本论〉提要》，上海：上海人民出版社，1978 年，第 226 页。

② 《〈资本论〉提要》，上海：上海人民出版社，1978 年，第 227 页。张魁峰《〈资本论〉自学提要》也持同样的观点。

近年来探讨这一问题的多数作者认为，《〈资本论〉提要》否定 2000 I（$v+m$）的分割是没有根据的，主张这一分割只适用于繁荣时期工人阶级暂时参加奢侈品消费的情况，并不符合马克思的原意。我赞同这些同志的观点。马克思把第 II 部类划为两个部类时，已明确规定工人阶级不参加奢侈品的消费，在紧接着的讨论实现问题的论述中，也指明资本家用于奢侈品消费的是 400 II b。因此，不可能把马克思对 2000 I（$v+m$）的分割，仅仅理解为繁荣时期工人阶级参加奢侈品消费的暂时情况。同时，《〈资本论〉提要》就这一情况所提出的图式，也不符合马克思原先做出的资本家把剩余价值的 2/5 用于生活必需品，3/5 用于奢侈品的假设。在《〈资本论〉提要》的图式中，用于必要的生活必需品的占 4/5，用于奢侈品的只占 1/5。再则，该图式的不合理之处还在于只有第 I 部类的工人阶级参加奢侈品的消费，第 II 部类两个分部类的工人都不参加奢侈品的消费，这即使是就繁荣时期的暂时情况来看，也是说不通的。

好几种《资本论》辅导读物都放弃了《资本论》提出的把 2000 I（$v+m$）分割为（$800v+800m$）I 和（$200v+200m$）II 的提示，主张将 2000 I（$v+m$）分割为（$1000v+600m$）I 和 400 I m，然后将第 I 部类与第 II 部类两个分部类的交换用下列图式表示：

$$ \text{I.} \quad 4000c + \boxed{1000v + (600} + \boxed{400)}m = 6000 $$

$$ \text{II.} \begin{cases} a. & \boxed{1600c} + 400v + (240 + \boxed{160)}m = 2400 \\ b. & \boxed{400c} + 100v + (60 + 40)\, m = 600 \end{cases} $$

按照这个图式，第 I 部类与第 II 部类的两个分部类的交换，以及整个社会的简单再生产，都是可以实现的，也符合马克思所做的其他各项规定。但是，这一图式离开了马克思对第 I 部类 I（$v+m$）所做的分割。按照这些辅导读物的图式，第 II 部类 a 分部类的生产资料，在实物形态上由（$1000v+600m$）I 来补偿，b 分部类的生产资料却只由 400 I m 来补偿；而马克思的原意，II ac 和 II bc 都应当由整个 I（$v+m$）中的一个按比例分割的部分来补偿，即由（$800v+800m$）I 补偿必要生活资料的生产资料，由（$200v+200m$）Ⅰ补偿奢侈品的生产资料。

马克思为什么要做如上规定呢？依我的理解，他是要强调Ⅱc与Ⅰ（$v+m$）的关系，即整个Ⅱc是由整个Ⅰ（$v+m$）来补偿的。"年劳动以生产资料的实物形式创造的新价值产品（分成 $v+m$），等于年劳动的另一部分生产的产品价值所包含的以消费资料形式再生产的不变资本价值 C。"① 因此，马克思没有寻求Ⅰm与Ⅱbc的实物交换方式的直接补偿。几种《资本论》辅导读物所采用的图式，虽然说明了Ⅰ，Ⅱa，Ⅱb之间再生产的实现，但毕竟离开了《资本论》的原意。在《资本论》的教学和研究工作中，有必要按照马克思的本意，就 2000Ⅰ（$v+m$）按Ⅱa与Ⅱb的比例分割出（$800v+800m$）Ⅰ作为Ⅱa的必要生活资料的生产资料，分割出（$200v+200m$）Ⅰ作为Ⅱb的奢侈品的生产资料，直接建立第Ⅰ部类与第Ⅱ部类两分部类之间的交换图式。

为实现这一意图，近几年发表了好几篇论文，提出了几种不同的图式。

李本玉、郭德宏同志提出的图式如下：

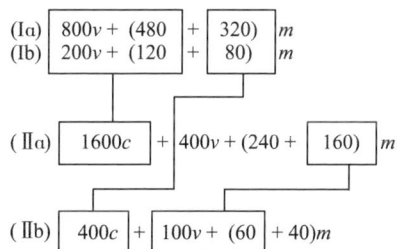

（通过本分部类内部交换可实现的未注明。）②

李、郭两同志提出的图式有两点是值得商榷的：

第一，李本玉、郭德宏同志把第Ⅰ部类也划分为两个分部类，这并不符合马克思的原意。（$800v+800m$）Ⅰ仅仅是 2000Ⅰ（$v+m$）的一个部分，没有 c，如何组成一个分部类呢？陈乃圣同志对此曾批评说，如果第Ⅰ部类要划分分部类的话，在上述交换中应当分为三个分部类，即：

$2668c+666v+666m=4000$ 生产资料的生产资料

---

① 马克思：《资本论》第 2 卷，北京：人民出版社，1975 年，第 453 页。
② 李本玉、郭德宏：《怎样理解第Ⅰ部类的分割》，《学术月刊》，1983 年第 3 期。

$1066c+267v+267m=1600$ 必要生活资料的生产资料

$266c+67v+67m=400$ 奢侈品的生产资料①

因此，把（$800v+800m$）Ⅰ说成Ⅰa，（$200v+200m$）Ⅰ说成Ⅰb是不科学的。我认为，陈乃圣同志的看法是正确的。李、郭两同志把Ⅰ$(v+m)$的划分理解为分部类的划分，这就曲解了前面提到的几种《资本论》辅导读物提出的图式，他们批评这些作者把资本家分成两部分，其中一部分"过着艰苦的生活"，另一部分却不参加生活必需品的消费，只参加奢侈品的消费。其实，李、郭两同志的批评曲解了辅导读物作者们的本意，因为这些辅导读物的图式是把Ⅰ$(v+m)$当作一个整体来看待的，根本不存在两个分部类间资本家消费水平不同的问题。

第二，李本玉、郭德宏同志认为第Ⅰ部类和第Ⅱ部类两个分部类之间的实现问题，用直接物物交换是无法表示的。他们在论文中用文字来叙述实现的过程，但他们所叙述的实现过程其实是无法实现的。从他们的图式上看，（$200v+120m$）Ⅰb与1600Ⅱac中的320Ⅱac相交换，但前者实物形态是奢侈品的生产资料，不符合Ⅱa分部类对生产资料的需要。而320Ⅰam又与400Ⅱbc中的320Ⅱbc相交换，前者实物形态是必要生活资料的生产资料，不符合Ⅱb分部类对生产资料的需要。上述价值补偿与实物补偿的矛盾怎么解决，李、郭两同志没有做出令人信服的说明，因此，他们提出的图式不能说明问题。

何干强同志认为，"第Ⅰ部类与第Ⅱ部类两分部类的交换，是可以用实物直接交换的方式来表示的。"即②：

---

① 陈乃圣：《论Ⅰ$(v+m)$与Ⅱac、Ⅱbc的交换问题》，《文史哲》，1983年第5期。

② 何干强：《也谈第Ⅰ部类与第Ⅱ部类两分部类的交换图式》，《南京师院学报》，1982年第4期。

笔者认为，何干强同志的图式也值得商榷。

按马克思的分割，$(800v+800m)$Ⅰ实物形态上是必要生活资料的生产资料，而何干强的图式中 800Ⅰm 的一部分即 320Ⅰm，必须与 320Ⅱbc 相交换，Ⅱb 需要的是奢侈品的生产资料，因而这一交换无法用实物直接交换的方式来解决。同理，200Ⅰm 中的 120Ⅰm 必须与 120Ⅱac 相交换，前者实物形态上是奢侈品的生产资料，不能满足Ⅱa 分部类的需要，也就是说，这一图式从实物补偿的角度来看是无法实现的。因此，何干强同志提出的图式仍然不能说明问题。

叶国镠、郑规真同志认为：第Ⅰ部类与第Ⅱ部类两个分部类的交换，有一部分是无法通过直接的物物交换来实现的。他们列出了以货币为媒介的两大部类的交换图式：

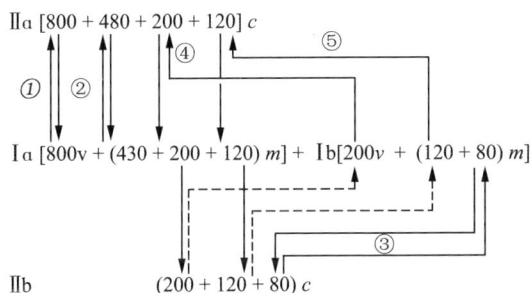

Ⅰa 是必要生活资料的生产资料的生产部门；Ⅰb 是奢侈品的生产资料的生产部门；Ⅱa 是必要生活资料的生产部门；Ⅱb 是奢侈品生产部门。

叶国镠、郑规真同志确认必须以货币为媒介来实现第Ⅰ部类与第Ⅱ部类两个分部类之间的循环交换，即除了 800Ⅰav 与 800Ⅱac，480Ⅰam 与 480Ⅱac，80Ⅱbc 和 80Ⅰbm 之间的直接交换之外，还要有Ⅱa 向Ⅰa 单向购买必要生活资料的生产资料；Ⅰa 向Ⅱb 单向购买奢侈品；Ⅱb 向Ⅰa 单向购买奢侈品的生产资料；Ⅰa 向Ⅱa 单向购买必要的生活资料。通过上述以货币为媒介的交换，预付到流通中的货币又流回到它的起点，两部类各分部类在价值上和物质上都得到补偿。社会再生产得以实现①。

叶国镠、郑规真同志的上述见解的确是理解Ⅰ$(v+m)$与Ⅱac、Ⅱbc 之

① 叶国镠、郑规真：《论Ⅰ$(v+m)$和Ⅱac，Ⅱbc 之间的交换》，《西南师范学院学报》，1982年第 3 期。参见论文的文字说明。

间交换的关键所在。就这一点而言，叶、郑两同志的思路是正确的，他们的论文为解答这一争论多年的问题提供了基本的线索。

不过，叶、郑两同志的论文也有几个值得商榷的地方：

第一，$(800v+800m)$ Ⅰ和$(200v+200m)$ Ⅰ只是Ⅰ$(v+m)$这部分产品在实物形态上的划分而已，叶、郑两同志却把它理解为必要生活资料（Ⅱa）和奢侈品（Ⅱb）并列的两个分部类Ⅰa，Ⅰb，理解为两个只有v和m而没有c的生产部门，这显然不符合马克思的原意。

第二，叶、郑两同志把Ⅱac，Ⅱbc，以及他们所分割出来的Ⅰam分解得过于零碎，从而使问题的说明显得复杂起来。其实，Ⅱac只需要分解为$(800+480+320)$ Ⅱac，Ⅱbc只需要分解为$(320+80)$ Ⅱbc，$(800v+800m)$ Ⅰ只需要分解为$[800v+(480+320)m]$ Ⅰ，$(200v+200m)$ Ⅰ只需要分解为$[200v+(120+80)m]$ Ⅰ，就足以说明问题了。

吴才根同志秉承并简化了叶、郑论文的基本思路，但在他提出的图式里[①]，却进一步扩大叶、郑图式的一个值得商榷的观点，即更完整地把第Ⅰ部类分割成两个分部类：

$$Ⅰ\begin{cases} a. 3200c+800v+(480+320)m \\ b. 800c+200v+(120+80)m \end{cases}$$

吴才根同志与叶、郑以及其他主张把第Ⅰ部类划分成两个分部类的同志不同，他在Ⅰa，Ⅰb中加入了c，使Ⅰa，Ⅰb完全独立开来。

笔者认为，吴才根同志制作的图式未能正确表达马克思的原意。首先，第Ⅰ部类划分出来的Ⅰa，Ⅰb，并不是生产某一类产品的集合。Ⅰa既包括生产生产资料的生产资料，又包括生产必要生活资料的生产资料，Ⅱb也既包括生产生产资料的生产资料，又包括生产奢侈品的生产资料，因而都不能形成生产资料这一部类中的完整的分部类。其次，正如吴才根同志自己所说的，马克思把第Ⅱ部类划分为Ⅱa、Ⅱb两个分部类，目的是通过再生产运动的分析，揭示资本主义生产关系的剥削实质，揭示资本主义社会生产只是为了资本家阶级创立一个享乐世界。而第Ⅰ部类按吴才根同志那样划分为分部类，却没能说明什么问题。至于再生产过程的实现，

---

① 吴才根：《怎样解说Ⅰ$(v+m)$与Ⅱac，Ⅱbc的文换？》，《复旦学报（社会科学版）》，1984年第4期。

事实上并不需要通过划分Ⅰa、Ⅰb的方法来解决。再则，对第Ⅰ部类进行分部类的划分，离开了《资本论》，离开了马克思的原意。《资本论》中把各种生产资料归为一个部类，原因也在于"不仅真正的劳动资料，而且原材料和辅助材料等等，在两个分部类中，有很大部分是相同的"①。因此，第Ⅰ部类仍应视为一个整体，不能离开这个基础来安排Ⅰ$(v+m)$与Ⅱac、Ⅱbc的交换图式。

陈乃圣同志提出的图式列出了社会总产品实现的关键部分：

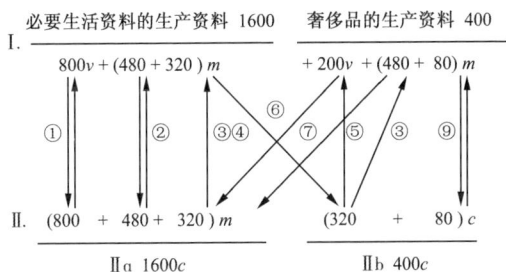

（⟷表示互相购买；⟶表示单方面购买）②

这个图式基本采用了叶国缪、郑规真同志的构想（顺便指出：《文史哲》1983年第5期引用叶、郑两同志提出的图式时，图式复制中有两处明显的错误），但比叶、郑两同志的交换图式简明得多，对Ⅰ$(v+m)$的分割更符合《资本论》的原意，从而使问题的说明又前进了一步。

不过，陈乃圣同志的图式还没有反映出第Ⅰ部类与第Ⅱ部类两个分部类之间交换的全貌。而且，陈乃圣同志按图式中③～⑧六个标号，说明了四个方向的单方面购买，解决了Ⅰ$(v+m)$和Ⅱac、Ⅱbc之间交换的困难；但是，④～⑧并不是唯一的顺序，而只是四个方向的单方面购买所组成的循环中可以采取的一种方式。其实，320Ⅱac、$(800v+800m)$Ⅰ中的320Ⅰm、320Ⅱbc和$(200v+200m)$Ⅰ中的$(200v+120m)$Ⅰ，四者首尾相衔的依次单方面购买，都能使社会总资本的再生产得以进行。这里，货币由哪一个资本家先预付出去，或者由哪几个资本家各预付一部分，都可以使社会总产品得以实现，因为预付的货币终归要流回到预付者的手中。这一单向

① 马克思：《资本论》第2卷，北京：人民出版社，1975年，第452页。
② 陈乃圣：《论Ⅰ（v+m）与Ⅱac、Ⅱbc的交换问题》，《文史哲》，1983年第6期。

购买的循环可以用下图来表示：

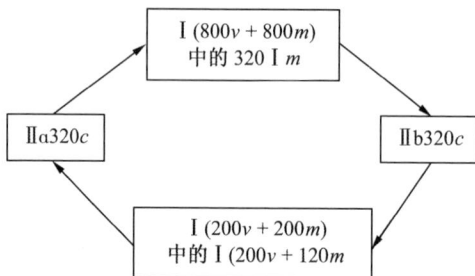

$$
\begin{array}{c}
\boxed{\begin{array}{c} \text{I}\,(800v+800m) \\ \text{中的 } 320\ \text{I}\ m \end{array}} \\
\boxed{\text{II}a320c} \qquad\qquad \boxed{\text{II}b320c} \\
\boxed{\begin{array}{c} \text{I}\,(200v+200m) \\ \text{中的 I}\,(200v+120m) \end{array}}
\end{array}
$$

为了全面反映简单再生产中第 I 部类与第 II 部类两个分部类之间的交换关系，为了便于在教学中说明社会总产品的实现过程，在同志们争论的基础上，我试制了如下的交换图式：

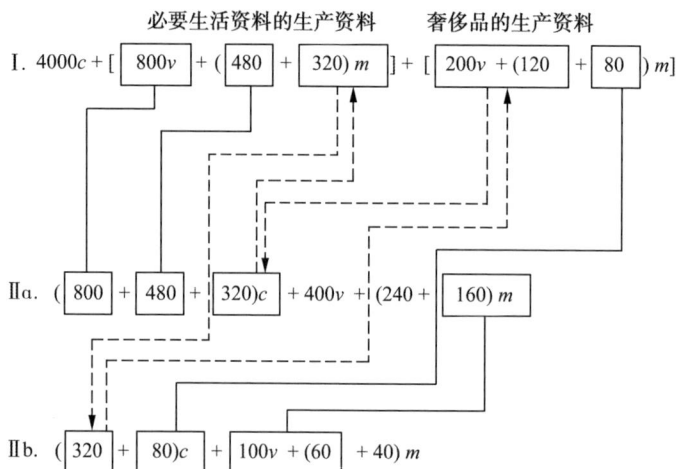

必要生活资料的生产资料　　**奢侈品的生产资料**

I. $4000c + [\ \boxed{800v} + (\boxed{480} + \boxed{320})m\ ] + [\ \boxed{200v} + (\boxed{120} + \boxed{80})m\ ]$

IIa. $(\boxed{800} + \boxed{480} + \boxed{320})c + 400v + (240 + \boxed{160})m$

IIb. $(\boxed{320} + \boxed{80})c + 100v + (60 + 40)m$

图式中，实线表示 I、IIa、IIb 之间产品的相互交换，即可以通过直接的物物交换来实现的部分；虚线表示借助于货币的单向购买来实现的部分，箭头表示单向购买的方向；没有加框格的部分，表示不加入部类或分部类之间的交换，只通过本部类或本分部类内部的交换来实现。

利用"部门联系平衡表"
对社会再生产进行数量分析[*]

　　"部门联系平衡法",欧美国家称"投入产出法",日本称"产业连关",是俄裔美国人里昂惕夫在20世纪30年代创立的。目前,世界上已有包括美、日、苏联、西欧各国、东欧各国及拉美国家、印度等在内的近百个国家和地区应用这一方法。部门联系平衡表,源于20世纪20年代苏联的棋盘式国民经济平衡表。里昂惕夫是当时苏联的大学经济系毕业生,写过关于国民经济平衡表的论文,但是里昂惕夫投入产出法的理论基础却是资产阶级庸俗政治经济学。里昂惕夫以瓦尔拉的"全部均衡论"的观点去分析资本主义的再生产过程,并且反对马克思的劳动价值学说,混淆物质生产和非物质生产的界限,掩盖资本主义生产的本质。这些观点必须加以批判、摒弃。不过,投入产出法模拟现实的部门联系和再生产过程而建立的经济数学模型,以逆矩阵运算从直接消耗系数推算完全消耗系数,利用投入产出表来预测一个部门的变化所引起的各部门的变化,这些方法是科学的、有价值的。因此,我们要把投入产出法作为编制计划的工具接受过来,用马克思主义的经济理论加以改造,使之成为国民经济综合平衡和计划预测的有力手段。

　　我国于1974年编制了第一个1973年的61种产品实物形态部门联系平衡表,山西省1980年至1981年也编制了第一个地区的91种产品实物形态表和57个部门价值形态表。目前(指1982年)黑龙江、上海正在试编部门联系平衡表,全国的价值形态部门联系平衡表的编制也在筹备之中。

　　利用价值形态部门联系平衡表进行社会再生产的数量分析,是部门联系平衡表的用途之一。为了便于说明,试列一份简表如表一。简表中舍弃

---

　　* 原载于《福建师范大学学报(哲学社会科学版)》1982年第2期。

了固定资产的折旧和更新、进出口贸易，并假定社会总产品只由三个部门生产出来。表的格式已按马克思主义经济学说加以改造，不同于资本主义国家的投入产出表[①]。

部门联系平衡表的宾栏（横行）表明各部门总产品的分配去向。以部门一 X_{1j} 为例：该部门总产品价值为 4000，其中 800 作为本部门的生产资料重新进入本部门的生产，250 和 950 作为生产资料分别进入部门二和部门三的生产，中间产品合计为 2000。最终产品中的 400 作为生产性积累，其实物形态和中间产品 2000 一样必须是生产资料，因此，部门一总产品 4000 中归属第 I 部类的部分为 2400。最终产品余下的用于非生产性积累、社会消费和个人消费的产品，实物形态是消费资料，因此部门一总产品归属第 II 部类的部分为 90＋400＋1110＝1600。

部门联系平衡表的主栏（纵列）表明各部门总产品的消耗来源和价值构成。仍以部门一 X_{j1} 为例：部门一共消耗生产资料 2000，分别来自本部门（800）、部门二（200）和部门三（1000），加上劳动报酬 v 为 1000；社会纯收入 m 为 1000，总产值共为 4000。写出部类图式则为：$2000c＋1000v＋1000m＝4000$。

表一　价值形态部门联系平衡表（简表）

亿元

产品消耗来源		产品分配去向									总产品 X_i
		生产部门（中间产品）				最终产品					
		部门一 X_{i1}	部门二 X_{i2}	部门三 X_{i3}	合计 $\sum_{j=1}^{3} X_{ij}$	积累		消费		合计 Y_i	
						生产	非生产	社会	个人		
生产部门（物质消耗）	部门一 X_{1j}	800	250	950	2000	400	90	400	1110	2000	4000
	部门二 X_{2j}	200	50	100	350	50	30	180	390	650	1000
	部门三 X_{3j}	1000	200	1350	2550	680	60	210	300	1250	3800
	合计 $\sum_{i=1}^{3} X_{ij}$	2000	500	2400	4900	1130	180	790	1800	3900	8800

---

① 钟契夫、邵汉青：《"部门联系平衡法"在计划统计工作中的应用》，《经济问题》，1980 年第 4 期。

续表

产品 消耗来源		产品分配去向									总产品 X_i
		生产部门（中间产品）				最终产品					
		部门一 X_{i1}	部门二 X_{i2}	部门三 X_{i3}	合计 $\sum_{j=t}^{3} X_{ij}$	积累		消费		合计 Y_i	
						生产	非生产	社会	个人		
净产值	劳动报酬 v	1000	200	600	1800						
	社会纯收入 m	1000	300	800	2100						
	合计 $(v+m)$	2000	500	1400	3900						
总产值 X_i		4000	1000	3800	8800						

部门联系平衡表的左上方（第Ⅰ象限）①，列出了社会生产消耗的全部中间产品，因而是全社会生产资料的总和。也就是说Ⅰc＋Ⅱc＝4900。

用一般公式表示，舍弃了固定资产折旧和更新，则有：

$$\sum_{i=1}^{n} \sum_{j=1}^{n} X_{ij} = Ⅰc + Ⅱc \quad \begin{cases} i=1,2,\cdots,n \\ j=1,2,\cdots,n \end{cases} 为部门数$$

部门联系平衡表的右上方（第Ⅱ象限），表示社会的最终产品的总和，它们等于全社会新创造的价值。也就是说：Ⅰ$(v+m)$＋Ⅱ$(v+m)$＝3900。

用一般公式表示，则有：

$$\sum_{i=1}^{n} Y_i = Ⅰ(v+m) + Ⅱ(v+m) \quad (i=1,2,\cdots,n 为部门数)$$

利用部门联系平衡表的数字，可以计算出各个部门总产品价值的部类系数，计算出社会总产品两大部类的比例关系，并写出社会再生产的部类图式。

上面说过，对每一个部门的总产品来说，中间总产品和生产性积累的部分属第Ⅰ部类；非生产性积累，社会消费和个人消费属第Ⅱ部类。因此，各部门的部类系数②，即各部门产品归属两大部类的比例分别为：

---

① 通常著作中以部门联系平衡表左上方为第Ⅰ象限，右上方为第Ⅱ象限，不同于数学坐标中的象限。也见有说法相反的著作，本文按通常著作中的说法。

② 关于"部类系数"和下文的用部类系数计算部类比例、列出部类图式的公式，参见《产品部类数和部门部类系数的设想》，《经济科学》，1981年第4期。

部门的第 I 部类系数 $X_t = \dfrac{\text{中间总产品} + \text{生产性积累}}{\text{总产品}}$

部门的第 II 部类系数 $X_{1t} = \dfrac{\text{非生产性积累} + \text{社会消费} + \text{个人消费}}{\text{总产品}}$

对部门一说来，则有：

$X_{\mathrm{I}} = \dfrac{2000 + 400}{4000} = 0.6$ $X_{\mathrm{II}} = \dfrac{90 + 400 + 1110}{4000} = 0.4$

对部门二说来，则有：

$X_{\mathrm{I}} = \dfrac{350 + 50}{1000} = 0.4$ $X_{\mathrm{II}} = \dfrac{30 + 180 + 390}{1000} = 0.6$

对部门三说来，则有：

$X_{\mathrm{I}} = \dfrac{2550 + 680}{3800} = 0.85$ $X_{\mathrm{II}} = \dfrac{60 + 210 + 300}{3800} = 0.15$

同时，从表一中可以直接找到：

部门一：$c = 2000$，$v = 1000$，$m = 1000$

部门二：$c = 500$，$v = 200$，$m = 300$

部门三：$c = 2400$，$v = 600$，$m = 800$

整个社会两大部类的 I c、I v、I m、II c、II v、II m 则是各部门的 c_i、v_i、m_i 与该部门的部类系数乘积的总和：

$$\mathrm{I}\,c = \sum_{i=1}^{n} X_{\mathrm{I}j}c_i \qquad \mathrm{I}\,v = \sum_{i=1}^{n} X_{\mathrm{I}j}v_i \qquad \mathrm{I}\,m = \sum_{i=1}^{n} X_{\mathrm{I}i}m_i$$

$$\mathrm{II}\,c = \sum_{i=1}^{n} X_{\mathrm{II}j}c_i \qquad \mathrm{II}\,v = \sum_{i=1}^{n} X_{\mathrm{II}j}v_i \qquad \mathrm{II}\,m = \sum_{i=1}^{n} X_{\mathrm{II}j}m_i$$

（其中，$i = 1, 2, \cdots, n$ 为部门数）

将上述求出的三个部门的 $X_{\mathrm{I}i}$、$X_{\mathrm{II}i}$、c_i、v_i、m_i 代入公式，可以求出：

I $c = 2000 \times 0.6 + 500 \times 0.4 + 2400 \times 0.85 = 3440$

I $v = 1000 \times 0.6 + 200 \times 0.4 + 600 \times 0.85 = 1190$

I $m = 1000 \times 0.6 + 300 \times 0.4 + 800 \times 0.85 = 1400$

II $e = 2000 \times 0.4 + 500 \times 0.6 + 2400 \times 0.15 = 1460$

II $v = 1000 \times 0.4 + 200 \times 0.6 + 600 \times 0.15 = 610$

II $m = 1000 \times 0.4 + 300 \times 0.6 + 800 \times 0.15 = 700$

社会总产品的部类图式则为：

Ⅰ. $3440c + 1190v + 1400m = 6030$ $\left.\right\} = 8800$
Ⅱ. $1460c + 610v + 700m = 2770$

按照以上方法，可以得出社会总产品的大致正确的部类图式，从而使我们有可能开始着手对社会再生产进行量方面的研究。

例如：马克思再生产理论认为，Ⅰ$(v+m)>$Ⅱc是从第Ⅰ部类方面对扩大再生产提出的要求，对本例说来，Ⅰ$(v+m)$－Ⅱ$c = 1190 + 1400 - 1460 = 1130$，就是生产资料方面的扩大再生产潜力。

同样，我们还可以把部类图式的数字代入其他再生产公式，以便对社会再生产进行具体的数量分析。

此外，利用部门联系平衡表还可以分析积累和消费的比例关系，积累基金内部生产性积累和非生产性积累的比例关系，消费基金内部社会消费和个人消费的比例关系；还可以分析各部门产品的有机构成，两大部类的有机构成，社会总产品的有机构成；还可以按部门分析农业、轻工业、重工业的比例关系，以及分析各个部门之间的比例关系。因此，部门联系平衡表作为一种分析工具，用途是极其广泛的，本文论及的仅是如何用来进行社会再生产的数量分析。

西方学术界围绕《资本论》中 "转形问题"的一场论争[*]

"转形理论"指的就是马克思在《资本论》第三卷中阐述的关于剩余价值转化为利润、利润转化为平均利润、从而商品价值转化为生产价格的理论。1894 年《资本论》第三卷出版以来，反对马克思经济学说的资产阶级经济学家，以及那些自封的"马克思主义经济学家"，围绕着转形问题进行了一场旷日持久的论争，有的人以马克思《资本论》第三卷和第一卷相矛盾来否认马克思的劳动价值论，有的人对马克思在转形问题上的论证提出种种责难，有的人力图"订正"马克思的论述。为了捍卫马克思的劳动价值论，回答资产阶级经济学家的挑战，我们应当对西方学术界的这场争论进行深入的研究和分析，答复他们的责难，驳斥他们的攻击。

一、马克思论述转形问题的前提和结论

马克思在《资本论》第三卷第九章中，用算术图式来说明商品价值如何转化为生产价格，这一论述的前提如下：.

第一，已经揭示了转形的第一阶段，即剩余价值率转化为利润率、剩余价值转化为利润，不变资本加可变资本转化为成本价格。

第二，假设社会资本由五个相等的独立资本所组成，它们的有机构成各不相同，因而有不同的利润率。

第三，假设劳动的剥削程度相等，即剩余价值率均为 100％。

第四，撇开周转时间的差别所引起的差别。

---

[*] 原载于《福建师范大学学报（哲学社会科学版）》1983 年第 1 期。

第五，由于竞争，等量资本将取得等量利润，否则将会发生资本和劳动的转移。

第六，假定商品的成本价格，等于该商品生产时所消费的各种商品的价值。也就是说，C 和 V 是按价值计算的，而产出的产品才实现价值向生产价格的转化。

马克思利用算术图式说明了转形过程之后，得出如下结论：

（1）平均利润率取决于两个因素：不同生产部门的资本有机构成；社会总资本在这些不同部门之间的分配。

（2）商品的价格不仅取决于该商品价值的生产，而且取决于社会总商品的价值的生产。

（3）社会生产的商品的生产价格总和，等于它们的价值总和。

（4）利润总和等于剩余价值总和。

（5）平均利润率的变化极为缓慢，在任何一个短时间内，生产价格的变化总是由商品实际价值的变化来说明。

（6）利润率提高和降低的一切规律；同样也是一般利润率提高和降低的规律。

（7）平均利润和生产价格的形成进一步掩盖了资本主义剥削，掩盖了利润的真正性质和起源。

（8）每一个单个资本家都参与总资本对全体工人阶级的剥削，并参与决定这个剥削的程度。因而，阶级对立是整个无产阶级与整个资产阶级的对立。

西方学术界关于转形问题的争论，就是围绕上述的部分前提和结论而进行的。

二、庞巴维克式的攻击

马克思转形理论发表以后，一些资产阶级经济学家以"批判家"的姿态直接攻击马克思的理论，肆意进行歪曲，他们的面目倒是十分容易认识的。1896年，奥地利学派的代表人物庞巴维克出版了《马克思体系的崩溃》一书，书中声称《资本论》第三卷和第一卷是互相矛盾的，声称马克思在第一卷犯了错误以后，在第三卷中注意到有必要放弃和限制剩余价值论，而采用通常的利润和价格的体系。这样，马克思建立在劳动价值论上的理论体系就"崩溃"了。庞巴维克还企图以他的边际效用价值论来取代马克思的劳动价值论，以他的时差利息论来反对马克思的剩余价值学说。瑞士洛桑学派的帕累托也公然宣称马克思转形理论的基础是：所有资本的有机构成在竞争的压力下都趋向于社会的平均构成，企图把马克思的观点说成是明显谬误的东西。修正主义者伯恩斯坦则认为，商品的价值是抽象的影像，思维的假设"纯粹是想象上的事实"，企图以生产价格来否定价值。

这些公然的歪曲和攻击，早已被马克思主义者批驳得体无完肤。值得认真研究的，倒是那些打着研究马克思主义的旗号来发展马克思理论的主张，倒是所谓"补充"和"修订"的似是而非的观点。

三、鲍特基维茨的价值转化模型

柏林大学教授鲍特基维茨（Bortkiewicz）1906年发表了《马克思体系中价值计算和价格计算》，1907年发表了《论资本论第三卷中马克思基本理论结构的修正问题》，这两篇论文挑起了关于转形问题的论争。

鲍特基维茨认为，马克思对转形问题的论证有不足之处。马克思在分析平均利润率形成时，假定五个生产部门是各自独立、不互相联系的。然而实际上，社会各部门的生产和消费互相交错；一个部门的产品会当作生产资料加入另一个部门的生产。在资本主义生产中，生产资料和劳动力通常总是按照生产价格购买的。马克思只假设生产资料和劳动力按价值购买，没有具体地计算生产资本按生产价格购买所产生的结果。为了"纠正"马克思在计算上的这种错误，鲍特基维茨提出他的图式。

鲍特基维茨仿效俄国经济学家杜冈—巴拉诺夫斯基的研究方法，假定在简单再生产的条件下，社会生产划分为三个部类，即Ⅰ为生产资料，Ⅱ为工人消费品，Ⅲ为资本家消费品。如果资本每年周转一次，三个部门之间的价值关系可以用下列方程组来表示：

部门Ⅰ：$C_1 + V_1 + S_1 = C_1 + C_2 + C_3$

部门Ⅱ：$C_2 + V_2 + S_2 = V_1 + V_2 + V_3$

部门Ⅲ：$C_3 + V_3 + S_3 = S_1 + S_2 + S_3$

其中 C 代表不变资本，V 代表可变资本，S 代表剩余价值。

再假设第 I 部类产品的生产价格和价值的比率为 X；第 II 部类的这一比率为 y；第 III 部类的这一比率为 z，并用 r 代表一般利润率，从而，鲍特基维茨得出了价值转化的模型：

部门 I：$C_1 x + V_1 y + r(C_1 x + V_1 y) = (C_1 + C_2 + C_3) x$

部门 II：$C_2 x + V_2 y + r(C_2 x + V_2 y) = (V_1 + V_2 + V_3) y$

部门 III：$C_3 x + V_3 y + r(C_3 x + V_3 y) = (S_1 + S_2 + S_3) z$

这组联立方程中，有四个未知数（x、y、z、r），只有三个方程，因而是不定解。为了解决这个问题，鲍特基维茨假定：黄金作为货币商品，价格将用黄金的价值来表示，而黄金是由第 III 部类生产的，因而 $z = 1$，这样，方程组有解。

鲍特基维茨的价值转化模型，在西方的马克思经济学说研究中有很大的影响。我们对这一模型可以从以下几个方面来认识。

第一，鲍特基维茨论证的出发点，是为了说明生产价格是价值的转化形式，平均利润率是剩余价值率的转化形式。鲍特基维茨的模型，基本上是从马克思简单再生产的假设条件出发，企图同时解决平均利润率和生产价格这两个转化形成的未知量，因此，鲍特基维茨对马克思转形理论的"订正"，性质上不同于庞巴维克之流对马克思理论的歪曲和攻击。

第二，价值转化为生产价格的转形问题，马克思已经在按价值购买生产资料和劳动力的前提下解决了。至于生产资料和劳动力也按生产价格购买的情况，马克思也完全意识到了。就在论述转形问题的《资本论》第三卷第 9 章里，马克思说："我们原先假定，一个商品的成本价格，等于该商品生产时所消费的各种商品的价值。但一个商品的生产价格，对它的买者来说，就是成本价格，并且可以作为成本价格加入另一个商品的价格形成。因为生产价格可以偏离商品的价值，所以，一个商品的包含另一个商品的这个生产价格在内的成本价格，可以高于或低于它的总价值中由加到它里面的生产资料的价值构成的部分。必须记住成本价格这个修改了的意义，因此，必须记住，如果在一个特殊生产部门把商品的成本价格看作和生产该商品时所消费的生产资料的价值相等，那就总可能有误差。对我们现在的研究来说，这一点没有进一步考察的必要。"①

马克思运用算术的图式，目的在于直观地说明利润率怎样转化为平均利润率，商品价值怎样转化为价格，而不是要建立起准确的数学模型来计算一系列转化所得出来的精确数量。马克思事先做了许多假设，抽象掉许多因素，目的在于转化理论的阐述不会被纠缠进显然是十分复杂的数学演算中去。鲍特基维茨过分强调了成本价格必须按生产价格计算，过分强调了量的分析，希望找到一个数学模型能说明转形理论在成本按生产价格计算时将产生的全部结果，但鲍特基维茨的价值转化模型并没能充分地论证转形理论，反而挑起了一场论争。

第三，鲍特基维茨的价值转化模型有两个致命的缺陷。一是，鲍特基维茨假定货币材料黄金是由第Ⅲ部类生产的，把第Ⅲ部类产品的生产价格假设成等于价值，即假设 $z=1$。但事实上，黄金生产的资本有机构成未必等同于社会资本的平均构成，黄金也要实现由价值到生产价格的转化，因而黄金的生产价格未必等于价值，$z=1$ 难以成立。二是，用鲍特基维茨图式计算出生产价格，可以保证总利润等于总剩余价值，这是马克思转形理论的重要结论之一，但要保证另一个重要结论即总生产价格等于总价值也能成立，就要求第Ⅲ部类的资本有机构成等于社会平均构成，这一条件一般说来是不具备的，通常这一部类资本的有机构成相对较低，致使总生产价格大于总价值，这样，鲍特基维茨的图式就没有完全解决一些人利用转形理论否定马克思的劳动价值论的问题。

四、温特尼茨和米克的修订

1948 年，英国经济学家温特尼茨（Winternitz）发表了《对所谓转化问题的一种解决方案》的论文，在鲍特基维茨图式的基础上提出了他的解决办法。

温特尼茨像鲍特基维茨一样，假设社会总产品分为三个部门，各部门总产品的价值分别为 a_1，a_2，a_3，同样，假设三个部门的价格和价值之比

---

① 马克思、恩格斯：《马克思恩格斯全集》第 25 卷，北京：人民出版社，1972 年，第 184—185 页。

分别为 x，y，z，则有：

Ⅰ：$C_1 x + V_1 y + S_1 = a_1 x$

Ⅱ：$C_2 x + V_2 y + S_2 = a_2 y$

Ⅲ：$C_3 x + V_3 y + S_3 = a_3 z$

由于按价格计算各部门的利润率都等于平均利润率 r，则有：

$$\frac{a_1 x}{C_1 x + V_1 y} = \frac{a_2 y}{C_2 x + V_2 y} = \frac{a_3 z}{C_3 x + V_3 y} = 1 + r$$

从上述等式可以建立起关于 x，y，z，r 的三个方程。第四个方程，温特尼茨是根据总生产价格等于总价值的原理建立的。即：

$$a_1 x + a_2 y + a_3 z = a_1 + a_2 + a_3$$

温特尼茨的图式实际上类似于鲍特基维茨图式，区别在于：鲍特基维茨通过 $z = 1$ 来建立四个未知数的第四个方程，而温特尼茨则根据总生产价格等于总价值来建立第四个方程。这样，温特尼茨就不要求三个部门中的任一部门处于特殊的地位，价值则和全部价格的加权平均数相等。

但是，温特尼茨的图式同样没有解决西方学术界所谓的转形理论的计算失误，因为温特尼茨的图式也有二个致命伤，其一，按照这个图式解出 x，y，z，r，转化结果并不能保证总剩余价值等于总利润，而总利润等于总剩余价值是马克思转形理论的重要结论，因而，温特尼茨的图式依然留下一个可供攻击的缺口。其二，总生产价格与总价值是否相等，是转形问题得出的一个结论，温特尔尼茨把期待得出的结论当作定理来作为解决转形问题的出发点，这样论证显然缺乏说服力。

英国格拉斯哥大学的米克（Meek）教授十分赞赏温特尼茨的价值转化模型，他在 1956 年出版的《劳动价值学说的研究》一书及同年 3 月发表的《有关"转化问题"的某些考察》一文中，认为可以用 $S_1 + S_2 + S_3 = (a_1 x + a_2 y + a_3 z) r$ 作为温特尼茨模型的第四个方程。至于总生产价格＝总价值，米克企图用假设总产品价值与总工资的不变比率来实现，即假设 $\dfrac{\sum a}{\sum v} = \dfrac{\sum ap}{\sum vp}$，这里 $\sum ap$ 是总生产价格，$\sum vp$ 是用生产价格表示的总工资。米克认为他的修订更符合马克思的原理，然而，米克的假设只有在上述图式中的劳动力必要消费品生产的有机构成等于社会的平均构成时才能成立。而这一条件显然无法满足，这一部类的有机构成通常总是低于社会的平均构成。因此米克的价值转化模型和温特尼茨的模型一样是有缺陷的。

五、塞顿的线性方程组模型

1957 年，英国经济学家弗·塞顿（F. Seton）发表了《价值转化问题》的论文（中译文载《经济学译丛》1982 年第 6 期），用类似里昂惕夫矩阵的公式来表示社会经济结构。设以 K_{ij} 表示 j 部门对 i 部门按价值计算的成本投入量，P_i 是部门 i 的每单位价值的价格，以 ρ 来表示平均成本率（平均成本率＝1－平均利润率），则有：

$$k_{11}p_1 + k_{12}p_2 + \cdots + k_{1n}p_n = \rho a_1 p_1$$
$$k_{21}p_1 + k_{22}p_2 + \cdots + k_{2n}p_n = \rho a_2 p_2$$
$$\cdots\cdots$$
$$k_{n1}p_1 + k_{n2}p_2 + \cdots + k_{m}p_n = \rho a_n p_n$$

塞顿将这个齐次方程组加以转换，通过系数矩阵的行列式为零来求出成本率，从而也求出平均利润率。

平均利润率的求得，只能得出各部门产品的价格比率（相对价格）。为了得出绝对价格，塞顿对鲍特基维茨、斯威齐、温特尼茨和米克的补充公式进行了比较，企图找到使几个公式在同一时间里能共同存在的特殊规定，这就是他所谓的"产出物与剩余部分的比率的不变性"：$\dfrac{\sum a}{\sum s} = \dfrac{\sum ap}{\sum sp}$，也就是说，总价值与总剩余价值之比，应当等于总生产价格与以生产价格计算的总利润之比。塞顿认为这一模型可使转化问题具有完全的确定性，符合马克思的预想。但是塞顿自己又感到这个公式的提出缺乏根据，它彻底地偏离了一般原则，可能不会为人们所接受。

塞顿用线性代数的方法来研究转形问题，方法上有其合理性。价值向生产价格初次转化之后，如果以生产价格交换时产品又作为投入量进入生产过程，所产生的进一步转化必然和各个部门的消耗系数有关，因而也只有和消耗系数矩阵联系起来，才有可能计算出按生产价格购买生产资本所造成的全部结果，才能实现塞顿的从三部类模型到多部门模型的过渡。

但是，塞顿提出的补充公式是没有说服力的。产出物与剩余部分的比率的不变性，是根据总利润等于总剩余价值、总生产价格等于总价值而得出的推论，塞顿把应得出的推论拿来作为决定整个体系的公式，因而他的模型并未从数学上证明转形问题。

而且，尽管塞顿把价值当作生产价格的逻辑起点，但他却企图否定马克思的劳动价值学说。塞顿认为，马克思的所有部类中的剥削率都相等的假定从来不曾被证实过。看来塞顿根本不理解，在资本主义生产方式中，劳动者有人身自由，可以在各个生产部门之间自由转移，因而各个生产部门的工资和劳动日长度趋向平均化，相等的剩余价值率也就成了资本主义生产方式的内在规律。塞顿还怀疑生产资料生产部门的资本有机构成比其他部门高的概念。更重要的是，塞顿宣称："除去整个剩余价值原理所依据的劳工的贡献外，否认劳工以外的生产性要素的贡献，是一种宣言性质而非真正认识事物的行为。正是这些教条式的偏见必须成为对马克思主义经济学作任何重新估价时的中心问题。"这样，塞顿从根本上反对以劳动时间为基础的价值论，企图像庸俗经济学那样把劳动以外的"生产性要素"引进价值中来，这就否认了马克思经济学说中最根本的内容。

六、斯拉伐"用商品生产商品"的体系

1960 年，英国剑桥大学的斯拉伐（Sraffa）出版了他的著作《用商品生产商品》，书中并没有直接论及马克思的转形理论，而是提出了作者自己的一整套关于价值转化为价格，关于"不变的价值尺度"的理论体系。

斯拉伐认为，商品必须用商品来生产，每种商品既是产品，又是生产资料，因而每种商品在价格的决定中都发生作用。

斯拉伐以 A，B，$\cdots$，K 表示商品量，以 Aa，$Ba\cdots\cdots Ka$ 表示进入 A 生产的商品 A，B，$\cdots$，K 的数量，以 Pa，$Pb\cdots\cdots Pk$ 表示 A、$B\cdots\cdots K$ 的单位价格，以 r 表示划一的利润率，以 La，$Lb\cdots\cdots Lk$ 表示生产各商品的总劳动量，以 w 表示土资，其生产方程可表示如下：

$$(AaPa＋BaPb＋\cdots＋KaPk)(1＋r)＋Law＝APa$$
$$(AbPa＋BbPb＋\cdots＋KbPk)(1＋r)＋Lbw＝BPb$$

......

$$(AkPa+BkPb+\cdots+KkPk)(1+r)+Lkw=KPk$$

这里有（$K+2$）个未知数（Pa，$\cdots$，Pk，w 和 r），只有 K 个方程。斯拉伐的下一个方程，令国民收入为 1，把它作为表示价格的标准，即：

$$[A-(Aa+Ab+\cdots+Ak)]Pa+[B-(Ba+Bb+\cdots+Bk)]Pb+\cdots+[K-(Ka+Kb+\cdots+Kk)]Pk=1$$

最后一个方程，斯拉伐通过工资 w 的规定来加以确定。他认为，像其他模型那样找一个商品作为"不变的价值尺度"是不大可能的，因为伴随分配而来的价格变动会使研究复杂起来。因此要寻找一种掺和起来的合成商品作为"标准商品"，这种标准商品当工资上升或下降时，它相对于其他任何商品的价格都不会发生变化，斯拉伐把生产标准商品的体系称作"标准体系"，标准体系的确定原则是：各种商品在其生产资料总量中和在其产品中的比例都是相同的。这样，净产品和生产资料的比率，不会随相对价格的变化而变化，利润率则作为商品的数量之间的一种比率而出现，不论商品的价格如何。这种合成商品能够充当所有其他商品的不变的价值尺度；只要工资用标准商品来表示，就能保证工资和利润率之间的线性关系，即保证斯拉伐基本方程式 $r=R(1-w)$ 能得以成立（公式中 r 为利润率，w 为工资在净产品中所占的份额，R 为设想中 $w=0$ 时所能得到的最大利润率）。一旦给定工资，利润率也就决定了。

斯拉伐所模拟的标准体系，实际上类似于马克思所说的和社会平均资本有同样构成的行业，这种行业产品的价值等于生产价格。斯拉伐企图把实际经济体系转化为标准体系，目的就在于确定社会平均的生产条件。但是，斯拉伐的"不变的价值尺度"只是纯理论的，一方面，现实中的工资不是由标准商品构成的，不可能满足斯拉伐标准体系的要求；另一方面，斯拉伐以标准商品的价格来取代价值作为尺度，实际上混同了价值和生产价格，结果是用商品来衡量商品，用标准商品的价格来计量其他商品的生产价格，而把以劳动时间决定商品价值的理论抛到一边去了。因而，斯拉伐的理论根本没有解决价值向生产价格转化的问题。斯拉伐虽然从李嘉图的理论出发，并被认为是新李嘉图学派的代表，但斯拉伐"用商品生产商品"的结论却离开了李嘉图贯彻始终的劳动价值论，成了资本主义生产方式中价格、利润率、工资等表面现象的数学描述。斯拉伐的拥护者霍华

德、约翰·金、梅迪尔等鼓吹"斯拉伐的标准体系的引申完全解决了马克
思主义者的转化问题",这种说法是站不住脚的。

七、萨缪尔森利用转形问题对马克思经济理论的攻击

美国麻省理工学院的萨缪尔森（Samuelson）是美国后凯恩斯主流学
派的主要代表人物。早在 1957 年，他就撰文利用转形问题否定劳动价值
论。1970 年他发表了《从马克思的"价值"到竞争"价格"的转化：一个
抛弃和替换的过程》，1971 年又发表了《马克思剥削概念的理解问题——
马克思的价值和竞争价格的所谓"转形问题"的概括》①。在这两篇论文
里，他利用"转形问题"大肆歪曲和攻击马克思的劳动价值论。

萨缪尔森利用里昂惕夫的投入—产出模型，用函数图像和复杂的数学
公式来研究转形问题。萨缪尔森声称，他对转形问题的"独立的说明"和
"进一步的贡献"在于：如果直接劳动系数、投入—产出系数和表示生存
工资的指标是已知的话，可以完全不使用剩余价值或马克思的价值概念，
直接从上述数据演绎出剥削的利润率和竞争价格；也可以根据计划或指
令，从上述数据出发决定最终产品和实际收入在劳动者和非劳动者之间的
分配。因而他认为《资本论》第 1 卷只能令人困惑，最好放弃它。

显然，萨缪尔森在这里是用新的乐器来重弹庞巴维克的老调，他给出
的"新法宝"就是投入—产出分析。不可否认，里昂惕夫的投入—产出
法，在利用矩阵运算揭示各生产部门之间的相互关联上有着十分重要的现
实意义。资本主义生产方式表面浮现的经济现象之间存在着数量的相互联
系，各生产部门的价格，利润率、劳动消耗系数、投入产出系数和工资之
间的相互联系，完全可以用投入—产出的数学模型来描绘。但是，这些数
学公式、数学模型和曲线图像无法代替对这些经济现象的理论分析，无法
揭示现象的本质。其实，萨缪尔森并不是没有他的理论概念，在他的计算
前提里已经把庸俗经济学的概念偷偷地塞进来了。例如，对于生存工资指
标，萨缪尔森就用"资本家的储蓄倾向""技术的变化""体制背后存在的
生物学的倾向和节约的倾向"来决定工资水平的变化，用所谓的"物量方

---

① 该论文由朱绍文译出，载《经济研究参考资料》1981 年第 192 期，总第 592 期。

式"来计算，这样就掩盖了资本家无偿占有工人的剩余劳动的剥削实质。

价值转形为生产价格，不仅仅是马克思转形理论的逻辑的起点，事实上，价值也是历史发展的起点，马克思说过："把商品价值看作不仅在理论上，而且在历史上先于生产价格，是完全恰当的。"① 而萨缪尔森却把价值硬说成是从价格转形而来的，提出了旨在反对劳动价值论的所谓"倒转形"问题，即声称价格才是本质的，马克思的价值是从价格转形而来的。萨缪尔森说，马克思的批判者和同情者"双方都认为只有利润和价格有现实性，同时在马克思从价值和剩余价值率开始的时候，就已经完成了'倒转形'了，'顺转形'只不过重新回到出发点而已"。据此，萨缪尔森认为，马克思从现实的价格"倒转形"为价值，用价值论来说明剥削的概念，然后再从价值"转形"向价格，这种"迂向方法"是毫无意义的。

萨缪尔森这种对马克思经济学说的公开抹杀完全是徒劳的。作为一个资产阶级的经济学家，他在逻辑上当然无法接受马克思的剥削概念，无法接受马克思揭示资本主义生产的内在本质的经济范畴，千方百计要人们仅仅注目于反映表面现象的价格、利润率、工资、利息等范畴，不惜编造所谓"剩余价值是利润的假象形态，必须消除它，利润的真正本质才能得以发现"的诡辩。另一方面，萨缪尔森又是那种实质上把资本主义生产方式看作永恒的生产方式的学者，非历史的眼光使他看不到价值在历史上曾经是生产价格的起点，看不到历史上曾有过被马克思逻辑地重现出来的价值向生产价格转形的过程。阶级性和非历史性，使萨缪尔森有意识地把马克思的转形理论，以至于把马克思的整个劳动价值论和剩余价值论，都看作是"没有必要"的"古董兴趣"。

和资产阶级庸俗经济学家不同，马克思始终只把数学方法作为服务于理论分析的一种工具，始终以定性分析作为定量分析的前提。转形问题的算术图式也完全作为论证转形理论各个结论的工具，目的在于说明"等量资本获得等量利润"的规律实质上不过是劳动价值规律的转形表现，在于说明无产者不仅遭受雇用他的那个资本家的剥削，而且遭受整个资产阶级的剥削。萨缪尔森运用貌似科学的数学模型来论证，其目的也很明确，那就是反对马克思的劳动价值论和剩余价值论，维护资本主义剥削制度。

---

① 马克思、恩格斯：《马克思恩格斯全集》第 25 卷，北京：人民出版社，1975 年，第 198 页。

八、对这场争论的几点看法

1894 年《资本论》第三卷出版以来，西方学术界围绕着"转形理论"争论不休已有近百年，对这场争论究竟应当如何认识呢？这里谈几点看法，以就教于同志们。

马克思是在假定所有生产资本都按价值购买的前提下来论述转形理论的。前面说过，马克思在《资本论》中已经提到生产资本按生产价格购买将带来的误差，那么，马克思为什么仍然采用这个有误差的算术图式来说明转形过程呢？据我理解，一方面，《资本论》第三卷中的算术图式，足以说明商品的价值如何转化为生产价格，如何从价值规律得出等量资本获得等量利润的规律，价值转化为生产价格如何进一步掩盖了资本关系的本质。另一方面，马克思在论述时做了好几个假设，以便在排除干扰的抽象之中阐述本质性的规律。事实上，造成误差的现实因素很多，"不过这一切总是这样解决的：加入某种商品剩余价值多多少，加入另一种商品剩余价值就少多少，因此，商品生产价格中包含的偏离价值的情况会互相抵消。"① "一个生产部门的运动，会抵消另一个生产部门的运动，各种影响交错在一起，并失去作用。"② 而且，转形理论是作为一个规律来阐述的，马克思认为："一般规律作为一种占统治地位的趋势，始终只是以一种极其错综复杂和近似的方式，作为从不断波动中得出的、但永远不能确定的平均情况来发生作用。"③ 正因如此，马克思没有拘泥于量方面的精确计算，没有用复杂的数理分析来论证，而只是采用了简单明晰的算术图式。

鲍特基维茨等人连篇累牍的论文都针对成本价格与成本价值的偏离造成的误差来议论转形问题。要答复这些企图"补充"和"修订"马克思转形理论的说法，需要阐明转形理论是否有必要进一步用严密的数学公式来准确地证明总利润等于总剩余价值、总生产价格等于总价值。

在马克思所论述的价值向生产价格初次转化之后，生产资本按生产价

---

① 马克思、恩格斯：《马克思恩格斯全集》第 25 卷，北京：人民出版社，1975 年，第 181 页。
② 马克思、恩格斯：《马克思恩格斯全集》第 25 卷，北京：人民出版社，1975 年，第 189 页。
③ 同①。

格购买，二度的转化必然会产生偏差。由于生产资料生产的资本有机构成通常高于社会平均构成，生产价格高于价值；消费资料生产的资本有机构成通常低于社会平均构成，生产价格低于价值。又由于生产资料全部进入再生产过程，消费资料只有一部分以工人必要消费品的形式再现于再生产过程，因而两种偏差不能完全抵消，这一因素将使二度转化后的总生产价格高于总价值。同时，造成总生产价格与总价值偏离的因素并不唯此而已，周转时间的不同对二者也将有不同的影响，价值向生产价格二度转化之后还会相继有三度、四度的反复转化过程，整个转化序列的结果将不同于用一个同时决定的公式来分析所得出的结果。更重要的是，价格是用货币来表现的价值，总生产价格的量与货币商品自身的价值和生产价格联系在一起，因而偏离和误差将是错综复杂的，总生产价格等于总价值作为规律、作为趋势，只能通过近似的方式在不断地波动中起作用。

总利润与总剩余价值之间的偏离比前者要小得多。理论上看，资本家的利润只能来源于剩余价值。

上述分析表明，价值向生产价格转化是一个十分复杂的相继反复的过程，我们只能在抽象的前提下研究它的规律。即使建立极为庞杂的数学模型，也不可能囊括所有的具体因素，甚至还不可能把几个主要的因素都考虑在内。数学作为政治经济学的工具并不是万能的，社会经济的理论分析在许多场合并不是运用数学方法所能解决的，我们曾经扼要地回顾过马克思转形理论的主要结论，许多定性的结论不可能用数学的（哪怕是高等数学的）方法来证明。西方学术界关于转形问题的论文，却大抵都回避了这些生产关系方面的结论，回避了马克思转形理论的最本质的东西，离开了马克思论证转形问题所要达到的目的。当然，马克思主义政治经济学也应当在科学的理论分析的前提下，运用数学方法来帮助表述和论证理论，进行量的分析，但绝不能像西方学术界所流行的那样，把数学奉为最主要的研究方法，用貌似科学的数学公式来偷换社会经济分析，借此掩盖理论上的庸俗和浅薄。因此，没有必要把转形理论正确与否与严密庞大的数学模型联系起来，至于在错误的前提下利用数学工具来反对马克思的理论分析的手法，则更应当予以揭露和批判。

《资本论》问世近百年来的历史事实证明，马克思经济理论是颠扑不破的真理，不论资产阶级经济学家使用恶毒的手段来攻击，如庞巴维克，或者使用温柔的手段来扼杀，如萨缪尔森，都无法掩盖马克思经济学说的光辉。在纪念马克思逝世一百周年之际，回顾一下近百年来资产阶级经济学界围绕转形问题争论的过程，使我们更加认识到，应当坚持马克思主义的基本理论和基本观点，应当遵循马克思主义的原则来发展政治经济学的理论。

劳动价值理论应当与时俱进[*]

1867 年，马克思出版了他的光辉巨著《资本论》第一卷。在这部巨著里，马克思剖析了资本主义经济的细胞形式——商品，从商品的二因数使用价值和价值开始，揭示了体现在商品中的劳动二重性，分析了商品劳动二重性源于私人劳动与社会劳动的矛盾，私人劳动只有通过商品交换才能转化为社会劳动，私人劳动要得到社会承认，就要表现为价值。进而，马克思探讨了什么样的劳动形成价值，商品价值量如何决定，价值形式如何发展，作为一般等价物的货币如何形成，从而奠定了马克思经济学理论的基石——劳动价值理论。

一个多世纪以来，马克思的劳动价值理论及建立在劳动价值论基础上的剩余价值理论，始终是我们分析资本主义经济的有力理论武器。然而，人类社会是个经常发展和变化的机体，马克思主义的理论也必须随着社会的变化而有所发展，必须与时俱进，必须研究新现象，解决新问题，这是马克思主义的生命力所在。因此，研究马克思劳动价值理论的发展，是我们经济理论工作者义不容辞的使命。本文就当前理论界讨论的热门问题谈一些个人的看法。

一、服务劳动创造价值

马克思创立的劳动价值论，是针对以物质形态存在的商品生产而言的，以社会必要劳动时间度量的抽象劳动必须物化在物质产品中才能形成价值。在马克思的时代，劳动者主要从事物质产品生产，商品交换主要是

---

* 原载于《福建论坛（社会科学版）》2002 年第 1 期。

物质形态商品之间的交换。马克思劳动价值论是从占人口大多数的物质生产领域的劳动者的立场出发，研究社会财富如何由劳动者创造，说明所有这些财富理所当然应当属于这些劳动者。马克思在劳动价值论的基础上以科学的逻辑，推演出剩余价值理论和资本积累理论，得出资本主义生产方式必将灭亡的结论。

时隔一个多世纪，随着科技的进步和社会生产力的发展，物质生产领域劳动者可以提供的剩余产品已经大大增加，直接从事物质产品生产的劳动者在社会总劳动力中的份额因而也大大减少。如今在发达资本主义国家，直接从事物质产品生产的劳动力已经下降到社会总劳动力的 30% 以下。与此同时，人们的生活需求除了靠物质产品来满足之外，还很大程度上靠各种各类的社会服务来满足。因此，把价值创造的范围仅仅界定在物质生产领域显然和今天的社会现实脱节了。

非物质生产领域的劳动者也从事劳动，他们的劳动同样也有具体劳动与抽象劳动的二重性，其具体劳动提供某项具体的服务，抽象劳动则凝聚在具有"社会使用价值"的服务中，如凝聚在医生的诊疗、教师的教学、银行职员的存贷业务、导游的讲解、清洁工的清扫等之中，因而也形成价值。在当今社会，服务也是可以交换的商品，社会的商品交换不仅有物质形态商品之间的交换，同时也有物质形态商品与服务的交换，还有服务与服务的交换，后两者甚至已经在交换中占据更重要的比例。这些广泛的交换说明：物质形态的商品和服务之间同样有一种共同的东西，共同的质，即他们都是劳动的产物，都同样凝聚着劳动时间，因而都有价值。服务的价值同样由具有共同性的抽象劳动来创造，它们的价值量同样要用社会必要劳动时间来衡量，其价值形式的发展最终要通过一般等价物——货币来表现。

说只有生产物质产品的工人的劳动创造价值，银行职员的劳动不创造价值，说社会财富只由社会占少数的劳动者创造，其他劳动者只是分享物质产品生产部门劳动者的劳动成果，这在非物质生产领域劳动者占大多数的社会里，不能为社会大多数劳动者所理解、接受。因此，劳动价值论必须与时俱进，首要的任务就是要研究如何把劳动价值论的研究范围延伸到非物质生产领域，延伸到各种服务劳动中去，延伸到占社会劳动最大份额的领域中去。我以为这也是马克思研究经济理论的立场和阶级性所要求的。

服务劳动同样有简单劳动和复杂劳动之分，主任医师诊疗服务的价值是一般医师服务价值的多倍。服务部门的工资也是劳动力价值的转化形式，即服务业劳动者生产、发展、维持和延续劳动力所需要的生活资料和服务的价值决定的。随着社会的进步，劳动力的更多流动已经是必然的趋势，如果只就简单劳动而言，劳动力的竞争将使物质产品生产部门和服务部门劳动者的劳动力价值趋同起来。劳动者今天在工厂开机器，明天穿西装、打领带坐在办公室里当起公司职员，说不定他还因此少赚了不少工资。事实上，在西方发达国家，蓝领工人的工资往往高于普遍白领工人的工资。

在当今社会，生产劳动不能只局限于物质生产部门。其实，在当代资本主义生产方式中，为资本所有者创造剩余价值的劳动者已经包括了非物质生产部门的劳动者。资本所有者可以办学校赚钱，办医院、办银行、办旅游赚钱。为了占有剩余价值，资本家不仅不计较是生产黄油还是生产炸药，而且不局限于办工厂。按照创造剩余价值的劳动都是生产劳动的观点，我们应当把研究视野拓展到非物质生产领域。

二、科学技术劳动创造价值

一个多世纪来，世界的科学技术发展日新月异，科技革命使社会生产力得到高速发展，尤其是第二次世界大战以来，以电子计算机为代表的新科技革命，正以前所未有的速度改变着人类的经济生活，新知识、新科学、新技术的发展被人们惊呼为"知识爆炸"，并在经济生活中发挥越来越大的作用。在发达国家，知识在经济发展中的作用更为凸现，在过去的3年里，美国的经济增长中27％来自高新技术产业，而只有4％来自传统的汽车工业，这也是美国经济20世纪90年代得以持续繁荣的原因。以富国俱乐部著称的经济合作与发展组织（OECD）宣称，它们的主要成员国50％以上的国民生产总值是以知识为基础的，即依赖于知识密集型产业的发展。人们预感到一个新经济时代正在向我们走来，预感到在未来的社会中知识、科学、技术将成为越来越重要的因素。

对于科学、技术、知识在社会生产力发展中的作用，马克思主义从来都予以重视。马克思在创作《资本论》的过程中，已多次阐述了科学技术是生产力的观点。恩格斯在马克思墓前的演说中指出：在马克思看来，科学是一种在历史上起推动作用的革命力量。在新经济特征日益显示的新时代，邓小平同志审时度势，高瞻远瞩，在改革开放之初就提出了"四个现代化，关键是科学技术现代化"，进而又提出"科学技术是第一生产力"的论断，发展了马克思主义。我国本届（指21世纪初年）政府领导人在当选时就声明，以"科教兴国"作为首要使命。这些观点、思路和"知识经济"的概念是融会贯通的。

但是，就劳动价值理论而言，科学技术劳动创造价值的情况与一般物质产品生产和一般服务相比，要复杂得多。

对于直接从事生产第一线的技术人员而言，他们的抽象劳动同样物化到产品中去，他们的劳动和普通劳动者的劳动同样创造价值，这是十分明确的，二者的价值创造可以沿用复杂劳动与简单劳动的关系来理解。专家、技术人员的劳动是高倍的复杂劳动，他们创造的价值比简单劳动者多得多，而他们劳动力价值的补偿也高得多，他们长期的学习（劳动力再生产）、钻研、积累（劳动力的发展）是这些劳动力具有高价值的理由。所以，对专家、科技人员给予较高的待遇、对有成效的科研成果给予重奖，承认知识分子是工人阶级的一部分，是符合马克思劳动价值论的。

对于从事应用科学研究和技术创新研究的科研人员来说，情况要复杂一些。尽管研究人员付出了辛勤的劳动，花费了许多劳动时间，但并非所有的应用科学和技术科学的研究都能取得成效。有时，十次甚至百次的失败才换来一次成功，众多先行者的挫折为最后一位成功者做了铺垫，而进入技术市场交换并被市场承认的只有最后成功的科技成果。科技成果是长期积累的结果，科学技术研究的这一特点说明，作为技术、专利、诀窍等技术商品的价值是所有科技劳动者共同创造的，这些价值转移到最终成果上，在最终研究者手中实现，而在此之前的研究却无法在市场交换中实现其价值。鉴于科学技术研究的特殊性，发达国家设立了各种研究基金、风险基金，国家通过收入再分配手段对科技增加政府投入，在一定程度上对不可缺少的前期研究和失败风险予以支持和补偿。随着社会的进步，对于科技事业，支持探索性研究、容许失败将会成为社会的共识。

说科学技术劳动者创造价值，并不是说科学技术本身能创造价值。一项先进的技术，由一批工人投入操作，生产出更多的使用价值。这时，操作工人也创造价值，但同时他们也把先进技术的价值转移到有使用价值的产品中去。这时，技术本身起了相当于固定资产的作用，这也就是我们经常所说的无形资产。现在，由于技术经常未必经过评价阶段就直接被采用，新技术的采用往往又和新设备的制造、技术人员的中试、调试混合在一起，以至于人们常常没有把价值的创造和价值的转移区分开来。相信随着技术市场的发育，对科技成果的评价体系会逐步形成、完善。不过，我所理解的无形资产和我们现在经常看到的各种评估所评定的某人身价多少万元、某品牌价值多少亿元并不完全是一回事。

与价值创造、价值交换距离更远的是基础科学的研究，这些研究的成果无法在市场上交换，它们的价值难以估量，它们是整个人类的财富，是各种可以以价值计量的科技成果的基础。基础科学研究通常只能由政府和基金扶持，这一问题要留给国民收入再分配去探讨。

三、管理劳动创造价值

马克思在《资本论》中早已阐述过管理的二重性，即管理一方面是创造价值的生产劳动，另一方面有剥削剩余价值的职能。马克思所指的管理者，是兼有资本所有者和资本管理者双重身份的人，在资本主义社会，马克思就已承认企业主的管理劳动还是创造价值的生产劳动。

一百多年来，所有权与经营权的分离已经成为当代资本主义企业组织的主要模式。公司由聘用的总经理及其领导的管理班子来管理，经理的管理劳动不仅是创造价值的劳动，而且是极其复杂的劳动。经理人员领取高薪是其复杂劳动的劳动力价值的表现。根据劳动价值理论，我国国有企业的管理人员也应当有较高的收入，当前与非公有制企业相近水平的国有企业管理者报酬明显偏低的现象，不利于国有企业的发展，助长了人才流失，应当在国有企业改革中予以解决。

马克思的劳动价值理论只研究了社会的基本阶层：工人和资本家。按照马克思的写作计划，他原准备在此基础上写出关于国家、税收的篇章，但最终未能实现。在人类由家庭、企业、社区组成整个社会时，社会也是需要管理的，这里有社会秩序的管理，如治安、交通等，也有社会经济的管理，大至宏观经济调节，小至技术监督、专利等。因此，社会管理也是一种管理劳动，也是一种服务，从社会的角度，社会管理者的劳动也应当创造价值，但这种为社会的服务不可能采取商品交换的形式，因此它们只能归入国民收入再分配的范围去探讨。

四、社会主义初级阶段对劳动价值论的理解 应当有别于资本主义社会

马克思是针对资本主义生产方式来研究劳动价值论，但劳动价值论研究的是一般商品，因而其观点对于整个商品经济都有适用性，也包括社会主义初级阶段的商品经济。社会主义经济形态毕竟不同于资本主义经济形态，社会主义初级阶段有其特殊规律和特征，所以马克思阐述的劳动价值论、剩余价值论等经济理论，不能生搬硬套到社会主义初级阶段上来，必须按照马克思的立场、观点、方法，研究社会主义初级阶段的新特点和新现象，形成社会主义初级阶段的政治经济学理论。

马克思是从无产阶级的利益出发，从揭示无产阶级被剥削的本质出发，代表无产阶级利益创立了劳动价值理论，分析了劳动力这一特殊商品，指出了资本主义生产是劳动过程和价值增值过程的统一，剩余价值就是在这样的生产过程中产生的。无产阶级之所以能够创立这样的理论，是因为这个阶级的历史使命是推翻资本主义生产方式和消灭阶级。阶级的历史使命本身体现了劳动价值理论和剩余价值理论的阶级性。

今天，处于社会主义初级阶段的中国，无产阶级已经是我们国家的主人，无产阶级的最高利益就是实现社会主义初级阶段的首要任务或根本任务——发展生产力。中国共产党作为无产阶级的先进代表，必须始终代表中国先进生产力的发展要求，始终代表中国先进文化的前进方向，始终代表中国最广大人民的根本利益。江泽民同志所阐述的"三个代表"，代表中国先进生产力的发展要求，是根本，是基础，是保障。这就是无产阶级的利益，这就是无产阶级的阶级性，社会主义初级阶段的政治经济学必须体现其阶级性。

研究社会主义初级阶段的劳动价值论，着眼点应当不再是单个企业创造物质产品的劳动者，而应当是社会主义的社会劳动，即一切有利于社会

主义生产力发展的劳动。这里不仅仅是工人农民的劳动、还应当有知识分子的劳动，机关干部、军警的劳动，各种所有制包括外资企业、私营企业管理者的劳动。他们的劳动都是社会主义社会劳动的组成部分。因此，拓展劳动价值论的研究视野，包括把服务劳动、科技劳动、管理劳动，以及一些原来理解为国民收入再分配领域的劳动纳入社会主义初级阶段劳动价值论的研究范围，是符合最广大劳动者的利益的。

　　不过，马克思的劳动价值论与时俱进，还不能离开马克思的基本立场、观点和方法。对于劳动价值论来说，所研究的劳动必须有益于发展社会主义社会的生产力，不能离开劳动谈价值，否则就不是劳动价值论了。近年来，深化劳动价值理论的研究在我国展开，各种观点层出不穷。例如，有人主张物化劳动能创造价值，主张死劳动和活劳动一样创造价值；有人主张把效用价值论和劳动价值论统合起来，以劳动和效用双重尺度来衡量价值。这些主张我以为已经不是"深化"劳动价值论了。

　　在讨论社会主义初级阶段如何升华劳动价值论的问题时，没有必要把按生产要素分配的政策和劳动价值论挂起钩来。劳动价值论研究的是价值如何创造的问题，社会主义初级阶段的分配制度要服从这一阶段最主要的历史任务——发展生产力。我们现在实行按劳分配为主体、多种分配方式并存的分配制度，实行效率优先、兼顾公平的分配原则，按生产要素分配中包含了"按资分配"，这是出于无产阶级的最高利益，出于发展社会生产力的需要。在社会主义初级阶段，要充分肯定"按资分配"有推动社会生产力发展的积极作用。社会上的资金和货币，可以用来消费，甚至可以挥霍无度，过纸醉金迷的生活；但也可以用来投资、办企业，用来购买股票、基金、债券，通过资本市场投入企业的生产经营，也可以存入银行，由银行贷给企业生产经营，或者购买国库券，交由国家投资经营。对社会资金和闲散货币直接或间接用于投资和生产经营，出于发展生产力的需要，以"按资分配"的方式给予鼓励，是符合社会主义初级阶段无产阶级的根本利益的。同样，引进外国资本弥补了我国社会主义建设资金的不足，发展了我国的生产力，让他们获取适当的利润，也是符合无产阶级的根本利益的。更何况这些投资还能增加就业、扩大税源、带来先进的技术和管理，带来国际市场。为了已经当家作主的无产阶级的根本利益，为了发展生产力，我们有什么理由将社会主义初级阶段的"按资分配"视同于资本主义的剥削？我们有什么理由将私营企业主，租赁者，股东和领取股息、利息、红利的人视同于资本主义社会的剥削者？用看待剥削阶级的观点来看待他们，把他们推到劳动者的对立面上去，事实上不利于社会生产力的发展。这些年为什么有那么多私营企业要找"红帽子"戴，要挂靠集体、国营？为什么有那么多私营企业主要买"绿卡"、买外国护照？说到底就是不放心，就是看到有人手里还拿着"政治帽子"，他们担心有一天会成为被清算的阶级异己。这对当今无产阶级的整体利益有什么好处？所以，为了社会的发展，为了最广大人民群众的利益，需要实行当前的按生产要素分配的政策，没有必要强调不创造价值的就不予分配。

在社会主义初级阶段如何理解
马克思的剩余价值理论[*]

恩格斯在《在马克思墓前的讲话》中指出，马克思一生有两大理论发现，一是"发现了人类历史的发展规律"——历史唯物主义，二是"发现了现代资本主义生产方式和它所产生的资产阶级社会的特殊的运动规律"——剩余价值理论①。剩余价值理论是马克思经济理论的基石，在这个基础上，马克思创建了无产阶级的政治经济学，使政治经济学成为真正的科学。

对于马克思的剩余价值理论，是否应当有以下的认识：

1. 关于马克思剩余价值理论的阶级性。马克思是从无产阶级的利益出发，从揭示无产阶级被剥削的本质出发，代表无产阶级创立了劳动价值理论，分析了劳动力这一特殊商品，指出了资本主义生产是劳动过程和价值增值过程的统一，剩余价值就是在这样的生产过程中产生的。无产阶级之所以能够创立这样的理论，是因为"这个阶级的历史使命是推翻资本主义生产方式和最后消灭阶级"②。阶级的历史使命本身体现了剩余价值理论的阶级性。

2. 剩余价值理论是特定历史阶段的经济理论。除了人类初期还难以自我谋生的原始社会，马克思认为："一般剩余劳动，作为超过一定的需要量的劳动，必须始终存在。"③ 但只有在资本主义生产方式中，剩余劳动才

---

* 原载于《社会科学战线》2002 年第 5 期。

① 马克思、恩格斯：《马克思恩格斯全集》第 19 卷，北京：人民出版社，1972 年，第 374—375 页。

② 马克思、恩格斯：《马克思恩格斯全集》第 23 卷，北京：人民出版社，1972 年，第 18 页。

③ 马克思、恩格斯：《马克思恩格斯全集》第 25 卷，北京：人民出版社，1972 年，第 925 页。

采取剩余价值的形式，以及采取剩余价值的转化形式如利润、利息、地租等。马克思从不认为剩余价值理论可以用来解释资本主义以外的社会，在奴隶社会，奴隶的全部劳动（包括必要劳动）都被奴隶主占有，部分必要劳动再由奴隶主以类似于工具维修费的形式恩赐给奴隶；在封建社会，封建主采取封建地租和超经济强制等手段来占有农民的剩余劳动，甚至还包括一部分必要劳动。"使各种社会经济形态例如奴隶社会和雇佣劳动的社会区别开来，只是从直接生产者身上，劳动者身上，榨取这种剩余劳动的形式。"① 商品、货币、必要劳动、必要产品、剩余劳动、剩余产品等范畴，是起于原始社会末期直至共产主义实现这么一大段历史时期共有的范畴，而剩余价值，以及绝对剩余价值、相对剩余价值、超额剩余价值、剩余价值率，则只是资本主义社会这一特定历史阶段的范畴。

3. 在资本主义生产方式中，"剩余价值的生产是生产的直接目的和决定动机。"② 资本家作为人格化的资本，绝不可能把使用价值看作资本家的直接目的。

4. 马克思认为，剩余价值是可变资本带来的，因而马克思剖析了剩余价值率的范畴，即剩余价值与可变资本的比率，$c+v+m$ 中的 m/v，并指出："剩余价值率是劳动力受资本剥削的程度或工人受资本家剥削的程度的准确表现。"③

从马克思创立剩余价值理论至今，人类已走过了一个多世纪。现在，我国正处在社会主义初级阶段，这是党的十一届三中全会以来党总结社会主义建设的历史经验，正确分析国情得出的科学论断。这个根据中国国情发展了马克思主义的科学论断，已经载入中国共产党党纲。社会主义初级阶段理论有两层含义：一是肯定我国已经进入社会主义社会，我们必须坚持走社会主义道路，坚持我国的社会主义性质。二是由于我国生产力落后、商品经济不发达、工业化尚未实现等原因，我国正处在并将长期处在社会主义初级阶段，我们必须正视而不能超越这个历史阶段。

既然我国已经是社会主义社会，剩余价值作为资本主义特有的范畴，

---

① 马克思、恩格斯：《马克思恩格斯全集》第 23 卷，北京：人民出版社，1972 年，第 244 页。
② 马克思、恩格斯：《马克思恩格斯全集》第 25 卷，北京：人民出版社，1972 年，第 996 页。
③ 同①。

以及马克思用以剩余价值理论来剖析资本主义生产方式所得出的结论，就不能照搬来理解社会主义初级阶段。主张社会主义政治经济学也存在剩余价值范畴的观点（卓炯，1980），原来并不被大多数理论界人士所接受。

作为不同历史阶段共有的范畴，社会主义社会同样有必要劳动和剩余劳动的范畴，斯大林称之为"为自己的劳动"和"为社会的劳动"①，劳动者为社会提供的剩余劳动，是社会主义社会发展的源泉。

剩余价值范畴不适用于社会主义的公有制经济，公有制企业劳动者的剩余劳动，不论表现为企业利润，还是表现为国家税收、银行利息、社会保障金，都可以理解成"为社会的劳动"，这早已是多数人的共识。但由于我国正处于社会主义初级阶段，根据我国生产力发展的状况，以及生产关系要适合生产力发展这一马克思主义基本原理，接受过去在"左"的思潮影响下急于建立单一公有制经济的历史教训，党的十五大提出："公有制为主体、多种所有制经济共同发展，是我国社会主义初级阶段的一项基本经济制度。"十五大确认了非公有制经济是我国社会主义市场经济的重要组成部分，党和政府制定了一系列鼓励个体、私营经济发展的政策，个体私营企业近几年发展迅速，总资本已超过1万亿元。与此同时，股份制经济和多种经济成分的混合经济近几年也有所发展。改革开放以来，我国还引进了一大批外资企业，包括外商独资企业，大跨国公司也纷纷在我国设厂办企业。在分配制度上，十五大提出了实行按劳分配为主体、多种分配方式并存的分配制度，提出了效率优先、兼顾公平的分配原则，提出了把按劳分配和按生产要素分配结合起来，其中也包括"按资分配"。

在私营企业和外商独资企业（含私营控股和外资控股的合资企业，下同）不断发展之际，如何看待社会主义初级阶段的私营企业和外商独资企业？剩余价值范畴是否适用于这两类企业？如何正确认识社会主义初级阶段分配制度中的"按资分配"？这些问题已引起各方面人士的关注。

要正确认识社会主义初级阶段私营企业和外商独资企业的性质。由于我国是公有制经济占主体的社会主义国家，生产关系的总体是社会主义生产关系，在社会主义社会，私营企业和外资企业要受到社会主义国家法律和经济政策的制约和影响，在社会主义社会的环境中运行。它们还必须融

---

① 斯大林：《苏联社会主义经济问题》，北京：人民出版社，1958年。

入社会主义市场经济，与公有制经济相互依存，加盟于我国的社会化大生产。客观上，私营企业和外商独资企业在我国起着发展社会生产力、提供就业、增加税收、引进先进技术和管理等作用，实际上已经成为社会主义市场经济的重要组成部分。因此，社会主义初级阶段的私营企业和外商独资企业，已经具备社会主义生产方式的基本属性。

马克思在论述政治经济学的方法时指出："在一切社会形式中都有一种一定的生产支配着其他一切生产的地位和影响，因而它的关系也支配着其他一切的地位和影响。这是一种普照的光，一切其他色彩都隐没其中，改变着它们的特点。这是一种特殊的以太，它决定着它里面显露出来的一切存在的比重。"① 在资本主义社会，资本主义生产关系是"普照的光"，尽管在这一社会中存在着小农、个体经营者及马克思在《资本论》中多次提到的合作工厂，但由于这些企业和生产者在资本主义生产关系的总体中生存，使它们也必须按资本主义的方式来经营，因而也具备资本主义生产方式的基本属性。

承接马克思的思维方法，在社会主义社会，公有制经济占主体，社会主义生产关系是"普照的光"，不论是私营企业、外商独资企业，还是个体经营者、股份制企业、混合所有制经济，在这"普照的光"中运行，受"普照的光"的制约，就都具备社会主义生产方式的基本属性。

同时，由于私营企业和外商独资企业，其资金和生产资料归企业主占有，劳动者的部分剩余劳动通过"按资分配"为企业主所得，因而它们又具备与社会主义公有制企业不同的特性，具备资本主义生产方式中劳资关系的部分属性。

在社会主义初级阶段，私营企业和外商独资企业的上述二重属性，也表现为企业行为的二重性：一方面，它从属于社会主义经济，服务于社会主义社会；另一方面，又尽力谋求企业主自身的利益，企业主除了按资分配的部分外，与劳动者的必要劳动发生矛盾的事时有发生。虽然我们不能把私营企业和外资企业界定为资本主义企业，不能完全用剩余价值理论来剖析这类企业，但马克思研究剩余价值理论的立场和方法，对剖析这些企

---

① 马克思、恩格斯：《马克思恩格斯全集》第46卷上，北京：人民出版社，1972年，第44页。

业又有一定程度的适用性。

在剩余价值理论中，通过延长工作日，从而延长劳动者为资本家提供剩余劳动的时间，由此获得的剩余价值，马克思称之为绝对剩余价值。社会主义生产从本质上决不会采取延长劳动者工作日的方法来增加社会财富。中华人民共和国成立之初，8 小时工作制就已经在我国确立。尽管我国的生产力水平还不高，却是发展中国家较早施行每周五日工作制的国家。但我们也不能不看到，在我国的某些私营企业和外商独资企业中，的确存在延长工作时间的现象，个别企业甚至到了令人发指的地步。《中华人民共和国劳动法》及根据劳动法由国务院和有关部门制定了一系列关于职工工作时间、实行劳动合同制度、劳动卫生安全、女职工劳动保护、推行社会保障等法规，正是从法律、法规上制约了类似于绝对剩余价值的问题，这就是社会主义的"普照的光"。在多种所有制经济共同发展的今天，我们应当严肃法制，保护劳动者权益，让"普照的光"洒向社会的每一个角落。

通过提高劳动生产力，从而减少劳动者的必要劳动时间，扩大劳动者的剩余劳动时间，由此产生的剩余价值，马克思称之为相对剩余价值。马克思对相对剩余价值的论述，对社会主义经济有相当重要的指导意义，"劳动生产力的提高，在这里一般是指劳动过程中的这样一种变化，这种变化能缩短生产某种商品的社会必要劳动时间，从而使较小量的劳动获得生产较大量使用价值的能力。"为此，"必须变革劳动过程的技术条件和社会条件，从而变革生产方式本身，以提高劳动生产力，通过提高劳动生产力来降低劳动力的价值，从而缩短再生产劳动力价值所必要的工作日部分。"[1] 对社会主义经济而言，不论何种所有制经济，都有通过劳动生产力的提高，通过技术创新和体制创新，增加每个劳动者单位时间内生产的产品数量，即提高劳动生产率，从而使劳动者能为社会提供更多的剩余劳动和剩余产品，使社会主义经济有更大的发展动力。列宁有一句名言："劳动生产率，归根到底是保证新社会制度胜利的最主要的东西。资本主义造成了农奴制度下所没有过的劳动生产率。资本主义可以被彻底战胜，而且

---

① 马克思、恩格斯：《马克思恩格斯全集》第 23 卷，北京：人民出版社，1972 年，第 350 页。

一定会被彻底战胜，因为社会主义能造成新的高得多的劳动生产率。"① 在
社会主义初级阶段，提高所有部门、所有行业的劳动生产率，对实现社会
主义社会生产目的有着极其重要的意义。

私营企业和外商独资企业提高劳动生产率，虽然会增加企业主"按资
分配"的量，优先采用先进技术和生产方法的企业还能取得超额的份额，
类似于超额剩余价值；但与此同时，劳动生产率提高会增加劳动者为社会
所提供的剩余劳动，增加社会的财富，劳动者自身也会从中直接受益。因
此，私营、外资企业主靠提高劳动生产力来谋求更大的利益，应当受到社
会的鼓励。

但是，我们决不能用剩余价值率 m/v 来剖析社会主义初级阶段的私营
企业和外商独资企业，因为它已经不是"工人受资本家剥削程度的准确表
现"。在社会主义社会，m 的一部分作为税收而属于社会，一部分作为国
有银行的利息加入国有银行利润，属于社会的 m 中用于企业扩大再生产的
部分，与资本主义社会也有不同的含义。在社会主义生产方式中，m/v 不
具备马克思《资本论》中针对资本主义生产方式所做的剖析和得出的
结论。

在社会主义初级阶段，劳动者的必要劳动及其生产的必要产品，归劳
动者所有，这部分分配属于按劳分配的范围。按生产要素分配中，按管
理、按技术的分配，绝大部分也属于必要劳动，但属于复杂层次较高的必
要劳动，因而是自乘的或多倍的简单劳动。经理工资高、专家工资高，现
在已经为社会所接受。劳动者的剩余劳动及其生产的剩余产品，部分以税
收、国有银行利息等形式归全社会劳动者所有。而在私营企业和外商独资
企业中，部分剩余劳动则通过"按资分配"的分配机制归出资者所有。属
于初次"按资分配"的还有各种股东和数量众多的股民领取的股份分红，
购买企业债券领取的债券利息，房屋所有者取得的房租，土地所有者或占
有者取得的地租等，其来源也是劳动者的剩余劳动。

从整个社会来看，劳动者提供的总剩余劳动，还存在以下的"按资分
配"：居民储蓄领取的利息，购买国库券领取的利息，基金持有者的基金
红利等。如果套用马克思对资本主义生产方式所做的剖析，套用剩余价值

---

① 列宁：《列宁选集》第 4 卷，北京：人民出版社，1972 年，第 16 页。

理论，所有这一切都是对劳动者的掠夺，都属于应当讨伐、应予推翻的阶级剥削和阶级压迫。但是，我们今天是站在处于社会主义初级阶段的中国，无产阶级已经是我们国家的主人，实现无产阶级的最高利益就是社会主义初级阶段的首要任务或根本任务：发展生产力。无产阶级的先进代表中国共产党，必须始终代表中国先进生产力的发展要求，始终代表中国先进文化的发展方向，始终代表中国最广大人民的根本利益。江泽民同志所阐述的"三个代表"，代表中国先进生产力的发展要求是根本，是基础，是保障。这就是无产阶级的利益，这就是无产阶级的阶级性，社会主义初级阶段的政治经济学必须体现其阶级性。

中国共产党提出了在社会主义初级阶段实行按劳分配为主体、多种分配方式并存的分配制度，提出了效率优先、兼顾公平的分配原则，按生产要素分配中包含了"按资分配"，就是出于无产阶级的最高利益，就是出于发展社会生产力的需要。在社会主义初级阶段，要充分肯定"按资分配"有其推动社会生产力发展的积极面，同时也不能否定"按资分配"有其消极面，特别是食利者的出现。

社会上的资金和货币，可以用来消费，甚至可以挥霍无度，过纸醉金迷的糜烂生活；但也可以用来投资，办企业，购买股票、基金、债券，通过资本市场投入企业的生产经营，也可以存入银行，由银行贷给企业生产经营，或者购买国库券，交由国家投资经营。对于社会资金和闲散货币直接或间接用于投资和生产经营，出于发展生产力的需要，以"按资分配"的方式给予鼓励，鼓励其投资，投入生产经营，是符合社会主义初级阶段无产阶级的根本利益的。同样，外国资本引进来，弥补了我国社会主义建设资金的不足，发展了生产力，令其获取适当的利润，也是符合无产阶级的根本利益的。更何况这些投资还能增加就业，扩大税收，带来先进的技术和管理，带来国际市场。

前来投资的外商是国外、境外的资产阶级，姑且另作别论。我国的私营企业主现在实际上还只是一个社会阶层，谈不上一个阶级。他们的大多数人出身于劳动人民。除了取得"按资分配"的收入外，大多数企业主仍然从事管理劳动，甚至是极为繁忙的劳动。应当承认，从事管理劳动的私营企业主也是劳动者，他们的收入中也还包含着经营管理者的劳动收入。就社会主义生产劳动而言，他们比收租、领利息、领股息的人具有更高的生产性。因此，用看待剥削阶级的观点来看待他们，把他们推到劳动者的对立面上去，不利于社会生产力的发展。这些年为什么有那么多私营企业要找"红帽子"戴，要挂靠集体或其他所有制？为什么有那么多私营企业主要买"绿卡"、买外国护照？说到底就是不放心，就是看到有人手里还拿着"政治帽子"，他们担心有一天会成为被清算的阶级异己。

我们有些同志，老是用马克思剩余价值的观点来批判当今的私营企业，老是用阶级对立的眼光来看待私营企业主，老是在姓"社"、姓"资"的问题上争论不休。这些同志其实犯了一个逻辑性的错误，忘记了时间和地点。学习和运用马克思主义，要学习马克思主义的立场、观点和方法，把马克思主义的普遍真理与中国的具体实践结合起来。我们必须始终坚持"发展是硬道理"，坚持以"三个有利于"作为衡量各项改革成败的标准，多做有利于生产力发展的事，多说有利于生产力发展的话，这样中国的路就能走得更好①。

---

① 邓小平：《邓小平文选》第3卷，北京：人民出版社，1989年，第379—380页。

当前社会需求不足的原因与对策*

一、问题的提出

在计划经济时代，我们总是在扩大供给的压力下奋斗，总是追求扩大产量以满足社会的需求。转轨到社会主义市场经济体制后，"看不见的手"似乎把生产的潜力都从地底下调动出来，现在只要市场上有某种需要，有利可图，生产能力马上就会急速膨胀，除非技术上还没有办法生产，例如计算机的 CPU，否则产品马上就会蜂拥而至，充斥市场，服装如此，水泥如此，VCD 更是个典型。党的十四大提出建立社会主义市场经济的使命，至今不到 7 年，我们已经饱尝了生产能力过剩的苦涩，进而要坐下来讨论如何扩大需求的问题。真是此一时彼一时！

有人，说现在的供过于求比起过去的供不应求，是一种历史的进步。对于普通消费者来说，事实的确如此。但是，从经济学的角度，从政府管理者的角度，解决供过于求的难度，实际上一点也不会比解决供不应求的难度小，比起刺激供给，刺激消费，动员老百姓把钱从口袋掏出来买东西，实际上更难做到。

二、当前消费疲软的特征

当前的消费疲软是与居民的银行存款余额上升同时并存的，一方面商品滞销，另一方面银行存款余额都以每年几千个亿的速度在增长。在 70% 的存款为 20% 的人所持有的情况下，存款的增加除居民消费的滞后于储存

＊ 原载于《学术评论》1999 年第 5 期。

外，当然也包括了一些个体、私营的生产经营性资本，在经营不景气的环境下退出市场，存入银行，保存实力，伺机东山再起。

20世纪90年代初社会主义市场经济的口号和目标还没有提出，计划经济的成分还较大，国家借助直接的计划调节来左右经济的手段还有较大的作用。1992年之后，我国的经济上了一个新台阶，各种非国有的经济成分有了较大的发展，国有企业在整个经济中所占的比重下降了，国家直接的计划调节逐渐为间接调节所取代，除基础设施建设外，国家不再投资生产性项目，因而国家直接调节市场供求关系的能力减弱了。但是，市场经济的构建已经发挥了配置社会资源的作用，利益导向使所有能赚钱的行当都有资金涌入，进入门槛越低的行业越容易涌入投资，越容易出现重复生产。当前供过于求的面相当广泛，从生产资料到生活资料，几乎无所不包，因而启动经济的难度也相对较大。

此外，造成这次市场疲软的外部条件也有所不同。90年代初的困难是政治因素即国际上所谓"制裁"而造成的，而这一次困难是经济因素即亚洲金融危机蔓延造成的，更加难于对付。由于亚洲金融危机，开拓国际市场的难度更大了，所以，当前要特别强调扩大内需。

三、内需不足的深层次原因

需求不足在某种程度上和供给过剩是同义词。从供给的角度看，当前的过剩有一定的结构性。中低档次的商品，技术含量低的商品，重复生产较为严重，生产能力过剩也较为严重。如生活消费品是"大路货"竞争激烈，低档品越降价越卖不掉，而新颖的、高质量的、高性能的商品依然为市场所宠爱，名牌产品依然占据着市场。

从需求的角度看，当前居民的消费需求的确不旺，逛商场的人多，买东西的人少。据银行反映，今年春节前城镇各单位发放的奖金和福利，大量又以储蓄的形式在过年前后流回银行，形成了春节存储大高潮。对发展中国家来说，高储蓄率本来是一件好事，但过高的储蓄又会造成消费需求的不足，影响企业销路，影响经济发展。尽管银行已经多次降低利率，存钱的愿望依然有增无减，这里实际上包含了居民的许多值得重视的心理预期因素。

现在老百姓考虑的问题较多：在农村，盖房子和子女婚嫁是两件最大的事，要存钱；近几年还要考虑孩子大了，教育费用可观，要存钱；病了，医疗费用可观，要存钱；老了，养老要花钱，要存钱。城里人现在还要考虑下岗，要存点钱；住房改革了，要买商品房，要装修房子，要存钱。总之，在经济体制转轨之后，人们考虑的问题多了，过去的穷日子还记忆犹新，社会又没有较为成熟的保障制度，对未来预期的不确定性，使得人们不断地推迟现有的消费，从有限的收入中抽出一部分钱存起来。因此，现在的中国人不可能像西方人那样提前消费，甚至不可能"从手到口"，挣多少花多少。这是导致我国当前有效需求不足的重要原因。

另一方面，收入增长不快也是需求不足的重要因素。尤其是农村，近两三年农民收入增长的速度减缓，许多农产品增产不增收，给农村市场的开拓增加了难度。

四、当前扩大内需的对策

为了扩大内需，政府已经采取了加大投资力度、加快基础设施建设、降低利率、适当放松银根等措施。在这个基础上，针对福建的具体情况，谈几点对策建议，供有关部门参考。

第一，调整产品的供给结构。供过于求既然有它的结构性，扩大内需也必须从调整供给结构入手，从提高产品质量、开发新性能产品、扶持骨干企业、创造名牌产品、改善售后服务入手，不断开创出适销对路的商品。生产部门和企业要以邓小平同志的"科学技术是第一生产力"的思想为指导，努力提高产品的技术含量，努力创新，改变低档次商品重复生产的局面，用新供给来创造新需求。

对于目前已严重过剩的生产企业和设备，必须采取措施予以压缩。国家已经制定出压纱锭、关闭小纸厂、小煤窑和小水泥厂等措施。福建也必须制定相应的措施，强制关闭一些低水平、浪费资源、制造污染、导致市场恶性竞争与不正当竞争的小企业和土设备，或者以一定的政策导向迫使他们自生自灭。

第二，扩大内需。扩大需求不仅包括扩大居民的生活消费，而且包括扩大生产资料的消费，即扩大投资。因而，鼓励民间资金的投资也应当成为扩大内需的重要内容。现在民间资金较为充裕,特别是沿海的经济发达地区,但有资金的人持观望态度的较多,要引导这些资金投入生产和其他经营,必须创造出宽松的投资环境。因此,提高政府部门的办事效率、增加信息服务、减少对企业的摊派和干预、惩治各类掌权者的"吃拿卡要",都是改善投资环境的必要措施。

从世界各国的经验来看,疲软时期降低税赋是刺激投资的有力措施,其作用大于降低利率。税收政策是国家制定的,中央政府已表示当前不会降税,福建当然要与中央保持一致,但要注意,不能允许少数地区发生超前征税、过量征税等违反中央税收政策的事。另外,税外费往往是地方政府制定的,市县甚至乡镇、部门都有制定权。福建税外费的情况因地而异,大抵经济较发达的市县"费"较轻,经济不发达的市县"费"较重。福建刺激投资应从"降费"做起,各地方政府要切切实实地对税外费进行认真清理,减轻企业的负担,减少投资者的投资顾虑。

随着投资门槛的升高,小钱办不了企业,引导零散资金投资也是一项重要的工作。股市风险大,建立稳定的投资基金是国际上最流行的做法,福建应当适时组建以产业和基础设施投资为对象的投资基金。

第三,提高居民收入。居民收入是消费的源头,提高收入是扩大需求的根本。福建经济已迈入全国前列,人均国内生产总值居全国各省(市、区)第七位,但福建的工资水平却与这一地位不相称。在财政支付能力允许的前提下,福建应尽可能压缩其他一些开支,提高职工的工资水平。

农村市场的开拓同样取决于农民的收入,因此,减轻农民负担是扩大农村市场的重要举措。这一两年由于供过于求,农民增产不增收的事时有发生,要积极引导农民的农副业生产,尽量提供信息和技术,指导农民选择名、优、特、新品种,避免过度重复生产,提高农业的效益。与此同时,要为农村消费创造必要的物质条件,例如改造农村电网,为家用电器的消费提供条件。

第四,加大消费宣传力度,积极引导消费需求。几十年来我们只宣传勤俭,宣传朴素,宣传艰苦奋斗,现在要宣传怎么过现代化生活,怎么购买商品,怎么花钱,这符合不符合党的路线?我以为在以经济建设为中心的社会主义市场经济的新形势下,适度鼓励消费是符合党的路线、符合经济发展需要的。我们不主张奢侈浪费,但应当鼓励人们过现代化的生活,过好日子。这是一种观念的转变，宣传部门要配合当前扩大内需的需要，拿出新的宣传观念来。

第五，搞活流通，加大闽货"北伐西征"的力度。搞活流通是扩大内需的手段之一。现在商品从出厂到零售，环节过多，加价过多，不少商品零售价比出厂价高一倍以上，这对生产者和消费者都不利。改革流通渠道，发展连锁超级市场和连锁仓储市场，是商业的发展方向。福建这方面的步伐落后于上海、广东，外国连锁商业已经在窥视福建市场，福建商界要准备应战。

内需方面，除了福建本省市场，更大的是全国市场。福建商品打到省外的比例不到30％，低于广东。因此，要加大闽货"北伐西征"的步伐，打开东北、西北、西南市场。要制定一些鼓励措施和优惠政策，推动企业和商界到全国各地去开辟市场。政府可以多搭一些台，让企业多一些机会出去唱戏。

第六，坚持"发展是硬道理"。在市场经济体制下，不同经济时期宏观调节有不同的目标，当经济过热时，需要抑制通货膨胀，相机采用提高利率、增加税收、紧缩银根等措施；当经济疲软时，需要刺激有效需求，相机采取降低利率、减轻税负、放松银根等措施。这就是所谓的"逆向调节"。然而，当今世界上各个经济学流派，把充分就业作为宏观经济调节首选目标的居多，把抑制通货膨胀作为首选目标的居少，可见维持经济增长、增加就业机会是何等重要。这是市场经济国家多年的经验之谈，也是我国经济发展的要略。

对于我们这样的发展中国家，还是得按邓小平同志说的，"发展是硬道理"。实际上，许多问题都只有在发展之中才能有妥善的解决办法。上一轮市场疲软（指1989—1991年），就是邓小平同志的南方谈话吹响了发展的号角，才迎来了1992年后的经济发展高潮。要真正解决当前的市场疲软，解决下岗就业问题，扩大生产和生活需求，归根结底还要靠发展经济，还要维持一定的发展速度。只有经济发展了，就业增加了，市场活跃了，老百姓的消费信心才能增强起来，消费信心能改变人们对未来的预期，如此老百姓才愿意掏更多的钱买东西，这是增加社会需求的重要因素。

对当代资本主义的再认识[*]

　　20 世纪，资本主义世界又走过了风风雨雨的一百年，这期间有过酿成人间惨剧的两次世界大战，四千多万人为此丧生；也有过后半个多世纪相对和平的年代，虽然局部热战依然不断；有过 1929—1933 年震撼资本主义世界的严重经济危机，也有过五六十年代被称作黄金时代的繁荣以及 20 世纪末美国经济较长周期的稳定增长。苏联、东欧解体之后，世界共产主义运动进入了相对低潮，资本主义成了世界经济体系的主体，依然表现出一定的生命力。如何认识当代资本主义，如何用马克思主义的观点剖析当代资本主义出现的新现象、新问题，是当代马克思主义者不容回避的使命。

　　1867 年，马克思出版了研究资本主义的著作——《资本论》第一卷，在这部巨著中，马克思揭示了剩余价值规律："剩余价值的生产是资本主义生产的决定的目的。"[①]"生产剩余价值或赚钱，是这个生产方式的绝对的规律。"[②] 马克思还在《资本论》中剖析了资本主义的基本矛盾是生产社会化和资本主义私人占有之间的矛盾，"一旦资本主义生产方式站稳脚跟，劳动的进一步社会化，土地和其他生产资料的进一步转化为社会使用的即公共的生产资料，从而对私有者的进一步剥夺，就会采取新的形式。现在要剥夺的已经不再是独立经营的劳动者，而是剥削许多工人的资本家了。"[③]

　　1917 年，列宁根据资本主义在 19 世纪末、20 世纪初的发展，认为资本主义已进入垄断资本主义阶段，即帝国主义阶段。列宁以丰富的数据材

　　* 原载于《东南学术》2001 年第 6 期。
　　① 马克思：《资本论》第 1 卷，北京：人民出版社，1975 年，第 257 页。
　　② 马克思：《资本论》第 1 卷，北京：人民出版社，1975 年，第 679 页。
　　③ 马克思：《资本论》第 1 卷，北京：人民出版社，1975 年，第 831 页。

料分析了垄断资本主义的特征，"就是资本主义的自由竞争为资本主义的垄断所代替。""自由竞争开始变成垄断，造成大生产排挤小生产，又用最大的生产来代替大生产，使生产和资本的集中达到了很高的程度，以致产生了并且还在产生着卡特尔、辛迪加、托拉斯等垄断组织，以及同这些垄断组织溶合起来的十来家支配着几十亿资金的银行的资本。"①

从马克思、列宁到 21 世纪的今日，时隔一个多世纪，资本主义究竟发生了哪些新变化呢？

一、资本主义的基本经济特征没有改变

悠悠百年，尽管当代资本主义出现了许多新现象，但马克思、列宁所剖析的资本主义的基本特征并没有改变。

掠夺剩余价值仍然是资本主义生产方式的基本经济特征。一个多世纪来，随着科学技术进步和社会生产力发展，劳动生产率大大提高，劳动者创造的价值成百倍增长。蛋糕做大了，劳动者所得也随之增加了，生活水平提高了，而劳动者从这蛋糕中取得的比例却不断下降。作为反映剥削程度准确标志的剩余价值率 m/v，即劳动者创造价值中被剥削走的部分与劳动者工资等所得的比率，在马克思时代大约为 100%，20 世纪后半叶，在美国上升到 $300\%\sim400\%$，在日本更高达 450% 以上。最大限度地追求剩余价值仍然是资本家及其代表企业管理者的经营目标。只是在发达资本主义国家，相对剩余价值的榨取取代了绝对剩余价值的榨取，资产阶级已不再用延长劳动时间和增加劳动强度的方法来增加对工人的剥削程度，不再用工头、鞭子和罚款簿来强制工人劳动，而是更多地靠更新技术和装备，强化企业的经营和管理，以各种手段改进营销，拓展市场，使每个劳动者创造出更多的价值来让劳动者得小头，资本家取得大头。

随着科学和生产技术的进步，随着计算机和信息技术在社会生产和生活中发挥更加重要的作用，生产社会化在进一步增强。一个多世纪来，企业生产规模在加大，内部的分工协作更加细密，管理更加严格。企业之间的相互依赖、依存更为显著，愈益形成相互关联的产业链。地方分割的市

① 列宁：《列宁选集》第 2 卷，北京：人民出版社，1972 年，第 807 页。

场融入全国性市场，并逐步形成世界市场，经济全球化、资本国际化是第二次世界大战后资本主义最重要的发展趋势。而在当代资本主义，生产资料依然是私人占有，各公司都追求自身的最大利益。生产社会化和资本主义私人占有仍然是当代资本主义的基本矛盾，而且，这一矛盾随着经济全球化更由一个个国度扩展到全球。

近百年来，垄断作为当代资本主义的特征在不断增强，而且发展成国际市场的垄断。如果说列宁时代以联合销售为特征的卡特尔、以联合销售联合采购为特征的辛迪加、以股权联合为特征的托拉斯是垄断的主要形式，后来则发展起以上、下游相关企业组成企业集团为特征的康采恩，20世纪70年代后更出现垄断集团向不相关的行业挺进，汽车公司办旅馆，电话公司办保险，形成多种经营的混合联合公司。如果说20世纪初列宁所分析的"石油大王""钢铁大王"和银行大亨都还只是某个国度的垄断者，第二次世界大战后，随着跨国公司的发展，世界市场都已经被为数不多的跨国大公司所控制。现在已经不仅是大企业兼并小企业，而是资产数以百亿美元的大垄断企业的强强兼并，还出现不同国度的大企业跨国兼并，甚至还出现蛇吞象式的兼并，即有技术、资金优势的较小公司兼并比它大得多而经营不善的大公司。资本集中达到了前所未有的规模。

二、资产阶级在资本主义制度允许的
范围内调整了资本主义生产关系的某些矛盾，
一定程度上相对适应了生产力的发展

生产关系必须适应生产力的发展，这是马克思揭示的社会发展的共同规律。资本主义生产关系束缚了资本主义生产力的发展，丧钟就要敲响，资本主义生产方式就要被推翻。但也应当承认，资产阶级在意识到这些矛盾时，也有可能在不影响资本主义制度存在的范围内，对资本主义生产关系作某些有利于生产力发展的调整，从而一定程度上维护了生产力的发展，延缓了资本主义生产方式的生命。20世纪这类生产关系的调整主要表现在以下几个方面：

1. 国家垄断资本主义对资本主义经济的宏观经济调节

1929—1933 年深刻的资本主义经济危机，使西方经济倒退十多年，甚

至二十多年，资产阶级意识到资本主义方式如不加以调节，将会走向崩溃。美国总统罗斯福 1933 年开始施行的以公共投资刺激经济、增加就业、扩大救济的"罗斯福新政"，促进美国经济走出为危机。1936 年英国经济学家凯恩斯出版了《就业、利息与货币通论》，提出以国家干预来消除失业和经济危机的系统理论。二者从实践和理论上为第二次世界大战后西方国家广泛兴起的国家垄断资本主义铺平了道路。

国家垄断资本主义就是国家政权与垄断资本相结合，国家通过国有经济、财政调节和货币调节、经济计划、行政立法等手段，弥补市场机制的失灵，平抑经济周期，为资本主义生产力发展提供更大的发展空间。

战后国有化浪潮席卷西方国家，尤其是欧洲，政府将部分银行、铁路、钢铁、煤炭等企业收归国有，通过投资国有企业扩大就业、调整经济结构、刺激经济发展。国有化对战后西方经济繁荣起过重要作用。20 世纪 70 年代中期石油危机，资本主义国家财政赤字严重，庞大的国有企业效率低下，为适应当时生产力发展的要求，西方国家 80 年代又对国有企业大规模实行私有化。不论是战后国有化，还是 80 年代私有化，都是资产阶级调整生产关系使之适应生产力发展的措施。

财政调节和货币调节是资本主义国家平抑经济周期的主要手法。财政调节主要是增税和减税，增减公共设施建设和政府采购；货币调节主要是通过货币发行量来调节经济，通过中央银行的再贴现率来调控市场利率，通过银行准备金来调节银行的贷款规模，通过公债的市场公开业务来调节流通货币量。例如，经济不景气时就采用减税、增加公共设施建设和政府采购，降息、减少商业银行准备金，市场上回购公债等手法刺激经济，反之亦然。通常，这些手法并不同时使用。政府用"冷时加热水、热时泼冷水"的逆向操作手段，以达到"烫平"经济周期波动的目的，避免大起大落。实践证明，资本主义国家施行的上述调节手段在战后经济发展中取得明显效果，经济波动的幅度大大减小，有利于资本主义国家生产力的发展。

资本主义国家也有计划，法国等欧洲国家就有类似于"经济计划委员会"的机构，也编制一个又一个"五年计划"，日本编制过"六年计划"和"国民收入倍增十年计划"等。美国则在"投入产出"和其他经济计量模型研究的基础上由政府有意识实施调整经济的政策。除全国性计划外，还有地区、部门的计划。计划作为一种指导性手段，在当代资本主义国家用来弥补市场调节的缺陷，是政府宏观经济调节的一种手段。

国家还通过行政立法干预经济，对环境、食品、医药、最低工资、童工使用、农产品价格、公用事业价格等，都有一整套法律法规，对统计、会计、票据、证券、破产等也都有专项的法律。发达国家普遍制定了加速固定资产折旧的法规，以减少科技进步带来的机器设备未使用完就落后过时而产生的无形损耗。不少国家为了促进竞争、缓和垄断组织与社会的矛盾，还制定了"反垄断法"，法律上对过度垄断有所抑制。这些立法都一定程度上调整了资本主义生产关系，有利于生产力发展。

2. 资本主义国家以福利政策、企业以"人本主义"来缓和阶级矛盾

在生产力充分发展、蛋糕已经做大的基础上，战后资本主义国家纷纷强化福利政策，以缓和阶级矛盾，巩固资产阶级国家政权。北欧国家、瑞士、加拿大福利措施尤多，各种福利、补贴、保险、救济几乎是"从摇篮到坟墓"，其他欧洲国家以及大洋洲国家次之，美国、日本的福利措施相对较少。政府以累进所得税从企业和高收入者手中征收高额税收，用以全社会的福利开支。高额福利固然培养了一批懒汉，降低了劳动生产率，已引起一些国家的反思，但缓和阶级矛盾在维护资本主义制度上的作用是资产阶级所期望的，这也就是在维护资本主义制度前提下的一种利益调整。

当代资本主义的企业管理发生了显著的变化，企业崇尚"以人为本"，极力以各种形式笼络被剥削者，以维护剩余价值的剥削。"泰勒制"等各种与劳动者对立的管理模式消退了，公司吸收工人选举的代表进入董事会、监事会参与企业管理；公司花钱向职工征询办好企业的意见，意见被采纳的还再给予奖励；节假日后，董事长、总经理在工厂门口迎接工人上班，职工生日送上鲜花和蛋糕；开展企业特色的文化活动，增加企业凝聚力；鼓励职工购买甚至向职工赠送本企业的股票；等等。资产阶级缓和阶级矛盾的措施无非为了调动职工积极性，换取他们的出色工作，给资本家带来更大的利益。实际上，被剥削者与剥削者的利益是无法调和的，因而西方国家劳动者团结起来争取自身利益的罢工从来没有停止过，劳动者也只有通过联合起来的斗争才能维护自身的最大利益。

3. 股份公司的股权分散化使私人资本日益具备社会资本的性质

马克思早就指出，股份制度"是在资本主义体系本身的基础上对资本

主义的私人产业的扬弃；它越是扩大，越是侵入新的生产部门，它就越会消灭私人产业"。① 第二次世界大战后，股份公司已成为资本主义企业的基本形式，且股权日益分散化。如美国通用汽车公司的股东人数高达 200 多万。过去大股东往往拥有 30%～40% 的股权，现在占 1%～2% 就已经是有控股权的大股东了。所有权与经营权的分离更使资本不能按资本所有者的个人意愿运作，使资本更加具备社会性质。这种企业形式的发展是生产关系的一种调整，从而使企业更能适应生产社会化的要求。

第二次世界大战后，职工拥有本企业股票的现象日益普遍。值得注意的是，20 世纪 80 年代，首先在美国开始出现本企业职工拥有全部股权或控股权的企业，近十几年这类企业的数量显著上升，包括一些世界著名的大企业，如美国的联合航空公司。职工控股企业是对资本主义生产方式的一种积极的扬弃。资产阶级国家对这类企业的宽容，甚至还在一定程度上从信贷、税收等政策上予以扶持的态度，也是资本主义生产关系的一种调整。

4. 垄断企业调整了与中小企业的关系

第二次世界大战前，垄断企业对中小企业主要采取扼杀、挤垮、兼并以巩固自己垄断地位的做法。战后，为缓和垄断企业与社会日益尖锐的矛盾，垄断大企业对中小企业采取收容并纳入其垄断企业分工体系的做法：给收容的中小企业下订单，发生产许可证，派人到中小企业检测产品质量，让中小企业为其提供零配件、原材料和工序加工。波音公司生产飞机，有美国等 27 个国家的 26000 多家企业为它配套，其产品重量占飞机总重量的 70% 以上。在美国，战后中小企业的数量显著增长，但七成左右的中小生产企业都以外加工和零配件企业的形式依附于垄断企业，靠垄断企业的订单过日子。自行生产产品并直接面对市场的中小企业只有三成左右，这与中国等发展中国家中小企业的状况有显著差别。垄断企业与中小企业关系的调整，既有利于垄断企业集中力量从事核心技术的开发，有利于垄断企业通过订单压价从附属的中小企业身上榨取垄断利润，同时也使生产社会化扩展到更大的范围，增加了社会就业，客观上为社会生产力发展腾出更大的空间。

---

① 马克思：《资本论》第 3 卷，北京：人民出版社，1975 年，第 496 页。

5. 国家垄断资本主义的国际垄断联盟一定程度上协调了资本主义国家之间的矛盾

帝国主义国家瓜分世界的斗争，导致了严重破坏社会生产力的两次世界大战。战后，代表垄断资本利益的国家，尽管利益的矛盾无法消除，但两次世界大战的残酷后果，以及核战争将会毁灭整个人类的阴影，使广大人民群众以选票和舆论迫使资产阶级政府不再以战争作为解决发达资本主义国家之间矛盾的手段，协商和谈判更多地运用于发达国家的国际争端。第二次世界大战后 50 多年的和平环境客观上有利于全球社会生产力较快速地发展。

区域经济一体化是战后资本主义生产关系调整的重要内容。50 年代，欧洲各国为了他们的共同利益，从组建欧共体发展到现在的欧盟，成为区域经济一体化的典范。这一国际垄断联盟不但实现了区域内货物、资金、人员的自由流动，发行了统一货币欧元，还通过欧盟委员会、欧洲议会、欧洲法院等组织来协调彼此的矛盾。20 多个不同层次的区域经济一体化组织相继在世界各地出现。这些一体化组织至少在区域内部协调了各方面的矛盾，实现资源在区域内的优化配置，促进了生产力的发展。

为了协调整个资本主义世界的矛盾，在成立联合国的基础上，战后还成立了一批国际性组织：如世界货币基金组织、世界银行、世界贸易组织等，他们在协调世界货币体系和世界贸易方面产生了积极的影响，推动了经济全球化。其他如国际粮农组织等也在特定领域内发挥了协调和推动的作用。国际垄断联盟的最高形态是"七国首脑会议"，这个从 20 世纪 70 年代开始每年召开的会议，虽然有很浓的政治色彩，但作为经济上最主要的七个资本主义国家的首脑聚会，在协调重大问题上，如石油危机问题、70 年代末 80 年代初世界经济的停滞膨胀问题、各国货币汇率问题、环境保护问题等，依然发挥了重要的作用。正由于各主要垄断资本主义国家之间现在不再用武力来解决矛盾，而愿意坐下来协调，和平和发展才能成为当今世界的主流。

三、技术创新是当代资本主义的生命力所在

20 世纪后半叶，世界科学技术发展日新月异，技术革命规模之大、速

度之快、内容之丰富、影响之深远，都是空前的。以电子计算机发明和应用为代表的信息技术，以及新材料技术、新能源技术、生物技术、空间技术、海洋开发等，形成了使社会生产领域和生活领域的面貌不断更新的新兴技术群，形成了一批新兴产业，使生产工具、劳动对象和劳动方式都发生了巨大的变化。在完成工业化使命后，知识经济时代已经悄悄来临，新经济时代的许多新问题、新观念正引起科技界和理论界兴致勃勃的研究和探讨。科学技术推动的社会生产力的发展，以及随之发生的生产关系的局部性调整，为资本主义注入了新的生命力，延缓了资本主义的寿命。新兴的 IT 产业为美国经济带来了 90 年代持续 10 年的繁荣，引起了世界经济学界的关注。

应当承认，资本主义市场经济为科学技术进步提供了较大的发展空间，较完善的竞争机制、知识产权保护机制、人才培养和激励机制，推动了科技的发展。技术贸易的发展、科技园区的开拓、资本市场和风险基金对高科技风险产业的支持，以及国家对科学技术创新的资助和政策扶持，国家科技战略和计划如信息高速公路计划、尤里卡计划的实施，都有利于新兴科技产业群的建立。上述情况说明，当代资本主义生产关系仍然能为科技创新提供充裕的发展空间，战后美国科学技术遥遥领先的地位及八九十年代美国 IT 产业的高速增长至少说明了这一点，这也是资本主义生产方式还能保有其生命力的重要原因。

四、经济全球化是 20 世纪后半叶资本主义经济的主要特点

第二次世界大战后，通信技术和计算机网络技术为世界各地更广泛的信息交流奠定了基础，为跨国公司全球化管理和世界统一市场的形成奠定了基础，大吨位船舶和集装箱运输的发展方便了货物运输，大型远程飞机的发展缩短了世界各地的距离，地球"变小了""地球村"的观念逐渐流行起来。在生产力发展的基础上，国际分工与合作进一步发展。世界各国的分工从原来产业的分工、产品的分工，进而发展到零部件分工和加工工序分工，许多大型产品被分解到世界各地生产和加工，成为许多个国家共同生产的产品。从而，各国经济之间的相互依赖和依存增强了，生产社会化在全球范围增强了。

　　跨国公司的发展更使生产社会化拓展到世界的各个角落。跨国公司在世界各地建立子公司，到原材料最低廉的国家采购原材料，到筹资成本最低的地方筹集资金，到劳动力成本最低的国家完成粗加工和简单零部件生产，到技术发达的地区完成技术研发和细加工，到市场最大的国度去销售，把过时和即将过时的技术转移到发展中国家，这种跨国公司的全球化战略更推动了经济全球化。如今，跨国公司的足迹已遍布全球，他们控制了资本主义世界工业生产的 50％以上，进出口贸易的 60％以上，成了资本主义生产方式的火车头。

　　第二次世界大战后，世界贸易的发展速度超越了世界经济的发展速度，使资源在世界范围实现优化配置成为可能。在世界贸易组织（原关税与贸易总协定）的组织下，经过一个回合又一个回合的多边谈判，各成员国之间的关税率不断下调，签订的一系列条约、条款保障了各国之间贸易的拓展，并推动了知识产权保护和服务贸易的全球化。该组织已囊括了世界上 142 个国家和地区，我国也已经加入，在 WTO 的框架下，经济全球化得到迅速发展。与此同时，科学技术的发展也日益国际化。国际性科技合作和交流已成为当今的世界潮流。

　　当然，当代资本主义的新现象和新问题并不是一篇文章所能包容的，许多重要的问题本文还没有涉及。例如，由于垄断集团的多样化经营，资本集中在加剧，而生产集中并未同步进行，部分行业的业内竞争反而有加剧的态势。又如，战后随着工业资本的势力增强，以银行为核心的金融寡头的势力相对削弱，工业资本与银行资本的关系逐渐由金字塔型关系变成多头联系的网络型关系，美国原来的大财团从经济舞台上逐渐隐退，大型企业组建的企业家联合会之类的组织以及区域性组织逐渐在经济舞台以至政治舞台上发挥更大的作用。本文主要就生产关系的变化谈谈新的认识，以期引起更加深入的探讨。

对西方国家国有企业的研究与思考*

国有企业非社会主义国家所独有，各个资本主义国家都程度不同地拥有国有企业。进入垄断资本主义阶段，由资产阶级国家拥有和控制的企业在各个资本主义国家都有不同程度的增长，尤其是1929—1933年资本主义世界经历了最深重的经济危机，使资产阶级及其国家机器都感到仅凭借市场这只看不见的手，仅通过人们对各自利益的追求，已难以推动现代经济的发展，也难以摆脱深重的经济危机的波折。资产阶级国家必须从幕后走到幕前，必须拥有国有企业来增加国家对经济的调控能力，以"烫平"经济周期的波幅，减少波动。同时，现代经济的发展使高新技术产业、基础设施和公用工程耗资日益巨大，回收期日趋拉长，以至于私人资本无力经营，必须由国家通过国民收入再分配的手段，筹巨资来为私人资本的再生产提供条件。再则，新技术革命使科研开发的风险性愈益增强，国家不得不承担高风险产业的投资，以促进经济增长。此外，战后的高失业也要求政府投资兴办企业以缓解社会的就业压力。在上述因素的推动下，第二次世界大战后，国有化浪潮在西方世界悄然兴起。

"他山之石，可以攻玉"，同是实行市场经济，西方国家国有企业的机制多少可以为我们提供一些有益的借鉴与思考。

一、法国的国有企业体制

当代西方发达资本主义国家中，法国国有企业所占的比例较高。交通运输和邮电通信几乎为国有企业所垄断，国有金融部门占全国存款的

---

* 原载于《福建论坛（社会科学版）》1995年第5期。

90％，原材料和加工工业也大部分由国有企业控制。国有企业操纵了国家的经济命脉，是法国政府连续实现10个五年计划的有力手段。

法国有过三次国有化浪潮：第一次发生于1936年，社会党政府对航空、铁路、军火等企业实行国有化。二战后，为恢复和重建被战争破坏了的经济，政府颁布法令，将一系列加工工业和金融企业收归国有。第三次国有化浪潮开始于1981年，社会党的密特朗政府颁布了国有化法律，将全部存款在10亿法郎以上的大银行和拥有2000名以上职工的大企业收归国有，国家所有和国家控股的企业达4300多家，1987年国有企业职工达237万多人。

法国国有企业通常设董事会，董事长由政府任命，其成员由政府代表、相关企业代表、职工代表组成，政府代表由政府委派经过专业培训、具有经营管理专长的行政官员担任，相关企业代表在周围相关企业和经济界中遴选，如用户代表、消费者代表、专家或知名人士，也由政府任命。职工代表则由该企业全体职工无记名投票选出，职工董事不另领工薪，只领取会议误工津贴。董事会成员任期五年，最多可连任三期。董事会决定企业的重大事宜，聘任总经理，大型国有企业的总经理还须政府批准。总经理领导经理班子，下属生产、财务、人事等部门，形成董事会、经理班子、职能部门三级管理体制。

法国国有企业有较充分的自主权。人事方面，可自主决定人员编制，自行招聘和解雇职工，制定奖励与晋升制度，但职工代表和工会有权参与上述问题的决定。制定企业规划方面，企业在服从国家计划提出目标的前提下，可根据自身的利益制定中长期发展规划，包括经营方针、研究开发、发展目标等。通常，为国家和公共事业服务的垄断性企业，以服从国家计划为主，国家则给予较多的支持和补贴；而同行业有较多私人企业存在的竞争性企业，则主要按自身的利益和目标安排规划和具体措施，国家下达的任务较少。财务方面，国有企业的预算和报表必须呈送政府有关部门审阅，政府对垄断性企业盈利率要求较低，对竞争性企业则要求较高。国有企业盈利纳税后，将税后利润在国家、企业和职工中分配。国有企业可以从政府的发展基金取得国家贷款，可以向其他国有企业发行可转换债券，也可以到市场筹资，向社会投资者发行投资证书，证书可以上市交易，可以享有股息（固定利率与利润分红相结合），只不过持证者不像普通股股票的股东那样有投票权和决策权。

法国政府十分重视国有企业的管理，对垄断性国有企业管理较严，而对竞争性国有企业政府一般不直接控制，让它们与私人企业平等竞争。经济计划是法国政府对国有企业管理的重要手段，政府与企业签订计划合同，合同虽不具备法律效力，但政府对不执行合同的企业领导人可予撤换。签订计划合同通常先由企业提出发展计划，再以此为基础双方代表进行谈判，商定双方的权利和义务。签订计划合同所进行的谈判和协商，使企业目标与政府计划连接起来。政府还对垄断性企业实行价格管制、投资规模控制。鉴于国有企业对工资的自我约束机制不足，国有企业的工资水平由主管部门审核，董事会成员的工资由政府制定，高级管理人员的工资由董事会制定。政府每年根据经济增长状况和通货膨胀程度规定一个工资的增长幅度，企业根据盈利状况在这一幅度内与工人商定如何增资。政府对国有企业的财务实行监督和审计，企业买卖股票、变卖资产须经财政部批准。80年代以来，政府对竞争性企业不再补贴亏损，对垄断性企业的亏损补贴也予以严格审查。此外，政府还颁布一系列法规和制度约束企业，并向国有企业派驻稽查员，稽查员有权列席企业各种会议，查阅企业任何文件，检查企业往来帐目，向企业提出建议，并对企业的生产、经营、分配是否遵守各项规章法令和企业领导是否廉洁进行监督。

二、英国战后至 20 世纪 80 年代初的国有企业

二战前，英国国有企业的比重很低，战后经历了两次国有化浪潮。第一次为战后至 50 年代初，工党政府以 27 亿英镑的代价向私人企业主赎买了钢铁、煤炭、航空、通信、电力、运输、煤气等工业部门及英格兰银行，国有化部门占国民经济部门的比重为 20％。1974 年工党再度执政，又掀起第二次国有化浪潮，国有部门发展到部分制造业（如造船、汽车与飞机制造）和建筑业，还对 25 家大型私营企业参股，并采用国家和私人合资的形式开发北海油田。

英国政府历来关注国有企业的管理，国有企业的重大决策由政府和议会掌握，政府对国有企业实行严格的监督和管理，这些企业分别由政府的运输部、工业部、能源部领导。主管部门大臣有权任命和罢免企业的董事

长和董事会成员，关系到国家利益的重大问题有权对企业发布指令，有权监督企业的经营范围、发展规划、投资规模。财政部负责国有企业的财务管理，如审计报表、约束预算、核拨资助，并与主管部门商定董事长、副董事长薪金，管理企业股票的发行。政府的会计总督和议会的公共账目委员会负责审计国有企业的账目、资金来源、国家贷款的使用情况。议会则以法令和审理议案的形式对国有企业实行最高监督。

尽管议会和政府对国有企业实行严格的管理，但仍按市场经济的原则，将企业的经营权完全交付企业。政府只掌握上述重大问题的决定权，只制定经营原则、发展规划，任命任期五年的董事会，而把生产经营、日常事务、职工聘用、工资分配等，都交给董事会和董事会聘用的经理班子去执行。国有企业大都实行股份制，鼓励本企业职工购买股份，有的国有企业还允许私人资本参股，但国家保持控股地位。英国国有企业的效率，除第二次世界大战后至20世纪50年代初期因管理经验不足而稍低外，多数时期（20世纪50年代中期至70年代初期）其劳动生产率的增长率都高于同期同行业的增长率。20世纪70年代中期以来，国有企业的效率有所下降，原因是多方面的，如石油危机冲击、国家拥有的传统工业面临衰退等。

三、意大利国有企业的国家参与制

意大利的国有企业在国民经济中起举足轻重的作用。20世纪80年代初，国有企业职工占全国就业人数的26.8%，国有企业几乎渗透到国民经济的各个部门，政府借助国有企业调整产业结构，发展新兴产业和薄弱部门，平抑经济的周期波动，与进入意大利的国外跨国公司竞争，因而历届意大利政府都十分重视国有企业的发展。

意大利国有企业分为两大类：一类是政府直接经营的企业，其资本完全是国有资本，由中央或地方政府直接管理，如铁路、邮政、公共交通、供水供电等部门；另一类是国家参与制企业，即国家资本与私人资本的融合，约有1000家股份公司。意大利的国家参与制有其特色，政府设立国家参与部，在中央政府和议会领导下专门管理国家持股的国有企业的事务，而国有资本的具体经营部门是伊利、埃尼、艾菲姆三大国家控股公司及其下设的按行业的次级控股公司和基层运行公司。

伊利集团成立于 1933 年，由政府出资向经济危机中面临崩溃的金融业和基础产业的企业参股。埃尼集团成立于 1953 年，原投资于石油和天然气企业，后来向国内外 300 多家企业参股。艾菲姆集团成立于 1962 年，将一批处于困境的军火、航空、机械等行业的私人企业收入国家控股公司。这三大控股集团是从事资本经营活动的金融投资公司，由国家出资并授权经营。公司董事长由总统任命，董事会成员由政府官员和专家担任。集团公司向子公司提供财政支持，协调各子公司的投资与经营，并给予信息、技术、人才等服务。次级控股公司按行业组成，规模相对较小，兼有金融和生产经营两种职能，在国家控股的前提下可以吸收私人资本。基层企业即国家参股企业，直接从事生产经营，可以发行股票，国有资本所占比例多少不等。通过上述层次，国家以控股的方式控制着大量私人资本和私人企业，为国家调控整个国民经济创造了条件。

意大利政府的国家参与部负责组织三大集团公司的领导班子、保证国家经济政策和各项目标的实现。重大方针政策由两个部际委员会制定，一是经济规划部际委员会，负责协调国家参与制企业与整个国民经济的关系，制定国家参与制企业的一般原则。二是产业政策部际委员会，负责制定国家参与制企业的具体政策和任务。此外，国家审计院还负责监督控股公司的金融和财务。上述机构每年向议会提交预算和报告，由议会调查、听证、审议，政府对控股公司的拨款方案须经议会表决通过，方可实行。这些程序使国家牢牢控制住国有企业的决策权。与此同时，控股公司在财产经营、股权转让、职工聘用、工资待遇等方面又有一定的自主权。

四、美国、日本、瑞典的国有企业

美国的所有制向来以私有制为主体，在发达资本主义国家中国有企业所占的比例最小，大部分国有企业隶属国防部，如原子能、宇航，还有邮政、铁路、电力等部门，以及一些非营利性的公共服务行业。

日本国有企业的比重高于美国而低于西欧，大约占全部企业数的 10%。其中邮政、水电、运输等公用事业由政府管理，其他竞争性国有企业称之为特殊公法人企业，即一方面以经济法人的身份和私营企业一样参加市场竞争，受民商法支配，另一方面又要按照国家特别公法的要求，承担法律规定的义务。

瑞典国有企业的比重较高，其中以盈利为目标的竞争型企业占国有企业的 70％以上，总数约 1000 家，都实行股份制，国家一般控股达 51％以上。分权管理是瑞典国有企业的特色，政府的国有企业主管部门只负责任免董事会成员，审批年度财务报表，审查利润分配，监督企业经营，按章征税，而不参与企业的任何管理事务，把投资、人事、预算甚至联合、合并等重大决策权都放给企业的董事会去行使，只有当国有企业出现危机时，政府主管部门才参与决策。政府的代表参加董事会，但不享有特权，不能代表政府直接指挥董事会，只起沟通信息的作用，以利于科学决策。与此同时，政府又鼓励集团公司和母公司对子公司和下属企业实行分权，把一些分部变成独立的具有法人地位的分公司，以提高决策效率，强化激励机制。

五、20 世纪 80 年代以来的西方国有企业私有化

1973—1975 年的经济危机，使资本主义国家普遍陷入停滞状态，通货膨胀加剧，失业人数增加，财政连年赤字，国家不得不减少对国有企业的投资，并出售部分国有资产来弥补财政亏空，以缓和通货膨胀。同时，某些国有企业因规模庞大，经营管理不善，依赖政府补贴，沉重的补贴加剧了政府财政的负担。如英国的煤矿、钢铁、铁路国有企业 1973—1975 年需国家补贴 6 亿英镑，1984—1985 年猛增到 40 亿英镑。再则，新技术革命开创了电子、新材料、激光等新兴产业部门，而原来国家拥有的部分重化工业却沦为"夕阳工业"，政府不得不甩掉包袱。上述因素导致 70 年代末西欧国家开始出现国有企业私有化，并由西欧推向各发达资本主义国家。

1981 年英国首相撒切尔夫人掀起私有化浪潮，先后出售英国石油公司、英国煤气公司等公司的部分或全部股票。仅出售煤气公司股票政府就净收回 56 亿英镑。进而又将垄断性企业如自来水公司、电力公司的股票也大量出售。英国国有企业私有化有三种方式：

一是整个企业出售或部分出售给某一个私营公司，如英国造船公司、国家公共汽车公司就采取单家出售的方式。二是在股票市场上公开出售。

为了分散股权，政府还限制大公司过多购买股票，对小额投资者采取一些鼓励措施。三是将股票出售给本企业职工。政府制定优惠价格，以低于市场价出售、分期付款、奖励职工持股等方式优惠本企业的职工和管理人员，有的还向本公司职工赠送一些股票或以股票作为奖励手段，吸引职工成为本公司的股东，将他们的利益与公司的利益紧密地联系在一起，以提高他们的积极性与责任心。

为了改善国有垄断企业因竞争力弱化而造成的低效率，英国政府在私有化过程中注意引入竞争机制，或将垄断企业分为几个主体，促其竞争，或在垄断企业之外另立竞争主体，扶植其竞争能力，以打破垄断局面。

德国在20世纪50年代末就开始推行私有化，80年代进入高潮，大众汽车公司、煤炭电力公司等主要国有企业的股权相继出售，并用出售款项建立了科研基金和环保基金。德国政府视私有化为改善企业经营管理的手段，即以私人股东的参与增强企业提高效率的动力，以国家股权的存在来维护公共利益。根据行业性质，有的公司股份全部出售；有的保留25.1%的国家股，按德国法律可享有否决权；有的保留50.1%的国家股，依法可享有决策权。也就是说，私有化并不意味着国有资产全部转为私有财产。

西方国家的国有企业私有化在改善政府财政状况、提高企业经营业绩、开辟自由竞争环境等方面有一定成效，但也带来一些问题：

（1）失业率提高。私有化过程中一些国有企业职工被裁减，造成一系列社会问题，英国80年代以来失业率居高不下就是明证。

（2）垄断性企业私有化后，产生私有企业利益与社会公众利益的矛盾，尤其是私有企业出现垄断，更容易损害社会公众利益，在社会的压力下政府又不得不强行干预。

（3）私有化过程中普遍出现国有资产价值低估和资产流失，政府现期变卖国有资产的收入增加了，而长期从企业所得的利润却减少了，私人企业税收的增加不足以补偿损失。

（4）政府缺乏实现社会目标的手段，对整个经济的调控能力减弱。企业较多地追求短期利益，不太顾及社会的长远发展。

国有化和私有化是当代资本主义国家经济发展进程的不同阶段所出现的不同现象，资本集中、垄断和国家垄断是当代资本主义的主流，是社会化大生产与生产资料私有制矛盾发展的必然产物，而私有化是国家垄断资本主义发展过程中的调整与反复，是事物螺旋式发展曲线的两个不同方向的片段。80年代以来的私有化不可能恢复到原来的自由竞争的市场经济去，对当代资本主义国家来说，国有企业不会消失，并在适当的环境下又将回到其国有化的主流中来。

六、西方国家国有企业机制给我们的参考与借鉴

国有企业在社会主义国家中的地位显然不同于资本主义国家，作为社会主义公有制的支柱，国有企业是我国财政收入的主要源泉，是国计民生的重要保障。但同作为市场经济的组成部分，二者的国有企业又有其运作上的共同点，其正反两方面的经验和教训都值得我们参考与借鉴。

（1）西方各国国有企业的组织形式绝大多数都采取公司制，即将企业的决策权、经营权、监督权三权分立，分别交给董事会、经理班子、监事会执行。我国的国有企业也应当逐渐向这一组织形式过渡。其中，法国董事会的组成方式可以参考，即董事会成员由政府代表、相关企业代表、专家和工人代表组成；还可参考瑞典的做法，政府代表不全权指挥董事会，充分发挥董事会的决策民主，以利于提高决策的科学性。经理班子由董事会聘任，德国则由监事会任免，聘任经理的前提是社会上已经形成一个经理阶层，创造经理阶层的形成环境也是建立现代企业制度的重要条件。

（2）意大利以控股集团公司和次级控股公司的方式管理国有资产是一种行之有效的办法，值得借鉴。我国现有的国有资产管理局作为财政的分支机构，其职能应当是行政管理和政策制定，具体资产的管理机构可以参照意大利的三大控股集团公司及其下属的次级控股公司。控股集团公司可具备金融财团性质，对国有资产的保值和增值负责。次级公司按行业分立，兼有金融和生产经营两种职能。我国现行的以部、厅、局等行政机构管理国有资产的办法，在市场经济中不是一种恰当的形式。

（3）在保证国家控股的前提下，可以将部分国有企业的部分股权以股票或类似于法国的投资证书等形式向社会转让，借此盘活国有资产。这样，一方面可以将资本转移到经济建设的刀刃上，有利于产业结构的调整和规模效益的提高，有利于发展基础设施和新兴产业；另一方面又可以借助社会公众的参股来改善企业运行的机制，提高效率。其中，鼓励本企业

职工持股意义尤为重大，可调动职工的积极性，改善企业管理，宜参照国外的经验制定一些职工持股的优惠措施。

出让部分国家股权并不会削弱社会主义公有制。首先，国有资产的价值没有流失，按我国的情况，即使资产评估中出现低估，溢价发行也已加倍收回。如果按意大利那种分级控股公司的办法管理，原有的国有资本通过金字塔式的多级控股，则可以控制大得多的资本，实际上强化了公有制。

（4）参照国外的做法，政府对国有企业可采取既给予充分自主权又加强行政监督的管理办法。即一方面在政策明确规定的范围内，让企业董事会自主决定企业的发展计划、生产经营、收入分配、职工聘用等事宜，让经理班子有充分的权力处理企业的日常事务，政府管理部门只制定政策法规和产业规划，不介入企业的日常管理，除非企业出现危机。另一方面，政府又通过行政、财政、税务、审计等部门依法对企业的活动进行监督，健全企业的监事会，甚至像法国那样向企业派驻稽查员，把国有企业的控制权牢牢地掌握在政府手中。强化对国有企业的监督是西方市场经济国家的共同倾向，加强政府监督与企业自主经营并不矛盾，我国企业制度改革过程中不可将二者对立起来，当然，这里的关键在于要有完善的法规。

（5）国外对国有企业进行分类管理的办法可以参考。供电、供水、邮政通讯、公共交通等为社会目标服务的国家垄断性企业，政府得直接管理，控制其价格和盈利率，强化其服务性；而对于竞争性企业，政府只作间接调控，不作行政干预，价格则随行就市，放开竞争，并严格控制对这类企业的亏损补贴。因垄断而缺乏竞争动力的行业，可参考英国那样分立竞争主体或另立竞争主体的办法，创造竞争局面，并鼓励小企业通过更新技术增强竞争能力。

（6）民主管理原本是社会主义企业的特色，如今已成为发达资本主义国家普遍采用的企业管理原则。法国法律规定职工代表参加国有企业董事会，德国职工代表参加监事会，工会在利润分配、工资制定、职工解雇等问题上有较大的发言权，职工持股目的也是让职工作为国有企业股东参与企业事务。现代企业制度离不开企业民主管理，当代资本主义国家在这方面的发展也值得参考。

（7）国有企业的计划必须与国家计划相衔接。在市场经济条件下多数行业不宜靠指令性计划来衔接，法国政府通过与国有企业协商谈判并与企业签订计划合同的做法可供参考。政府与企业的谈判过程实际上是明确双方责权利的过程，计划合同的签订和对合同执行的监督可以取代原来对企业的行政管理，企业行之有范，政府也无需事必躬亲。

对国外社会保障制度的考察与思考*

随着我国向社会主义市场经济体制转轨及现代企业制度的推行，社会保障制度的建立已成为当今的热门话题。中国的社会保障制度自然要有中国的特色，但研究国外的模式，"他山之石"对我们有一定的参考价值。

对国外社会保障有两种理解，狭义的指对劳动者自身的就业、养老、医疗的保障，广义的包括社会救济、伤残人扶持、住房补助、儿童免费入学并供应午餐、牛奶等社会福利。本文探讨的仅是前者。

一、英国模式

英国 1911 年颁布的《失业保险法》，是世界上第一部强制推行的失业保障法规。法规强制工人应缴纳保险费，而后可获得失业救济、免费治疗及生病时的最低收入。英国整个社会保障体系的形成则是第二次世界大战后，并成为"福利国家"的带头人。1848 年英国实行《社会保障法》，保障经费主要来源于三个方面：政府由国家税收拨付的占 50％，雇主交纳 25％，个人交纳 24％，其他如利息收入等仅占 1％。依职工收入高低雇主、雇员交纳的比例也不同。例如，周收入低于 60 英镑的，雇主、雇员各交纳工资的 5％；高于 60 低于 95 英镑的各交纳 7％；高于 95 低于 140 英镑的各交纳 9％；再高则雇主多交。财政拨款主要来源于高所得税，英国个人所得税基本税率为 30％，公司为 35％，高福利靠高税收来支持。

职工交纳过一定数额的保障金后，非自愿离职到职业介绍所登记，可领取期限一年的失业救济金，每周 28.45 英镑，如有妻子需供养可另加

---

* 原载于《福建改革》1996 年第 7 期。

17.55 英镑。一年期满继续失业则改领较低的社会救济。英国退休年龄为男 65 岁、女 60 岁，基本退休金固定为每月 35.8 英镑，附加养老金按保障金的交纳年限而定，多交者多领。

二、美国模式

美国社会保障制度起步较晚，保障程度低于西欧国家。强制性的保险只有三种，即失业保险、养老保险和住院保险。

失业保险以工资税的形式由政府向雇主征收，投过保的雇员因解雇而失业，并提供已就业年限、非自动离职、非罢工参加者、非拒绝接受适当工作、具备劳动能力、已在职业介绍所登记等证明，可领取原工资 50% 的失业保险金，关于领取期限各州有不同规定，通常为半年至一年。一些公司的工会与雇主还另外达成协议，公司对解雇者再支付原工资一定比例的失业津贴。

养老保险由雇主、雇员各承担工资的 7%，人手一张保险卡，年满 65 岁后可享受养老金，数量视保险金交纳情况而定。养老保险基金不足部分由政府拨补，大致由政府、雇主、雇员各承担三分之一，近来雇主的承担部分呈增加趋势。

住院保险由雇主为雇员缴纳工资 1.4% 的保险金，投保者因病住院可享受两个月内的免费治疗。至于一般门诊的医疗保险，则不强制执行，由愿参加的职工自行投保。

三、日本模式

日本社会保障制度起步晚，起点低，但随着日本经济的飞跃发展，从 20 世纪 50 年代至 70 年代，日本保障制度逐步完善，保障水平已不低于欧美国家，现已实行全民的养老保险和医疗保险。

日本养老金分三个层次。没交纳保险费者，家庭年收入低于规定标准的，可每月领取老年福利金 1.5 万日元，这也是全民养老的最低一级养老金额，费用由国库负担。自营业者，包括农林牧渔业者，4 人以下私人小企业劳动者及其配偶，则参加国民年金养老保险，费用大致由国库承担三分之一，余下由被保险者承担。企业职工养老金由国家补贴费用的 20%，其余由雇主、雇员分摊，按月交纳，女职工和雇主各交工资的 5.67%，男职工和雇主各交 6.2%。政府公务员参加共济年金保险，公务员和单位各交工资的 7.12%，国家补贴费用的 15.85%。

日本的失业保险国库承担救济金的 25% 和管理费用，其余由雇主、雇员负担，雇员交纳工资的 5.5%，雇主相应交纳工资额的 8.5%，每年 4 月一次交清。失业救济金为工资的 60%～80%，支付天数 90～300 天，依交费时间和失业者年龄而定。为鼓励失业者早就业，对领取救济金期间内提早就业者发放一定的再就业补助金。

日本实行全民的医疗保险，受雇者由雇主和雇员各交纳工资 4.2% 的保险金，国库补贴 16.4% 的费用并承担管理费。自营业者按地区组织"健康组合"，由参加者分摊保险金，国家补贴 50% 的支出总额并承担管理费用。

四、瑞典模式

瑞典是福利国家的典型，由于自然资源得天独厚，地广人稀，一个多世纪不介入战争，现已发展成世界上最富裕的国家之一。瑞典实行全民的名目繁多的"从摇篮到坟墓"的福利项目，从小孩出生的产妇津贴、儿童家庭津贴到死者的丧葬补助、配偶的鳏寡补助，大至养老金、失业救济，小至添置家具补助、交通费减免，其社会福利之周到堪称世界之最。

瑞典的高福利政策来源于高税收，相当于国民生产总值三分之一的福利开支，是由占国民生产总值约 55% 的名目繁多的税收来支持的。累进的个人所得税、公司税、增值税、消费税、财产税、遗产税……税负远高于其他发达国家。高税负和高福利固然在相当程度上实现了财富的比较"公平"的分配，缓和了劳资矛盾，但也带来典型的"瑞典病"。一些有作为的企业家、艺术家、运动员等高收入者不满重税而移居国外，一些资本为追求更大利润而抽离瑞典，完善的福利制度也制造出一批钻营者，或逃税，或骗取补助，或偷懒。居欧洲平均寿命最长的瑞典人，病假最多，缺勤率高达 25%。以劳动生产率下降和政府财政赤字剧增为特征的"瑞典病"，已迫使政府和企业重新审视其福利政策。

五、新加坡模式

作为亚洲后起的发达国家，新加坡实行的是中央公积金制度，该制度建立于1955年，由国会立法强制雇主、雇员按工资的一定比例缴纳退休养老储蓄金。新加坡模式强调自我保障，国家不花钱，因而投保率较高。1955年雇主、雇员还只交工资额的5％，1971年上升为各交10％，1975年又上升为各交15％，1984年升到最高点为各交25％。其后因经济衰退，政府调低缴纳率，1995年为各交20％。参加公积金的会员1968年只有50.5万人，占劳动力的比重为44.1％，公积金结存作余额5.4亿新元；1993年会员发展到245.6万人，占劳动力的比重为67.7％，公积金结存余额上升到523.3亿新元。公积金原来只解决退休养老，1968年扩大到公共住房计划，1982年扩大到家庭保障，1984年扩大到医疗保健，现在已涉及16项社会保障功能。但总的说来，新加坡的公积金制度基本上以自我保障和互助为主，福利性较少。这种模式曾在十几个国家推行，均告失败，唯有新加坡得以成功，这和新加坡的特定条件（经济增长迅速、国家小、具备民主传统、全民素质较高等）有关，并非各国都可以仿效。

新加坡政府通过国家公积金局对公积金施行严格管理，个人设立公积金账户，每个会员均可查询自己的账户资料。政府对缴纳、提取、使用均有明确的法律规定，违者依法追究责任。公积金储蓄用于购买政府债券，会员还可动用公积金储蓄以优惠条件买一些公用事业公司的股票。

六、借鉴与思考

综观世界各主要国家的社会保障制度，都是在经济已达到一定发达程度才着手创立的，除新加坡根据该国国情强调高缴费率的自我保障外，其他国家或多或少都有一定比例的财政注入。我国的社会保障制度现已起步，根据我国的国情，经济建设千头万绪，要求财政拿出社会保障费用的一半甚或拿出20％～30％的津贴都是原已十分紧张的财政所难以承受的，但国家承担社会保障的管理费用又十分必要，可避免管理保障费用的部门从中牟取部门的利益。另一方面，要求企业和职工像新加坡一样各拿出工资的 20％来参加保险也是难以承受的，这势必抬高生产成本，降低职工生活水平。因此，我国的社会保障制度还只能在经济发展的过程中逐步建立，逐步完善，逐步扩大保障范围。说到底，社会保障制度必须依赖经济实力才能有财力去完善它，必须靠"蛋糕做大"，在"效率"的基础上实现"公平"。

我国国有企事业的社会保障长期以来就有较好的基础，至少退休和医疗保障已长期实行，把企业的保障统筹为社会的统一保障是改革的第一步。进而，把城市和县以上的集体所有制企业，即素有"大集体、小国营"之称的企业纳入统筹保障的范围。下一步要解决的是外资企业和有一定经济规模的乡镇企业的社会保障。对企业职工强制推行社会保障制度是国际惯例，我国在外资企业中推行这一制度是理直气壮的，不应有"损害投资环境"的顾虑。对外商，符合国际惯例的，该收要收，不应收的税外费，该裁要裁。不过对流动性较大的异地民工，得拿出一些区别对待的办法。继而，将保障制度按企业的规模和效益逐步向其他乡镇企业和私营企业推行。个体劳动者和农民的社会保障将在最后解决。就不同地区而言，将是从东部沿海发达地区逐步向内地推移。就保障程度而言，从养老保险开始，逐步推向其他项目。这一切都只能在经济逐步发展、蛋糕逐渐做大的基础上用 10～20 年的时间一步一步地去实现。可以对不同年龄段的人采取不同的过渡措施，如"新人新办法、老人老办法"。但是，经济条件如果不具备，靠强行压低保障标准和降低职工生活水平的办法来推行保障制度是决不可取的。

也谈如何迎接知识经济时代的到来*

近年来，关于知识经济的书籍和文章铺天盖地，一个新经济时代的面纱正在撩起。现在报刊文章出现频率最高的词是知识经济，领导报告几乎都要提到知识经济，言必谈知识经济似乎已成为一种时髦。知识经济的话题越炒越热，这固然是好事，但如何认识这一新经济时代的特点，如何应对知识经济的挑战，却是一项必须实事求是地加以研究的课题。

一、"知识经济"是作为一个时代的经济特征而提出的

"知识经济"不是一个可随处套用的名词，它是一个时代划分的概念，是一个时代经济特征的概念。这个时代的特征近20～30年正在显现，正在引起各界学者的议论。美国这样的发达国家，至今也还没有宣称他们已进入知识经济时代，他们国家的政界和学者也只是估计，21世纪20～30年代才能逐步进入知识经济时代。不认识即将到来的新时代的特征是闭塞，是盲目，是落伍；而只是把知识经济作为时髦词汇来热炒，则是脱离实际。要实事求是地探讨一下知识经济问题。

知识经济是相对于传统的物质产品经济而言的。

人类在漫长的发展过程中，在从事社会的、政治的、文化的、精神的活动之前，必须生产出满足吃、穿、住、行所需要的物质产品，如此才能得以生存。从原始人的狩猎、捕鱼，到近代人使用机器来大批量生产各种各样借助商品流通进入人们消费领域的物质产品，人类的经济活动基本上是围绕着物质产品的生产、分配、交换、消费而进行的。经济理论的研究

---

* 原载于《福建师范大学学报（哲学社会科学版）》2000年第4期。

基本上也是围绕着物质产品生产的要素而进行的，诸如劳动力、资本、原材料、生产工具等。马克思所创立的经济理论是这一时代经济学说的典范。

第二次世界大战以来，以电子计算机为代表的新科技革命，正以前所未有的速度改变着人类的经济生活，新知识、新科学、新技术的发展，被人们惊呼为"知识爆炸"，并且在经济生活中发挥越来越大的作用。人们预感到一个新经济时代正在向我们走来，预感到在未来的社会中知识、科学、技术将成为越来越重要的因素。20 世纪 70 年代，美国社会学家丹尼尔（Daniel）提出了"后工业社会"的理论。80 年代，美国未来学家托夫勒（Toffler）在他的名著《第三次浪潮》中，把这一时代描绘为"超工业社会"。美国的经济学家奈斯比特（Naisbitt）在《大趋势》一书中，则把新经济时代称之为"信息经济"。英国的福莱斯特在《高技术社会》中，又提出"高技术经济"的说法。在这些学者探讨的基础上，90 年代初，联合国研究机构正式提出了"知识经济"（Knowledge Economy）的概念。近几年，这一概念逐渐为世界各国和各个国际组织所接受，逐渐流行于世界论坛。"知识经济"这一概念大量出现在我国的学术论文、新闻媒体和国家领导人的讲话中则是近二三年的事。

知识经济指的是以知识为基础的经济，这一概念认为，人类正在步入一个以智力资源的占有、投入、配置，以及知识的生产、分配、使用为最重要因素的经济时代。各种形式的知识将在经济发展过程中起着关键的作用，无形资产投资的速度远快于有形资产的投资，拥有更多知识的人将获得更高的报酬，拥有更多技术和信息的企业将占有市场，拥有更多知识和信息的国家将获得更快的发展速度。

对于科学、技术、知识在社会经济中的作用，马克思主义者从来都予以重视。马克思在创作《资本论》的过程中，已多次阐述了科学技术是生产力的观点。恩格斯在马克思墓前的演说中指出：在马克思看来，"科学是一种在历史上起推动作用的、革命的力量。"[①] 在新经济特征日益显示的新时代，邓小平同志审时度势，高瞻远瞩，改革开放之初就提出："四个

---

① 马克思、恩格斯：《马克思恩格斯全集》第 19 卷，北京：人民出版社，1963 年，372 页。

现代化，关键是科学技术的现代化。"① 进而又提出"科学技术是第一生产力"的论断，发展了马克思主义。我国时任政府领导人在当选时就声明，以"科教兴国"作为本届政府的首要使命。这些观点与思路和"知识经济"的概念是融会贯通的，科学技术是第一生产力的观念就是知识经济时代的观念。

知识经济所指的"知识"，既包含自然科学知识、高新技术知识，也包含管理科学知识、社会科学知识。它包括以计算机和微电子技术、软件产业为基础的信息科学技术；包括生物科学及以酶、微生物技术、特别是生物基因技术为主的生物学和医学的大变革；包括核裂变即原子能发电以及可控热核聚变即氢弹爆炸的能量的和平利用等新能源技术；包括各种高分子合成材料、新金属材料、新陶瓷材料、光导纤维等新材料技术；包括保护环境和环保产业的高新技术；包括火箭、通信卫星、遥感技术和探测宇宙奥秘的空间技术；包括向占地球表面7/10的海洋要资源、要生存空间的开发海洋的科学技术；此外，它还包括管理科学、社会学、经济学等人文科学，以及这些科学在经济决策、经济预测、企业管理中的应用。众多的软科学问题是自然科学、应用技术和管理科学、社会科学的结合，社会科学和自然科学的交融也是新经济时代的特征。

除了知识本身，更重要的是知识的生产、扩散和应用，是知识与经济的结合。

随着知识经济时代的到来，传统的农业经济和工业经济的社会形态将会出现一系列变化。首先，在传统的物质产品经济中，由于收益递减规律和成本递增规律的作用，企业为了实现利润的最大化，必须寻找最佳的生产规模，并且不断地开发新产品，开辟新市场。知识经济则不同，它以知识的传播、应用和增值为商品，知识和科学技术这类无形的商品，使用越多，效益越大，成本越下降，即产生所谓的"大众化"效应。

在知识经济时代，一方面存在着知识的垄断性，即知识和技术由少数人发明创造出来；另一方面是知识使用的廉价性。这一对矛盾构成了知识经济时代的特征。社会一方面要以专利、知识产权来保护发明创造者的利益，使知识的创造者能取得较高的个人收入，如美国微软公司的总裁比

---

① 邓小平：《邓小平文选》(1975—1982)，北京：人民出版社，1983年。

尔·盖茨成为当今的世界首富，微软公司 16000 多名雇员中有 2000 多位百万富翁；另一方面，社会又要尽可能快地将新知识和新技术传播、普及到社会的每一个角落，最终促使知识成果的廉价推广以至无偿使用，帮助新知识、新科学、新技术发挥最大的经济效益和社会效益。

因而，知识经济带来的最大变化，首先就是对待科学、技术、知识的观念上的变化，上上下下要接受这种新时代的新观念，社会才能迈得进知识经济时代的门槛。

再则，知识经济将大大推进生产的社会化。当今科学技术的发展，已经不是个人所能成就的了，它往往需要团队的努力，需要社会化的合作，更多的领域还需要国家和政府的干预，靠"看得见的手"去鼓励，去组织，去宣传，去投资。政府在知识经济时代应当更加有为，它的使命更多地要从修桥铺路等基础设施建设转移到知识的创造、传播、推广、应用上去。

还有，知识经济靠人去创新，提高人的素质至关重要。因而，教育是知识经济的基础，包括成人的继续教育。未来的劳动者必须具有广泛的知识面。我们的教育要从分数教育转变为素质教育，教育的体制、教育的内容、学科的设置都要有所变革，教育特别是高等教育要把培养的重心转移到素质、个性、能力和创造力上来。国家应当培养出一大批适应知识经济时代要求的专业技术人才，应当提高整个民众的素质，不仅要扫除文盲，而且下一世纪不懂计算机的人就是新的文盲。只有把人的素质提高起来，我国才能搭上知识经济的历史快车。

知识经济时代将给整个社会生活带来巨大的变化，我们现在还难以预测它所产生的全部影响。马克思主义者不是算命先生，我们不可能预料许多现在还没有出现的事物，相信我们的儿孙辈会比我们聪明百倍地解决他们时代出现的问题。

二、知识经济时代将何时来到中国

在发达国家，知识在经济发展中的作用日益凸现。在过去的 3 年里，美国的经济增长中 27% 来自高新技术产业，而只有 4% 来自传统的汽车工业，这也是美国经济近几年得以持续繁荣的原因。以富国俱乐部著称的经合组织（OECD）宣称，它们的主要成员国 50％ 以上的国民生产总值是以知识为基础的，即依赖于知识密集型产业的发展。信息高速公路正在这些国家建设之中，光纤入户，电脑普及，这将在 21 世纪的经济发展中呈现出巨大的作用。专家们预测，21 世纪发达国家将逐渐步入知识经济时代，到 21 世纪 20～30 年代，知识经济时代将全面到来。

我国是个后发展国家，我们还处在社会主义初级阶段，发达国家走过的工业化进程我们还没有完成，我国的人均国民生产总值在世界上还属于较穷国家的水平，我国的劳动生产率还只有美国的 1/36、日本的 1/40、德国的 1/45。就传统的物质经济而言，我们没有走完发达国家走过的路。我国还有少数地区少数人，温饱问题至今没有得到真正的解决，扶贫还是一项历史使命；多数地区现在才刚刚解决温饱问题，正在迈进小康。我国离物质产品的丰富还有相当的距离。我们首先应当补完历史留给我们的发展物质产品生产的课，在 21 世纪中叶或者争取提早到 20～30 年代，赶上中等发达国家的水平。也就是说，发达国家迈向知识经济的基础我们现在并不完全具备。

另一方面，我们又不能等到物质产品的生产赶上发达国家之后再来考虑知识经济的问题。历史赋予我们这一代人的使命，既要在物质产品的生产上逐渐赶上发达国家，又要在知识经济的历程上起步。这是一个并不矛盾的命题。发达国家走向知识经济时代的许多成果，我们完全可以用来加快我国的经济建设，我们要在两个领域相辅相成地追赶发达国家，并通过知识经济领域的进步来加快物质产品生产的发展进程。

我们也不要把知识经济时代看得过于遥远，其实，知识经济时代正在敲打着我们的大门。福建在全国算是经济较为发达的省份，但和发达国家相比距离还甚远，广大山区还有十分贫困的人口，还有几十万人温饱问题没有得到解决。农业产业化，工业现代化，至今还是摆在福建人民面前的十分艰巨的任务。但是，福建的电信业、电子工业、软件业，在世界信息业高速成长的带动下，近 10 年也有长足的发展。不久前笔者去福建沿海的惠安县调研，在崇武镇有 4000 多人口的潮洛村，竟然听到村干部在组织村办企业学习上互联网，令人十分惊奇。后来笔者又到福建著名的晋江市陈岱镇，更是大开眼界，这个镇已经有 120 多家从事出口商品生产的企业，大多是运动鞋厂，一年多来陆续上国际互联网推销他们的产品，而且通过互联网已经做成了 1000 多万美元的生意。知识经济的大潮来得如此迅猛，和这些 10 多年前还是双手沾满泥巴的农民企业家相比，我们这些受过高等教育的机关干部、教学科研人员着实应当感到惭愧。

经济现实告诉我们，知识经济的内涵和农业经济、工业经济的发展并不矛盾，我们完全可以不必按发达国家走过的路亦步亦趋，我们可以发挥后发优势，借助发达国家走向知识经济的成果，缩短赶超发达国家的进程。例如，近几年美国电子商务每年以 10 倍的速度在增长，而我国的电子商务刚刚起步。但是，在我国解决了电子商务的法律、支付、信用保障等原则问题后，相信中国的电子商务会有一个爆炸式的高速发展过程，今天毫无准备的人到时将惊愕万状，措手不及。

因此，知识经济时代并不是可望而不可即的。

三、现在我们应当做些什么

我想，首要的任务还是发展经济，实现工农业的现代化，在不断更新技术的前提下，丰富我国的物质产品的生产，为下世纪逐步迈向知识经济奠定坚实的物质基础。否则，我们所说的知识经济将是空中楼阁。

再则，我们应当学习，应当宣传，应当让全国的干部、企业管理者切切实实地了解即将到来的知识经济时代的特征，逐渐转变人们的观念。学习邓小平理论中科学技术是第一生产力的观点，树立科教兴国的观念，第一把手抓第一生产力，尊重知识，尊重人才，都是走向知识经济的不可缺少的部分。可以说，改革开放以来，创业的、成功的、发财的，未必有多少是怀揣文凭的人。"搞原子弹的不如卖茶叶蛋的""知识一斤值多少钱"等观念，至今还有相当大的市场。要让人们认识新经济时代要求什么，除了宣传，更重要的还是社会实践的教育，要使科学技术在经济生活中真正能发挥出效益，要让在科学技术领域做出贡献的专家获得丰厚的收入，要产生中国的比尔·盖茨，才能叫人信服。

还有，必须提高我们民族的技术创新能力，必须有一个国家的创新体系。我们不能老跟在发达国家背后引进他们的成果，要赶上他们，就要在科学技术上造就一支强悍的攀登世界高峰的国家队，一支有创新能力的专家队伍。中科院 1999 年编写了一份《创新报告》，受到中央的高度重视。

国家正在组织赶超世界先进水平的攻坚力量。作为省一级有能力的队伍，也应当承担一部分国家队的任务，为提高中华民族的创新能力贡献一份力量。

但是，要求大部分机构、地市、县（乡）甚至一般企业都提出赶超世界先进水平的创新使命，是不现实的。根据知识经济时代的特点，社会和基层更多的使命是学习，是吸收，是消化，是传播，是推广，是知识和技术的廉价使用，以追求最大的效益。现在国内、国外的先进技术很多，只要大家都能提高追求科技进步的意识，许多新东西可以拿来用，有的可以买专利，有的可以买诀窍，有的甚至可以廉价或无偿使用。不见得每一种技术都自己从头研究起，不见得每一个企业都要自办研究所，重要的是消除国内外科研成果、技术成果转化为生产力的障碍，是加大消化吸收的力度，是为大规模采用新技术、新工艺创造良好的氛围和条件。

要发挥知识的经济效能，关键还在于人。拿互联网来说，计算机的投入只是万元左右，每月上网费用不上千元，对企业来说这都是小事。网络的软件现在大都可以免费下载。我问已经上网的乡镇企业，最难的是什么？答曰：找不到英语熟练而又懂计算机的人，自己不会编制网页，网上传来的东西看不懂。上网是如此，各行各业的开拓也是如此。因此，培养人，培养专业人才，培养熟练劳动者，从娃娃做起，是我国现在就应当着手去做的事。如果我们的每一个中小学生都能学会计算机，外语水平都能提高起来，相信我们走进知识经济时代的步伐就能大大加快。决定21世纪我国能否顺利迈进知识经济时代的，是教育，是今天的教师，是未来的人才。

班加罗尔与印度的软件业[*]

  班加罗尔是印度著名的高科技城、印度第一个软件园的诞生地。2000年印度软件产业实现产值 57 亿美元，其中出口 40 亿美元，出口到世界 97个国家，来自班加罗尔这座城市的产品超过软件产品总量的三分之一。2002 年 1 月朱镕基总理到印度访问，专程前往班加罗尔考察了印度软件业的发展。

  班加罗尔位于印度南部的卡拉塔克邦，这里是印度的德干高原地区，夹在东高止山脉与西高止山脉之间，海拔高，气候凉爽。比起印度北部炎热的恒河平原，班加罗尔的生活环境十分宜人，且物产丰富。它离东海岸、西海岸和南部海角都不太远。早在英国统治的殖民地时代，这里就已经是一座设施完善的城市。

  印度政府之所以在班加罗尔建设高科技园区，还因为这里是印度高等学校和科研机构的集中地。班加罗尔有 7 所大学，其中包括创办于 1898 年的印度理学院（现在是一所只招收博士、硕士的研究生院，不招本科学生），以理工科特别是计算机专业为主的班加罗尔大学及印度管理学院、农业科技大学、拉吉夫·甘地医科大学等。还有 292 所高等专科学校和高等职业学校，印度国家和邦一级的 28 所科研机构，以及企业内部和其他政府认可的科研机构 100 多家。较高的教育水平和大量的人才聚集使班加罗尔具备发展以信息产业为核心、以出口为导向的高科技城市的条件。

  从 20 世纪 50 年代开始，班加罗尔就已经是印度的国防工业城市。印度政府把航天、航空、电子、坦克和精密仪器的研究和生产基地建在班加罗尔。这里有尼赫鲁科学研究中心、印度太空技术试验室、太空研究院卫

---

  * 原载于《福建师范大学学报（哲学社会科学版）》2002 年第 3 期。

星中心、空间物理研究所、火箭液体推进系统发展中心、陆上机动车公司（坦克、装甲车）等大型科研机构。印度最大的两个私营财团塔塔集团和比拉集团也都在班加罗尔设立了科研机构和工厂。班加罗尔还有大中型企业 300 多家，印度重型电气公司、斯坦机床公司等大企业也在这里经营。印度半个世纪以来发展起来的人造卫星、中程导弹、坦克、火炮乃至原子弹和氢弹，都有来自班加罗尔的贡献。班加罗尔有 2500 家大大小小的电子企业，生产各类电子元器件、集成电路和各种高技术产品。大约有近万名工程师集中在班加罗尔工作。印度软件业 20 世纪 80 年代以后能在班加罗尔取得迅猛发展，和班加罗尔聚集有大量的国防和其他工业方面的高科技人才有密切的关系。

班加罗尔航空、铁路、公路的交通十分便捷，卫星通信设备齐全，对外联系方便。这里有设备较为齐全的教育设施，650 所高中和 2400 所初级学校（小学初中十年一贯制），形成了完善的基础教育体系。75 所医院和 12000 张病床使班加罗尔具备了较好的医疗条件。班加罗尔有 6 家五星级宾馆、3 家四星级宾馆，以及一批包括高尔夫球场、文娱体育设施在内的俱乐部和度假村，几十家高档餐厅、酒吧，服务设施较为齐全。更重要的是，班加罗尔有较多的就业机会，高技术人才在这儿有比印度其他地方更优越的工资收入，更好的住房条件。印度一家有影响的杂志对印度各城市的工作条件以百分制做了评分，德里只得了 18 分，孟买 54 分，班加罗尔高达 95 分，雄居榜首①。总之，优越的投资环境和生活环境对科技人员和企业家都有显著的吸引力，外商也涌入班加罗尔，视这里为印度的投资乐土。

班加罗尔的软件业是 20 世纪 80 年代以后发展起来的。1986 年拉吉夫·甘地总理上台以后，对计算机的开发和利用十分重视，执行了一系列刺激信息产业发展的政策，被印度人誉为"计算机总理"。当时印度政府不仅投资兴建一批信息产业的研究机构和国家重点实验室，还鼓励私营企业进入信息产业，放宽和简化政府审批计算机企业的手续，降低计算机及其零部件、外围设备的进口关税。班加罗尔抓住这一历史机遇，先后申报建立了印度第一批计算机软件园区、信息技术园区、出口加工园区。地方

---

① 《印度的高科技城——班加罗尔》，《中国高新区》，2000 年第 10 期。

政府在国家制定的优惠政策的基础上，再由地方政府给予配套支持。凭借班加罗尔在人才、基础设施、产业实力等方面的优势，再加上大批外资企业的介入，短短几年间就成为印度计算机行业的龙头老大。

20世纪80年代末，印度的软件业总产值仅为3亿卢比，可以说和中国软件业同时起步。到2000年，印度软件的出口额就已达到1000亿卢比，增长幅度惊人，几乎保持50％的年增长率，成为仅次于美国的世界第二大软件出口国，远远超过中国。印度有近百家软件企业获得了ISO9000质量认证，是世界上软件企业获得质量认证最多的国家。印度是一个发展中的资本主义国家，人口众多，现已超过10亿，国家经济实力并不强，1999—2000财政年度人均国内生产总值只有375美元，且贫富悬殊，被人称作"赤足国家"。印度每千人只有不到2台计算机，不到20部电话，网络也不畅通，传输质量较差，根本谈不上进入信息时代。印度何以能赤足追赶信息时代？这是值得认真研究的。

印度软件业的高速成长，当然得益于它是一个英语国家。英语是世界软件业中较为通用的语言，而且印度出口的软件也主要以美国为市场，以英语为母语比起花好大气力才把第二语言学起来的中国人，印度当然有它的优势。同时，印度软件业的发达还得益于印度教育事业的发达。印度十分重视中小学生的数学教育，中国小学生要背"九九"乘法表，印度却要求小学生背"22×22"以内的乘法表。在数学解题方面，印度对中小学生也有十分严格的要求，从小就培养孩子的数学思维。印度十分重视高等教育，1995—1996年度，印度高等学校在校生为660万，印度人口少于我国，而在校大学生却比我国多一倍左右。因此，印度软件业的迅速崛起是有其扎实的教育基础的。

印度软件业的成长还得益于它和美国特别是硅谷的时差。硅谷有什么要解决的软件问题，下班时发到印度，恰好是印度的早晨，印度软件工程师上班就为美国公司完成交办的任务，当天下班再把结果发回美国，又正赶上美国第二天上班的需求。这样，美国公司就逐渐习惯把印度软件公司作为他们的研究辅助，从而为印度软件公司带来一个很大的服务市场。

不过，印度软件业的成长主要得益于印度政府所采取的一系列扶持政策。从拉吉夫·甘地到拉奥，再到瓦杰帕伊，印度三任总理都奉行积极支持信息产业发展的方针。这些政策包括：

一、集中政府财力，以政府规划、
投资来扶持软件业的发展

印度政府虽然财力有限，但在支持科技发展方面不撒胡椒面，而是看准目标，集中财力于若干个点。印度的一级科研机构很少重复设置，做到少而精。对重点和前沿学科的科研机构，政府给予充足的经费支持，这些机构的研究条件都十分优越。政府还鼓励企业和社会对科研机构进行资助和合作，减免资助者的税收。政府对包括班加罗尔在内的全国 8 个软件园和 6 个出口加工区制定了许多优惠政策，如以优惠价格提供厂房、办公楼、水、电、气、通信等设施，园区环境建设由政府投资。对软件业还实行零关税、零流通税和零服务税政策，允许企业加速折旧。放宽外资软件企业进入印度的壁垒，外方控股可达 75%～100%，吸引了世界各国的软件巨头进入印度。班加罗尔所在地卡拉塔克邦政府，长期由人民党执政，对当地高科技企业又给予特别的支持，对企业科研实行财政资助，对企业科研成就颁发政府奖。邦政府在吸引外资和向世界宣传班加罗尔方面做了大量的工作，使班加罗尔成为世界企业界的进军目标。如今有 400 多家国际著名的电子信息业公司在班加罗尔落户，包括著名的微软、英特尔、苹果、IBM、西门子、惠普、康柏、摩托罗拉等。同时，卡拉塔克邦政府还十分注重吸引印度国内的私营企业来班加罗尔落户，并给予相当宽松的优惠政策。

二、创造开放的科研环境

印度政府花巨资建立了一批重点试验室，包括与国防工业有关的试验室，都最大限度地向民间开放。例如，班加罗尔的印度理工学院的超级计算机中心，装备有 64 亿次巨型机，是一个国防科研重地。尽管戒备森严，却对全印度的学者开放，甚至也对包括中国留学生在内的外国科研人员开放。印度军事研究机构的设备，都可以同时用于民用项目和商业项目的开发，这样既为社会服务，又为科研机构自身开辟了资金渠道。班加罗尔能成为印度高科技产业的中心，是与驻地军事机构积极参与各项科学研究分不开的。

班加罗尔的研究机构在航天、计算机等高科技领域与俄罗斯、美国、欧洲的科研机构，以及联合国的有关组织保持密切的合作关系，和许多机构有双边和多边合作，充分利用国外的技术成果和资金援助。班加罗尔被誉为印度最开放、经济最自由的城市。

三、注重人才培养

软件业是一个人才密集的产业，不需要大量的厂房、设备，却需要大量的人才。由于印度软件人才的工资水平明显低于发达国家，只要培养出人才，就能创造出在世界市场上有价格优势的软件来。印度的几所著名大学，都着力培养软件工程师，它们重金聘请世界的知名学者前来授课，毕业生质量可与美国名牌大学媲美。印度的 1600 多所教育机构，每年培养出61000 名电脑和软件专业的毕业生，各大软件公司还对自己的软件工程师不断进行前沿技术的再培训。印度有近万名高级软件人才在美国工作，美国硅谷软件人才的 38％来自印度。近年来，随着印度对高级人才实施优厚待遇，国外人才逐渐回流，并不断带回美国的前沿技术。教育先行使印度拥有一大批软件人才，仅班加罗尔一个城市就集中了 5 万名计算机专业人才。

四、创造有利于软件业发展的法律环境

为了保护软件业和电子商务的发展，印度政府十分注重对这些行业的知识产权保护，制定了一系列保护政策。对版权者的权利、软件的出租、用户备份的权利、侵权的惩处和罚款等都做了明确的规定。同时，印度政府还严厉打击盗版活动，维护软件创作者的权益。为了推动电子商务的发展，2000 年 10 月 18 日，印度政府颁布的《信息技术法》正式生效。该法律对过去的《印度证据法》《印度储蓄银行法》《银行背书证据法》和《印度刑法》中的有关条文进行了修订，确立了认可电子合同、电子文书、数字签字的法律依据，为电子商务的发展提供了法律保障，使电子商务"有法可依"。印度是世界上第 12 个制定同类法律的国家。

班加罗尔的崛起是印度软件业发展的缩影，在班加罗尔带动下，印度的其他科研教育中心，如海德拉巴、孟买、德里、加尔各答等，也都纷纷仿效和追赶，特别是海德拉巴，近几年发展迅速，被联合国秘书长安南誉为和班加罗尔齐名的发展中国家科学工业园区的典范。印度各地的其他软件园也都有长足的进步。作为一个人口众多的发展中国家，印度软件业跨越式发展的经验是值得我们借鉴的。

在关注到印度软件发展的同时，还应当注意到印度生物技术的发展。印度有近 800 个生物研究机构，每年培养出约 1000 名硕士学位以上的生物技术以及相关技术的人才。这一数量在世界上仅次于美国。印度的生物多样性资源十分丰富。最近在世界各地的印度裔生物技术人才纷纷回国创业，其势头有如 20 世纪 80—90 年代软件业的兴起。就在班加罗尔，已经有一大批原来投资于信息技术产业的风险基金，现在纷纷加盟生物技术领域，大的项目投资额已达 300 万～500 万美元。在为世界各地的生物学者提供研究服务和利用计算机处理生物技术数据方面，印度公司具有独特的优势。印度生物技术领域的公司，2001 年产值约 25 亿美元，尽管其中也包括了一些诸如酿造业之类的传统企业，但印度作为生物技术大国的潜力近几年已经显现出来。

（注：本文的部分资料由福建师范大学 1999 级博士生、中国驻印度副大使宋涛同志提供）

第二部分
海峡两岸经济区与两岸经贸关系 ■

努力构建开放繁荣的海峡西岸经济区[*]

福建省人大十届二次会议的政府工作报告中，提出福建应当"努力建设对外开放、协调发展、全面繁荣的海峡西岸经济区"。这一区域定位是福建上上下下经过长期酝酿达成的共识。

一、建设海峡西岸经济区，推动祖国统一大业

福建与台湾隔海峡相望，特定的区位条件决定了福建既是中国率先走向世界的省份，又是推进两岸统一大业的战略基地。福建是祖国大陆距离台湾最近的省份，有 80% 的台湾同胞祖籍在福建，有着独特的地缘、亲缘、血缘、文缘优势，一脉相承的文化习俗和语言环境，要求福建在祖国统一大业中发挥独特的作用，也决定了福建要在海峡西岸构筑一个能够在促进两岸经济和文化融合、完成祖国统一作用的功能性区域。

海峡西岸经济区是指以福州、厦门、泉州为中心，以闽东南地区为主体，北起浙江温州，南至广东汕头的台湾海峡的海域与陆地。提出"海峡西岸"是因为还有"海岸东岸"，即台湾。建设海峡西岸经济区，意在为将来与台湾共同构建"环海峡经济区"奠定基础。建设海峡西岸经济区，特别是将来建设包括海峡东岸的"环海峡经济区"的观点，中央是会重视和赞成的。显然，现在的两岸政治局势还很不明朗，"台独"势力还嚣张一时，但祖国统一是一定要实现的，这是谁也无法阻挡的历史潮流。不论是尽最大努力实现的和平统一，还是不得已而为之的武力解决，在"一个中国"的前提下，环海峡经济区的形成一定会有保障。建设海峡西岸经济

---

* 原载于《福建论坛（社会科学版）》2004 年第 6 期。

区，意在要为将来与海峡东岸共同构建"环海峡经济区"创造条件、奠定基础。

现在福建的经济总量约为台湾的五分之一，福建加上台湾，其经济总量约为3500亿美元，与长三角、珠三角加上港澳地区三块经济区的经济总量差不多。从全国区域生产力布局看，打好"台湾牌"是福建潜在的战略优势。福建是大陆最早实行对外开放的省份之一，也是台商投资最密集的地区。海峡两岸经济水平有所差异，福建与台湾经济上有着很强的互补性。台湾资金雄厚、科技产业基础好、营销及管理经验丰富，但市场狭小、资源有限、劳动力成本高；福建资源相对丰富，劳动力充足，市场广阔，但资金、技术与管理经验相对缺乏。台湾产业结构正由劳动密集型转向资本、技术密集型为主，因而，迫切需要将一些失去比较优势的产业转移到其他地区，福建具备接纳台湾产业的条件。与此同时，福建生产的劳动密集型产品和农产品在台湾也很有市场。

福建已设立了海沧、杏林、集美、马尾台商投资区，建立了漳州与福州台商农业投资开发区，开通了福州、厦门、漳州、泉州与湄洲湾五个两岸定点自航的口岸。金门与厦门、马尾与马祖的往来日益频繁。两岸的经济文化交流与合作已经成为我们对台工作的重要渠道和有效方式。构建海峡西岸经济区，能够为促进两岸经济文化合作，营造一个具有更强吸引力、更完备功能的区域。这对推动中央关于"一国两制、和平统一"与"寄希望于台湾人民"对台工作方针的落实，加快两岸统一进程，促进两岸双赢，必将起到极为重要的作用。

福建如果没有打"台湾牌"，在全国的经济格局中就很难摆上位置，很多上规划的大项目在福建上不了。福建上的一些大项目，常跟对台有关联。如果没有打"台湾牌"，360万千瓦的后石火电厂就不一定会落户福建；如果没有打"台湾牌"，当时东南汽车的项目也未必会批。福建与台湾的亲戚关系，应当说在福建的经济发展中有相当大的作用。福建还有一批大企业，如中华映管、冠捷电子、灿坤电器、翔鹭化工、金龙客车等，都与台资相关。所以，福建提出"海峡西岸经济区"的概念，意在促进"环海峡经济区"的形成，把促进福建全面小康建设和促进祖国统一有机结合起来，增强台湾对福建乃至祖国大陆的经济依赖，为祖国统一提供有效的载体和平台。

二、地处长三角、珠三角之间，福建需要兼收并蓄、奋发自强

福建特殊的地理位置，也决定了福建必须兼收并蓄、奋发自强。福建在中国东南一隅，北接长三角，南靠珠三角。两大三角洲是我国经济最发达和最具有经济活力的都市带，对福建经济既有辐射作用，也有"虹吸"作用，既有长三角、珠三角企业到福建投资兴业，与福建企业分工协作，也存在把福建资本、资源吸引到两大三角洲去以及把福建作为两大三角洲市场的趋势。福建夹在两大三角洲之间，既能互利互补，更有竞争压力，对福建说来是机遇，更有挑战。

为什么福建不选择融入长三角、珠三角，而要选择并确立"建设海峡西岸经济区"的区域发展战略呢？因为以上两个经济区与福建都有一定的距离，两个经济区的经济渗透、辐射到福建的能量比较小。区域经济辐射就像墨汁在纸面渗透扩散开去一样，一般不会是跳跃式的。例如珠三角要辐射到福建，要越过好几个地方，其中有广东的海陆丰，就在珠江三角洲边上，至今还没有完全辐射到，海陆丰经济至今还不太发达。珠三角的辐射要越过海陆丰、汕头，再到福建，辐射力有限。现在珠三角到福建投资的大企业不上十家，远少于福建到广东投资的企业。长三角虽然已辐射到杭州、宁波，但中间还有隔着浙江的金华、丽水、衢州等浙江经济相对不太发达的地区。现在长三角对福建的辐射相对比珠三角多些，来福建投资的主要是浙江企业，数量多但规模有限。相反，长三角、珠三角对福建还有着很大的"虹吸"作用，福建很多大企业都被"吸"走了。所以在这种情况下，福建经济想完全投靠长三角或珠三角都是行不通的。

福建的区域位置恰好连接两大三角洲。同三高速公路穿过福建沿海把两大三角洲紧密地联系在一起，即将修建的温福、福厦、厦汕时速200公里准高速铁路更会增加福建与两大三角洲的人员往来。从长江口到珠江口，福建的区位要求福建与两大经济区共同构建中国东南沿海繁荣带。因此，福建应在分工协作、互利互补中兼收并蓄，奋发自强，成为镶嵌在两大三角洲之间的一个独具活力的全面繁荣的经济区。兼收并蓄就是既要接受长三角、珠三角的辐射和分工协作，也要和台湾经济互补合作，香港、

澳门的辐射也应接受，海外华人特别是东南亚华裔资本是我们努力争取的对象。此外，来自京津、东北、大西部、全国各地的投资和分工协作我们也要去开拓。奋发自强，就是首先要把自己的经济做强做大，把产业集群培育起来，把高新技术产业发展起来。要和人家分工协作，首先自己要有实力，要有可以和人家分工协作的内容。自己如果没有东西，那么，夹在长三角、珠三角之间，可做的事只有三件：一是当人家商品的销售市场；二是提供劳动力，外出打工；三是生产蔬菜、副食品供应长三角、珠三角。福建是一个拥有 3400 万人口的省份，经济总量居全国第 11 位，人均GDP 居全国第 7 位，在全国也是个经济较发达的沿海省份，应当有自己的区域定位，应当在分工协作、互利互补中不断谋求发展，不断壮大自己。

三、从海峡西岸繁荣带到海峡西岸经济区

福建曾提出建设海峡西岸繁荣带，当时的海峡西岸繁荣带主要是指福州到漳州的闽东南沿海地区。虽然后来随着人们对区域协调发展的认识，把海峡西岸繁荣带延伸到闽东，进而又延伸到南平、三明、龙岩，但这种认识都还只是着眼于建设自身，没有摆到"环海峡经济圈"组成部分的位置上去认识，没有摆到与长三角、珠三角携手并进的意义上去认识。因此，把海峡西岸繁荣带上升到海峡西岸经济区，体现了对区域定位认识的深化，体现了发挥对台优势、强化与两大三角洲分工协作意识的深化。为此，我们在海峡西岸经济区规划制定之时，将充分考虑闽台之间产业合作、金融合作、商贸合作、交通运输物流合作、旅游合作以及科技、文化交流的机制，综合考虑与长三角、珠三角分工协作和互利互补的机制，这和只考虑自身繁荣带建设的规划将有很大的区别。

四、建设海峡西岸经济区的战略措施

建设海峡西岸经济区，应把任务分解落实到每一项具体工作中，落实到每一个具体的项目上。必须实施项目带动，切实抓好。

第一，还是要发展产业，尤其是工业。福建刚迈入工业化中期，2002年，福建省三次产业结构为 14.2：46.1：39.7，第二产业的比重与浙江、

广东的 52% 左右相比还有一定的距离，工业化任务还没有完成。福建产业竞争力还较弱，名牌产品和优势大企业有待培育，产业集群有待进一步组建，产业结构有待进一步调整。福建要把电子、机械（汽车）、石化的骨干企业和产业集群树立起来，挤进全国同类产业的前茅。可能的话，还要把冶金行业树起来。福建夹在长三角、珠三角之间，要和人家分工协作，首先自己要有实力，要有和人家可分工、可协作的产业。除工业外，福建第三产业总体上发展滞后，物流业刚刚在构建，金融保险业还较弱，应对外资金融业的竞争还要有充分的准备，中介服务组织有待发展，科技、教育等社会事业明显滞后。福建必须重视第三产业尤其是为工业服务的第三产业的发展。

第二，要加快福建的城镇化进程，特别要把福州、厦门、泉州三个中心城市做大做强。福州市区东扩、南进、西拓，跨闽江、跨乌龙江发展，最终要走向海滨。福州应当争取 2010 年之前迈过 300 万人口大关，建成区包括上街、青口、长乐县城应扩大到 250 平方公里以上。厦门要跳出海岛建设海湾城市，要把岛外海沧、集美、杏林、同安、翔安各片区建成互有分工而又相对独立、功能齐备的卫星城，2010 年总人口应迈过 200 万。泉州要整合环泉州湾的晋江、石狮、惠安各市区、城镇，梳理交通通道，强化彼此的关联度，市政府迁往海湾边上的东海，构建环泉州湾中心城市，争取 2010 年前整合成一个 250 万人口的大城市。

在三大中心城市做大做强的基础上，闽江口城镇密集群、泉州湾城镇密集群、厦门湾城镇密集群，加上中间莆仙平原的城镇密集群，共同构建繁荣的闽东南都市带，发展都市带里所有的城市和工业重镇，使闽东南都市带成为福建经济的核心，成为农村富余劳动力转移的主要去处。

第三，要发展港口和港口工业区。改革开放以来，福建港口建设发展迅速，从福鼎到东山码头密布，但以小码头居多。当今世界运输船舶越来越大型化。海上货物运输，船越大，运费越便宜。现在国际货运的主力船舶，第六代集装箱货轮 10 万吨，油轮 20 万～30 万吨，矿石轮 15 万～25 万吨。福建现有的港口规模除厦门港外明显偏小，只能满足沿海和近海运输的要求。从福建运到欧洲、美洲、大洋洲的远洋货物，必须运到香港、高雄和韩国釜山，上岸进堆场再转装上大船，中转费用接近长途运费的一半，徒增了福建货物的运输成本，弱化了福建的投资环境和竞争力。福建有许多深水港岸线，但福建缺深水大码头。深水大港口搞哪一个、建多大、怎么建，都要落实到规划，落实到实处。当前厦门特别要抓紧海沧、嵩屿 10 万吨集装箱码头的建设，福州要抓紧罗源湾商业港和江阴工业港的开发，湄洲湾先建设好斗尾 30 万吨油码头。

港口后方的工业区具有运费低廉的成本优势，是发展工业特别是重化工业的优良选址。如罗源湾有大官坂、松山、白水三个围垦区 8.5 万亩地，江阴港后方有江阴半岛、龙高半岛，斗尾港后方有惠安、泉港的大片土地，这些港口工业区的开发是福建新一轮经济增长的亮点。

第四，要努力改善投资环境，不断提高对外开放的水平。要做到"引进来"与"走出去"相结合，利用外资与外贸出口两手抓。要把增资扩股和跨国并购作为主要的招商引资方式，鼓励外资以购并重组方式，通过增资扩股、购买股权（收购资产）等途径，嫁接、改造我省各种所有制企业。要注意吸引外国大跨国公司和台湾大企业，同时我省海外华人众多，要借助华商网络，发挥"侨"的优势，促进我省引资、引智和开放型经济的发展。

建设海峡西岸经济区的目标是为将来与海峡东岸台湾共同构建"环海峡经济区"奠定基础，从全国区域生产力布局看，打好"台湾牌"是福建潜在的战略优势。构建海峡西岸经济区，就应当积极促进两岸经济文化合作，大力吸引台资，实现"你中有我，我中有你"，推动"一国两制、和平统一"的实现，加快两岸统一的进程。

要坚持对外开放与对内开放的统一，树立"省外就是外"的观念，像重视对外开放一样重视对内开放，大力引进省外资本，鼓励在省外经营的"闽商""回归"投资。

第五，要大力发展县域经济。每个县市在发展目标定位、发展思路上，应充分发挥县域特色，确认发展定位，明确发展思路，聚集发展动力，促进县域经济发展。对于不同区域，既有发展共性可相互借鉴之处，更应突显个性，扬长避短。在发展思路上，要以市场为导向，走"你无我有、你有我优"的差异化路子，依据自然条件、资源和产业基础，选择具有县域特色的优势项目培育特色产业，以"一村一品、一乡一业、一县一支柱"为目标，发展各具特色的县域经济，一个县树起一两个突出的特色产业。浙江省在这方面为我们树立了榜样。县域经济以民间资本为主体，充分动员民间资本发展民营经济，是加快县域经济发展的关键。

同时，每个县都要力争做大县城，一个县县城繁荣，县城人口占全县人口1/4～1/3，县城经济在全县总量中占大头的，这个县的经济往往比较好；而县城较小，县城人口只有全县人口1/10左右，这个县的经济往往比较差。做大县城的关键，当然还是要发展二、三产业，人口的积聚是靠产业的发展来实现的。

第六，必须确立"以人为本"的发展观，努力解决"三农"问题。"三农"问题是全面建设小康社会的关键，福建农村尤其是山区农村，农民和城市居民的收入差距已经越拉越大，农村基层财政相当困难。应当积极落实中央2004年1号文件，切实帮助农民提高收入。

福建人均耕地面积仅7分多，在这么小块的土地上耕作，农民无论种什么都很难富起来。因此，提高农民收入的根本，是减少种田农民的数量，原来五个、十个人种的地由一个人种，扩大经营规模，实现农业生产专业化，提高劳动生产率，这是农民富裕起来的前提和基础。而要做到这一点，必须使大批农村剩余劳动力能在市场经济的吸引下走出土地，必须有城市、城镇接纳离开土地的农民，他们必须能进工厂做工或从事服务业等非农劳动。中国走向现代化的过程，是工业化的过程，是城市化的过程，也是农民进城的过程。因此，"三农"问题要在"三农"中解决，更要依靠"三农"以外问题的解决来解决，依靠工业、第三产业的发展和城市与城镇的发展来解决。统筹城乡发展，统筹沿海山区发展，在市场机制引导下加快农村富余劳动力转移是最重要的统筹。

福建省委、省政府正在研究统筹建设海峡西岸经济区的具体措施，以科学发展观指导的一系列政策措施即将出台。相信在党中央、国务院的正确指导下，通过福建全省人民的共同努力，加快建设对外开放、协调发展、全面繁荣的海峡西岸经济区的战略目标一定能实现。

全面推进海峡西岸经济区建设*

福建省第八次党代会是在我国发展站在新的历史起点上、海峡西岸经济区建设进入关键时期召开的一次十分重要的大会。作为这次会议的重要成果，报告的最大亮点体现在"福建特色、海西建设"八个字上。报告第一次全面准确地阐述了海峡西岸经济区的概念，突出阐明了海峡西岸经济区是一个"客观存在的经济区域"，第一次全面阐述了海峡西岸经济区建设的总体部署，进一步明晰了海峡西岸经济区建设的近期目标和长远目标。福建发展的美好前景正展现在我们面前。现在的关键是要团结全省人民奋发有为，开拓进取，全力推进海峡西岸经济区建设。

报告提出，未来5年，全面推进海峡西岸经济区建设，要在促进持续增长、发挥对台优势、扩大对外开放、着力改革创新、突出和谐文明五个方面开拓新局面。五项任务是相辅相成的，核心是持续、平稳、健康的发展。发展是第一要务，是硬道理。福建经济社会发展要走在全国前列，要在长三角、珠三角、京津冀三大经济区快速增长的大好形势下凸现海峡西岸的区域优势，必须抓住机遇，直面挑战，求真务实，穷追不舍。我们面临的任务是十分艰巨的。省第八次党代会向全省150万党员和广大群众发出朝着建设社会主义现代化强省的目标迈进的号召，我们要在新一届省委领导下，奋力拼搏，开创海峡西岸经济区建设新局面。

未来5年，必须以科学发展观为统揽，坚持加快发展不动摇。要统筹城乡发展、统筹区域发展、统筹经济社会发展、统筹人与自然和谐发展、统筹国内发展和对外开放，建设资源节约型、环境友好型省份。要坚持节约发展、清洁发展、安全发展，走新型工业化道路，发展循环经济，建设

* 原载于《福建日报》2006年12月1日第10版。

生态省，促进经济发展与人口、资源、环境相协调，实现可持续发展。要加快城市化步伐，构建海峡西岸城市群，依托中心城市，大力发展第三产业，着力提高三大产业比重中第三产业的比重。

福建要加快产业结构调整步伐，加快发展先进制造业，发展信息、石化、机械和高新技术产业，发展海洋经济，发展金融、物流、旅游等现代服务业。产业结构主要不是靠现有存量来调整，而是靠增量来调整，靠新项目的落成来改变原来的结构。福建要切实实施项目带动，尤其要关注对经济结构调整有重要意义的大项目。海峡西岸与长三角、珠三角比，欠缺的正是能带动整个产业链的大项目。要着力提高工作效率，求真务实，立足实际，力求实效，把建设海峡西岸经济区的满腔热情落实到每一个具体项目上，推动产业积聚，构建产业集群，着力提高企业自主创新能力，增强海峡西岸综合竞争力。

海峡西岸的优势在于"台"和"港澳侨"。要发挥对台优势，加强闽台产业对接，密切与台湾企业以及相关行业协会的联系与合作，加大吸引台商力度，进一步推动闽台经贸发展。对台经济文化合作与交流，海峡西岸要着力先行先试，争取更多作为。海峡西岸理应在祖国统一大业中发挥前沿平台的作用。港澳投资占福建利用境外资金的首位，要充分借助内地与港澳之间更紧密经贸关系安排的机制，充分发挥港澳服务业高度发达的优势，实现闽港澳优势互补。福建在海外有1000万侨胞，其中不乏知名企业和财团，要充分发挥侨力，引导他们参与海峡西岸经济区建设。

全面建设小康社会，重点和难点在农村。福建农民特别是偏远山区的农民，发展生产、提高收入、实现小康的任务还十分艰巨。一方面要加大财政对农村、农业的投入，通过工业反哺农业、城市支持农村，把尽可能多的投入用在农村最需要的基础设施、文化教育卫生等公共事业上，用在对农业生产的扶持上，用在培育新型农民上。另一方面，要加快农村富余劳动力转移力度，切实做好进城农民工的各项工作，为他们异地安家落户创造条件，促进更多农民向非农产业转移。

坚持以人为本，构建和谐社会，是海峡西岸经济区建设的重要使命。近几年，福建在全国率先推行全省范围的农村最低生活保障制度，率先推行免征部分农业特产税和全面免征农业税，率先推行农村保险试点，率先对农村义务教育阶段学生全部免除学杂费，率先设立高校和中等职业学校贫困生助学金制度，这些都是构建和谐社会的有力举措。未来 5 年，福建还将在发展民主政治、加强思想道德建设、发展社会事业、维护社会稳定、坚持为民惠民等方面继续努力。

海峡西岸经济区与闽赣经济合作[*]

　　闽赣两省山水相连，人缘相亲，历史上就有密切的经济往来。改革开放以来，闽赣两省建立了长期稳定的合作关系，拓展了多形式、宽领域、全方位的经济技术合作，推动了优势互补和经济的共同发展。

一、海峡西岸经济区的提出

　　提出海峡西岸，是因为有海峡东岸，即我国台湾地区。福建与台湾的关系源远流长。现有台湾人口中，祖籍福建的占 81.3％，其中祖籍泉州的占 44.8％，祖籍漳州的占 35.1％，闽西客家人和福州等其他福建籍占 3.2％，还有约 9％的广东潮汕人和客家人。闽南话是台湾的方言，台湾的民间风俗、民间宗教信仰、民间文化、戏剧、南音等，无不与闽南相似。在福建和台湾，许多人沾亲带故，"探亲"和"寻根"成了多年来流行于闽台之间的最炙热的词，台胞回祖庙、跪拜、上香、题字、揭匾，两地亲情千丝万缕、割舍不断。

　　台湾经济起飞于 20 世纪 60 年代，最先发展的是以出口为主的劳动密集型纺织、服装、制鞋、雨伞、食品、自行车、文化体育用品等生活消费品。台湾曾号称"鞋王国"和"雨伞王国"。80 年代中后期，由于经济快速增长，工资等生产经营成本随之上升，这类劳动密集型工业在台湾已无利可图，不得不向岛外低生产成本地区迁移，其中相当大一部分转移到了祖国大陆，尤其是广东、福建两省，形成台湾向大陆产业转移的第一波浪潮。80—90 年代台湾逐渐完成了产业升级，电子、石化、机械、生物医药

---

　　* 原载于江西《社会科学》2007 年第 8 期。

等成为台湾的主导产业，其中电子工业发展迅速，曾有显示器、笔记本电脑等20多种产品产量居全球第一。

福建产业发展的进程与台湾十分相似，20世纪80—90年代福建发展最快的同样是出口导向型的纺织服装、鞋业、食品、雨伞、箱包等劳动密集型产业。90年代后期，福建提出要以电子、石化、机械作为支柱产业，经多年培育，现在电子工业已经成为福建第一大产业，福建正在发展的三大产业恰好是台湾已经发展起来的位居第一、第二、第三位的产业。福建和台湾处于产业升级的不同阶段，二者的时间差大约为20~25年，因而具有很强的互补性。不同层次的产业渐次由台湾转移向福建，福建现有台资企业8000多家，实际到资接近200亿美元，还设立了4个台商投资区，开通了福州、厦门、漳州、泉州与湄洲湾五个两岸定点直航口岸和27个对台贸易口岸。两岸贸易额不断增长，厦门与金门、马尾与马祖的人员与物资直接往来日益增多，已经成为闽台对接的便捷通道。

特定的区位条件决定了福建可以在祖国统一大业中发挥独特的作用，成为推进统一大业的战略基地。从全国区域生产力布局看，打好"台湾牌"是福建潜在的战略优势。现在福建的经济总量按汇率折算不到台湾的四分之一，福建加上台湾，长三角，珠三角加上港澳地区，三块经济区经济总量差不多。建设海峡西岸经济区，意在为将来与台湾共同构建"海峡经济区"奠定基础。尽管现在"台独"势力还嚣张一时，但祖国统一是一定要实现的，这是谁也无法阻挡的历史潮流。在"一个中国"的前提下，海峡经济区的形成一定会有保障。在当前的两岸政治形势下，我们应当先把海峡西岸经济区建设起来。

海峡西岸经济区是以福建为主体，面对台湾，邻近港澳，北承长江三角洲，南接珠江三角洲，西连内陆，涵盖周边，具有自身特点、独特优势、辐射集聚、客观存在的经济区域。具体说来，就是台湾海峡南起汕头北至温州的西海岸及其内陆腹地，包括福建全省以及广东东部汕头、潮州、梅州，江西东部上饶、鹰潭、抚州、赣州，浙江南部温州、丽水、衢州。上述界定已经得到周边地区的响应。温州市成立了"海西办"，大批温州企业向闽浙边界的福鼎市转移。浙江丽水至福建松溪、浙江衢州至福建浦城的高速公路正在加紧修建之中。广东汕头发改委也前来福建商谈"十一五"规划的相互衔接。江西更是提出对接"长珠闽"的口号，把对接福建作为江西发展的思路之一。

二、海峡西岸由地方决策上升到中央决策

福建 2004 年提出了海峡西岸经济区战略构想，得到党中央的充分肯定，得到海内外有识之士的热情支持。2005 年在党的十六届五中全会上海峡西岸写入中共中央"十一五"规划建议，后来又列入国家"十一五"规划纲要，海峡西岸经济区由地方决策上升为中央决策，由区域战略上升为全国战略，进一步凸显了海峡西岸在促进祖国统一大业中的重要作用。

2006 年 1 月，胡锦涛总书记视察福建，对福建的工作给予了充分肯定，希望福建抓住中央鼓励东部地区率先发展和支持海峡西岸经济发展的历史性机遇，加快发展步伐，努力走在全国前列。

与此同时，中央各部委办也积极支持海峡西岸经济发展。交通部提出率先支持海峡西岸经济区建设，完善福建省港口、高速公路网、干线公路、农村路网等规划，并从投资政策上对海峡西岸倾斜。铁道部计划 10 年内投入 1000 亿元，修建福建省内和通往福建的铁路。国家电网公司"十一五"期间投资 550 亿元，提升福建电网，推动与周边省份联网。国家开发银行将在福建投放 1200 亿元贷款，中国农业银行将向福建提供 800 亿元贷款。海关总署与福建省人民政府签署了《关于加快海峡西岸经济区建设合作备忘录》，支持拓展闽台经贸合作和直接往来，以对台小额贸易方式进口的在大陆投资的台资企业生产设备零配件和原辅材料都将实行进口免税政策，加快福建电子口岸建设。检验检疫局也出台一系列措施：对符合条件的台资企业，优先享受绿色通道、快速核放、无纸化报检和"一站式"通关服务，对进口的台湾农产品和水产品，实施"快速审批、日常核销、直通式检验检疫"的监管措施。建设部还牵头编制《海峡西岸城市群发展规划》。一年多来，已有 20 多个部委陆续出台了支持海峡西岸发展的具体措施。

党中央和国家部门的支持极大地鼓舞了海峡西岸的广大干部群众，海峡西岸经济区的软、硬环境条件将更趋优越。

三、闽赣经济合作回顾

闽赣两省历史上就有密切的经济往来。改革开放以来，闽赣两省建立了长期稳定的合作关系，拓展了多形式、宽领域、全方位的经济技术合作，推动了优势互补和经济的共同发展。

闽赣两省共同参与组建了 4 个区域经济组织：闽、粤、赣边区经济协作区，由福建龙岩、广东梅州、江西赣州于 1985 年 11 月成立；闽浙赣皖九方经济区，由南平、锡州、金华、丽水、上饶、抚州、鹰潭、景德镇、黄山于 1986 年 10 月成立；闽西南、粤东、赣东南经济技术协作区，由厦门、漳州、泉州、龙岩、三明、汕头、汕尾、潮州、揭阳、梅州、赣州、抚州、鹰潭于 1995 年 11 月成立；闽浙赣皖福州经济协作区，由三明、南平、莆田、福州、宁德、温州、九江、南昌、上饶、景德镇、鹰潭、安庆、黄山于 1996 年 5 月成立。闽赣两省共同缔结友好城市和协作对子 24 个：如鹰潭市与福州市、广丰县与武夷山市、上饶市与莆田市、吉安市与泉州市、景德镇市与泉州市、鹰潭市与厦门市、南昌市与厦门市、景德镇市与漳州市、宜春市与福清市、乐平市与长乐市等。两省通过缔结友好城市和协作对子，保持着长期稳定的协作关系，促进双方在人才、资源、技术、管理、市场、信息等多方面扬长避短，加强协作，互惠互利，共同发展。

江西是福建沿海发达地区的产业梯度转移承接地。由于江西毗邻福建，土地多，劳动力工资低，交通发达，资源丰富，每年都有大批福建沿海企业向江西转移。福建社科院课题组 2005 年对 2001—2003 年江西吸纳沿海五省市投资的情况做了统计，见表 1。

表 1　2001—2003 年江西与沿海五省市协作情况表

省市	年份	合同项目（个）	实际到资（亿元）
福建	2001	632	25.52
	2002	1164	64.44
	2003	773	93.32
	合计	2569	183.28

续表

省市	年份	合同项目（个）	实际到资（亿元）
广东	2001	841	47.76
	2002	1421	100.85
	2003	939	144.3
	合计	3201	292.91
浙江	2001	935	41.72
	2002	2035	128.06
	2003	1596	210.84
	合计	4566	380.62
江苏	2001	153	7.79
	2002	296	14.15
	2003	219	25.97
	合计	668	47.91
上海	2001	190	16.6
	2002	403	41.12
	2003	285	54.32
	合计	878	112.04

从表1可以看出，进入江西的投资，浙江最多，广东其次，福建居第三位。近两年的情况也大致如此。在江西东部的南昌、九江、鹰潭、上饶、抚州、赣州，每一个城市都有上百家来自福建的企业，主要是服装、制鞋、箱包、食品等劳动密集型轻纺工业。较大的经济合作项目主要有：福建省邵武永飞化工有限公司投资1.1亿元在德安县兴建德安永飞矿业有限公司；厦门市优恩电力发展股份有限公司投资2.6亿元在信丰县兴建桃江水电站；福建省永安力源电力发展有限公司投资1.2亿元在瑞金市兴建装机1.89万千瓦留金坝水电站；福建省集兴电业开发有限公司投资1.6亿元在丰城市兴建江西集丰焦炭有限公司；厦门帮和投资有限公司投资3.6亿元在抚州市进行人民公园西湖治理美化和西郊开发；福建省超大集团投资2.4亿元在南丰县创办江西南丰超大果业集团；还有在南昌、宜春开发房地产的福建正荣集团，在南昌生产啤酒的福建雪津集团。

福建投资企业得到江西当地政府的热情支持，大部分都有良好的发展。福建华侨、港、澳台同胞多，因地缘相近，侨（台）资项目也已逐步向江西毗邻地区扩散。

福建有大量企业在赣投资创业，江西也有大量劳动力在福建就业。据不完全统计，江西在闽务工人数约 70 万人左右，居福建外来劳动力之首位，其次是来自四川。外来农民工是福建财富的创造者，福建沿海地区目前劳动力缺乏，非常希望能把他们留下来，沿海各地正在创造住房、子女就学、养老保险等条件，让他们成为福建的新居民。

此外，福建土地面积少，粮食不能自给，每年要从江西调进大批粮食。福建不产棉花，也从江西调入棉花。此外，江西的水泥、煤等原材料也输入福建。

四、加强协作，共谋双赢

江西、福建相邻相亲，经济上可以广泛开展协作。江西东部在地理上就是海峡西岸的腹地，江西可以搭乘海峡西岸的班车与台湾对接，扩大对台经济文化交流与合作。

福建在东南一隅，进入内陆必然要通过江西，江西没有出海口，福建有许多天然良港，江西通过福建出海比走宁波、上海、深圳、香港近。因此，改善两省交通是加强协作、共谋双赢的关键。福建和江西之间过去只有一条鹰厦铁路，货物进出经常"卡脖子"。20 世纪 90 年代中期，约四成入闽货物在鹰潭被卡，福建一大批企业陷入"以运定产"的困境。半个世纪前建设的鹰厦、外福铁路，标准低，弯道多，全国铁路普遍提速，福建这两条路却怎么也提不起速来，改造这两条路难上加难，而且费用居高不下，与其改造不如另建新路。近几年，两省相继修通了江西横峰至南平、赣州至龙岩及龙岩至广东梅州的铁路，改变了福建铁路出省只有一个口的局面，现在有三条铁路通江西，一条铁路通广东。缓解了铁路运输的瓶颈制约，福建企业已经走出"以运定产"的困局。

2006 年，向塘至福建莆田的国家 I 级双线电气化铁路干线动工修建，现在按时速 200 公里建设，预留条件将来可提到 250～300 公里每小时。向莆铁路将是沿海走向内地的大动脉，虽然以客运为主，但也兼有货运功能，从福建沿海铁路还将建设通往湄洲湾、罗源湾、江阴等各个港口的疏港铁路支线，实现海铁联运。沿海铁路和向莆铁路的隧道和桥梁都预留了双层标准集装箱的通过能力，有利于沿海港口集装箱借助海铁联运通向中西部各省。今后，老铁路鹰厦、外福线以煤炭、矿石等散货运输为主，向莆铁路客运之余主要走集装箱。2010 年后，内陆江西乃至湖南、湖北、贵州等省都可以借助福建港口出海。目前江西、湖南各钢铁厂所需的进口铁矿石，都从宁波北仑港上岸，转驳小船进长江口运到九江、岳阳码头，再搬上列车运进工厂。将来，可以用 20 万～30 万吨大矿石轮从巴西、澳大利亚运到福建罗源湾、湄洲湾港口，盘上火车直接运往江西、湖南，既降低了运输成本，又节省了运输时间。江西东部铜加工企业也可以借助福建港口从智利进口铜矿石。江西等中西部省份的进出口集装箱货物可以直运厦门港。因此，新建的高速铁路与海峡西岸港口群将相辅相成，比翼齐飞。

在公路方面，福州到南昌的高速公路已经通车，两省之间还将修建三条高速公路。龙岩—长汀段年底前通车，将来是厦门—龙岩—赣州—衡阳—重庆。泉州—三明段正在修建，2008 年通车，然后由永安延伸到宁化通往石城，穿过江西中部、湖南中北部到贵州毕节。宁德—上饶段将于"十一五"期末动工，再从上饶接到黄山。这样，两省间从南到北有四条大致平行的高速公路，交通状况将大为改善。

另外，闽赣两省都有丰富的旅游资源。福建拥有 3 个国家级自然保护区、4 个国家历史文名城、19 个国家级重点文物保护单位、2 个国家级旅游度假区，是全国重点林区之一，森林覆盖率居全国前列。江西有 4 个国家级和 24 个省级风景名胜区以及 2406 处省级旅游景区、景点。两省旅游部门可以携手合作，共同开发国内外旅游市场，组织旅游线路，整合旅游资源，并且共同拓展与台湾的旅游合作。

闽赣两省在经济建设中各有优势，互补性强，在诸多领域都有良好的合作机会和广阔的发展前景。在高速铁路、高速公路开通后，两省的距离大大缩短，闽赣经济技术合作将进入新的发展阶段。

第三部分　城市化

城市理论与中国城市化道路 *

城市化（Urbanization 英语词义中含城市和城镇）是当今世界经济发展的大趋势。1800 年世界城镇人口所占比重不足 3%，1900 年上升到 13.6%，1950 年为 28.6%，1980 年又上升到 42.2%。据联合国预测，20 世纪末全世界有一半以上的人口住在城市或城镇。我国城市化刚刚起步，随着经济的发展，20 世纪末、21 世纪初将面临农业剩余劳动力大量转移和城市化的高潮。因此，研究城市理论作为这一高潮的先导，是一项十分紧迫的任务。

一

城市产生于原始社会末期。当时用石墙、城楼围绕着石造和砖造房屋的城市，已经成为部落或部落联盟的中心。手工业和农业的大分工及交换范围的扩大促进了城市的形成和发展。某一民族内部的分工，首先引起工商业和农业劳动的分离，从而也引起城乡的分离和城乡利益的对立。但在前资本主义社会，乡村始终是社会的主体，马克思指出："亚细亚的历史是城市和乡村无差别的统一（真正的大城市在这里只能干脆看作王公的营垒，看作真正的经济结构上的赘疣）。"因而在古代，"是城市乡村化"①。在长达四五千年的漫长岁月里，城市发展十分缓慢。

现代城市的急剧发展是资本主义商品经济飞速发展的产物，而城市的发展又推动了商品经济的繁荣。一切发达的、以商品交换为媒介的分工，

＊ 原载于《福建师范大学学报（哲学社会科学版）》1992 年第 4 期。

① 马克思、恩格斯：《马克思恩格斯全集》第 46 卷上，北京：人民出版社，1972 年，第 481、480 页。

都建立在城乡分离的基础上。随着工业化的进展，分工日益细密，工商业日益聚集，城市成了社会经济的主要舞台。恩格斯形象地描绘了现代城市的形成："大工业企业需要许多工人在一个建筑物里面共同劳动；这些工人必须住在近处，甚至在不大的工厂近旁，他们也会形成一个完整的村镇。他们都有一定的需要，为了满足这些需要，还须有其他的人，于是手工业者、裁缝、鞋匠、面包师、泥瓦匠、木匠都搬到这里来了。""当第一个工厂很自然地已经不能保证一切希望工作的人都有工作的时候，工资就下降，结果就是新的厂主搬到这个地方来。于是小城镇就变成小城市，而小城市又变成大城市。"① 城市化是工业化的伴生物，因而也只是工业革命之后的近 200 多年的事，正如马克思所说："现代的历史是乡村城市化。"②

工业聚集所产生的高经济效益是城市化的动因。工业的密集和协作节约了劳动时间和空间，降低了信息成本和交易费用，缩短了周转时间；同时密集还强化了竞争，促使生产技术不断革新，提高了劳动生产率。恩格斯对伦敦做了这样的剖析："这种大规模的集中，250 万人这样聚集在一个地方，使这 250 万人的力量增加了 100 倍。"③ 城市工业本身一旦和农业分离，它的产品一开始就是商品，它的产品的出售就需要有商业作为媒介。因此，商业依赖于城市的发展，而城市的发展也要以商业为条件，同时，金融、交通、邮电、服务业以至科技、文化、教育也都纷纷附城而聚，"城市本身表明了人口、生产工具、资本、享乐和需求的集中，而在乡村里所看到的却是完全相反的情况：孤立和分散。"④ 城市是现代文明的标志，它将居民从乡村的愚昧状态中解脱出来，同时，城市既促进了资产阶级财富的积累，更促进了无产阶级的联合。大城市是工人运动的发源地，在这里，工人第一次开始考虑到自己的状况并为改变这种状况而斗争；在这里，第一次出现了无产阶级和资产阶级利益的对立；在这里，产生了工会、宪章主义和社会主义。如果没有大城市，没有它们推动社会意识的发

---

① 马克思、恩格斯：《马克思恩格斯全集》第 2 卷，北京：人民出版社，1972 年，第 300、301、303 页。

② 马克思、恩格斯：《马克思恩格斯全集》第 46 卷上，北京：人民出版社，1972 年，第 481、480 页。

③ 同①。

④ 马克思、恩格斯：《马克思恩格斯全集》第 3 卷，北京：人民出版社，1972 年，第 57 页。

展，工人运动也不可能蓬勃地发展起来。

经典作家在肯定城市作用的同时，也强调人口向大城市集中这件事本身就已经引起了极端不利的后果。马克思在《资本论》第一卷第七篇《资本的积累过程》中，以几页篇幅揭露了伦敦工人恶劣不堪的居住状况。他还指出城市的发展"一方面聚集着社会的历史动力，另一方面又破坏着人和土地之间的物质变换，也就是使人以衣食形式消费掉的土地的组成部分不能回到土地，从而破坏土地持久肥力的永恒的自然条件。这样，它同时就破坏城市工人的身体健康和农村工人的精神生活"①。马克思、恩格斯预言，未来的共产主义社会将消灭城乡对立，实现马克思所说的"农业和工业在它们对立发展的形式的基础上的联合"② 和恩格斯所说的"城市和乡村的融合"③。

马克思、恩格斯离开我们已一个多世纪。据美国史料，1801 年英国爱尔兰 5000 人以上城市人口的比重为 26％，1851 年上升到 45％，1891 年又上升到 68％（当今已超过 90％）。也就是说，只就人口比重而言，当今世界城市化的平均水平相当于马克思坐在大不列颠图书馆里准备创作《资本论》时英国的城市化水平。据世界银行资料，1985 年我国城镇人口比重为 22％（包括郊区农业人口在内），印度为 25％，相当于英国 200 年前的水平。当今发达国家的城镇人口比重大都在 70％～80％，中等收入国家大都在 40％～60％（例如拉丁美洲平均 61％），而穷国大都在 30％以下。统计数字表明，世界各国的经济发达程度与城市化水平呈正相关关系。

近百年来世界城市化呈现出以下特点：

其一，大城市发展得快，小城市和城镇人口增加得慢。第二次世界大战以来，250 万以上人口的特大城市人口增加近 4 倍，10 万～250 万人口的城市增加近 2 倍，而 10 万以下人口的小城市只增加 1.3 倍。

其二，发达国家城市化水平的提高已显缓慢，而发展中国家人口自发地向城市聚集的速度十分迅速。统计资料表明，人均国民生产总值从 100 美元提高到 1000 美元往往是城市化速度最快的时期，城镇人口比重大都从

① 马克思、恩格斯：《马克思恩格斯全集》第 23 卷，北京：人民出版社，1972 年，第 552 页。
② 同①。
③ 马克思、恩格斯：《马克思恩格斯全集》第 20 卷，北京：人民出版社，1972 年，第 321 页。

10%左右提高到 40%～50%。当今世界上人口最多的城市已不是纽约、东京，而是墨西哥的首都墨西哥城和巴西的圣保罗，南亚、远东的城市也发展迅速。发展中国家大城市中的交通、污染、住房等问题往往十分严重。常为论述"城市病"者所引述。

其三，20 世纪 60 年代起，发达国家出现"逆城市化"，市中心区的喧闹、拥挤、地价昂贵及抢劫和凶杀现象的频发促使居民（首先是富人）搬出中心区到郊外甚至远郊小镇上建宅居住，大城市出现了"空心现象"。居民疏散也导致工厂、商场外迁，城市松散开来，形成许多次中心以至卫星城，城市范围因而大大扩展。市中心的高楼大厦和向四周辐射的连绵成片的双层单宅、前后草坪的住宅区构成现代西方城市的风格，居民驱车几十公里上班的情况并不少见。而且留在原来市中心区的多数是穷人，即所谓"穷人住高楼、富人住平房"。美国首都华盛顿 70% 以上的居民是黑人，政府的白人官员们大都散居在附近几个州的乡间小镇上。

其四，第二次世界大战后，汽车成了主要交通工具并进入私人家庭，美国等发达国家被称作"建在汽车轮子上的国家"。高速公路、先进的通信设备和联网计算机使人们之间相互联系的有效距离扩大了。过去要聚居在一个方圆 10～20 公里的城市里才能相互依存，现在在一条高速公路上200～300 公里已不为远。因而，过去推动城市的动因现在推动了串珠状的城市带。美国的波士顿—纽约—费城—华盛顿城市带和日本的东京—名古屋—大阪—北九州城市带，各串起几座大城市和一批中小城市，在几百公里距离上聚居了几千万人口，大大加强了城市的集聚效应。

城市化在苏联和东欧也进展迅速，十月革命时苏联城镇人口比重为15.6%，卫国战争前的 1939 年已达到 33%，1985 年又上升到 66%。

显然，城市化是世界经济发展的大趋势。

二

既然城市化是商品经济的产物，既然现代的历史是乡村城市化，既然世界绝大多数国家都已经和正在走上城市化的道路，中国也不会例外。毛泽东同志在革命胜利前曾认为："农民——这是中国工人的前身。将来还要有几千万农民进入城市，进入工厂。如果中国需要建设强大的民族工业，建设很多的近代大城市，就要有一个变农村人口为城市人口的长过程。"①

中华人民共和国成立之初，城镇人口的比重为 10.6%（不同统计口径数字略有差异），40 年来城市发展大体经历了三个阶段：

20 世纪 50 年代，百废俱兴，城市发展较快。由于城乡户籍壁垒尚未形成，农村人口向城镇和工矿区转移。1958 年至 1960 年的"大跃进"，城镇人口剧增 2000 多万，城镇人口比重 1957 年为 15.4%，1960 年达 19.8%。

20 世纪 60 年代至 70 年代末，城镇人口大出大进，在总人口中的比重下降。60 年代初的"困难时期"，被迫从城市动员了 2000 万人回乡劳动。"文革"中，又在"我们也有两只手，不在城里吃闲饭"的口号下，动员知识青年"上山下乡"，不少干部及其家属下放到农村，城市人口锐减。70 年代末这些人又陆续返回城市。1978 年我国城镇人口比重低于 1957 年。这一时期城市建设欠账甚多，国家资金重点投向"三线"建设。从备战出发，把 3000 多亿元花在离开城市的"山、散、洞"式的企业上，经济效益低下。80 年代又不得不花钱把这些企业迁出深山老林。

党的十一届三中全会以后，以经济建设为中心，改革开放，又迎来我国城市迅速发展的时期。城市化进程呈现下列特点：

1. 城市的市政建设和基础设施大有改善，偿还了不少多年的欠账，建成区面积扩大，城市人口显著增长。但由于严格的户籍制度，通过"农转非"户口迁入城市定居的居民并无显著增长。

2. 城市周围形成了繁荣的城市环、城市圈，郊区农民大批转入乡镇企业和为城市服务的第三产业，虽称农业户实际上已成为城市居民。

3. 小城镇如雨后春笋般兴盛起来。由于乡镇企业高速发展，在"离土不离乡，进厂不进城"的政策导向下，乡镇企业自发依附数以万计的星罗棋布的小集镇，几乎所有的乡政府所在地的集镇都有自发扩展为小城镇的趋势，能否发展、发展多快主要取决于乡镇企业所能提供的财力。

4. 农村实行家庭联产承包责任制后，劳动效率大大提高，大量劳动力剩余出来。据估计，眼下我国农村要求转移的剩余劳动力超过 1.5 亿，且

① 毛泽东：《毛泽东选集》第 3 卷，北京：人民出版社，1966 年，第 978 页。

每年还将新增 1000 多万劳动力。现在已有 9000 多万劳力进入乡镇企业，他们大都没有放弃土地，农忙时仍下地，呈兼业状态。与此同时，在城乡收入反差和地区收入反差的牵引下，又有数以千万计的农民离土离乡进入城市，以农民工、建筑工、保姆、商贩、个体手工业者等形式就业，形成近几年众说纷纭的"民工潮"和"盲流"现象，并随着经济周期的变化时进时退、有涨有落。虽然这方面至今未见大致准确的数字，但作为城市发展的现实早已为社会所接受。

我国当今城市化已达到怎样水平，城市或城镇人口的比重如何，不同资料上可见到相差甚远的统计数字。

其一，按区域统计。由于近几年大量出现市带县、县改市等体制变动，有些资料上把城市所带县、所在县的人口全部计入城市人口。报纸上曾一度流传过的重庆市 1400 万人口、已跃居中国第一大城市的谬传，就是按这种口径算出来的。世界银行编的《1991 年世界发展报告》中，1989年中国城市人口比重为 53%，在发展中国家已属高水平，这一谬误也就在于把城市行政区划中所辖的乡村农民统统计为城市居民。

其二，以非农业人口为界限。此口径来自公安户籍管理部门。例如《中国人口统计年鉴 1989》中，我国 1988 年总人口 10.87 亿，非农业人口 2.22 亿，占 20.5%。再剔除居住在城市和县辖镇以外的农村的约 2100 万非农业人口，城镇非农业人口比重只有 18.5%。这一数字显然偏低，因为它排除了已经进城、进镇居住的"农业户"以及城郊已被城市吞并的"农业户"。

其他统计口径则介于上述两种口径之间。例如 1991 年《中国统计年鉴》，统计城市人口分"地区"和"市区"，市区人口排除了市辖县人口，但仍把城市郊区的农民计算在内。这种统计大城市误差小、小城市误差大，其中所列 291 个 20 万以下人口的城市中，总人口 15145 万人，非农业人口仅 3245 万，显然其中算进了大量纯粹的农民。

正确的统计应排除行政区划的概念，按城市和城镇的建成区统计居住人口，同时要把类似珠江口城镇里的"打工仔""打工妹"，北京城郊的"浙江村""福建村"里长期居住的裁缝、木匠，以及其他实际上已成为城市人口的"农民"计算在内。只有这样，我们才能对城市发展状况有大致准确的认识。但愿统计部门能做做这一工作。

有人做过抽样调查，认为我国城镇人口可按非农业人口的 1.25 倍测算，以此估算当前我国城镇人口比重约 25％。考虑到近几年小城镇发展迅速，"民工潮"高涨，城镇人口比重可能在 26％～28％。

三

我国城市发展长期滞后，城市化落后于工业化，其原因是多方面的。

在传统经济体制下，城市建设的费用均由国家财政承担，居民的粮油副食品补贴、燃料补贴、住房补贴也由财政负担，每增加一个城市人口，国家就要多一份统销粮油，多一份财政支出，因而政府力图控制城市人口以减少开支。视城市为负担是抑制城市扩展的经济动因。

和粮食统购统销政策相对应式，20 世纪 50 年代建立起严格的户粮制度，农业户与非农业户之间形成森严壁垒。中国的二元经济正是通过户粮制度构筑了独特的二元社会结构。这种结构显然阻滞了农业劳动力的转移和城市的发展，并在两类公民之间形成就业、医疗、养老、婚姻等方面的差异和矛盾。

由于城市建设资金匮乏，公用建设长期欠账，交通拥挤、住房紧张、水电供应不足、污染、卫生条件差等"城市病"成了反对城市扩大的口实，西方大城市的治安差、吸毒、贫民窟等弊端更是备受渲染。西方的"逆城市化"被宣传为发达国家的城市化是走了历史的弯路，一些人赞扬起托夫勒《第三次浪潮》中所主张的分散化。所有这些都成了反对城市扩大的理论依据。

更重要的是，长期以来在指导思想上对消灭城乡差别、工农差别作了片面的理解。以为工人种田、农民做工、城里人下乡滚一身泥巴、农村办起工厂电站就可以消灭这两大差别。在这种理论指导下，变农村人口为城市大口必然难以实现。

20 世纪 70 年代末开始的改革开放大大解放了我国的生产力，工业化推动着城市化。但上述束缚城市发展的理论和政策并未完全冲破，人口的压力使市的待业和隐性失业无法消除，发展小城镇成了 80 年代中国经济发展的现实选择。小城镇的繁荣对于发展农村的商品经济，改变农村的经济面貌和农民的意识观念，就地转移大批剩余劳动力起了极其重大的

153

作用。

然而，现实选择不能代替理论选择，在承认小城镇发展的客观必然性和意义的同时，我们不能无视小城镇遍地开花带来的种种问题。

小城镇由于规模小，布局分散，人才缺乏，信息闭塞，分工协作不易，很难形成社会化大生产，很难取得规模效益。小城镇财力有限，许多基础设施无力兴建，规划无序，跨公路而蔓延，很难迈入现代城市的行列。乡镇企业占用大量耕地，居民也单宅独院地占地建房，土地利用率低，致使耕地锐减难以控制。卫生条件、环境污染等问题近几年也日益成为小城镇的大问题。

和自然经济状态的乡村相比，小城镇是现代化的象征，但和发达的城市相比，多数小城镇缺乏凝聚力和效益。作为城市的补充，小城镇在发达国家也都是城市化的一个层次，各国皆有之，问题在于，是不是把遍地开花的小城镇视为中国城市化的终极模式，是不是把发展小城镇作为有中国特色的社会主义的一个组成部分。

笔者认为，从马克思、恩格斯的城市理论出发，借鉴世界各国的城市化进程，我国城市化的最终选择是建立以大中城市和城市群、城市带为主体的城市体系。

关于城市，我们多年来听到最多的是"城市病"，却很少宣传城市的高效益。国外资料表明，原西德 50 万人口以上的城市比 2 万～5 万人的小城市、城镇，人均国民生产总值高 40%；苏联 100 万人口以上的大城市，资金回收率比小城市高 93%。城市规模与经济效益呈正相关关系。从 1991 年《中国统计年鉴》上摘出的下列数据也说明这一点：

表 1 没有 10 万人口以下城市这一栏，一般说来，10 万人口以下的小城市和城镇经济效益比 20 万人口的城市差 1/2～1 倍，比 50 万～100 万人口的城市差 1～3 倍。

正是城市的聚集效益使各类企业往城市依附，正是城市居民的生活水平高于乡村，吸引人口往城市集中。因而城市成为经济、政治和人民精神生活的中心，成为社会前进的主要动力。我国长期以来实现的严格控制大城市规模的策略，与世界城市化的大趋势相左，已经对我国经济发展造成不利的影响。事实上，城市发展的客观趋势限也限不住。莫斯科 1931 年人口 280 万，当时苏共中央通过决议要加以控制，不在莫斯科建新企业。60

年后，莫斯科人口已超过 800 万。我国的情况也将是如此。上海的发展长期受控制，现在要开发浦东，不就是大城市的发展不应受限制的明证吗？

表 1　1990 年 467 座城市的规模与效益

指标	9 座 200 万以上人口的城市	22 座 100 万～200 万人口的城市	28 座 50 万～100 万人口的城市	117 座 20 万～50 万人口的城市	291 座 20 万以下人口的城市
人均国内生产总值（元）	5112	3856	3949	2751	1600
人均国民收入（元）	3733	2934	3125	2239	1384
每百元资金提供利税（元）	15.91	14.60	12.92	10.44	11.23
社会劳动生产率（元/人）	8434	6331	6600	4932	3113

"城市病"提到的不少问题，是城市基础建设投资不足造成的。随着经济的发展，城市积累的增加，部分病态将逐步消除。伦敦的泰晤士河曾污染严重，鱼类绝迹，战后伦敦积累财力，改造了下水道，建了一批污水厂，使河水复清，鱼儿重游。上海发臭的苏州河想来也将如此。

应当承认，鉴于中国当前的国情，小城镇——乡镇企业仍将是我国经济发展的重要方向，它将谱写我国经济的一整个历史阶段。但是，它毕竟只是城市化进程中的一个过渡阶段。为了少走历史弯路，当前我国的城市化可否考虑以下几点：

其一，重新审议特大城市、大城市的发展规划，松动对大城市规模的控制，积极扩展中小城市。

其二，有计划有选择地将部分具备建立城市条件的城镇发展为中心城市，现有的 2000 多个县城作为县域经济中心可列入首选对象。

其三，制定政策将乡镇企业吸附进城市和县城，允许农民进城办厂设店，有偿提供土地等条件。

其四，大型投资项目尽量依托城市而兴建，外资项目也尽量引导向城市及其郊区。

其五，集中力量在具备若干中心城市、商品经济发达、人口密集的地区发展城市群、城市带，以提高整体的聚集效益。

随着改革开放的深入，我国城市化"起飞"的条件逐趋成熟。城市副食品、燃料的价格已全面放开，粮油调价后供应价与市场价已相差无几，住房制度改革正在进行，农民进城已初具经济条件。土地使用制度的改革和土地市场的形成，为筹措城市建设资金开辟了重要源泉，眼下最森严的壁垒要算是户籍制度，但也已经有数以千万计的农民跨过这道壁垒住进城市和县城。笔者认为，在继续发展乡镇企业就地转移劳动力的同时，在适度发展农业的规模经营、发展大农业的专业化生产的同时，应逐步使农民进城合法化、规范化，逐步开辟农村剩余劳动力转移的第三条道路。

开放农民进城的最大顾虑是城市自身现有的就业压力。城市自身还有待业者，企事业单位冗员严重，消化这些劳力已困难重重，放进农民岂非悖理？对此可否这样认识：其一，进城农民的就业层次不同于城市的正式职工，他们主要从事城市居民未必愿意从事的工种和自谋生路的第三产业，对城市居民就业尚未形成太大的竞争；其二，城市经济发展会创造新的就业机会，尤其是第三产业的就业机会。而适度的农民进城对经济繁荣有促进作用，有些农民办的企业和第三产业不仅为自身，而且为城市居民增加了就业场所。珠江三角洲经济的腾飞已经证明了这一点，那里城镇的待业率已降到"伺机就业"的水平，同时又接纳了内地涌来的大量农民工。可以说，如果没有几百万来自内地的"打工仔"和"打工妹"，珠江三角洲的繁荣也难以实现。

人口压力、就业压力的背景是经济不发达。日本的人口密度比我们高，而众所周知，那里正缺乏劳动力，不得不引进大批外籍劳工。相似的情景现在正在珠江三角洲重现。

城市化的进程，一方面有赖于农村经济的发展，农业劳动生产率的提高，另一方面有赖于工业化的进展，有赖于城市经济和第三产业的发展。我国各地区这二者的水平不同，城市化的进展也将不同，劳动力转移的步骤和速度当然要有所差异。深圳街头的招聘广告赫然写上"不限户口"，而内地城市则在出布告，宣传限招农民工和控制流动人口的种种政策。这种差异是正常的，是不同地区经济发展水平的写照。

随着经济周期的波动，农民的进城谋生和反弹复归将并存一个相当长的时期。中国的城市化，即变农村人口为主到城镇人口为主的进程，将是一个艰巨复杂的过程。利益导向和市场导向是这一过程的推动力，但也需要政府对人口和劳动力的流向、流速进行指导，以避免出现社会动荡。

立即打开城乡闸门是不现实的。作为过渡，可否先实行放先富起来的农民进城的试点。即他们在交出耕地、宅地，购买一套城市商品房并同时交纳一定的城市建设配套费后，进城定居，享受城市居民就业、子女升学等待遇，粮油供应之类则可不必考虑。不同规模的城市还可以制定不同的收费标准。进城投资者则给予优惠，提供投资条件。这样做，既有利于数量不多的转移者的稳定，也有利于城市筹集建设资金，实现人民城市人民建。

我国农业户口与非农业户口的界限打破之日，将是城市化进程腾飞之时。这一时刻的到来必须以经济体制改革的深化为条件，必然以商品经济的发展为条件。预计这将有一个从沿海向内地逐步推开的过程。

论中国的城市化进程*

城市化是世界各国走向工业化、现代化过程的必然结果，城市化又起了推动工业化、现代化的作用。改革开放以来，中国的城市化发展迅速，特别是东部沿海地区，城市和城镇的建设进步显著，城镇常住人口也有显著增长。但是，中国的城市化进程仍然落后于经济发展的进程。当今世界的平均城市化水平已接近 50%，与我国现有经济水平相当的国家和地区城市化水平也在 40% 以上，而我国当今的城市化水平只有 32%。城市、城镇发展的落后已经表现为制约我国经济发展的因素，表现为不利于工业效益提高和第三产业成长的因素。为此，必须对我国城市化问题进行深入的剖析，探究加快我国城市步伐的途径。

一、城市化的指标如何界定

在国际上城市化水平是以居住在城市里的人口占总人口的比重来作为城市化的统计指标来衡量的。发达国家的城市化水平均在 70% 以上，中等发达的发展中国家一般在 50% 以上，落后的农业国通常不超过 20%。城市化水平是一个国家和地区经济是否发达的重要标志。

界定城市化指标，首先应当界定"城市"。国际上所说的城市实际上包括城镇。美国将 1 万以上人口的聚居地都称之为城市，有的国家还把这一标准降到 5 千人，联合国的统计则以 2 万人口为界。笔者以为，我国作为人口大国，采取以 2 万人口聚居地作为城市化的统计标准下限是适宜的。按我国原来的口径：2 万～10 万人口为城镇，10 万～20 万人口为小城市，

---

* 原载于《当代经济研究》2000 年第 8 期。

20 万～50 万人口为中等城市，50 万～100 万人口为大城市，100 万人口以上为特大城市，按这种划分标准，大、中城市的标准过低，不符合我国国情，是否可改为：10 万～30 万人口为小城市，30 万～100 万人口为中等城市，100 万人口以上为大城市。特大城市或大都市只能是少数几个人口500 万以上的城市。

我国从 20 世纪 70 年代末开始使用"城市化"这个统计指标，当时统计部门是以居住在城市和城镇的非农业人口占总人口的比重作为城市化的统计数字，按这一口径，1978 年我国的城市化水平为 11.8％。80 年代初，城镇人口的增加和就业范围的扩大，主要由于回城知识青年和城镇居民的重新安置。80 年代中期，随着农村家庭联产承包责任制的落实，农业劳动生产率大大提高，农村剩余劳动力逐渐从土地上游离出来，有的进入城市务工或从事第三产业，更多的聚集在小城镇上兴办乡镇企业。但是，区分农业户和非农业户的户籍管理制度限制了农业劳动力的移动。1985 年初，党中央制定了允许农民自带口粮进入城镇从事非农产业的政策，打开了农民进城的缺口。但是，统计部门仍然按城镇中的非农业人口来统计城镇人口，按此口径，1987 年我国城镇人口的比例还只有 14.5％，而实际上小城镇和大中小城市都已陆续住进了不少自谋职业的农民。由于 80 年代末"民工潮"的崛起，1990 年人口普查，才首次统计城镇实际常住人口，得出我国城市化水平为 24％。但是，异地涌入城市的临时务工人员仍然没有进入统计的范围。

按与国际接轨的概念，城市人口就是居住在城市建成区里的全部人口，既包括有户口的城市居民，也包括从事各类经营的常住人口，还应包括持身份证前来务工并居住下来的临时人口。在我国现有的人口统计中，实际上没有与之相对应的统计指标和统计办法，统计时需要按人口普查的数字再加上对外来人口的估量。据有关部门按与国际接轨的方法估计，当今我国现在的城市化水平约在 32％，但是在统计方法还没有修订之前，谁也拿不出有依据的数字。

二、城市化在实现现代化进程中的作用

城市化是工业化的产物。由于工业的发展出现了企业的聚集效应，即

工业企业聚集在一起，有利于企业之间的分工协作，有利于共同使用给排水、供电和交通通信设施，从而节省投资和费用，同时也有利于建立社会化的住宅、生活、教育、卫生、商业、金融等服务，有利于减少原辅材料的储备，提高资金周转速度。实践证明，相对集中聚集的企业较之遍地开花的分散企业，购销方便，经济效益高。城市和城镇就是在这种工业聚集的驱动下发展起来的。与此同时，人口的集中又导致第一产业的发展，人多的地方好赚钱，第三产业又进一步推动了城市的繁荣，于是城市越来越多，越来越大，从而形成伴随着现代化进程的城市化进程。

遗憾的是，在计划经济体制下，城市的发展在我国长期受到制约，严格限制城市特别是大城市的发展，相当一段时期曾经是我国经济工作的一条政策。这阻挡了农民迁入城市和城镇，而且回乡支农、知识青年"上山下乡"、干部下放等政策还多次将城市人口往农村迁移。在当时城市管理者的眼中，城里人多了，要吃饭、要盖房子、要搞城市基础设施、要办学校、办医院，好像多了一个城市居民，政府就要多花许多钱，殊不知人多了能生产、能消费、能创造财富，政府也能多收税，整个社会经济也因此能得到发展。在经济发展没有成为我党的工作中心之前，积极发展城市的观念是难以形成的。

改革开放以来，经济的崛起推动了城市和城镇的发展。尤其是商品经济和市场经济的思想深入人心后，城里人特有的各类票证逐步取消，其中尤为重要的是20世纪80年代末粮票由南方省份到北方省份渐次取消，从根本上打破了严格的户口藩篱。至此，人口在我国土地上的自由移居才成为可能，80年代末开始的汹涌澎湃的"民工潮"，是我国城市化迈上快车道的重要标志。这以后，我国的城市化进程大大加快，众所周知，90年代是我国工业化进程加速的10年，是第三产业迅速发展的10年，也是城市、城镇面貌大大改变的10年。

在迈向现代化的进程中，城市和城镇是工业和第三产业的载体，实践证明，遍地开花、村村冒烟不是工业发展应有的格局，企业在自身经济利益的驱动下向城市和城镇集聚。改革开放以来，我国几乎每一个大、中、小城市都在发展，最大的城市上海也在黄浦江的对岸建设起浦东新区，第三产业则随着城市的发展和人口的聚集而兴旺起来。

更重要的是，城市和城镇是人类走向文明的象征，城市使人们享受到在过去农村无法体会的现代生活，为广大农村迈向现代化提供了样板。城市还使商品经济得到更充分的发展，使市场经济的构建更容易实现。

三、加快我国城市化进程的对策建议

为加快我国城市化进程，特提出以下对策建议供有关部门参考：

1. 要强化城市规划和城市管理。城市和城镇的发展应当高起点地制定好规划，预留好道路和公共设施，充分考虑到城市、城镇的布局、环境和绿化。规划要有长远眼光，至少二三十年内不会落后。从我国这二十年城市、城镇发展的经验教训中，我们不难体会到"拆了盖、盖了拆"的浪费，也不难体会到杂乱无章、朝向各异的建筑给日后的城市建设带来诸多麻烦。因此，规划是城市化发展的关键，一定要在政府的主导下做好，并通过立法程序大致固定下来，防止一任长官一个主意，弄得面目全非。同时，高起点制订规划不等于贪大求全，各搞一套，各城市、城镇的规划必须服从全国和各省的规划以及区域的规划，全盘考虑，统一实施。

城市和城镇按规划发展，更要严格城市管理。交通、工商、市容、绿化、广告、卫生、三废排放、垃圾处理、殡葬等，都得管起来，这样城市才能成为文明的象征。这里既要有管理的队伍，也要有管理的费用，更要有市民的文明意识的培养。

2. 要制定吸引农民进城的政策。城市和城镇规模要扩大，当然不是靠现有居民人口的自然增长，而是靠人口的移入。因此，城市和城镇都应当广开城门，吸引八方人口进城来。现在每一个城市、城镇的领导都懂得欢迎有学历的高中级人才，都懂得欢迎携带资金前来的投资者，但城市要发展也还要欢迎能自我谋生的个体经营者，欢迎各类能自食其力的劳动力，而这些个体经营者和劳动力绝大多数是进城的农民。

我国的城市和城镇现在已经容纳了约一亿个从农村涌来的劳动力前来就业，这些劳动力已经是部分企业的主要劳动力，路是农民修，楼是农民盖，他们还承揽了城市居民许多不愿承担的重活、脏活，经营了许多与城市居民生活息息相关的服务行业。但是，这些"农民进城"现在基本上还是"候鸟式"的移居。每年春节前后的民工返乡和回城，已成为交通部门不堪重负的难题。我国城市化的发展，应当逐步吸收一部分从农村转移出来的劳动力，提供条件让他们留下来定居，特别是民工中的"精英"，那些已成为熟练劳动力和基层管理人员的优秀者，那些已经能自食其力的个体经营者。各级政府和企业要为民工转变成城市和城镇居民创造条件，欢迎他们由"乡下人"变成"城里人"。

农业、非农业户口界限的彻底消除已经是历史的必然，相信这项改革已经为期不远。事实上，现在进城农民和城市居民一样，住、吃、娱乐、医疗、交通都由市场解决，唯一障碍只剩下子女没户口上不了学。政府必须制定政策让所有的少年儿童都能享受九年制义务教育，不管他们的父母来自何方。教育部门要主动把这个事关我国城市化发展的"皮球"接下来，不应当歧视来自农村的祖国"花朵"。

3. 积极推动农业剩余劳动力的转移。我国原是个农业国，农民占总人口的85％以上，中国奔向现代化的过程，以及中国的城市化过程，实际上是一个农业人口不断减少、非农产业人口不断增加的过程。按世界各国发展的经验，农业人口下降到50％左右，大致与走出贫困、奔向小康相对应；而农业人口下降到30％左右，大致是走向富裕的象征；发达国家的农业人口一般都在10％以下。我国改革开放21年来的发展，已使农业人口降到69％左右，沿海较发达省份农业人口都已降到50％左右。疏导我国农业剩余劳动力转向第二、第三产业，积极发展第二、第三产业容纳这些劳动力，是我国加快城市进程的一项根本性任务。

其实，我国的农业资源十分有限，12.5亿人口只拥有世界耕地面积的7％。大家都守着有限的资源，守着那人均一亩多地，都从事小规模的个体生产，农民收入的提高是十分困难的。农民收入增长乏力，农村市场难以扩展，扩大内需也就难以实现。如果把我国的农业人口降低到50％，估计需要转移出2.4亿农业人口，至少需要1.2亿个劳动岗位来接纳他们。这么多岗位需要投资来带动，需要吸引外商投资，更重要的是引导民间的各种所有制的投资。同时，也需要鼓励农民自己创办个体企业，自身创造就业岗位。也就是说，农业剩余劳动力的转移，从而城市化的实现，要以一定程度的经济发展为前提，要以第二产业和第三产业的发展为前提。同时，还要取决于农民是否愿意离土离乡，而农民外出谋生的观念又取决于商品经济的发展程度。当然，政府的主动引导是实现城市化的一个不可缺少的因素。

一部分农民走出土地，就为留下的农民创造了扩大生产规模的条件，从而也为他们提高收入创造了条件。中国的农业要实现现代化，必须建立在农业经营规模扩大和农业生产专业化的基础上。实质上，工业化的实现，第三产业的发展，农业剩余劳动力的转移，农业生产规模的扩大，农业的产业化和现代化，城市和城镇的发展，城市化的实现，这都是同一个经济发展过程中相辅相成的不同侧面，任何一个方面的滞后都将制约整个社会经济的发展。

4. 妥善处理小城镇与大、中城市发展的关系。从世界各国的城市化经验来看，发展最快的是大、中城市，其次是小城市，最慢的是小城镇。当今世界城市人口的比重中，大城市居多，其他依次是中等城市、小城市和小城镇。

近二三十年，发达国家出现了大城市的分散化现象，被称为"逆城市化"，大城市的污染、喧嚣、吸毒、犯罪及各种被称为"城市病"的现象，使一些中产阶级以上的人群逐渐搬出城市中心区，居住到市郊或卫星城市、城镇去，于是在大城市周围形成了密集的"城市圈"或"城市群"，还沿高速公路形成了"城市带"。在这些城市圈、群、带中，中小城市和小城镇发展迅速。

从中国的国情来看，异地转移出来的民工，大部分奔向大、中城市和沿海经济发达地区。但是，由于大、中城市生活的门槛高，他们多数人很难在大、中城市定居下来，光是购买一套住房就不是他们劳动收入所能承受得了的。因此，要加快城市化进程，大、中城市应当放低门槛，除改革户口制度和子女就学制度外，要以银行长期按揭和小套廉价住宅来留住他们。事实上，能留下来和敢留下来的必然是进城农民中的优秀者。同时，在可能形成城市圈、群、带的交通便捷的小城市和城镇中，定居的门槛相对较低，更应当积极创造条件变"候鸟式"的民工为定居下来的新居民。

中国未来的发展，必然是人口进一步往大、中城市和沿海经济发达地区聚集，内地农村的人口必然要绝对地下降。因此，中国的城市化，应当在经济发达地区，特别是高速公路连接线、铁路车站、大江航运码头的附近地区，促进大、中、小城市和有一定规模的小城镇同时发展，形成人口稠密的城市群、城市圈、城市带。中国农业剩余劳动力的转移主要应转向这些城市群、城市圈、城市带。其中，作为经济中心的大、中城市的发展，应摆在城市化的首要地位上。

对于内地农村，尤其是交通不便的地区，强调小城镇的普遍发展是不明智的，由于就地发展工业十分困难，内地农村城市化发展的重点应当只是现有的小城市和县城。每个县最多选择交通条件较好和有一定基础的一两个镇，作为县城的次中心加以发展，是否可以用形成 2 万人聚集地作为小城镇加以规划发展的起码标准。可以理解，层层领导都想使他的乡镇所在地能成为现代文明的城镇，殊不知这种好心将会造成社会财富的极大浪费。

当前城市发展的突出矛盾是城市建设用地紧缺。严格的土地管理制度已经使城市动弹不得，反而是偏僻的小城镇无用地之忧。其实，这是一个理解上的误区。就人均占用土地而言，城市比小城镇要节约得多，经济得多。因此，对需要发展的城市，应当在严格控制之下适当放宽用地的限制，让它们有发展空间。如果城市和城镇能真正吸纳异地转移出来的农民，如果出去的农民"后顾之忧"能解除，将来大批农村的老屋将拆除，我国耕地面积因此而增加。有人估计，真正走出一个农民，可以腾出近 1 分地。因此，在经济欠发达而交通条件也较差的偏远农村，现在不要过多地鼓励年轻的农民都去盖新房，而要更多地鼓励和引导一部分农民走出去，以免将来农村出现大量无人居住的空房，拆也不是，不拆也不是，到头来免不了是要拆的。

5. 促进城市各项事业的全面发展。城市是人类文明的结晶，文明不仅表现为工业化，不仅表现为商业的繁荣，也表现科技、教育、文化、卫生、城市交通、环境保护、休闲娱乐等各项事业的全面发展，表现为发达国家曾经出现过的"城市病"的消除。因此，城市化不能仅仅理解为城市人口的单纯增长，市长、市政府要把城市发展当作一个系统工程，充分运用市场机制，合理利用土地生财，多渠道筹集城市发展的资金，靠城市自身的力量完善城市的基础设施，增加对各项社会事业的投入。

纵观世界各国的城市化进程，当城市化进入 30% 的水平之后，会有一个从 30% 到 60% 的加速发展过程。估计 21 世纪头 20 年，将是中国城市化的高速发展时期，东部沿海地区城市化的进程还将快于全国。我们要有这方面的思想准备，也要有这方面的政策准备。高瞻远瞩，未雨绸缪，把加快我国城市化步伐，加快农业人口向非农产业转化的步伐，作为 21 世纪初我国经济社会发展的大事来抓。

城市与城市化[*]

一、城 市 化

（一）什么是城市化

"城市化"这个词，是从英语 Urbanization 翻译过来的。城市化指的是人类生活方式、社会结构的一种变化，即随着社会生产力的发展，人口逐渐由农村向城市转移，农业人口逐渐转变成非农业人口，转变为城市、城镇居民，城市和城镇的数量不断增加，城市规模不断扩大，人们的生活方式、居住方式、出行方式不断改善，城市基础设施不断完备，城市文化不断提升，市民的观念不断更新，等等。和"城市"的概念一样，城市化也是一个多方面、多领域的复杂的社会现象，不同学科的学者对其也有不同的诠释，因此，"城市化"和"城市"一样也不好简单地下一个定义，更不能简单地只从人口这个概念上去理解。

城市化可以看成是人类的一种制度创新。城市化对人类进步的推动作用是巨大的，同样数量的劳动力，同样的资本，改变了它们的空间分布，将它们集中起来，在同样的技术下它就能生产出更多的产品来，就能有更大的经济效益。城市好像有一种奇妙的吸引力，把资本和劳动力吸引到这人口日益密集的聚居地来，企业往城市聚集，交通往城市交汇，人流、物流以城市为集散点，大多数人只要能够在农业之外找到谋生手段，就会选择到人群聚集的城市生活，那里有更多的就业机会，有更大的发展前途。真正意义上的城市化是 18 世纪工业革命的产物，英国是城市化的发祥地。

＊ 节选自严正主编《中国城市发展问题报告》，北京：中国发展出版社，2004 年，第一章第二节、第三节。

工业革命使城市由政治中心、军事中心逐渐转变为经济中心。城市政治中心的职能可保留也可不保留，有些国家就出现了政治中心与经济中心的分离，如美国、澳大利亚、巴西，他们的首都就与经济中心分离。城市军事中心的职能基本消失，除保护历史文物的意义外，城墙、城堡已不复存在。由于工业的发展出现了企业的聚集效应，即工业企业聚集在一起，有利于企业之间的分工协作，有利于共同使用给排水、供电和交通通信设施，从而节省投资和费用，有利于建立社会化的住宅、生活、教育、卫生、商业、金融等服务，有利于减少原辅材料的储备，提高资金周转速度。实践证明，相对集中聚集的企业较之遍地开花的分散企业经济效益高。城市和城镇就是在这种工业聚集的利益驱动下发展起来的。与此同时，人口的集中又导致第三产业的发展，人多的地方好赚钱，第三产业又进一步推动了城市的繁荣。于是，生产要素的聚集形成了伴随着工业化进程的城市化进程。

城市和城镇是走向人类文明的象征，城市使人们享受到在过去农村无法体会的现代生活，为广大农村迈向现代化提供了样板。城市还使商品经济得到更充分的发展，使市场经济的构建更容易实现。加快城市化是全面提高人民生活水平和质量的客观要求。城市经济发展一方面为劳动者提供了劳动生产率更高的工作岗位，另一方面也为居民提供了更加丰富多彩的消费产品和服务，因此从两个方面改善着人口的就业和消费面貌。而且还为社会文化的发展提供了更好的基础和更大的空间，为人民精神文化水平的提高创造了更好的条件。人口从农村向城市的转移，还为农业产业化经营和务农收入的提高，为改善农村生活环境创造了条件。城市经济社会的发展，也是法律体系、道德规范、文明程度完善和提高的必要基础。总之，加快城市化进程是全面提高人民生活水平、改善生活方式、提高人口素质的客观要求。城市又是经济发展的载体，我国13亿人口，城市、城镇人口约4.6亿，而城市的国内生产总值、工业产值和社会商品零售额都占到全国的70%以上。泰国首都曼谷市一个城市的经济就占全国经济的38%。即使在最不发达的非洲国家，城市经济也占国民生产总值的60%，城市在国民经济和社会发展中发挥了重要作用。

工业化与城市化的相互推动，是一个不可逆转的进程。工厂在规模利益的驱使下聚集，就业工人的增多，导致城市规模的扩大。与此同时，城市又从工厂的扩大和商业贸易的增加中得到更多的税收，从而又有能力进一步完善城市的基础设施，提高城市的供水、供电、交通运输能力，城市的建设和条件的改善又吸引更多的工业向城市聚集，吸引更多的第三产业进入城市赚钱。因而，工业化和城市化是两个正相关的量，他们相辅相成，在两百多年的时间里，缔造了人类文明的产物——城市化。当今，世界上已经有一半左右的人口居住在城市里，而且大部分居住在大城市里。

图 1 是 1790—1950 年美国城市化率与工业化率的变动曲线，图像表明，两条曲线几乎平行，二者正相关关系十分显著，相关系数达到+0.997。

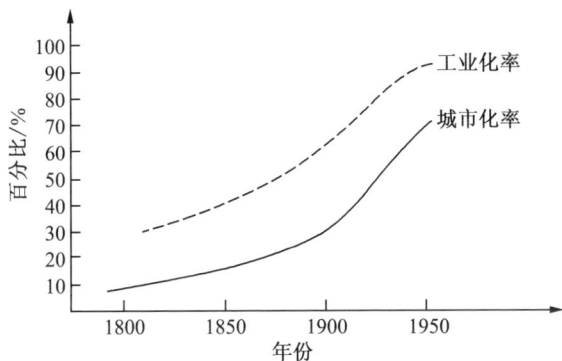

图 1   1790—1950 年美国城市化率与工业化率的变动曲线①

在工业化带动城市化的整个历史阶段，城市化又和一个国家的经济发展水平有着某种联系。研究人员把 1989 年世界上 168 个国家和地区的城市化水平从低到高分组排列，发现各组的城市化水平与各组的人均 GNP 呈现相同的排序，见表 1：

表 1   世界城市化与人均 GNP 的分组比较

城市化水平（%）	5—19	20—29	30—39	40—49	50—59	60—69	70—79	80—89	90 以上
人均 GNP（美元）	372	374	820	1087	3621	6424	9960	8569	10757

---

① 谢文蕙、邓卫：《城市经济学》，北京：清华大学出版社，1996 年，第 35 页。

（二）城市化的度量指标

度量城市化最简便、最常用的指标是"城市化水平"（或称"城市化率"），它指的是一个国家或一个区域内城市人口占总人口的百分比。

由于各个国家对城市人口的界定不一，同在北欧，瑞典 200 人聚居地即可设市，即可计入城市人口；而邻国挪威的设市标准却为 20000 人，造成经济社会状况相近的国家统计出来的城市化水平差异较大，结果瑞典高（88％）、挪威低（同期 62％）。现在世界各国城市化水平指标的统计还未能按联合国建议的 20000 人口聚居地为设市标准来加以统一，我们比较各国指标的时候还要把各国设市标准的差异考虑在内。

另外，计算城市人口，理论上是计算入城市连片建成区居住的人口，实际计算当然不可能准确计算连片建成区到何处为止，一般把城市近郊区、城乡接合部的人口计算为城市人口。因而，郊区怎么计算？线划到哪里？算到近郊区还是算到远郊区？这些都会造成城市化水平的计算差异。

单一使用"城市化水平"指标，实际上不能全面反映城市化的内涵，于是，有的学者主张以用地指标作为补充，即城市用地占国家（区域）总面积的比重；有的学者主张用非农业人口占总人口的比重或非农业劳动力占总劳动力的比重，作为衡量城市化的补充；有的学者主张界定城市时要考察人口密度，即每平方公里密度达到一定水平才能界定为城市。还有的学者主张城市化应当用多项指标来综合衡量，如城市住宅建筑总面积，居民储蓄额，城市财政支出额，工业、商业的从业人数，商品批发、零售总额，甚至电话、小轿车普及率等，以这些指标的平均或一定权数的加权平均来衡量城市化，以期更全面地反映城市化状况，这种思路无疑是合理的，由于指标体系设计不一，权数理解不一，多指标综合衡量反而变得各说其是，无法比较，难以普遍运用。

现在世界各国使用最多的还是城市化水平（城市化率）这个指标，尽管计算口径上依然存在差异。按这个指标，发达国家的城市化率已经超过70％，中等发达国家在 50％左右，不发达国家则在 20％以下。

改革开放之前，我国在城市这个问题上的指导思想是限制，因此统计上就不可能有城市化这个指标。十一届三中全会以后，我国才开始使用"城市化"这个统计指标，当时统计部门是以居住在城市和城镇的非农业人口占总人口的比重作为城市化的统计数字，按这一口径，1978 年我国的城市化水平为 11.8%。20 世纪 80 年代初，城市、城镇人口的增加和就业范围的扩大，主要是由于回城知识青年和下乡城镇居民的重新安置，城市化水平有所提高。80 年代中期，随着农村家庭联产承包责任制的落实，农业劳动生产率大大提高，农村剩余劳动力逐渐从土地上游离出来，有的进入城市务工或从事第三产业，更多的聚集在小城镇上兴办乡镇企业。当时，区分农业户和非农业户的户籍管理制度限制着农业劳动力的流动，还存在着"盲流"这顶帽子。1985 年初，党中央制定了允许农民自带口粮进入城镇从事非农产业的政策，打开了农民进城的缺口。但是统计部门仍然按城镇中的非农业人口来统计城镇人口，按此口径，1987 年我国城镇人口的比例还只有 14.5%，而实际上当时小城镇和大中小城市都已经陆续住进了不少自谋职业的农民。80 年代末取消了粮食统购统销，汹涌澎湃的"民工潮"崛起，1990 年人口普查，才首次统计城镇实际常住人口，得出我国城市化水平为 24%。但是，异地涌入城市临时务工的"民工"仍然没有进入统计的范围。

按与国际接轨的概念，城市人口就是居住在城市建成区里的全部人口，既包括有户口的城市居民，也包括从事各类经营的常住人口，还应包括持身份证前来务工并居住下来的临时人口。我国现有的人口统计办法中，实际上没有与之相对应的统计指标和统计办法，这一块人口怎么也理不清，公安部门按临时暂住登记、劳动部门按就业登记，拿出来的数字差异很大，实际上都不完整。直到第五次人口普查，才按在一个地方居住半年以上的人口为口径来计算当地人口，从而使城市人口有了一个较为准确的数量。现在使用的城市化水平指标，基本上是第五次人口普查的指标：2000 年，全国设市城市 660 多个，建制镇 2 万多个，城镇人口 45594 万人，城镇化水平为 36.09%。

至于连片建成区怎么计算，一般城市都采用城市的区为单位来统计，因而郊区真正意义上的农民统计时也被算进城市居民。农村的镇怎么计算，因为没有镇区（镇所在地连片建成区）人口这项统计指标，因而说城镇人口，实际上也是把整个建制镇的人口都算进去，包括农民。

（三）世界的城市化进程

在人类漫长的发展史中，城市数量少，城市的发展十分缓慢，自给自足的自然经济不可能为城市的发展提供经济基础，甚至不可能提供足够的粮食来养活城市人口。据日内瓦大学教授保罗·贝洛克研究，从公元1000年到公元1500年，整个欧洲2万人以上的城市从43个只发展到107个，平均每8年才诞生一座新城市。13至14世纪，巴黎人口只有5.9万人，伦敦人口只有3.5万人。公元1000年至1700年，欧洲的城市化率平均每280年才提高1个百分点。

世界城市的迅速崛起只是工业革命以后的事，伴随着工业化进程，大规模的城市化才迅速发展起来。1800年世界城市化水平还只有3%，1900年也仅有14%，到1990年城市化水平已达45%，世界范围内的城市化增长势头必将持续到21世纪。

城市化进展最早的国家是工业革命的起源地英国，剖析世界的城市化进程，应当从英国开始。

1. 英国的城市化进程

18世纪早期，英国城市人口约占总人口的20%～25%，1801年为33%，而到1851年时，英国已有580多座城镇，城镇人口占总人口的54%，基本上实现了城市化并成为世界上第一个城市化国家。英国城市化是以轻工业的发展为先导，最早是棉、毛纺织业，继而才是能源、工矿、冶金、交通等工业跟进。交通运输业的发展使一些铁路枢纽和港口迅速发展成城市。英国城市化的人口来源主要依赖于外地移民。爱尔兰饥饿的破产农民涌向城市，成为英国城市发展的推动力。研究者们还发现，英国农村人口总是先向附近的中小城镇迁移，然后同这些中小城镇的居民一起，再向就近的大城市迁移。这种人口流动模式可称之为"梯级移民"，英国南部移民最后以伦敦为目标，中部地区则以伯明翰、曼彻斯特为聚焦点，苏格兰移民走向格拉斯哥，威尔士则走向卡迪夫。最终，上述大城市成了农民转移的最后归宿。

2. 美国的城市化进程

1860—1920年是美国向城市化社会转变的关键时期，也是其历史上前所未有的移民高峰期。期间，美国城市人口在总人口中的比重由19.8%跃至51.2%，使美国成为以城市人口为主的国家。

　　美国城市化过程同样是农业人口大量进入城市的过程，1800 年农业人口占 93.9％，1875 年美国农业人口仍占 74.3％，第二次世界大战后已降到 10％以下。在美国城市发展进程中，铁路建设起了重要的作用，横跨太平洋、大西洋两岸的多条铁路促进了一批铁路枢纽城市的诞生。在美国的城市化进程中，农业机械化发展迅速，生产率迅速提高，为大批农业劳动力向城镇转移创造了条件。1820 年，美国一个农民所生产的产品仅供 4 个人消费，到了 1972 年，供养人数高达 52 人，如今已超过 90 人。

　　在美国城市化历史上，入境的外来移民起了重要作用。据统计，1860—1920 年，外来移民达 2895 万，主要来自欧洲，而且 73.3％的移民选择在 2500 人口以上的城市中生活。1890 年，纽约 250.74 万人口中，外来移民占 81％；芝加哥 109.88 万人口中，外来移民占 78％。旧金山 29.89 万人口中，外来移民也占 78％。外来移民涌入城市无疑加速了美国的城市化进程。

　　3. 日本的城市化进程

　　与英国、美国不同，日本的城市化是在 20 世纪 50 年代才进入高速发展期。1950—1957 年城市化水平从 37％上升到 76％，年均增长 1.5 个百分点。1956—1973 年是日本工业发展的黄金时期，这 18 年中工业生产增长 8.6 倍，平均每年增长 13.6％，农业劳动力平均转移量达到创纪录的水平，每年转移 42.9 万，1976 年日本城市化率达到 76％，此后则进入缓慢发展阶段，1996 年日本城市化水平为 78％，仅比 1976 年前高出 2 个百分点。

　　日本城市化的特点是高度集中的城市化模式，1998 年东京、大阪、名古屋三大都市圈人口占全国人口的 46.8％。其中东京都市圈就占了 25％。集中性还表现在城市国土空间分布上的高度集中。日本的十大城市集中分布在太平洋沿岸工业地带，其中七个分布在从东京到大阪的东海道都市带内。日本城市化还存在农业人口过度进入城市，造成农村人口稀疏、产业衰退、社会设施奇缺、文化水平落后、农业用地面积减少。1993 年日本粮食的 77％靠进口。

　　4. 苏联的城市化进程

　　1917 年十月革命时，苏联城市人口只占 18％。1926 年内战结束后，苏联城市化随着工业化的发展而稳步推进，1985 年城市人口已达到 65%，其中俄罗斯达到 73%。据 1926 年和 1959 年的两次人口普查，从农村进入城市的人口总数为 5610 万人，是全国城市人口总数的 80.8%。

苏联城市化的特点是没有出现失业现象，反而出现了劳动力严重不足问题，人口自然增长率一直较低，这完全区别于其他发展中国家。由于苏联不断进行大规模的城市基础设施建设和住宅建设，来自农村的人口在城市都得到了较好的安置，享受与城市居民同样的待遇，因此，没有出现西方国家的贫民窟现象和其他社会问题。

大城市人口增长快于中小城市人口增长也是苏联城市化的特点，苏联的大城市，尤其是百万人口以上的特大城市发展速度迅速。根据 1979 年的人口普查，20.3% 的城市人口生活在特大市。从农村转移出来的人口大多进入了大城市。在 1926 年至 1969 年之间，苏联 50 万人以上的大城市人口增长了 8 倍，10 万～50 万人的城市人口增长了 5.5 倍，而 5000 人以下的城镇的居民只增加了 2 倍。

5. 发展中国家的城市化

在发达国家城市化走过高速发展阶段并相对停滞后，发展中国家包括中国在内正迎来城市化的高速成长期。在不同国家、不同地区，发展中国家的城市化呈现不同的趋势，有的国家城市化超前发展，有的国家城市化相对滞后。

拉丁美洲国家的城市化相对超前，城市化的速度大大超过工业化的速度，城市化主要是依靠传统的第三产业来推动，甚至是无工业化的城市化。大量农村人口涌入少数大中城市，城市人口过度增长，城市建设的步伐赶不上人口城市化速度，城市不能为居民提供就业机会和必要的生活条件，农村人口迁移之后没有实现相应的职业转换，造成严重的"城市病"。过度城市化形成的主要原因是二元经济结构下形成的农村推力和城市拉力的不平衡，农民涌进城市，而政府又没有采取必要的宏观调控措施。相当数量的发展中国家基本上是这种城市化模式。如墨西哥的工业化与经济发展水平远远不如发达国家，但 1993 年其城市化水平已 74%，明显高于同期瑞士的 60%、奥地利的 55%、芬兰的 62% 和意大利的 67%，墨西哥近 1 亿人口五分之一住在首都墨西哥城，阿根廷 3700 万人口，三分之一住在首都布宜诺斯艾利斯。

亚洲、非洲一些国家城市化则相对滞后，例如中国和印度，工业化已经有了一定程度的发展，大都市也迅速成长，但总的城市化率低于工业化率，农民的非农化更多是在农村就地完成，农民进城安家落户的速率较低，城市发展落后于工业化的发展。部分非洲国家工业化尚未起步，城市化也尚未起步，基本上还是传统的农业社会。

二、世界城市化的一般规律

纵观世界上发达国家和中等发达国家走过的城市化道路，尽管各个国家有其不同的历史特色，但也是可以找到一些共同的规律性的东西，这些共同的规律对我国的城市化无疑具有重要的借鉴价值。

（一）城市化发展的 S 型曲线

1975 年，美国城市地理学家诺瑟姆（Ray. M. Northam）提出了城市化过程曲线，见图 2：

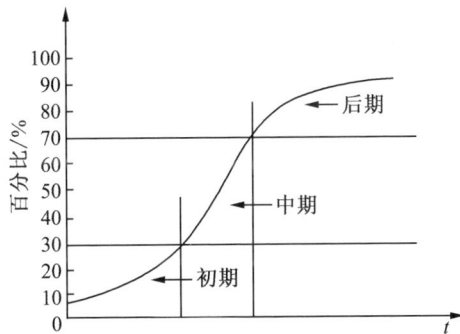

图 2　城市化发展的诺瑟姆 S 型曲线

曲线表明，城市化的初期阶段，城市化水平低，发展缓慢；到了中期阶段，城市化加速；到了后期阶段，城市化又缓慢发展。整个曲线像条被左右拉平的 S 型曲线。

诺瑟姆的 S 型曲线并不是从数学模型或其他理论推导的方法得出的，而是观察、分析世界各国的城市化过程得出的经验曲线。世界各国的城市化过程的现实曲线是诺瑟姆的 S 型曲线形成的基础，见图 3：

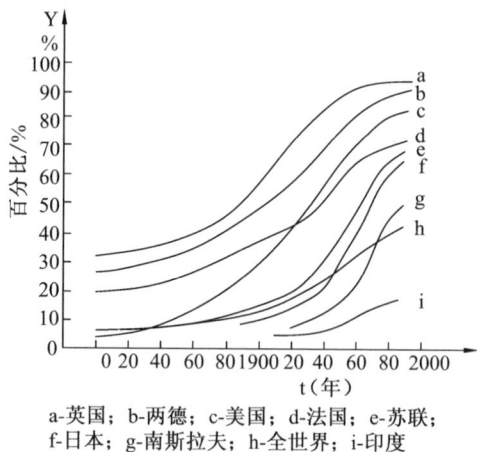

a-英国；b-两德；c-美国；d-法国；e-苏联；
f-日本；g-南斯拉夫；h-全世界；i-印度

图3 全世界及部分国家城市化发展曲线的比较①

对诺瑟姆的 S 型曲线，人们做了许多理论解释。一般认为，城市化的初期阶段，农业在国民经济中还占据较大比重，农业劳动力在总劳动力中也占据较大比重，农业生产率比较低下，能提供的商品粮有限，社会的资金积累也有限，科学技术水平低下，因此加工工业的发展受到很大限制，工业化也处在初级阶段，推动城市发展的动力不足，所以城市发展缓慢。在城市化初级阶段，英国的城市化水平年平均增长 0.16%，法国年平均增长 0.20%，美国年平均增长 0.24%，苏联年平均增长 0.30%。

进入城市化中期阶段，农业劳动生产率提高，大量农业剩余劳动力离开土地，工业化进入起飞阶段，初期工业化往往发展劳动密集型的生活消费品生产，大量劳动力进入城镇、城市，特别是进入大城市，进入工厂就业，进入城市的各类服务业，促使城市化进入高速成长期。这一时期，也往往是社会震荡比较大的时期，城市贫困、贫民窟、犯罪是这一时期的社会问题。在城市化中期阶段，英国城市化水平的年平均增长率为 0.30%，法国和西德都是 0.35%，美国为 0.52%，苏联高达 0.83%。

到了城市化后期阶段，工业已由劳动密集型过渡到资本密集型和技术密集型，资本有机构成提高，对劳动力的需求相对甚至绝对减少，原来进入工业的一部分劳动力逐渐向第三产业转移。农业基本实现现代化，农业

① 谢文蕙、邓卫：《城市经济学》，北京：清华大学出版社，1996 年，第 47 页。

剩余劳动力转移也已经大致完成，没有更多的劳动力可以进入城市，城市化从而进入缓慢发展和注重提高城市质量的时期。如英国后期的城市化年平均增长率降为0.20%，美国1960—1970年年平均增长0.40%，1970—1980年年平均增长只有0.01%。近些年，美国一些城市的发展往往源自另一些城市的衰退，此消彼长，争夺人口成了城市发展的"保卫战"，人口减少、人口外流成了市长不好向议会交代的难题。

我国当今城市化水平在37%左右，正处在诺瑟姆S型曲线的中期阶段之初，即刚进入高速成长阶段不久。21世纪前50年，将是我国城市化的高速成长阶段，农业剩余劳动力将大量转移，劳动密集型加工工业将快速发展，中国将成为世界的制造业大国。我国城市、城镇现在都在快速扩张，到处是脚手架，到处是工地。发达国家高速城市化阶段曾经有过的经验教训很值得我们参考。

（二）世界城市化呈加速趋势

自工业革命以来，世界城市化呈不断加速之势。1800年，世界城市人口为5000万人，占世界总人口的5.1%。整个19世纪，世界总人口增长了70%，而城市人口增长了340%，城市化水平提高到13.3%。20世纪前50年，世界总人口增长了52%，城市人口增长了230%，城市化水平提高到29%。20世纪50—90年代，世界总人口增长了109%，城市人口增长了208%，城市化水平提高到42.6%。总的来看，19世纪以来，城市化越来越快。详见表2：

表2　19世纪以来世界人口发展状况①

年份	总人口（百万）	城市人口（百万）	城市化水平（%）
1800	978	50	5.1
1825	1100	60	5.4
1850	1262	80	6.3
1875	1420	125	8.8
1900	1650	220	13.3
1925	1950	400	20.5

---

① 邹德慈主编：《城市规划导论》，北京：中国建筑工业出版社，2002年，第14—15页。

续表

年份	总人口（百万）	城市人口（百万）	城市化水平（%）
1950	2501	724	29.0
1960	2986	1012	33.9
1970	3693	1371	37.1
1975	4076	1564	38.4
1980	4450	1764	39.0
1985	4837	1983	41.0
1990	5246	2234	42.6

近半个世纪，发达国家的城市化相继步入城市化后期，城市化速度放缓，19世纪80年代之后，大部分发达国家的城市化进程基本停滞。而发展中国家多数50年代才刚刚进入城市化起步期，有的刚跨入城市化中期的快速发展阶段，因此城市化的主流逐渐从发达国家转移到发展中国家。正因为世界上数量更多、人口更多并处在经济发展不同阶段的发展中国家，相继通过城市化的高速发展阶段，所以尽管发达国家的城市化已经放缓，整个世界还仍然处在城市化的快速增长期。1925年，发展中国家城市化水平仅9.3%，占全世界城市人口的28.8%，20世纪90年代中期它们的城市化水平已提高到37%，占全世界城市人口的60%。总的来看，拉丁美洲国家和一批中等发达国家在前，中国、印度等国家居中，后面还有非洲国家等欠发达发展中国家，它们将相继走过城市化过程。因此，预计全球的城市化高潮将持续整个21世纪。

当今，全世界城市数量增长最快的是发展中国家，大城市乃至特大城市增长最快的也都在发展中国家。就城市人口规模而言，墨西哥城、圣保罗、上海已经取代了纽约、东京、伦敦的地位，还有一大批巨型城市在不断涌现。全世界27座800万以上人口的巨型城市，有19个分布在发展中国家，它们是：墨西哥城、孟买、圣保罗、拉各斯、加尔各答、上海、布宜诺斯艾利斯、达卡、卡拉奇、新德里、雅加达、马尼拉、北京、里约热内卢、开罗、伊斯坦布尔、天津、首尔、广州，其他7个分布在发达国家：东京、纽约、洛杉矶、大阪、巴黎、莫斯科、伦敦。发达国家的一些大城市正表现出人口增长停滞或减少的迹象，而发展中国家的大城市的人口集聚还在不断发展，特别是亚洲地区正涌现出越来越多的巨型城市。到21世纪末，相信世界城市的分布、格局和超大城市排行表都会发生重大的变化。

（三）大城市优先增长

在世界城市化的进程中，发展最快的是大城市，其次是中小城市，最慢的是小城镇。20 世纪 50 年代以来这一趋势表现得越来越明显。1950 年 10 万人口以上城市在世界城市总人口中所占的比重为 56.34％，1960 年为 59.01％，1970 年为 61.51％，1975 年为 62.25％。10 万人口以下的小城市和城镇，在世界城市人口中所占的比例不断下降。

另一方面，大城市人口的增长快于小城市。据统计，1900 年至 1980 年，50 万以下的城市人口只增长了 5 倍，50 万～100 万人口的城市人口增长了 6 倍，100 万～250 万人口的城市人口增长了 19 倍，250 万～500 万人口的城市人口增长了 16 倍，500 万～1000 万人口的城市人口增长了 20 倍。1900 年世界上还没有 1000 万以上人口的超级城市，1980 年居住在千万人以上超级城市的人口已经占世界城市人口的 4.2％。可见，大城市人口膨胀比中小城市更为迅猛，其变化速率参见图 4：

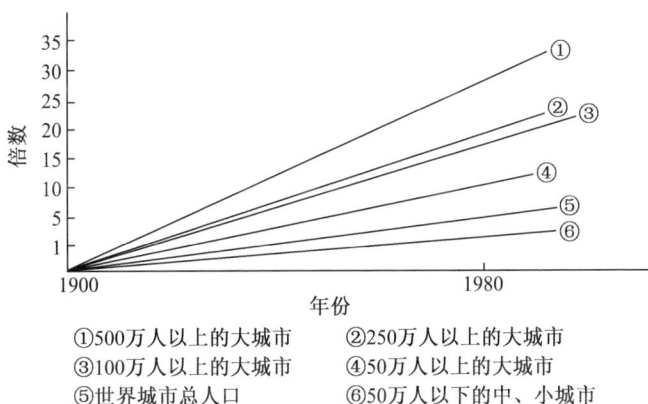

①500万人以上的大城市　　②250万人以上的大城市
③100万人以上的大城市　　④50万人以上的大城市
⑤世界城市总人口　　　　　⑥50万人以下的中、小城市

图 4　世界大中小城市增长速率图①

20 世纪大城市优先增长显然是经济因素促成的。城市大了，它的聚集效应和规模效益更大，对资本、技术、人才和劳动力的吸引力也更大，更容易把生产要素吸引到大城市里来；城市大了，城市经营的余地更大，更

---

① 谢文蕙、邓卫：《城市经济学》，北京：清华大学出版社，1996 年，第 62 页。

容易实现土地生财，企业多了，更容易汇聚税收，壮大市级财政，更容易把城市建设得更完美；城市大了，更容易调整城市的经济结构，强化城市内的分工体系，许多在中小城市不可能建立起来的专业机构、中介机构在大城市更能生存，从而更能提供全面的服务；城市大了，消费也多了，市场发育也更完善，市面也更繁荣；城市大了，就业机会也更多，因而更能吸引新人口流入城市。总之，大城市的优先增长是市场机制造成的，并非各国政府的刻意所为。世界城市化的这一事实是值得我国城市化借鉴的。

由于我国长期执行限制大城市发展的政策，改革开放后乡镇企业异军突起，推动了小城镇蓬勃发展，以致一些中国学者认为中国特色的城市化应当是以小城镇发展为主的城市化。

（四）"城市病"

城市发展也有它的负面效应，在世界城市高速发展的同时，不能忽视由此引起的一系列城市问题。随着城市化进程的加快、城市人口的急剧增加、资源危机、环境恶化、吸毒、犯罪，城市发展带来的负面影响应日益引起人们的关注，人们把这些负面影响统称为"城市病"。

"城市病"包括以下一些问题：

1. 城市大气的污染

随着人口在城市的高密度聚集，特别是工业的高度聚集，工厂的烟囱和各种排放物造成城市环境的污染，汽车的尾气和居民做饭取暖的排放更加剧了城市空气的污染。伦敦的"雾都"曾是城市空气污染的典型。"雾"其实是粉尘排放造成空气中水分以粉尘为核心凝聚的结果。过去，伦敦的雾天，每年可高达七八十次，平均5天之中就有一个"雾日"，一些又浓又浊的烟雾，外加一种又脏又臭的气体直入肺腑，使得全伦敦患粘膜炎、哮喘、肺结核的人比全世界患这些病的总人数还要多。1952年12月4日起，伦敦持续浓雾弥漫，工厂和住户排放出的烟尘和气体大量在低空聚积，整个城市为浓雾所笼罩，陷入一片灰暗之中。大雾一直持续到12月10日方才散去，这期间，飞机停航，火车、汽车只能缓慢行驶，多家店铺白天都开着灯，几天时间伦敦有4700多人因呼吸道疾病而死亡，雾散以后又有8000多人死于非命。这就是震惊世界的"雾都劫难"。如今，伦敦的"雾"已经在相当程度上得到治理，伦敦基本上已经重见蓝天，这是伦敦环保治理的一项成果。

我国城市的空气污染现在尚未解决，已经引起各方面的重视，中央电视台每天都发布全国各个城市的空气质量指数，大家也看到，一些工业城市的空气质量并不理想，有一批中度污染甚至重度污染的城市，需要进一步治理。

"热岛效应"也是城市大气的一个问题，建筑物密集，绿化面积少，夏天城市热气就难以散发，再加上空调的广泛使用，大家都把清凉留给自己，把热气排到室外，致使城市气温比郊外要高出 3～4 度。

2. 水资源短缺与水污染

城市人多，缺水可不行，世界各国城市的水资源状况各异，缺水的城市发展必然受到制约。中国是世界上 13 个贫水国家之一，人均水资源拥有量 2300 吨，为全球人均拥有量的四分之一，北方城市贫水状况更为严峻。例如，上海人均水资源拥有量为 760 立方米，已经被认为是世界上严重缺水的城市之一，而北京仅为 300 立方米，缺水更为严重。一些地区，干旱时水龙头打不出水来，饮用水都发生困难。中国北方的干旱问题要靠"南水北调"来解决。南方雨量大，就每个城市上游集水区的降水量而言，淡水资源足够，问题是大量的水都汇入河流流向大海。解决南方城市用水主要是建设有年调节能力的水库，把水留到旱季使用。

水污染也是城市发展中的一个问题。大量未经处理的城市污水直接排放，很容易造成市水环境的严重恶化。城市的内河、内湖，很容易变成臭水河、臭水湖，夏天散发出臭味，严重恶化了周围居民的生活环境。伦敦的泰晤士河一度也曾经严重污染，河水发黑，河里的鱼虾绝迹，治理泰晤士河是一项大工程，要建设沿岸的下水道，雨污分离，将城市污水收集到沿河下水道来，再引到下游的污水处理厂，处理达标后排放。经过多年治理，现在泰晤士河的水又清了，鱼虾又可以漫游了。我国城市污水排入总量大约为 400 亿立方米，年集中处理率大约只有 15％，已有大批城市的水源水质遭受了不同程度的污染，下游城市则因为供水河流遭到上游污染使市水质下降。解决水污染问题要花巨额经费来建设下水道和污水处理厂，这在我国还要有相当长的一个过程。

3. 噪声污染

乡村是宁静的，而城市就有诸多喧闹：车辆行驶的噪音，工厂机器的轰鸣，建筑工地的施工，还有电视、音响、人群嘈杂、各种喇叭和扩音器的交集。噪音不利于人的生活，噪声污染会使人不适、听觉失灵，还会导致身体和智力退化，导致高血压、心脏病、记忆力衰退等多种疾病的发病率上升。现代城市都把噪音控制作为一项治理的使命，如市区机动车禁鸣喇叭、工地夜间施工予以限制、高速公路两旁建隔音屏等。早先城市居民愿意临街居住、临街盖房，现在是越靠着车流繁忙大马路的房子越没人要、越不值钱。

4. 垃圾污染

生活垃圾和工业固体废弃物是城市治理的一项难题，垃圾满地是谁都无法接受的现象，解决垃圾污染有垃圾收集、垃圾分类、垃圾处理等问题。垃圾收集需要一定数量的清洁人员和经费，现在普遍使用垃圾桶和垃圾汽车。由于垃圾中有许多可再生利用的东西，垃圾中也蕴藏着资源和财富，所以垃圾需要分拣分类，培育居民的分类投放习惯需要有提高居民素质的长期努力。过去城市垃圾绝大部分是露天堆放。这不仅影响城市景观，同时污染了与我们生命至关重要的大气、水和土壤，对城镇居民的健康构成威胁，最后是"垃圾围城"，无法收拾。现在逐渐推广垃圾填埋、垃圾焚烧、垃圾发电等。但填埋也有地下渗透污染水源的问题，焚烧也有释放"二噁英"等有毒气体的问题，造成二次污染。发达国家垃圾处理走过的路子值得我们借鉴。

我国城市化发展迅速，垃圾问题日益困扰。现在有一大半城市垃圾还采取露天堆放，垃圾围城已成为这些城市的棘手问题。据估计，我国"城市垃圾"年产量近1.5亿吨，处理一吨垃圾要上百元经费，建一座大型垃圾焚烧厂就得花20多亿元，解决垃圾污染还是城市化中的一个大难题。

5. 社会治安问题

城市化推进带来的人口流动和集中，必然会引起社会关系的重新组合和生活方式的变革，与此相应，必然会产生个人与个人、个人与社会之间的矛盾和冲突。犯罪分子作案的形式、手段、规律变化得更快且更复杂，抢劫案、盗窃案、谋杀案的发案率日益增长，在一些发达国家大城市，富人们都搬到郊区去了，晚上的城市变成一座死城，毫无人气和生机，更造成了城市犯罪问题的增加。

城市是社会犯罪最为集中的地方。城市犯罪中青少年犯罪尤为突出，如何教育和疏导青少年成为世界各国关注的问题。吸毒则是近代社会的毒瘤，毒品贩卖是国际警方共同缉拿的罪犯。抢劫、绑架、盗窃、强奸则使城市普通居民失去安全感，增加警力又需要社会付出巨大的治安成本。黑社会组织更是城市犯罪中最为顽固的势力，它们组织结构比较紧密，人数较多，有比较明确的组织者、领导者，通常还拥有某些公司、企业，有一定的经济实力，通过违法犯罪活动或暴力、威胁、滋扰等手段，大肆进行敲诈勒索、欺行霸市、聚众斗殴、故意伤害等违法犯罪活动，牟取经济利益，严重破坏社会生活秩序。黑社会往往还通过贿赂、威胁等手段，引诱、逼迫政府官员参加黑社会性质组织活动，或者为其提供非法保护。随着社会的进步，新的犯罪如网络犯罪等也不断滋生出来。

我国在取得改革开放和社会主义市场经济建设伟大成就的同时，城市犯罪率也明显上升，流动人口犯罪率高是当前城市犯罪的特有现象。把城市犯罪率上升归咎于改革开放和市场经济是错误的，但二者之间的关联也不容否认。世界各国城市化进程中社会治安治理走过的道路，对我们有一定的借鉴价值。

6. 交通拥堵

城市道路建设总是赶不上人口的增加和车辆的增长，在城市化高速成长阶段，几乎世界各国都出现过堵车。中心城区人口的过度密集，城区土地的过度开发，地铁、轻轨和公共汽车系统严重滞后、道路资源的低效率配置，是发展中国家城市交通拥堵的普遍原因。停车难更是个世界级难题，原先建设的城市并没有留下足够的停车位，致使开车进城无处停泊。日本东京等几个大城市小轿车已经变成周末车，平时开出去既堵车又无处停车，只有周末往郊外休闲时才能派上用场。立交桥、高架路、划分单行道等固然是解决堵车的好办法，但更重要的还是发展地铁、轻轨等高速公共交通设施，而建设这些设施又需要巨额投资。城市交通拥堵给城市居民带来不便，上班族通勤和居民出行都成为烦恼的问题。

"城市病"的上述病态是伴随城市化的快速发展而产生的。21世纪城市将成为经济社会进步的主战场，全世界城市人口将超过70%。大批人口涌向城市，由此而产生的问题包括住房和基础服务设施短缺，失业和就业不充分，民族关系紧张和冲突，财产浪费，犯罪和社会分裂严重恶化等。巨大城市和城市带的出现更造成土地恶化，交通拥堵，以及空气、水和土地污染。所有发达国家出现过的城市病现在几乎都在发展中国家重演。

（五）城市郊区化与逆城市化

"城市病"使人们不愿意住在城市中心区，20世纪后半叶，发达国家几乎无一例外地出现大城市的郊区化，首先是中产阶级以上的富裕人群逐渐搬出城市中心区，居住到市郊或卫星城市、城镇去。接着一些工业企业也由于原来城市中心区办厂条件的恶化，从中心区外迁到郊区，随之，商业、服务业也跟着工厂和居民向郊区扩散，这就是所谓的"城市郊区化"（suburbanization）现象。城市郊区化并不意味着大城市的衰落，因为城市的建成区仍在扩张，只是扩张的方式以分散化或低密度蔓延为特点。住在郊区的人几乎都拥有小轿车，进出市中心十分方便，因而它们一方面可以享受郊区的宁静和新鲜空气，另一方面也照样享受城市的文明。

"逆城市化"（counterurbanization）的概念是美国城市规划师贝利首先提出来的。其主要内涵指的也是中心城市的衰退、城市郊区化、大城市分解为众多中小卫星城等。随着人们对环境质量要求的提高，随着交通和通信技术的高度发达，随着小轿车普遍进入家庭，从而使得城市化水平高的国家大城市中心区吸引力不断下降，导致经济活动和人口持续不断地由城市中心向外围扩散，由大城市向大城市周边的中小城市扩散。值得注意的是，大城市郊区化和所谓的"逆城市化"，并不意味着城市化水平的下降，并不意味着从城市回到原来意义的乡村去，它只是城市化采取了分散扩张形式，导致城市化新格局的出现，推动城市化更广泛地传播，因此并不影响城市化的水平。所以，未来世界的城市化将由集中走向分散，由单个城市走向簇群城市，走向城市圈、城市群。典型的如美国第二大城市洛杉矶，市中心只有300多万人口，而周边1万平方公里范围内却有80多个中小城市，构成大洛杉矶，总人口近1000万。城市虽然分散了，但城市作为集中居住和社会经济活动中心的作用没有下降。

（六）城市形态的变迁

随着城市郊区化，世界城市的形态发生了很大的变化。单个城市"摊大饼"式的发展不再时兴。在美国，原来高楼林立的城市中心被称作"down town"，那里高楼林立，大公司、大银行云集。在市中心周围是原来的老工厂区，这些老工厂大都已经废弃，有的城市已经对旧工厂进行了改造，把厂房拆除，更新为市中心的扩大部分，有的城市还大片保留着这些昔日工业的痕迹。在旧工业区之外，则是大片大片的住宅区，通常为两层单栋住宅或连体住宅，每户住宅前后都有小草坪、小花园，住宅区偶尔才能看到一些高层建筑。西方国家每一个大城市外围的住宅区都比原来的城市中心区面积大上好几倍，因此，同样一个百万人口的城市，西方城市要比我国城市占地大了好几倍。同时，在发达国家的大城市周围，还在地铁延伸出去的地面铁路线（通常还属于地铁线路）站台外，在城市延伸出来的汽车快车道两旁，形成密集的卫星城市和小城镇，组成了"城市圈"或"城市群"。此外，往往还沿高速公路在各个互通口旁形成了小城市组成的串葡萄状的"城市带"。在这些城市圈、群、带中，中小城市和小城镇发展迅速。

发达国家城市郊区化现象对我国城市化有参考价值，虽然我国还没有达到发达国家出现"逆城市化"的那个水平。北京是一座典型的"摊大饼"式的城市，从二环摊到四环，现在五环线已经完工。今后北京的发展，是否应走向郊县，走向各条高速公路的互通口，特别是走向天津。分散化对于中国城市化说来是未来的趋势，但现在就应当未雨绸缪。同时，中国毕竟有自己的国情，由于土地紧缺，中国城市发展受土地制约，不可能像西方国家那样每户一栋两层住宅，多层公寓将长期是中国城市居民的主要住宅形式。中国人拥有家庭轿车的还不多，通往郊外的轨道交通也不够发达，当前城市分散化的动力尚嫌不足。可以说，小轿车进家庭的步伐是城市分散的一项参照指标。

高速公路网、铁路网、港口和信息高速公路为骨干的快速通道网，对城市经济的发展、城市体系内各城市之间的相互联系和相互作用起着越来越重要的作用。在高速公路的交汇点，形成新兴的工业城市，其经济的增长远远超过其他地区的发展速度。高速公路两侧还有利于高新技术产业带的形成。发达国家的城镇体系随着快速通道网的建设和发展，逐步由市中心的蛛网系统，向联系各个经济重心间的通道网发展转化，形成全国范围内以大中城市为节点的经济网络，并在城市、城镇最密集的地区形成了以若干都市为核心的"都市带"。

世界上第一个都市带是20世纪二三十年代美国东北部形成的纽约都市带，包括波士顿、纽约、费城、巴尔的摩、华盛顿等40个大小城市。都市带长965公里，宽160公里，占美国面积的1.5%。人口约7000万，占美国总人口的四分之一。这里是美国最大的商业贸易中心、金融中心和重要的加工制造业中心。20 世纪世界相继形成的大都市带还有：美加五大湖大都市带，即由美国的芝加哥、底特律、克利夫兰、匹兹堡，加拿大的多伦多、蒙特利尔为核心的北美制造业密集带；日本以东京、横滨、名古屋、京都、大阪、神户为核心的占日本全国总人口 60％的大东京都市带；欧盟中以法国巴黎、里尔，比利时布鲁塞尔、安特卫普，荷兰阿姆斯特丹、鹿特丹、海牙，德国科隆、埃森、法兰克福等 40 多座城市组成的大巴黎都市带；英国以伦敦、伯明翰、谢菲尔德、利物浦、曼彻斯特等城市组成的大伦敦都市带。上述五大都市带人口 3 亿多，在世界经济中举足轻重。近半个世纪，发达国家人口和生产力向都市带集中的趋势日益显著，都市带已成为先进生产力的载体。

发达国家走过的城市化进程以及近半个世纪的大城市郊区化、城市群、都市带现象，是我国城市化值得注意的借鉴。实际上，中国改革开放以来城市化的迅速发展也在推动着都市带的发展。目前，上海、南京、杭州、宁波、苏州、无锡等大城市为核心的长江三角洲都市带，人口已经超过 7200 万，是我国制造业最为集中的地区。长江三角洲 GDP 约占全国 GDP 总量的 20％。与上述世界五大都市带并提，长江三角洲都市带常被称为世界六大都市带之一。此外，还有以广州、深圳、佛山、珠海、香港为核心的珠江三角洲都市带，以北京、天津、唐山、保定、石家庄为核心的京津冀都市带，也是人口四五千万的世界级都市带。在上述三大都市带里，不仅几个大都市有较强的凝聚力，而且在这些城市之间还有大量发达的中小城市和小城镇，便捷的交通使这些中小城市和城镇也都置身于都市带的分工协作之中，置身于都市带的社会化大生产之中。我国三大都市带是我国生产力发展最为迅速的地区，它们已经在全国经济中占据半壁江山。今后，中国经济将越来越向这三大都市带进行集约，三大都市带将成长为对亚太经济乃至世界经济具有巨大影响力的地区。

此外，我国还有一批正在形成的小都市带：如辽宁中南部的沈阳—大连、山东半岛的济南—青岛、福建沿海的福州—厦门、长江中游的武汉—长沙、四川盆地的重庆—成都、东北的哈尔滨—长春、中原的郑州—洛阳—开封等。

法国地理学家简·戈特曼 20 世纪 50 年代就提出，都市圈或都市带应以 2500 万人口规模和每平方公里 250 人的人口密度为下限。因为只有足够的人口聚集和足够的人口密度，才能够在一片区域内形成生产力的聚集效应。上面提到的几个小都市带，目前有些条件尚未具备，例如，重庆和成都、哈尔滨和长春是都市，但两大都市之间的大片地区城市化程度尚不高，基本上还是农业地带，缺乏足够的中小城市和城镇，工业比重尚低，所以还够不上都市带的密度，郑州—洛阳—开封的情况也是如此。又如福州—厦门，虽然三百公里距离内中小城市和城镇密布，工业较发达，人口密度较高，但核心的三个城市福州、厦门、泉州自身个子偏小，都还够不上"都市"的资格（少说都市人口规模总得有两三百万人）。又如武汉—长沙，由于跨省，对其间的城市群发展的协调带来一定困难，而如果只就长沙—湘潭—株洲，它们的协调度和密集度已经很高，但总体规模又偏小。因而这些城市群也还不能排进都市带的行列。在中国的城市化进程中，这几个小都市带还有待成长，目前比较成熟的要算沈阳—大连、济南—青岛，这两个小都市带核心城市规模大，中间的城市、城镇数量多，工业发达，路网通畅，人口密集，只是经济发达程度尚有待提高。

小城镇还是大城市[*]

——论中国城市化战略的选择

中国的城市化战略，是重点发展小城镇还是重点发展大城市，争论由来已久，至今相持不下。不同观点的学者见仁见智，发表了许多真知灼见。笔者主张重点发展大、中城市和都市带，理由如下：

一、20世纪80年代中国城镇化是乡镇企业推动型城镇化

20世纪80年代初，我国农村率先进行了经济体制改革，实行了家庭联产承包责任制，从公社化的集体经营分解为一家一户的承包经营，农民获得了经营自主权，农村生产力得到了充分解放，农村劳动力出现剩余。但是，当时城乡严格隔绝的户籍管理制度，限制了农民进城就业和定居，在农村巨大的就业压力和农民强烈的致富愿望的双重作用下，在原来微弱的社队工业的基础上，极具特色的农村工业——乡镇企业，趁计划经济时代的商品短缺而异军突起。当时的倡导口号是"离土不离乡""进厂不进城"，这些乡镇企业都分散在乡镇和村庄，形成了遍地开花的局面。到1996年，乡镇企业产值已占农村社会总产值的2/3，成了农村收入的主要来源，成了我国经济的一支重要力量。

乡镇企业的迅猛崛起，对我国城镇化进程产生了巨大的推动作用。它打破了"农村搞农业，城市搞工业"的传统观念，农村第二、第三产业迅速发展。1987年，农村中非农产业的产值比重首次超过农业，农村非农产业与农业首次形成了农村经济的"二分天下"格局，此后乡镇企业的比重

---

* 原载于《东南学术》2004年第1期。

连年上升，到 1992 年，农村工业产值已经超过农村社会总产值的 50%。农村非农产业特别是农村工业的快速发展，为城镇化发展奠定了坚实的产业基础。小平同志南方谈话后的三四年，是我国乡镇企业发展最快的年份，同时也是农村中镇和县城发展最快的年份。

20 世纪 80 年代末开始，出于第二、第三产业对城镇的依托需求，出于企业对积聚效益的追求，乡镇企业逐渐向乡镇所在地转移，特别是向乡镇设立的工业小区转移。由于乡镇企业大多都是劳动密集型企业，向乡镇集中在促进人口集中方面有着特殊的效果。1998 年全国乡镇企业职工人数达 12536.5 万人，占乡村从业人员总数的 25.4%。这些劳动力大部分集中在乡镇，造就了我国小城镇的繁荣。

改革开放以来，我国的工业化主要表现为农村工业化的高速发展，与此相适应，农业剩余劳动力的转移走了一条"离土不离乡"的道路。发展乡镇企业是我国工业化的一个非常独特的选择，是中国特色社会主义的奇葩。世界各国的工业化都伴随着城市化，但我国工业化选择的道路相当比重上是农村工业化，是在农民"离土不离乡"体制下的工业化，这种工业化战略是在我国资本积累不足、城乡体制分割的条件下推行的。异军突起的乡镇企业举世瞩目，我国农村工业化取得了巨大成就，这是不可磨灭的。乡镇企业消化了一亿多农村劳动力，创造了巨大的工业生产力。对应于我国的农村工业化，发展小城镇作为 20 世纪 80 年代至 90 年代中期我国城市化道路的选择也就应运而生了。

尽管农村工业化对于我们这样一个特殊的人口大国、农业大国具有不可忽视的积极意义，但这个过程已经持续了 20 多年，也带来了一系列弊端，如农村工业规模不经济，土地资源的浪费，部分农村生态环境的破坏，分散发展阻碍了技术进步和产业升级等。由于乡镇企业聚集效应差，服务业也没能得到相应的发展，影响了就业增长。

回眸改革开放 24 年的历程，乡镇企业这个名称，作为中国特殊历史阶段、特殊历史条件的产物，应当说已经光荣地完成了它的历史使命。设在农业部里和各省区农业厅里的乡镇企业局，也已经完成了它的历史职能。我国农业户口与非农业户口的藩篱很快就要彻底打破，农民和企业进城的限制已经在逐渐消除，农村工业与城市工业的区分已经没有必要。上规模的乡镇工业将和城市工业一样纳入相关的行业管理，乡镇企业中的中小企业也将和城市中的中小企业一样有它的协调机构，也许将像国外那样成立中小企业局。乡镇企业作为中国改革开放的产物，为中国经济腾飞做出了巨大贡献，在中国历史博物馆中应当占有其重要的位置。

新时期的工业化面临着更为艰巨的任务："要走新兴工业化道路，大力实施科教兴国战略和可持续发展战略。坚持以信息化带动工业化，以工业化促进信息化，走出一条科技含量高、经济效益好、资源消耗低、环境污染少、人力资源得到充分发挥的新型工业化路子。"[1] 要沿着这条道路，实现产业升级，从消费品生产为主的工业化过渡向生产资料生产为主的工业化；要加快工业的技术进步，提高工业发展水平和国际竞争力；要加快农业剩余劳动力的转移，提高非农产业的就业比重；还要通过就业结构的转变，特别是第三产业的发展，带动城市人口比率的上升。因此，新的工业化进程必须实行战略性转变，将农村工业化转变为城市工业化，将分散的农村工业逐步集中到城市和城镇的工业区里，根据工业化与城市化的内在关系，在农村工业化发达的地区，加快城镇和城市的发展，将非农产业就业比重很高的农村区域升格为城镇或城市区域，将已经长期从事非农产业的人口转变为城市和城镇人口。同时，加强现有乡镇小企业与城市大工业的联系，通过生产的相互关联将乡镇小企业逐步纳入社会化大生产的体系中，推进企业之间的相互协作与相互依存，推进企业的联合、并购，从整体上提高企业的规模经济水平，从而把农村工业纳入城市大工业的范畴。

二、小城镇的繁荣

正由于改革开放至 20 世纪 90 年代初期中国的城镇化是以乡镇企业为主要推动力的城镇化，小城镇在中国一段历史时期的大发展也就顺理成章。随着费孝通先生《小城镇，大问题》一文的发表，一段时间里，小城镇为主的分散式发展道路成为理论界与决策层的主流思潮，全国小城镇遍地开花，小城镇得到了异乎寻常的发展。1949 年，全国有建制镇 2500 多个，经过 36 年的发展，到 1985 年也只有建制镇 2851 个，加上未设建

---

[1] 江泽民：《在中国共产党第十六次代表大会上的报告》。

制的县城 377 个，共有 3228 个。而到 1992 年，建制镇就达到 14182 个，短短几年时间就比 1985 年增长了约 5 倍；如果加上 30000 多个非建制镇，小城镇总数就达到 44000 多个。建制镇数目在 1999 年达到 19000 多个，加上非建制镇总数接近 60000 个，这两组数据均处于峰值状态（此后开始回调）①。

不过，中国主张发展小城镇的思潮，还有更深层次的考虑。

在计划经济体制下，城市管理者们认为，城里人多了，要吃饭，要供应副食品，要盖房子，要搞城市基础设施，要办学校、办医院，好像多了一个城市居民，政府就要多投许多资，多花许多钱。正因此，20 世纪 50 年代末至 70 年代，我国的城市规模始终受到严格的控制，多次出现动员城市居民上山下乡的热潮，当时的口号叫做"我们也有两只手，不在城里吃闲饭"，似乎城市里人多了需要国家来养，殊不知人多了能生产、能消费、能创造财富，政府也能多收税收，整个社会经济也因此能得到发展。在经济发展没有成为我党的工作中心之前，积极发展城市的观念的确是难以形成的。

改革开放后，国门打开了，人们开始重新认识世界，知道了世界人口向城市城镇集中的趋势，对我国城市、城镇发展的迫切性有了一定的认识，"城市化水平"这个指标首见于我国的统计指标体系。但基于当时的经济水平，总还认为建设大城市的钱花不起，总还认为中国不可能有那么多钱来建设城市，总还认为城市不可能接纳那么多的农村劳动力，中国的城市化只能走小城镇为主的道路，只能走农民自己盖房子、盖集镇的道路。因此，1980 年国务院批转的《全国城市规划工作会议纪要》，制定出"控制大城市的规模，合理发展中等城市，积极发展小城镇"的方针。这个方针也就为一段历史时期以小城市和小城镇发展为主定下了基调。

20 世纪 80 年代至 90 年代初，中国大城市的发展规模基本上受到控制，当时城市的发展主要是旧城改造，拓宽道路，拆一些旧房子，盖一些新楼。上海是受规模控制的典型，改革开放初期至 90 年代初，上海的城市面貌和人口规模几乎没有明显的变化。这段历史时期，只有三个城市例外：一个是首都北京，在行政、教育、科研等机构膨胀的带动下，城市始

---

① 秦尊文：《小城镇道路：中国城市化的妄想症》，《中国农村经济》，2001 年第 12 期。

终在拓展，以"摊烙饼"的模式从二环之外摊向三环之外，现在已经是四环、五环了。再就是作为经济特区的深圳市和珠海市，分别从小城镇迅速成长为大、中城市。三个城市的高速成长对全国各个城市起了示范作用。尤其是上海，面对北京、深圳、珠海的高速发展，上海人发展城市的迫切愿望也在这段时间里充分地聚积起来。

三、大中城市的崛起

小平同志南方谈话是中国的又一次思想解放，经济发展迫使所有的城市管理者都重新思考"控制大城市规模"的框框。众所周知，从上海吹响开发浦东的号角起，这个"紧箍咒"实际上已经解体。90 年代中期以来，中国的每一个大、中、小城市都兴起一轮拓展城市的高潮，中国进入大、中、小城市和城镇全面发展的城市化高速成长期，高楼、立交桥、公园绿地、大片大片的新区，每一个城市几乎都成了工地。而大、中城市的高速成长逐渐成为新阶段的主题。杭州将萧山、余杭并入，提出要脱离原来以西湖为核心的旧城区束缚，建设一个以钱塘江两岸为核心的新杭州。福州提出城市东扩南移，先建成闽江两岸城市，再向东建成海滨城市。长沙提出要在未来 5～10 年内将长沙的规模扩张一倍。郑州提出新建 150 平方公里的新城区。成都提出向南、向西建设一个新成都的规划。厦门提出跳出海岛建设海湾城市的方案。中国每一个城市的宏伟构想难以一一列举，做大城市几乎是一致的呼声。

从 20 世纪 80 年代的"积极发展小城镇"，到 90 年代中期以来城市特别是大、中城市建设的高速发展，中国城市化出现了根本性的重大转变。不少人一时不能理解或难以接受，其实，这反映了我国城市化由低级走向高级的历史演进过程中所必然经历的模式转换，它也是人类社会经济发展客观规律的必然结果。

以长江三角洲的苏州地区为例，苏州人把城市、城镇的发展模式概括成"80 年代造镇，90 年代造城"，这正是一个国家或地区经济增长模式选择城市化发展模式的最好例证。自 20 世纪 80 年代以来的十余年里，苏州经济的快速增长主要依赖于乡镇工业的迅速崛起，经济增长的主要动力源在农村。大批乡镇企业及其职工集结到小城镇，"离土不离乡，进厂不进城"，带来了小城镇规模扩大和经济繁荣。而中心城市苏州则由于旅游城市、古城保护等诸方面因素的约束而一度发展滞后，经济的辐射和集聚功能相对弱化。在这样一个特定的历史阶段，工业化与城市化只能在农村范围内低层面广覆盖地展开，"积极发展小城镇"的城市化基本方针也只能说是一种势在必行。

20 世纪 90 年代中期以来，苏州成功实施了"外向带动"战略，90 年代中后期，苏州市吸引外资迅猛增长，"九五"期间合同利用外资 213 亿美元，实际利用外资 133 亿美元，苏州工业园区和苏州高新技术产业开发区是外资的主要落脚点，周边如昆山、太仓、吴江等县市甚至一些镇的开发区利用外资也增长迅速。

苏州工业园区在苏州老市区以东，1994 年与新加坡合办，总规划面积 70 平方公里，首期 11 平方公里已摆满项目，二期更大面积的开发正进行之中，2000 年底已实现合同外资 80.3 亿美元，实际利用外资 41 亿美元，批准进入的企业只有 214 家，开工企业只有 135 家，多是欧、美、日企业，平均规模在 3000 万美元以上，世界 500 强中有 37 家落户该工业园区。

苏州高新技术产业开发区在老市区以西，1992 年建立，现已是上市公司。开发区集高新技术产业开发区、商贸区和生活区为一体，规划面积 52 平方公里。2000 年底累计已引进外商投资企业 450 多家，实际利用外资 44.6 亿美元，该区 2000 年实现国内生产总值 140 亿元，财政收入 19.33 亿美元[1]。

随着苏州东部的苏州工业园和西部的苏州高新技术产业开发区的崛起，苏州城市"一体两翼"的城市新格局初步形成，一个苏州摇身一变成了三个苏州，中心城市扩容增量，辐射带动功能逐步恢复并增强。经济增长的动力源由农村转向城市，经济增长的模式由农村推动型转向城市辐射型。尽管这样一种转变实际上至今尚未完成，但这是一个地区的经济发展由低级走向高级、由幼稚走向成熟的历史性转折点。经济增长模式的转变又必然要求城市化发展模式的转换。今日的苏州已经是一个 200 万人口的特大城市，大力推进特大城市建设，进一步增强中心城市的辐射和集聚功能，是苏州经济社会发展到今天的内在要求。

---

① 严正：《苏州投资环境对我们的启示》，《福建日报》，2001 年 6 月 7 日。

四、大城市和都市带崛起的缘由

现阶段我国转而注重大中城市的发展，这首先是工业化的要求。工业有着强烈的聚集需求，它需要城市功能的服务，需要大规模的工业基础设施支持，需要大量的劳动力，需要产业集聚的效益，需要紧靠它的大用户，需要第三产业的服务，特别是为生产服务的第三产业，而这一切都只有大城市能够方便地提供。我国目前已基本上完成了消费品生产的工业化，日用消费品、各类轻纺工业品、家用电器都经相对过剩，市场上竞相削价的正是这些产品；与此同时，生产资料生产却相对不足，成套机器设备、各类化工原料、机密器械与仪表、高技术的电子元件与软件等，我国还大量依赖进口，生产资料生产的工业化正在进行，重化工业和电子工业是这一阶段产业升级的主要目标。新型工业往往是规模工业，向城市和工业区集中不可避免。因此，现阶段我国工业更要求向若干工业中心集聚。

其次，我国正在走工业化带动信息化、信息化促进工业化的路子，人口聚集的大城市在信息交流、信息产业发展上的作用越来越重要。正由于几百万人口、几万家企事业单位都聚集在城市这样一个密集的区域里，人们之间的合作和交流导致大量信息流的涌现，创新的火花才容易在近距离的交往中点燃，城市的活力也才能在信息交往中喷发。因此，尽管在信息时代，住在田园、山庄里的人也能通过网络得到充分的信息，但信息的主流仍然在城市之中。发达国家的实践表明，大城市和密集的城市群至今仍然是信息化的主要载体。

再则，大城市是第三产业发展的基础。第三产业本质上是城市经济，城市规模越大，意味着用户越多，服务的商机越大。特别是日常利用频度较少的服务业，较特殊的服务业，在小城市和城镇根本无法生存，只有在大城市中才能得以发展。俗话说："人多的地方好赚钱"，因此，只有在大城市里，门类齐全、高度配套、分工细致、功能明晰的第三产业才会有广阔的生存和发展空间。发达国家的实践也表明，大城市的劳动力主要从事第三产业，现代城市第三产业的比重远大于第二产业，继工业之后，第三产业是推动城市发展的主要动力。为了第三产业的发展，为了使城市有更多的就业职位，中国必须把城市做大。

此外，中国是一个土地资源较为短缺的国家。我们虽然国土面积辽阔，但高山、荒漠地带等不适宜人类居住的面积占据了半壁山河，13亿人口挤在平原和丘陵地区。中国只有19.5亿亩耕地，比10亿人口的印度耕地还少。众所周知，就单位土地面积所容纳的人口而言，大城市优于中、小城市，中、小城市优于小城镇。1995年，我国200万以上人口的特大城市，人均建成区占地面积63.23平方米；20万～50万人口的中等城市，人均建成区占地面积105.05平方米；20万人口以下的小城市，人均建成区占地面积151.69平方米①。小城市用地是大城市的一倍以上，小城镇就更不用说了。出于中国国土利用效率的要求，中国不宜盲目发展小城镇，造成土地资源的浪费。

工业化、信息化往往把一个国家的国土划分为工业经济、信息经济集中的城市和农业经济、自然生态完美的农村这样两大空间。前者的空间经济效益要远远大于后者，城市规模越大，它的空间效益越好。现代化的国家应该把增长极放在城市空间，把粮食供应、自然生态保全的任务交给农村，不应该再向农村追求过多的增长效应。要创造出由城市返还一部分效益给农村的机制。

我们在发达国家旅行都有这样的经验：在高速公路上驱车，往往两三个小时看不到一家工厂，尽是广阔的田野、零星的村落、成片的树林，偶尔有一些小城镇。但一旦邻近城市，就出现大片大片的厂房，繁忙的车流人流。而在大都市圈和都市带，则是一个个城市和城镇毗邻，中间插花式间隔着一些林地或田地。这种布局实际上有利于提高经济效益。城市就是城市，农村就是农村，而不像我国的一些地方城市松散像集镇，农村却又想建设出一点城市的味道来。

"农村城市化"在我国理论界曾经是流行的口号，但这个口号本身是值得商榷的。19世纪中叶，马克思的确曾经设想过未来的社会是"人口尽可能地平均分布于全国"，"大工业在全国尽可能均衡的分布"。② 但一个多

① 国家统计局城市社会经济调查总队：《中国城市统计年鉴1996》，北京：中国统计出版社，1997年。

② 马克思、恩格斯：《马克思恩格斯选集》第3卷，北京：人民出版社，1995年，第646—647页。

世纪社会经济发展的实践证明，聚集的效益最终导致人口和工业在一定区域的相对集中，导致集中度越来越高，大城市、城市群、都市带越来越大，越来越繁荣，越来越成为人口、工业、服务业汇集的载体。一个多世纪来，情况毕竟发生了很大的变化，工业、信息业、服务业的状况发生了很大的变化，与时俱进，根据实践的发展不断推进理论创新，我们是否应当审慎地考虑不要再提"农村城市化"这样的口号。当前的使命倒是急于把工农差别、城乡差别还在继续扩大的趋势扭转过来。中国走向现代化的进程，必然伴随着消除城乡二元结构的过程，但是消灭城乡差别、工农差别，消灭的是二者之间的本质差别，即物质文化生活水平的差异，是要把农村农民的生活水平、文化水平提高到城市居民、工人、职员的水平上来，像发达国家已经做到的那样，使农民成为全社会的"中产阶层"。应当用发展经济的办法来消除三大差别，用农业现代化的办法来消除三大差别，而绝不是用城乡扯平的办法来消除，用"工人也种地、农民也做工、知识分子滚一身泥巴就是劳动者"的办法来消除。

五、中国的城市化进程实际上就是农民进城的过程

从中国的国情来看，异地转移出来的农民工，大部分也是奔向大、中城市和沿海经济发达地区，特别是都市带地区。但是，由于大、中城市生活的门槛高，他们多数人很难在大、中城市中定居下来，光是购买一套住房就不是他们劳动收入所能承受得了的。因此，要加快城市化进程，大、中城市应当放低门槛，除改革户口制度和子女就学制度外，要以银行长期按揭和小套廉价住宅来留住他们。世界上包括美国在内的大城市，都有大片廉价住宅区。廉价住宅区的存在既节省了市政府的大量资金，又及时解决了新移民的住房问题，使城市因有源源不断的新来人口而充满活力，有了人口才能保持城市的税收和市面的繁荣。但是在中国，却急于大规模推倒现存的廉价住宅区，使外来民工难以找到栖身之处，这种做法无助于加速城市化。在极其富裕的国家里，几百年的城市化都没有消灭贫民区。在中国这样贫穷的国家，短时间内便想消灭廉价住宅区是超越中国的现实的。这样做，必然会使更多的农民在更长的时期里，仍然把根扎在农村，而把进城当作赚钱谋生的短期行为，两头顾盼，这势必大大阻碍了农村居

民向城市转移的速度，减缓了中国城市化的步伐。

事实上，能留在城里和敢留在城里的必然是进城农民中的优秀者。他们有的已经成为企业的骨干，有的已经当起服务业的小老板，只要给政策让他们落户，他们已经具备购房或按揭购房的能力，摇身一变就是市民。能力较弱的，则可能选择定居在城市圈、城市群、城市带的交通便捷的小城市和城镇中，那里定居的门槛相对较低。因此，大城市要创造条件吸引"民工精英"留下来，中、小城市和都市带、城市圈中的小城镇更应当积极创造条件变"候鸟式"的民工为定居下来的新居民。

中国未来的发展，必然是人口进一步往大、中城市和沿海经济发达地区聚集，内地农村的人口必然要绝对地下降。因此，中国的城市化，应当在经济发达地区，特别是高速公路连接线、铁路车站、大江航运码头的附近地区，促进大、中、小城市和有一定规模的小城镇同时发展，形成人口稠密的城市群、城市圈、都市带。中国农业剩余劳动力的转移主要应转向这些城市群、城市圈、都市带。其中，作为经济中心的大、中城市的发展，应摆在城市化的首要地位上。

当前城市发展的突出矛盾是城市建设用地紧缺。严格的土地管理制度已经使城市动弹不得，反而是偏僻的小城镇无用地之忧。其实，这是一个理解上的误区。就人均占用土地而言，城市比小城镇要节约得多，经济得多。因此，对需要发展的城市，应当在严格控制之下适当放宽用地的限制，让它们有发展空间。如果城市和城镇能真正吸纳异地转移出来的农民，如果出去的农民"后顾之忧"能解除，将来大批农村的老屋将拆除，我国耕地面积将因此而增加。有人估计，真正走出一个农民，可以腾出近1分土地。因此，在经济欠发达而交通条件也较差的偏远农村，现在不要过多地鼓励所有的农民都去盖新房，不要过多地鼓励农民把辛苦打工赚来的一点钱过多地投入农民新村的建设，而要更多地鼓励和引导一部分农民走出去，鼓励他们成为城里人，成为沿海地区的城里人，或至少成为县城里的人或镇上的人，以免将来农村出现大量无人居住的空房。将来，这些空房拆也不是，不拆也不是，到头来免不了是要卖要拆的。

另一方面，小城镇在农村走向现代化进程中有其十分重要的作用。小城镇是农村的区域经济中心，是农村走向现代化的样板，中国的城镇化，对于广大农村而言，重点是建设好2000多个县城，把相当一大部分县城发展成小城市，有条件的甚至是建成中等城市。县城作为县域经济的核心，是一个县加工工业的积聚地，是全县农产品和各类物资的集散地，也是文化、教育、卫生设施的集中地。县城既是吸引农村剩余劳动力的一个重要的关节点，又是带动全县经济发展的龙头。把县城做大做强，一个县的经济才能带动起来。一个普遍的现象是：一个县县城繁荣，县城人口占全县人口三分之一至四分之一的，这个县的经济往往比较好；而县城较小，县城人口只有全县人口十分之一左右的，这个县的经济往往比较差。做大县城的关键，当然还是发展第二、第三产业，人口的积聚是靠产业的发展来实现的。

对于城市圈、都市带以外的广大农村，尤其是交通不便的地区，强调乡镇所在地小城镇的普遍发展是不明智的。由于就地发展工业十分困难，一般农村的乡镇所在地并不可能普遍发展。我国的建制镇，一半以上的镇，镇区的连片建成区人口不足五千人，有的只有两三千人，非农产业的发展十分困难，普通乡所在地条件就更差了。在推进城镇化发展的过程中，处在都市带、城市圈中的小城镇，均可视为大城市的卫星镇来发展；而不处在都市带中的每一个县，最多选择交通条件较好，非农产业发展基础条件较好的两三个镇，作为县域经济的次中心加以发展，规模小的县，选一个次中心也就够了。是否可以用能形成 2 万人口聚集地作为小城镇加以规划发展的起码标准。一般说来，一个小城镇，要有供水设施、垃圾处理设施、污水处理设施等城镇的基本基础设施，5 万人口才是比较经济的规模。可以理解，层层领导都想把他的乡镇所在地建设好，都想自己的所在地能成为现代文明的城镇，殊不知这种好心将会造成社会财富的极大浪费。那种遍地开花地建设小城镇、建完小城镇将来再来建设大城市的思路，是绝对不可取的。

还有一种疑虑，认为当前城市化模式的转换，可能会给小城镇的发展带来影响甚至出现萎缩。这种担心是没有必要的。小城镇作为城镇体系的一个基础层面，与中心城市的兴衰紧密相连。如果中心城市没有发展起来，周边的小城镇也不可能持续繁荣。只有在中心的大中城市不断增强的辐射带动下，小城镇才有可能充满生机和活力。因此，大、中城市的发展不会影响县城的发展，也不会削弱为数不多的次中心城镇的发展。

从世界各国的城市化经验来看，发展最快的是大、中城市，其次是小城市，最慢的是小城镇。世纪之交，人口向大城市、城市群、都市带集中的趋势越来越明显。世界上第一个都市带是美国东北部的纽约都市带，包括波士顿、纽约、费城、巴尔的摩、华盛顿等 40 个大小城市。都市带长965 公里，宽 160 公里，占美国面积的 1.5%。人口约 7000 万，占美国总人口的四分之一。这里是美国最大的商业贸易中心、金融中心和重要的加工制造业中心。20 世纪世界相继形成的大都市带还有美加五大湖大都市带，即由美国的芝加哥、底特律、克利夫兰、匹兹堡，加拿大的多伦多、蒙特利尔为核心的北美制造业密集带；日本以东京、横滨、名古屋、京都、大阪、神户为核心的占日本全国总人口 60% 的大东京都市带。欧盟中以法国巴黎，比利时布鲁塞尔、安特卫普，荷兰阿姆斯特丹、鹿特丹、海牙，德国科隆、埃森等 40 多座城市组成的大巴黎都市带；英国以伦敦、伯明翰、谢菲尔德、利物浦、曼彻斯特等城市组成的大伦敦都市带。上述五大都市带人口 3 亿多，在世界经济中举足轻重。近半个世纪，发达国家人口和生产力向都市带集中的趋势日益显著，都市带已成为先进生产力的载体。我国在城市化加快发展的进程中，以上海、南京、杭州、宁波、苏州、无锡等大城市为核心的长江三角洲都市带，人口 7200 万，占全国GDP 约 20%，国际上常与上述五大都市带一起并称为世界六大都市带之一。还有以广州、深圳、香港为核心的珠江三角洲都市带，以北京、天津、唐山、石家庄为核心的京津冀都市带，也是人口四、五千万的世界级都市带。我国三大都市带是我国生产力发展最为迅速的地区，他们已经在全国经济中占据半壁江山。今后，中国经济将越来越向这三个都市带进行集约，三大都市带将成长为对亚太经济乃至世界经济具有巨大影响力的地区。此外，还有沈阳—大连、济南—青岛、福州—厦门、武汉—长沙、重庆—成都等正在形成的都市带，这些都市带将是我国农业劳动力转移的主要去处，也将是我国城市化发展最快的地区。

"农民进城"探析[*]

数以亿计的农业剩余劳动力的转移，是 20 世纪末 21 世纪初我国社会、经济发展面临的最为重要的问题之一。综观世界各国，工业化进程中都伴随着农业人口向非农业人口的转化，我国也不例外。20 世纪 80 年代中期异军突起的乡镇企业和近几年春节前后汹涌澎湃的民工潮，预示着一个人口结构、劳动力结构急剧转化的时期已经来临。"农民进城"作为农业剩余劳动力转移的途径之一，已经是理论界不容回避的一个研究课题。

一、我国农业剩余劳动力的转移进程

十一届三中全会之后，我国农村推行了家庭联产承包责任制，改变了农村经济的激励机制，大大调动了农民的生产积极性，提高了农业劳动生产率。与此同时，人口增加，耕地锐减，劳动力剩余成为农村的突出问题。继 1984 年农业大丰收，1984—1985 年迎来了农业剩余劳动力转移的高潮。劳动力转移的主要载体是乡镇企业和小城镇。在"离土不离乡，进厂不进城"的政策导向下，我国走出了一条低"资金—劳动"比率的发展农村非农产业的路子。9600 多万劳动力进入各种类型的乡镇企业，他们中的一部分人是不同程度的亦工亦农、亦商亦农的兼业劳动者。乡镇企业和小城镇的发展改变了农村的面貌，提高了农村经济的总效率，在我国反差强烈的二元经济结构中，填充进介于现代城市与传统乡村之间的中介结构。这条适合我国国情的路子是成功的，并已为国内外所公认。

然而，我们也不能不看到，这一模式发展到一定程度之后，又呈现出

---

* 原载于《福建论坛（社会科学版）》1994 年第 6 期。

它的局限性。

其一，我国乡镇企业发展迅速，但又同时出现经济效益的明显下降。据《1992 中国统计年鉴》：1979 年乡镇企业百元资金实现利税 35.4 元，1985 年下降为 23.7 元，1991 年更下降为 12.7 元。由于企业规模小，多数乡镇企业仍是以农户为基础，技术设备水平低下，未纳入社会化大生产的轨道，因而质量和效益不易提高。前几年乡镇企业是在一系列税收、贷款等方面的优惠政策扶持下充分利用市场机制发展起来的，随着经济体制改革的深入，这些优势渐渐消失，1989 年国家抽紧银根，近 300 万劳动力不得不从乡镇企业回归于农业。此外，乡镇企业也还存在与整个国民经济的非农部门产业结构趋同、产品低层次重复、污染扩散、滥占耕地等问题。近几年，为了在竞争中求生存，部分乡镇企业，尤其是发达地区的乡镇企业，已逐渐走上调整结构、增加投资、改进技术、扩大规模效益的路子，因而加大了劳动力的就业成本，造成对农业剩余劳动力的吸收相对减少。

其二，农业剩余劳动力的就地转移。80％以上是兼业转业，即进入乡镇企业和其他农村非农产业的农民没有放弃承包的土地。他们或者农忙时抢收抢种，或者平时工余兼干农活。兼业化转移节省了劳动力的转移费用，家庭内以非农收入补贴了农业，为农产积累了资金，兼业也使我国丰裕的劳动力资源得以充分利用。农村的兼业化是世界各国的普遍现象，在相当一段历史时期内还将是我国劳动力转移的主要形式。此外，土地是农民心目中最实在的风险保障，农民不会轻易放弃土地，因而兼业趋势很难改变。

然而我们也要看到，兼业化阻碍了农业生产规模的适度扩大，阻碍了土地的适当集中。狭小耕地上生产的农副产品主要为了自我消费，非农收入与农业收入的悬殊使兼业者对土地采取粗放经营，降低了土地利用效率。因而，高度兼业化是农业发展的不利因素。如果农业的劳动生产率和商品率不能提高，劳动力转移将来也终要受阻。再则，兼业化对于非农产业和乡镇企业的升级换代、提高聚集效益也是一个障碍。

其三，星罗棋布的小城镇的兴起是农村改革以来的又一硕果。小城镇包括城市卫星镇、工矿镇、县城、农村建制镇、乡以下农村集镇。小城镇的崛起对于改变农村的落后面貌，繁荣农村商品经济，发展农村第三产业，组织乡镇企业和吸纳剩余劳动力，都起了巨大作用。但是，多数小城镇尤其是县城以下的小城镇，存在经济聚集规模低、公用设施不健全、浪费土地、建设无序等弊端，小城镇信息闭塞，人才缺乏，社区意识太强，市场联系太弱，容易形成封闭式的小社会，不利于走向现代化。在世界各国的城乡体系中，小城镇都是一个必要的现实层次，但点多面广的农村小城镇如果超过合理的比例，如果规模太小，过于分散，乡乡建镇，将会造成社会财富的浪费。

其四，"离土不离乡"模式12年来成功地转移了近1亿农村剩余劳动力，但20世纪末到21世纪初，我国农业剩余劳动力将越来越多。每年新增农村劳动力达1500万，按现有农业劳动生产率预测，近年内还将有近2亿劳动力需要到非农部门寻找就业出路。有如我们不能奢望像西方国家和拉美国家那样靠城市来吸收绝大多数农业剩余劳动力一样，我们也不能光靠兼业转移、乡镇企业和小城镇，完全吸纳近2亿剩余劳动力。在继续积极引导农民就地转移的同时，适时适度地引导农民进城就业已成为新阶段劳动力转移的现实课题，逐步打开城乡闸门已势在必行。

二、我国的城市化明显滞后

城市化，即人口由农村移居入数量日益增多、规模日益扩大的城市，是世界各国经济发展的共同趋势。1950年全世界城市人口占总人口的比重为28.2％，1980年提高到40％，2000年将有一半以上的人口在城市生活。发达国家城市人口多占70～80％，发展中国家战后城市化进展迅速。相比之下，我国的城市化进程明显滞后，不仅低于世界平均水平，而且低于发展中国家的平均水平。中华人民共和国成立以来，我国城市人口渐增，"大跃进"时期进入高峰，60年代初又被迫动员2000万人"回乡支农"，70年代中城市知识青年"上山下乡"，70年代末再大举回城，造成我国城市人口大进大出，发展失常。近12年我国经济增长迅速，但城市发展仍滞后于经济增长。

1980年，我国城市人口比重约20％，12年来，小城镇人口增长迅速，而大城市发展相对缓慢。当今城市（含城镇）人口比重究竟多大，统计口径不同，观点各异。世界银行编的《世界发展报告》，把我国实行市带县体制后所带县的人口统统计入城市人口；公安部的数字则严格按照非农业人口统计。其他各说不同的数字则介于上述两种口径之间。国家统计局根据第四次人口普查的数字，按街道、居委会的人口数调整后，得出1991年市镇人口比例为26.37％，这一数字较接近事实（《中国统计年鉴1992》）。真实的统计应当只计算城市建成区的居住人口，但要把进城的农民和城郊已事实上成为城市居民的农业户计算在内，估计我国当前城镇人口的比重约为30％左右。

众所周知，长期以来限制我国城市扩展的主要机制是农业人口与非农业人口之间的森严的户籍壁垒，以及与户籍制度相联系的城乡居民之间在粮油等生活用品供应、就业、社会保障、教育、婚姻等方面的差异。形成这一制度的经济原因是农业的不发达，农业劳动生产率长期低下。国家手里没商品粮，自然要牢牢控制靠国家供应粮食的非农业人口，再加上城市居民要安排就业，给予食品、燃料、住房等各项补贴，多一个人财政多一份负担，因而城乡壁垒越筑越高，形成世界各国少见的二元居民结构。

城乡分离的户籍制度限制了农民进城。"农转非"只开了升入大中专学校、部队转业、征地、落实政策等几个口子，12年来约转了5000多万人，再加上六七十年代城市较高的人口生育率，致使城市自身也面临人口压力。我国城市现代工业的发展所能提供的就业机会有限，甚至无法完全吸收城市自身人口的自然增长，以至多数城市至今还有一定的"待业率"，再加上城市企事业存在不同程度的冗员，劳动力过剩成了我国城乡共有的难题。发展经济学家刘易斯的二元经济论中所做的"农村劳动力过剩，城市充分就业"的假设并不适合中国的国情。正因此，我国城乡闸门现在还不能完全打开，现行户籍制度还必须有一段渐进改革的时期。

但是，1985年以来大批农民进城的事实告诉我们，城市仍有吸纳农村剩余劳动力的潜力，因为进城农民的就业层次不同于城市居民，他们或从事市民不愿从事的服务业（保姆、清洁工），或自己投资办第三产业（小商店、饮食业、运输业），或从事繁重体力劳动（建筑业、纺织业）。事实证明，城市在这些方面所能提供的就业余地并不小，而且对城市生活和城市经济繁荣起了拾遗补缺的作用。

城市工厂招收农民工是近几年的新事，对城市就业多少形成一定的压力。但由于体制不同，农民工没有与城市职工享受平等的福利待遇，甚至正式职工还分享农民工创造的一部分价值。这种就业体制必须改革，否则城镇企业的经营机制难以转换，效益难以提高。劳动力市场的充分发育是我国现代工业发展的条件之一，一旦真正的竞争机制形成，城市接纳农村劳动力的潜力还将扩大。

"城市病"是不少同志反对扩展城市、反对农民进城的理由之一。他们列举了世界各地尤其是拉美国家和印度大城市的病态：交通堵塞、严重污染、贫民窟、棚户区、失业、贫困，再加上西方城市的犯罪、吸毒，似乎城市弊大于利，特别对大城市的发展心存疑虑。长期以来，我们理论宣传也是对城市的消极因素讲得多，积极作用谈得少；注意"城市病"、住宅紧张、高消费、基础设施落后，忽视城市的高劳动生产率、高效益、土地的高利用率和城市居民的高生活水平。其实，世界城市化趋势的形成，人口向城市集中，大城市的发展速度高于小城市，都是由客观经济原因造成的。城市经济是一种以工业为主体，第二、第三产业协调发展的密集型经济，聚集和分工协作提高了生产效率，缩短了周转时间，降低了信息成本，繁荣了商业市场。正因此，投资往城市集中，工厂附城市而建，商业以城市为流通中心，交通以城市为枢纽，金融、邮电、文化、教育、科技也都在城市聚集并发展起来。产业的集中提供了更多的就业机会，城市优越的生活条件吸引更多的人进城定居，这就是城市自我扩张的凝聚力。

我国的经济统计数据表明，城市的综合经济效益与城市规模呈正相关关系。例如，1991 年 9 座 200 万以上人口城市人均国内生产总值 5896 元，其中上海高达 7407 元，而 30 座 50 万～100 万人口城市为 4386 元，297 座 20 万以下人口城市只有 1769 元（《中国统计年鉴 1992》，均不包括市辖县），小城镇的经济效益比小城市还低。正因此，为经济效益所困惑的我国不应当再限制城市的发展，最大城市上海还要开发浦东不就是有力的明证吗？

三、改革为农民进城创造了条件，农民已经进城

户籍壁垒是农民进城的主要障碍，和户籍制度相联系的一整套城镇居民的粮油、副食品、燃料、生活日用品的平价供应制度，造成显著的利益差异。此外还有住房、医疗、社会保障等由财政给予补贴的福利待遇。改革开放之前，享受不了这些待遇的农民在城镇难以长期生存。12 年来，这

些障碍有的已经消除，有的正在消除之中。粮油国家供应价经过几番调整，现已全面放开，副食品、燃料、生活日用品的价格早就逐渐放开，过去城市居民手中认也认不清的票证已成为收藏家征集的对象，进城农民只要挣到钱就可以和市民一样用相同价格买到商品。住房制度的改革正在进行，进城农民现在还要付昂贵的私房房租，或付全价购买商品房，待到住房改革到位，城里人对住房也得付出同样的价。退休制度改革正在酝酿，逐步将移向保险公司，由用人单位和个人共同交纳保险金，进城农民参加保险的问题迟早也会提到日程上来。总之，改革大大缩小了进城农民与城镇市民在日常生活上的利益差距，使农民进城有长期立足、生存的可能。

现阶段进城农民还不可能和城市职工享受同等的福利待遇，他们也不要求同等福利待遇，只要求就业机会的平等竞争。因而，建立和完善劳动力市场是迎接农民进城的最主要的一项改革。城市可逐步将部分工种向农民开放，国家不必在福利、补贴上增加开支，相反，还可以收取税收和管理费用。

农民进城始于 1985 年，当时下达的中共中央 1 号文件，在城乡藩篱上开了个口子，文件提出："在各级政府统一管理下，允许农民进城开店设坊，兴办服务业，提供各种劳务。城市要在用地和服务设施方面提供便利条件。"头几年进城的主要是自谋生路并能在城镇扎根的农民，他们多从事第三产业。80 年代末，进城务工的农民激增，且流动性大，每当岁末年初都形成浩浩荡荡的"民工潮"，或被人贬之为"盲流"，他们离乡背井，千里跋涉，涌进北京，涌向东南沿海，出关外，奔新疆，这股自发的大潮已引起举国上下的关注。中部各省的农民是这支劳动大军的主力，他们中的多数人是新一代年轻的有文化的农民。

年甚一年"民工潮"的泛起，是我国农业剩余劳动力就地转移模式已经无法蓄纳全部剩余劳动力的标志，是异地转移、分业转移、集中转移的历史阶段已经开始的标志，是我国城市化进入高速发展阶段的征兆。因此，在就地转移继续作为主要模式的同时，必须研究农民进城问题。

四、放先富起来的农民进城

进城农民可以分为两类。一类纯粹为了打工挣钱，他们大都是单身青年，背一副简单的行囊，找五花八门的苦、累、脏活，他们流动性大，挣得到钱就干，挣不到钱就走，流而不滞，有进有退，甚至季节性地、候鸟式地在城乡往返，但也有人找到比较固定的工作，在城里长住下来。进城务工者往往只是家庭劳动力的一部分，承包的土地仍由家人耕种。另一类则想在城镇安营扎寨，他们或积累有一定资金，或有一定技术，或练就一套在商品经济中聚财谋生的本领。他们进城租房子，摆商摊、开店面，甚至购买生产资料，自谋经营。他们往往举家迁入城镇，稳定就业，承包的土地则由亲友代耕或转包他人。

当前城市的现代产业部门增长尚乏力，生产、生活的基础设施不足，住房紧张，隐性失业存在，一时还没有足够的承受能力接纳人数庞大的务工者。进城农民有的还只能在城市居民就业缝隙中寻找不完全固定的工作，"民工潮"与弹性复归还要并存一段时期。但随着劳动力的进出流动，一些人提高了劳动技能，习惯了城市生活，建立了社会联系，增强了现代观念，将逐渐从流动中沉淀下来，成为将来的城市居民。

为了吸纳这支劳动大军，我国的产业政策必须注意发挥我国劳动力资源丰富、价格低廉的比较优势，在相当一段历史时期把发展劳动密集型产业和第三产业作为经济建设的重点。要选择发展"资金—劳动"比率低的产业，以增加单位资金吸收劳动力的数量。我国的利用外资、对外贸易也要加强这一取向。特别是沿海开放地区，现在是异地转移农业剩余劳动力的主要载体，在注意发展高新技术的同时，切不可轻易放弃劳动密集型产业，不要急于搞"升级换代"，倒是要立足提高劳动密集型产品的质量，扩大花色品种，争取在我国恢复关贸总协定签约国地位后大幅度提高这些产品在国际市场的占有率。这不仅有利于解决本世纪末、下世纪初我国面临的最重要的经济问题和社会问题之一——数以亿计的劳动力过剩，而且也为了在世界经济交往中取得最大的比较利益。

进城开店设坊、安营扎寨的农民，实际上已经成为城市居民，他们多数从事第三产业中的商业、饮食业、服务业、运输业、维修业，也有些人从事加工工业。他们进城来往往自带资金、独立经营，不增加财政负担。他们自谋生路、自行解决住房、粮食和各项生活需要，不要国家补贴。他们虽然共享了城市的公用设施，但也向城市交纳了税收。他们经营的第三产业正是我国经济的薄弱环节，对繁荣城市经济作用重大。因此，应当吸收有能力进城镇开店设坊的农民进城定居。

现在已有不少农民进城市开店设坊，城市也给了他们暂住证，但还没有把他们当作城市居民，他们在申领执照、经营业务上常遇到比城市个体户更多的麻烦，他们的子女上学要交大笔"赞助费"，凡是需要"本市户口"才能办理的事他们都遇到麻烦。明摆着，他们的身份还是某县某乡的农业户，公民权还在农村。进城农民自身也不敢把进城视为定居，担心有朝一日政策变化又会叫他们回乡，因而往往城里搭个窝，老家乡下盖栋房，承包的土地依然抓住不放，或转包，或雇人，不在乎所得多少，而在于保住一条退路。稳定的转移由于政策原因而变成不稳定。其实，能进城开店设坊自谋生路的，是十年改革大潮中先富起来的农民，他们进城之前已积累了资金和技术，他们进城，既是就业，又是投资。既然城市化是经济发展的必然趋势，既然有一个变农村人口为城市人口的过程，为什么不把接纳"投资移民"作为打破城乡藩篱的第一步呢？

以什么名称接收，早有不少建议，"准非农业户""自理口粮户""戴帽城市户""蓝印户口"等名称可以斟酌，入户者应享有城市居民同等的权利和义务，纳入居民户籍管理。与此同时，应要求他们将农村的耕地、宅地交还集体，这多多少少将起了推动农业经营规模扩大的作用。至于进城要不要收一定的城市建设费，要不要以购买一套商品房为条件，根据不同城市的情况，可以探讨、可以试点，但不能卖户口。

放先富起来的农民进城，对大中小城市都有好处。京津沪可把投资额度定高，省会城市次之，中小城市和县城更次之，以投资额度的制定来寻求农民进城能力与城市承受能力的平衡点。对于小城镇，除了有急剧发展为中小城市趋势的小城镇外，制定投资额度意义不大。一般说来，向小城镇转移仍然是就地兼业式转移，进城就业者不可能交出土地。

放农民进城，主要流向如何把握？近来学术界对我们城市体系的结构有各种评述，有人甚至误认为我国城市结构是头重脚轻，笔者对《中国统计年鉴1992》的统计数字做了探讨，我国略多于3亿的城镇人口，在特大城市和大城市的约1亿，在中小城市的略少于1亿（按全国平均的城镇人口与非农业人口的比例1：1.4测算），在县城以下城镇的略多于1亿。和印度、巴基斯坦、印度尼西亚、孟加拉国这些发展中国家的人口大国相比，我国特大城市和大城市人口在城镇总人口中所占的比例，不是偏高，而是偏低。因此，只把农民进城的导向局限于小城镇是片面的，同时也应当为农民进入大中城市创造条件。

城市带、城市群是战后发达国家城市化的新趋势，以高速公路连接的若干大中城市，再配以相对密集的小城市和城镇，在几百公里范围内聚集了数以千万计的人口，整个城市带、城市群显示出强大的聚集效益。我国在一些经济发达地区也有形成城市带、城市群的趋势，例如沪宁杭地区、珠江三角洲、京津唐地区等，目前涌往沪宁杭地区和珠江三角洲的内地劳动力都已逾千万人，这些城市群、城市带是吸收异地转移的剩余劳动力的优良载体。

接纳"投资移民"的同时，也可考虑"技术移民"，即具备一定文化和技术的农业人口，在城市找到相对稳定的工作，也应让他们定居下来。

务工者是进城农民的主力，他们中的已稳定从事城市居民不愿从事的脏累活的，可作为滞留定居的首选对象。城市要逐步创造条件，减少一年一度的候鸟式迁移，减少这种迁移所带来的愈益严重的社会问题。长远地说，只有定居，只有把一部分有稳定职业的"打工仔""打工妹"转化为具备最起码生活条件的城市居民，才能实现世界各国都曾经历过的变农村人口为城镇人口的过程。事实上，当今农民进城已成为不少城市发展的动力，已成为改革现有劳动制度和形成劳动力市场的动力，已成为沿海地区吸引外资的重要条件，只强调"民工潮"带来社会问题、治安问题有欠公平。

中国的二元经济体系正面临着历史的转折，尽管这一转折将伴随着麻烦和阵痛，未来的中国社会终将成为以城市人口为主体的社会。

加快闽东南城镇带建设[*]

闽东南指的是福建省东南部北起罗源、南至诏安的沿海地区，土地面积约占全省的三分之一，人口占全省的三分之二。闽东南是福建经济最为发达的地区，也是福建城市、城镇较为密集的地区，城市化水平较高。包括：2个大城市——福州市、厦门市；2个中等城市——泉州市、漳州市；7个小城市——长乐市、福清市、莆田市、晋江市、石狮市、南安市、龙海市。

工业化是城市化的动力，福建加工工业的发展，特别是乡镇企业和外资企业的发展，推动了福建的城市化。除了福州、厦门两个中心城市迅速扩展外，小城市和小城镇发展更快。和全国各地一样，作为中国城市化的显著特征，数量众多的小城镇成为乡镇企业的聚集地，成为农村剩余劳动力转移的主要去处。它们拥簇着城市，形成众星拱月的局面。改革开放16年来，闽东南正是这样逐渐构成三个有明显聚集效应的城镇群：闽江口城镇群、九龙江口城镇群、晋江口城镇群。

闽江口城镇群

闽江口城镇群以福州市为中心，以福清市为次中心。

福州是我国沿海14个开放城市之一，闽江口的马尾港有航线和班轮通往国内外各大港口，1994年吞吐量914万吨。福州沿外福、鹰厦铁路通向全国铁路网。福州又是三条国道公路的交点，向北104国道通浙江、北京，向南324国道通厦门、广州；向西316国道通江西、兰州。福州义序机场

＊ 原载于《福建师范大学学报（哲学社会科学版）》1996年第1期。

航班通往全国各地。福州是福建北部的交通枢纽。

福州近郊区以镇、村集体经济为主的乡镇企业成长迅速，鼓山、洪山、城门、盖山等镇的经济总量在全省乡镇中名列前茅，鼓山镇镇办的3.8平方公里的福兴投资区吸引了177个项目，已投产近百家，总投资3.8亿美元。郊区建成区与城市外延区相互交错，扩大了城市，无地可种的农民早已做工经商，成为城市居民。按建成区常住人口计算，市区人口约120万。

福州原是个以木构房为主体的破旧城市，16年来城市面貌发生了巨大变化，大半个旧城进行了改造，拆除了旧房，盖起了近百座高层建筑和百余片住宅小区，主要街道在拆建中拓宽，建了4座立交桥，改善了市内交通。福州马尾开发区首期开发4.4平方公里，已建满项目，现扩大到10平方公里，马尾保税区也已投入运营。近几年吸收外资增幅大，最大项目为台资的中华映管，投资约3.5亿美元。

福州市区正沿闽江向河口方向延伸。北岸市区穿过隧道与马尾开发区连成一片。马尾港也将在长安一带建2万吨级泊位，市区随之将沿闽安、亭江推向河口。南岸市区向闽侯县发展，并顺闽江推向长乐营前，进一步推向8万人口的长乐市区，推向在建的长乐国际机场，计划中的马尾大桥又把南北两岸连接起来。这样，福州建成区面积将扩大到160平方公里。

从福州往南56公里到福清宏路。宏路往东到福清市区约7公里，公路两旁近几年来开发为福清融侨经济技术开发区。126家规模较大的"三资"企业在这里落户，大片厂房和住宅正逐渐填满这块10平方公里的平地，外商总投资7亿多美元，1993年出口创汇2.8亿美元。开发区现拟扩大到28平方公里。福清市区加上融侨开发区人口逾15万，市区往东15公里的海口镇至长乐市松下镇，由新加坡工业局统一规划的50平方公里的元洪投资区经国务院批准已在此建立，首期10平方公里已安放19家大型企业，正陆续投产，总投资8.65亿美元。海口以东松下港已选作福州外港，3万吨码头已交付使用。从宏路到松下将是一片靠外资推动而成长起来的新兴城区，下世纪初有望成长为人口逾百万的港口城市。

福清市区周围有龙田、渔溪等共17个城镇，长乐市区周围有重镇金峰以及梅花等15个城镇，福州以北有连江县城、罗源县城（正开发罗源湾，建万吨码头）及所属黄歧、起步等16个城镇，福州以西有闽侯县城、闽清县城、永泰县城及所属白沙、坂东、篙口等 23 个城镇。这些大大小小的城镇围绕着福州、福清市区形成闽江口金三角城镇群，即大福州。

闽江口城镇群发展的关键是用一条环形高速公路贯通福州、福清、长乐。其中福州—福清段是福州—泉州高速公路的一部分，福州—长乐段是机场路（含马尾大桥），长乐—松下段和福清—松下段是松下港的疏港公路。上述路段一旦修通，整个城镇群将紧密联系起来，路旁土地将被开发，建成区衔接起来就可能形成一个完整的大城市，届时福州市区将逐渐南移。松下港的建设也至关重要，它将推动融侨、元洪两个外商投资区的发展。

九龙江口城镇群

九龙江口城镇群以厦门为中心，以漳州为次中心。

厦门市行政上辖 6 个区及同安，6 区人口 63 万，其中非农业人口 41 万。把实际上已成为城市居民的其他常住人口计入，厦门市区人口已逾 60 万。

厦门湾是避风良港，东渡港区有 5 万吨泊位 1 个，万吨泊位 8 个，1994 年吞吐量 1140 万吨。厦门是鹰厦铁路的终点。和福州一样，厦门也是三支国道的交点，沿 324 国道北通福州，南通广州。沿 319 国道西通龙岩、赣南、湘南。厦门高崎机场是国际机场，除有航班通往全国各地，还有飞往东南亚各地的航班，跑道现正改造成能起降波音 747 等大型飞机。厦门是福建南部的交通枢纽，同时也是福建南部的经济中心。

1980 年厦门辟为我国四个经济特区之一，成为福建乃至东南沿海对外开放的窗口。首期开发湖里 2.5 平方公里，邓小平同志视察厦门后又扩大到全岛。市区沿海滨南路、北路向外扩张，继而建设莲花新区。岛外又开发杏林、集美工业区。现在正着力开发面积近 100 平方公里的海沧。厦门还采取了自由港的某些政策，如开辟象屿保税区、建立保税市场等。16 年来外资蜂拥入厦门，80 年代末台商投资进入高峰，1994 年底厦门累计已批准外资项目 2982 项，协议金额 86.6 亿美元，外商实际到资 36.9 亿美元，"三资"企业工业产值已占全市工业产值 69%。现厦门基础设施日渐完善，东渡港、高崎机场、供水工程等为厦门提供了良好的投资环境。

1994 年厦门进出口总额达 56.5 亿美元，在全国大中城市中名列第三。厦门又是旅游胜地，鼓浪屿、南普陀等名胜每年吸引 30 万人次的境外旅游者和数量更多的国内旅游者。

漳州位于漳州平原，距厦门 66 公里，海沧大桥架起后可缩短为 57 公里。漳州是漳州市所辖 1 区 1 市 8 县的政治、经济中心，市区（芗城区）人口由 1978 年的 12 万增加到现在的近 30 万。近几年漳州工业发展迅速，市区沿着九龙江两岸向河口延伸。往厦门方向正建设蓝田工业区，靠厦门的龙海市角美镇是全省明星镇，正进行大片土地开发，外商总投资 1 亿多美元，建成后将与海沧投资区相连。加上周围的长泰县城和龙海市的郭坑、步文等镇，将形成建成区愈益接近的厦漳工业走廊。

在九龙江南岸，龙海市区（石码镇）离漳州 19 公里，往前 5 公里是海澄镇，两地均为河口港，有轮渡通厦门，工商业均发达，人口共 12 万，周围还有榜山、紫泥、浮宫等 7 个镇，其中港尾镇北的打石坑、石后一带，与厦门隔厦门湾相望，已由香港招商局为主的中银集团开发港口码头和工业区，拟建成类似于深圳蛇口的港口新城，首期 3.5 万吨货运码头已基本建成，高等级疏港公路正修往漳州。

九龙江口，环绕着厦门湾，以厦门东渡港、海沧嵩屿港和漳州港尾港三个港口为龙头，以厦门国际机场为窗口，以厦门、漳州两个市区为中心和次中心，是一片密集的港口工业城镇群。再加上厦门以北的同安，以及同安所属重镇马巷等 11 个城镇，形成北面城镇群。还有漳州以南的漳浦县城及所属 13 个城镇，漳州以西的南靖县城及所属 7 个城镇，平和县城所属 8 个城镇；漳州以北的华安县城及所属的 5 个城镇，以及漳州市郊的 4 个镇和长泰县的 3 个镇，形成了九龙江口城镇群，即大厦门。

九龙江口城镇群的发展，一靠厦门的龙头作用，靠厦门利用自由港的某些政策，利用经济特区的优势再上一个新台阶。二靠东渡、嵩屿、港尾三个港口的建设，以三个港口带动整个城镇群的发展。三靠海沧、杏林、集美、港尾、蓝田、角美等开发区的成长，它们将和厦门市区共同组成这个城镇群的核心。四靠尽快修成厦门—漳州—港尾高速公路，包括海沧大桥，使这一片区域紧密联系起来。

晋江口城镇群

晋江口城镇群以泉州市为中心，以晋江市、石狮市、南安市市区为次中心，是一片靠乡镇企业高速发展而成长起来的高密度工业城镇群，即大泉州。

泉州是历史文化名城，拥有一批重点文物保护单位。泉州是所辖 1 区 3 市 4 县的政治、经济中心。该辖区又是著名的侨乡，800 万福建籍海外华人约一半祖籍泉州各市县。泉州市区（鲤城区）近几年一方面保护旧城区，一方面加快发展新城区，建成区面积迅速扩大到 10 平方公里，人口（含外来劳力）已近 30 万。漳泉肖铁路（从鹰厦铁路漳平站经泉州到湄洲湾南岸的肖厝港）1995 年可通到泉州，市郊 3000 吨级的后渚港暂作泉州的海上门户。泉州晋江机场位于晋江市郊，1995 年将建成通航。

晋江口城镇群的显著特征是乡镇企业带动了农村城市化。经济实力日益增强的乡镇企业在一个个小城镇上聚集起来，它们以侨资为依托，以股份合作制企业、私营企业、"三资"企业为主体，不断扩大生产规模，引进先进设备，成长为现代化企业和企业集团。企业的发展和农民的富裕同时也改造了小城镇，形成了密集的各具特色的城镇群，还吸收了 80 多万省内外劳工来务工，昔日的农村乡镇已成为厂房楼房林立、公路网四通八达的繁荣小城镇。按联合国的标准，2 万以上人口的聚集地可视为城市，晋江口城镇群中的多数城镇都可以算是小城市了。这一农村城市化模式被称为"晋江"模式。

泉州地区近几年是福建经济增长最快的地区，1992 年、1993 年、1994 年增长速度分别为 53%、67.7% 和 51.6%，1994 年国内生产总值达 373 亿元，总量和增长速度都高于福州、厦门，居福建省之冠。

晋江市区在泉州以南 12 公里，由一街之隔的青阳、陈埭两镇组成，人口达 15 万。晋江 15 个镇多数是全省明星城镇。晋江乡镇企业以制鞋、服装、建筑瓷砖、食品为主，全市 97 万人口中有 10 万供销人员在全国各地推销产品。晋江各镇间均铺水泥路面，总长度 639 公里。已建成深沪港 5000 吨码头，正续建万吨码头。

石狮市区在晋江市区东南 12 公里，16 年来成长为全国闻名的以服装为主的小商品市场，服装工业发达。石狮还累计引进"三资"企业近千家，产品销往国内外，年出口值9000万美元。石狮市区由一个小镇扩大为15万人口的小城市。现正兴建祥港、石湖的万吨码头，开拓多项高技术产业，朝港口工业城市发展。

南安市区（溪美镇）在泉州以西26公里，连同周围城镇人口26万。近几年南安的石材、尼龙伞、水暖器材等行业的乡镇企业和"三资"企业发展迅速。尤其是市区周围和靠近晋江的官桥、水头、石井等镇，已成为繁华的小城市。现正在石码镇建5000吨码头作为南安的出海口。全市20个镇构成大泉州西面和北面的城镇群。

泉州以东是人口15万的惠安县城，所辖12个镇构成大泉州东面城镇群。惠安建筑业发达，20多万建筑工人走遍全国各地。惠安地处湄洲湾南岸，已在进行的湄洲湾开发正带动惠安腾飞。国家投资的250万吨炼油厂和10万吨油码头已在肖厝投入运行，肖厝港万吨泊位在建，漳泉肖铁路通车后，这里将充分发挥大泉州外港的作用。计划中的180万千瓦核电厂、45万吨乙烯工程也将在惠安落户，炼油厂也将扩建到1050万吨。净峰镇头尾将建设20万～30万吨码头，计划中要成为我国四大国际中转港之一。20世纪末的湄洲湾南岸是福建省的石油化工生产基地，一座新兴的港口工业城将在这里崛起。

晋江口城镇群的自发性较强，区域内建设较为零乱，因而加强规划尤其是区域的整体规划至关重要。各个城市、城镇的规划必须服从区域的整体规划。晋江的乡镇企业现在进入提高规模效益的阶段，应引导它们组建股份合作制企业和企业集团，以提高在市场经济中的竞争力。湄洲湾南岸的开发是泉州市上新台阶的关键，石化基地和湄洲大港的建设将大大增强。

漫谈经营城市和提高城市竞争力*

城市化是工业化的产物。20 世纪六七十年代，发达国家相继完成了工业化之后，城市主要是各种服务业的聚集地，成为金融中心、贸易中心、物流中心、信息中心、文化教育医疗中心、旅游娱乐中心。城市的发展离不开第二、第三产业的发展，一个城市的竞争力实际上就是一个城市所拥有的第二、第三产业的竞争力。但城市的竞争力又要求每个城市有自己的特色产业，有自己的产业链，有与众不同之处。城市竞争力是"独树一帜"和"全面发展"的辩证统一。我国的多数城市全面发展有余，独树一帜不足，经济结构雷同。每个城市如何培植自己的产业特色，是城市发展的一项长远战略。

城市竞争力与城市中的研究开发能力和物流销售能力密切相关。今后，只具备传统制造业的城市竞争力将呈下降趋势，而主要从事研究开发以及金融、商贸、信息、旅游服务的城市竞争力将呈上升趋势。这是我们培植城市竞争力中必须加以注意的动向。当然，对于我国的大多数城市而言，工业化任务远没有完成，当前的任务还主要是发展制造业，还是以办企业为主，不断扩大生产规模。中国正在成为世界的制造业大国，这对于当前的中国是一大进步。但我们也不能忘记，意味着盈利最高的研发和营销已经被少数发达国家所控制，我们现在还不得不接受这个现实。今天，只有像上海这样的中心城市，科技力量雄厚，人才济济，又是全国主要的金融中心、航运中心和各类服务中介业的中心，才可以不把重点放在制造业上，而把发展的重点放在研发、营销、物流和服务上，上海可以把制造业转移给邻近的苏州、嘉兴，可以逐步降低产业工人的比重，成为以第三

---

* 原载于《理论经纬》2002 年第 11 期。

产业为主的城市。

城市的产业竞争力建立在城市的环境基础之上。因而政府的使命主要是营造环境，营造各类企业愿意来这个城市落户的环境，营造人们愿意来这个城市居住的环境。环境好了，城市的竞争力自然而然就会提高。

随着我国经济的高速成长，工业和第三产业逐渐在城市聚集，农村富余劳动力逐渐向城市转移，我国的城市化将在 21 世纪初步入高速成长时期。据估计，21 世纪头 20 年，将会有 3 亿～4 亿人口进入城市和城镇。作为城市的管理者和组织者，城市政府如何应对未来十几年里即将涌进城市的大量人口，如何搞到用于城市建设的钱，如何经营好城市，如何提高城市的竞争力，这是每个市政府都时时在苦思冥想的事情。作为公共政府，仍然要解决城市发展的诸多问题：道路和市政公共设施，公园和城市绿化，小孩的义务教育，卫生和社会保障体系，公检法和治安系统，甚至小到公共厕所，政府要做的事情太多了，要花钱的场所太多了，在工业还不十分发达的情况下，光靠税收是无法完成这么多使命的。城市政府要经营城市，要有能力把城市建设好，筹集税收以外的城市建设资金是市政府建设城市的前提。

政府搞钱的路子很多，拍卖广告牌位，拍卖出租汽车牌照，拍卖公共汽车经营线路等等，但这些都是"小儿科"，都还不能从根本上解决问题。政府经营城市主要是经营城市土地，城市政府最大笔的收入莫过于拍卖土地。政府要善于"炒地皮"，以政府的公共建设投资来抬高地价，通过招标拍卖的形式，将收入囊括在政府手中，积聚起财力来才有城市建设可言。

香港是城市经营土地的典范。在香港经济起飞的过程中，通过地块的招标拍卖，积累起相当于财政收入三分之一的资金用于香港的基础设施建设。我国内地近几年在推行城市土地招标拍卖上也迈出了步子。据统计，23 个省市 1999 年度以招标拍卖方式出让国有土地 1000 万平方米，收取土地转让金 114 亿元，而 2000 年度，仅浙江一个省的土地招标拍卖收益就超过了全国 1999 年度土地招标拍卖收入的总和，为城市建设提供了大量资金。

由于我国长期实行计划经济体制，导致现有城市中的大量土地仍属于划拨用地，再加上改革开放以来大量实行协议批地，目前留在各级市政府手中可进行招标拍卖的土地资源十分有限。如何以土地生财，已成为困扰许多城市政府的难题。

为了规范城市土地市场，使土地成为城市建设的财源，首先必须强化国家对土地的所有权，强调城市土地所有权应由政府行使，严禁原划拨用地的现有使用者自行转让土地，形成多头的土地供应，干扰政府对土地供应市场的垄断。现有法律对这一问题的界定不尽明确，原使用者常可以通过补办手续取得土地证和土地转让权，对此人民代表大会等立法机构为了推动城市化的发展，应尽快完善法规，使土地市场规范起来。市政府必须把尽可能多的土地，特别是城市中价值较高的非工业、非公共事业用地，掌握在政府的手中，形成政府的土地储备，根据城市发展的需要，采取公开招标拍卖的形式，择时估价拍卖。近几年随着土地管理制度的完善，协议出让方式只在工业企业的招商引资中用于工业用地，房地产商的建设用地和商业用地基本已归进招标拍卖的范围，今后应完善这一制度，杜绝土地市场中的不规范行为。

由于现在大多数土地都还在原划拨使用者手中，随着城市规模的扩大，政府必须有步骤地趁原使用单位重建、扩建、并购的机会，以价位较低的近郊用地替换市中心区的划拨土地，把级差地价收到政府手中。改革开放以来，不少城市的市政府率先将政府机关从市中心迁往新区，如青岛、厦门等，一方面促进了新区的发展，一方面又带动了各级政府机构随之搬迁，形成更多的可拍卖土地资源。这些市政府的做法是十分明智的。做好现有划拨地的置换、调配，特别是国有企业划拨地的置换、调配，是市政府生财的一种手法。

众所周知，城市繁华地段与郊区农地的价格有天壤之别，但城市总是处在发展的进程中，城市规划是在政府的主导下制定的，规划完成后，什么地方先开发，怎么开发，也都在政府的主导之中。政府应当集中起一部分财力，包括运用信贷手段，在打算开发之前就预先将未来最可能升值的地段大面积收购到政府手中作为土地储备。随着新市区的建设，路通了，设施完善了，一小部分地段由开发商先开发，形成气候，政府再逐步释放出储备的土地，收取尽可能多的级差收益。

经营城市土地还要有艺术，要善于培植"地王"。正在繁荣的地段，土地未必都急于出让，要把一些好地块保留起来，先办停车场，盖活动房，闲它几年，让其充分升值，抬高了价格再拍卖出售。当然，行政长官过于频繁地更换往往造成政府的短期行为，不容易形成培育"地王"的耐心，往往本届政府先卖先用再说，市级人民代表大会能否在这方面起一些平衡作用。

由于这几年协议出让的土地较多，现在不仅政府有土地储备，房地产开发商还有更多的土地储备，有时政府变更规划，修一条路，都要高价从土地占有者手中买回土地。由于土地最容易随经济的发展和城市的扩张而升值，政府不应当容忍那些靠占着土地不建设而图谋土地升值利益的土地投机者。我们已经有占用土地二年不开发就收回土地的法规，现在应当严格执行这一法规，说白了，这个钱只能由代表人民利益的政府来赚，不能被私人赚。过去订的协议有许多空子让人钻，应当重新修订相关法规，让土地投机者无利可图。

随着人们环境保护观念的增强，人们对拥挤的"水泥森林"已经厌烦，期待生活环境中有更多的绿树、公园、草坪、水面，这些美化生活的因素在土地升值中的作用越来越大。现代化的城市，经营城市应当有不同的理念，城市不能再密密麻麻"摊烙饼"式地扩大，而是在城市建筑群中夹杂着成片的森林公园。政府在规划时要高起点、高要求，舍得拿出一些地块来满足美化环境的需求，这也是城市土地升值的要求。许多城市在旧城改造中都有这样的体会，拆了一片旧房，搞个广场、公园，周边的房子升值起来，比不搞广场、公园光盖房子，政府的收益还更多，更不用说广场绿地在提高城市品位和改善投资环境中的作用。

即使土地现在已经流入房地产开发商手中，政府也可以采取适当措施，让房地产商出钱来进行城市的环境改造。由于环境改造将直接导致房地产的升值，政府可以和已占有土地的房地产商签订协议，让他们从地价房价的收入中拿出一定比例的资金用于城市建设，用于修公园、建绿地，取得政府与房地产商双赢的结果。

旧城改造和新区建设，是我国城市发展的两条路子。改革开放20多年，旧城改造在全国大多数城市都已经取得显著的成效，同时也带来房子密度过大、道路过于狭窄、绿化面积不足等弊端。21世纪，城市发展的主要道路大都已转向新区建设，新区必须要以现代化城市的要求来规划利用土地，这正是政府经营土地的好时期。当前又正值银行资金大量积压，利率低，存款多于贷款，政府完全有可能筹集大笔资金，超前购入大量土地，为城市经营奠定坚实的基础。杭州市政府从1997年8月至2000年5月，动用了28亿元资金，收购了127片土地，面积4185亩，与此同时政府出让了2100亩土地，就已回收资金24.7亿元，杭州市政府再从剩下土地的招标拍卖中取得土地收益。我们的市政府应当学会为市民赚钱的门道，学会与房地产开发商"较量"的艺术。有了钱，市领导再有现代化的观念，城市环境的改善就容易做到了。全国各城市都按这样的路子走下去，城市化的动力必然更加充沛。

说到环境，还应当包括城市的软环境。政府及其公务员要有开放的观念，要有廉洁的作风，要有办事效率和服务意识，要为企业发展提供宽松的环境。同时，城市居民的素质和公民道德水平也是城市的一种软环境。现在企业和居民都已经可以自由流动，哪儿环境好上哪儿去，软环境在未来的城市竞争力中将发挥越来越大的作用。

从我国的城市统计资料可以看出，除了有特殊资源的城市外，一般说来，城市规模越大，人均国内生产总值越高，经济效益越好。上海的经济效益始终位于全国城市之首，百万人口以上的大城市经济效益明显高于20万人口以下的小城市。世界各国的统计数字也表明，城市化进程中发展最快的是特大城市和大城市，其次是中等城市，世界城市人口中占比重最小的是小城市和城镇。这种现象是市场经济中城市聚集效应造成的客观规律，即工业聚集在一起成本低，第三产业在人口集中的地方容易取得较好的经济效益，人多的地方好赚钱。因此，市场经济的发展必然导致城市规模的扩大，必然导致大城市的优先发展。改革开放以来我国大中城市的高速扩张说明了这一点。但另一方面，我们也已经看到遍地开花的小城镇建设，带来了重复建设和浪费的弊端。光是住宅占用土地，以单位人口计算，小城镇的占地远远高于大城市，更不用说供水、供电、通信、交通等城市公用设施的利用率了。所以，我们应坚定不移地朝着扩大城市规模的路子走下去，把城市打开，放人进城，关键还在于产业的发展，关键还在于环境的改善，关键是让进城的人有活干、能生存。

城市的规模要扩大，当然不是靠现有居民人口的自然增长，而是靠人口的移入。因此，城市和城镇都应当广开城门，吸引八方人口进城来。现在每一个城市、城镇的领导都知道要欢迎高学历的高中级人才，都知道要欢迎携带资金前来的投资者，但城市要发展也还需要欢迎能自我谋生的个体经营者和各类能自食其力的进城务工人员，而这些个体经营者和进城务工人员绝大多数是进城谋生的农民。我国的城市和城镇现在已经容纳了约一亿个从农村涌来的农民前来就业，这些农民已经是部分企业的主要劳动力。如今，路是农民修，楼是农民盖，他们还承揽了许多城市居民不愿承担的重活、脏活，经营了许多与城市居民生活息息相关的服务行业。但是，这些"进城农民"现在基本上还是"候鸟式"地移居。每年春节前进城务工人员返乡，春节后回城，一年两度的"民工潮"已成为交通部门不堪重负的负担。我国城市化的发展，应当吸收一部分从农村转移出来的进城务工人员定居下来，城市要提供条件让他们有可能定居下来，特别是进城务工人员中的"精英"，那些已成为熟练劳动力和基层管理人员的优秀者，那些已经能自食其力的个体经营者。各级政府和企业要为进城务工人员转变成城市和城镇居民创造条件，要善待进城务工人员，善待外地人，欢迎他们由"乡下人"变成"城里人"，由外省人变成本省人。未来二三十年，中国将经历一个数以亿计的进城务工人员由"候鸟"变成"留鸟"的过程，我们要解决由此带来的一系列社会问题、经济问题，完成中国伴随着现代化进程的城市化进程。这是历史赋予我们的艰巨使命。

当城市扩大到特大型城市后，一系列"城市病"就浮现出来：交通拥挤、空气污染、噪音扰人、治安治理困难。于是 20 世纪后半叶，在发达国家出现了"逆城市化"现象，部分有经济能力的居民纷纷搬离市中心，住到郊外的卫星城和小镇上去，每天开车进城上班。发达国家这种卫星城市群代替"摊烙饼"式大城市的现象，是我国大城市发展中必须引以为鉴的。现在我国居民有小轿车的还不多，加上公共交通也不够发达，于是大家还宁可窝在拥挤的楼房里，所谓"宁上一层楼，不跑十里路"。这种城市交通落后的状况未来十年内将会有明显的改变。将来，我国的大城市也会出现扩散化现象，未来一百公里半径范围以内形成的城市群，其竞争力将不亚于单个集中连片的城市。即使是单个城市，也要求在城市中夹杂着森林、水面和大面积的公园。我们的城市规划必须把这一世界城市发展的趋势考虑在内。

厦门必须尽快扩大城市规模[*]

一、厦门应真正成为福建经济的龙头

厦门作为我国最早的四个经济特区之一，20 世纪八九十年代发展迅速。厦门是福建经济增长最快的城市，2000 年还是深圳、珠海、汕头、厦门四个早期经济特区中增长最快的城市。厦门是福建吞吐量最大的港口，是福建对外贸易额最大的城市，也是福建吸引大跨国公司最多的城市。厦门是福建最富裕的地区，人均国内生产总值和人均财政收入都居全省第一位。大家都公认，作为美丽的滨海城市，厦门的投资环境和生活环境在福建雄居榜首。福建省委、省政府早已把厦门确定为福建经济发展的龙头，这是厦门的骄傲。

但是，厦门的行政区划只包含原来福建省的一个市和一个县（同安县现已改区），1999 年户籍人口 126 万，土地面积 1516 平方公里，是福建 9 个地区级城市中人口和土地面积最少的一个市。1999 年厦门国内生产总值 458 亿元，低于泉州的 952 亿元、福州的 943 亿元和漳州的 487 亿元。厦门的经济辐射范围，主要是漳州市、泉州市和龙岩市，少部分辐射到三明市和莆田市，辐射面小于省会福州。作为福建经济的龙头，厦门的经济体量偏小。即使是只带动漳州、泉州、龙岩这一千多万人口，厦门也辐射能力不足，显得力不从心。显得厦门现有的城市规模与其应有的地位和作用不相称，要当好福建经济的龙头，厦门必须尽快扩大城市规模。

厦门市区，即厦门本岛和集美、杏林、海沧等城市连片建成区，户籍人口只有 60 万左右，加上外来暂住人口和流动人口，厦门市区人口不足

---

* 原载于《城市发展研究》2001 年第 3 期。

100 万，建成区面积约 75 平方公里。在我国副省级计划单列市中，厦门属于城市规模较小的城市。为了加快福建省的城市化进程，提高厦门对周边地区的辐射能力和带动作用，把厦门建成为海峡西岸繁荣带的明珠，同时也为了厦门能更加充分地发挥城市的聚集效应，提高城市的规模效益，在未来 5 年内，厦门最好将城市连片建成区人口扩大到 150 万，并争取在 2010 年将城市人口规模扩大 200 万人。

福建的城镇化进程落后于经济发展进程，与我国沿海各省相比，大城市的发展尤为滞后，作为一个人口 3300 万的沿海省份，未来 10 年内省会福州应争取达到 300 万人口，厦门达到 200 万人口，第三大城市泉州力争上 100 万人口，这样才能为福建经济的进一步发展提供载体，为福建经济结构调整提供空间。

二、把厦门城市建设的重心移向岛外

原来的厦门市区只是厦门岛的一部分，改革开放以来，岛内发展迅速，胡里工业区、莲花新区、厦门机场、会展中心等已经把岛内的土地填满，除几个难以建设、应保留为厦门绿化地的山头外，现在只剩面对小金门的胡里山炮台到何厝一带还有少量余地。应当说，厦门岛内的开发已经饱和，人口密度已经较高，即使有小片地块也要保留下来，将来用于高新技术产业的开发，用于旅游业的发展。建议厦门市除原地改造、改建外，基本停止对岛内建设项目的审批，并将所有的余地控制起来。21 世纪，厦门应把城市扩建的重点移到岛外。未来几年，厦门市区扩大的重点应在集美、同安之间和海沧、马銮一带，长远则要扩大到同安区的 324 国道两侧和刘五店一带。

按照厦门市的城市总体规划，市区结构是"一环数片、众星拱月"的多核单中心结构，中心就是厦门本岛。由于岛外各片与本岛都隔海相望，靠已有的集美、海沧大桥和将来架往刘五店的跨海大桥连接，桥都很长，而且过桥费不知还要收多久，岛外各片之间也有较长的距离。这就对厦门新区建设提出了不同于那些"摊烙饼式"扩张的城市所采取的扩建模式。

因此，厦门的每个小区都应当是功能相对齐全的卫星城，每个小区既有分工，也能自成体系，小区内生活设施和科教文卫、商业服务、娱乐休闲、环保排污等配套必须齐全，形成相对完整的小城市，每个卫星城都要像本岛一样具有环境优美的吸引力，都适宜居民定居。这就要求新区建设要高起点规划，充分考虑小城市应当具备的各项功能。

拓展集美、开发同安—集美公路两侧是当前厦门城市扩大的首要选择。集美有集美大学、集美学村等，是厦门的文教密集区，也有一定数量的工业和旅游景点，小城市初具规模。但集美城市不大，人口仅12万，城市功能尚不齐全。集美位于厦门陆地的中心点，又是陆地的交通枢纽，可选作厦门城市的次中心加以拓展。原同安（大同镇）作为原来的县域中心，已是一个较完整的小城市，也有10万人口。集美、大同两地由20公里长的宽敞的一级公路连接，道路两侧有成片平地，已经零星布撒了不少工厂和一个高尔夫球场。立足发展集美，开发同集路，把金融、商贸、交通枢纽、住宅、旅游等功能安在同集路的集美端，将集美大踏步向同安方向推进，还可以考虑把厦门岛内无法容纳的大市场、大体育运动场所、动物园等安在这一带。同集路余下的路段则引进污染较少的工业，以劳动密集型企业为主，沿路安置，包括设置若干民营工业区，引导民间投资入驻。5年内将大同镇和集美完全连接起来，将大同镇人口和城市建成区纳入厦门市区范围，这也是5年内将厦门城市连片建成区人口提高到150万的一个不可缺少的措施。

海沧区现在主要是工业区和港口区，大工厂林立，但现在生活、商贸等设施只局限于区管委会附近，且尚未配套，山后海沧一带则更是空白。作为工业区和港口区，为海沧配套各项城市设施已十分迫切，应尽快推动海沧新市区的建设，使之具备小城市的大部分功能，成为人们乐于定居的地方。海沧的发展余地较大，加上马銮，可利用土地逾40平方公里，将来应成为厦门的主要工业区，自身应发展成一个中等城市。

马銮的开发刚刚起步，先已有新阳工业区，将来可以在海沧和杏林的支持下，沿马銮湾形成一片风景秀丽的住宅区、休闲区和未来的新兴高科技园区，实现与海沧、杏林的功能互补。

杏林区作为老工业区，配套较为齐全，已经是个较独立的工业小城市。杏林要继续完善配套设施，优化环境，并继续向周边扩展，成为有20万人口的小城市。

刘五店、沃头一带，是将来厦门跨海向东发展的新市区，新区的大规模开发是跨海大桥修建之后的事。将来这片新区有望向新店、马巷方向推进，并把大镇马巷纳入厦门市区。

三、发展二、三产业是城市扩大的基础

城市的扩大不仅仅是居民的聚积和房屋的扩建，城市发展首先是产业的发展，是工业的聚集以及建立在工业基础上的第三产业的发展。因此，研究城市发展问题首先要研究经济发展问题。

改革开放以来，厦门经济发展迅速，从经济成分看，外资在厦门特区发展的进程中起了重要的作用。至 1999 年底，厦门已投产"三资"企业 4107 家，直接利用外资 104 亿美元，"三资"企业工业产值已占全市工业产值 70％以上。值得注意的是，近几年来，厦门利用外资，从中小型、劳动密集型企业为主，逐步向吸引大型和资本密集性企业过渡。国际上一些大型跨国公司纷纷在厦门落户，如美国的柯达感光、戴尔电脑、太古飞机维修，德国的林德叉车，日本的松下音响，瑞典的 ABB 开关等。近两年虽然受到亚洲金融风暴余波的影响，但厦门还能维持较高的经济增长速度，这与这些大企业对厦门经济的带动是密不可分的。

但是，和上海、深圳、天津等城市有两三百家跨国公司落户的情况相比，厦门吸引跨国公司投资的数量仍然大大落后。厦门是个风景秀丽的海滨城市，有港口，有机场，投资硬环境并不差。看来，要加大厦门对大型外资的吸引力，关键在于进一步着力改善投资软环境，即提高政府部门的办事效率，减少部门之间不应有的扯皮，减少不必要的检查和审批，关心并帮助企业解决运行和发展中的困难和问题，争取吸引更多的大跨国公司和大台资企业来厦门落户，并以此作为城市扩张的重要动力。这方面，珠江三角洲、长江三角洲一些城市的成功经验值得厦门借鉴。

与全国各城市相比，厦门民间投资显得十分单薄，企业少，规模小，形不成气候。1999 年民间投资企业的产值（含集体和私营企业）仅占全部工业产值的 6.5％。尽管厦门居民存款余额不断增长，而民间投资的积极性却很难调动起来。为了促进厦门经济的进一步发展，厦门要大力启动民间投资，放开民间投资领域，大力发展非公有制经济，大力发展各种类型的混合经济。

受厦门市计委的委托，福建社会科学院配合厦门市计委完成了"启动厦门市民间投融资研究"的课题。认为导致厦门民间投资动力不足的原因有以下几方面：其一，外商大量投资已导致地价、水电等生产要素成本上升，使民间投资成本居高不下；其二，对民间投资"一视同仁"的政策有待进一步落实，政府已出台的鼓励民间投资的措施也有待进一步落实；其三，民间投资企业融资困难、批地困难；民间资本投资的领域尚未像对外资企业一样放开；其四，税负重，企业反映是"低国民待遇"；其五，民间投资企业人才缺乏，企业家素质也有待提高，管理有待加强；其六，民间投资企业的权益缺乏有效的法律保护；等等。研究报告中提出了一系列对策建议，愿我们的研究能有益于厦门民间投资的拓展。

第三产业在城市发展中起重要作用，现代化城市中第三产业比重大于第二产业。厦门首先要加快信息产业的发展，信息化建设要走在全省的前列，在建设"数字厦门"上迈出大步，使厦门成为信息港，以信息业、软件业和其他 IT 产业作为厦门市未来的龙头企业，并用电子信息技术来促进其他产业的发展，改造传统产业。厦门是一个重要的滨海旅游城市，要进一步开发旅游资源，提高接待能力，促进经济繁荣。厦门又是个有较多国外、境外银行进驻的城市，要使金融、保险业有长足的发展，吸引更多的金融机构入驻，力争使厦门成为广州至上海之间最重要的金融中心。厦门港要进一步疏浚航道，迎接第四代集装箱货轮进入厦门港。外贸、房地产、零售商业、娱乐休闲等第三产业也要有显著的进步。

四、打开城门，引人入厦

厦门要争取 10 年内将城市连片建成区人口规模扩大到 200 万。靠的当然不是人口的自然增长，因此，厦门要制定恰当的政策，吸引外来人口来厦门定居。毫无疑问，高素质的人才，当然要用优惠的政策来吸引；带着资金来投资的，当然张开双臂欢迎。但厦门未来 10 年需要增加的几十万人口，未必都是高级人才，未必都是投资者，还包括各种各样来厦门自谋生路的劳动者。从长远来看，应当欢迎他们成为厦门的新市民。我们有的同志担心人来了要增加政府的负担，其实，这是计划经济体制下的概念，增加政府负担的原因是市场经济体制不彻底，要从经济体制改革的角度去解决。人来了，只要在干活，在谋生，就能出产值、出效益、出税收、出消费，这本身就是城市成长的动力。现在定居最大的障碍是子女上学，政府办学一时有困难，适当收一些费也无妨。厦门的城市扩张要迈大步，建议政府研究如何有步骤地打开城门：正式户口、蓝印户口？大学毕业生要，高中毕业生行不行？进城务工人员中在厦门干了多年掌握了技术的行不行？用什么做门槛？买房子夫妻都落实工作岗位？本岛、本岛周边与同安是不是要有不同的规定？同安来的、本省来的、外省来的，要不要有所区分？总之，中国当前候鸟式的"民工潮"只是历史进程中的暂时现象，部分候鸟终究要变成留鸟。谁将是厦门未来要吸纳的市民？这不是一个理论问题，而是一个要在实践中不断完善的对策。

把泉州城市做大的思考[*]

泉州市在历届党委、政府的领导下，依靠全市广大干部群众的辛勤努力，取得了显著成绩：2001 年，全市实现国内生产总值 1125.1 亿元，财政总收入 70.55 亿元，三大产业比例调整为 8：53.3：38.7，经济总量已跃居全省各地级市首位，在全国 212 个地级市中名列第三；晋江、南安、惠安、石狮国内生产总值和财政收入进入全国百强县（市）行列；所辖县（市）全部进入省经济实力十强或十佳行列。经济结构进一步优化，泉州已进入工业化的中级阶段，全市形成了纺织服装鞋帽、石油化工、建材陶瓷、食品饮料、建筑房地产、旅游服务等六大支柱产业和机械、电子两个重点发展产业，涌现出许多规模大、竞争力强、效益好的企业，创出一批名牌产品。泉州全市已基本实现小康，正在向宽裕型小康迈进。

一、泉州迈向大都市

就城市而言，泉州只是福建省的第二大城市，历史上还一度被三明超过。与福建省省会福州和特区城市厦门相比，泉州的城市规模有较大距离。按第五次人口普查，泉州市区所辖鲤城、丰泽、洛江三个区城市人口653546 人，城市规模略大于第四大城市漳州。福建省委、省政府在福建城市发展战略和省计委的城市发展规划中，福建发展三大城市和发展四大城市的提法都曾出现过，最近省政府颁发的关于福建省"十五"城市发展和城镇化专项规划，只提福州、厦门两个中心城市，而把泉州放进 7 个地级城市之中，原因在于泉州现市区规模有限，与漳州城市规模相比没有明显

＊ 原载于《福建论坛（社会科学版）》2003 年第 1 期。

凸现的优势。泉州市区位于福州和厦门之间，北不足以辐射到莆田，南则要接受厦门的经济辐射，向西的辐射力到不了三明。

就泉州市全市所辖三个县级市、四个县共 720 多万人口而言，泉州作为中心城市的经济辐射力也深感不足。而且，泉州所辖的三个县级市又各具特色。晋江市区周围的连片建成区聚集了 40 多万人口，晋江市的经济总量远超过泉州市区。石狮市区人口也超过 40 万，石狮的人均 GDP 高于泉州市区。南安则是个有 150 万人口的县级市，惠安县的经济实力也不弱。在泉州的经济总量中，泉州市区（不含泉港）只占总量的 15.8％，而晋江占 27％，南安占 14％，惠安占 13％，石狮占 9％。群雄并立，更显得泉州市区经济统领作用之不足。

城市化是工业化的产物。由于工业的发展出现了企业的聚集效应，即工业企业聚集在一起，有利于企业之间的分工协作，有利于共同使用给排水、供电和交通通信设施，从而节省投资和费用，有利于建立社会化的住宅、生活、教育、卫生、商业、金融等服务，有利于减少原辅材料的储备，提高资金周转速度。实践证明，相对集中聚集的企业较之遍地开花的分散企业，购销方便，经济效益高。城市和城镇就是在这种工业聚集的利益驱动下发展起来的。与此同时，人口的集中又导致第三产业的发展，人多的地方好赚钱，第三产业又进一步推动了工业的发展，推动了城市的繁荣，于是城市越来越多，越来越大，形成伴随着现代化进程的城市化进程。世界城市发展的历史表明，按城市聚集的人口计算，增长最快的是大城市，其次是中小城市，最慢的是小城镇。

从我国的城市统计资料可以看出，除有特殊资源的城市外，一般说来，城市规模越大，人均国内生产总值越高，经济效益越好。上海的经济效益始终位于全国城市之首，百万人口以上的大城市经济效益明显高于 20 万以下人口的小城市。这种现象是市场经济中城市的聚集效应造成的。因此，市场经济的发展必然导致城市规模的扩大，必然导致大城市的优先发展。

改革开放以来，我国城市化逐渐进入迅速发展时期，但在 20 世纪 90 年代中期之前，乡镇企业异军突起，成为我国工业化的一支生力军，出现三分天下有其一的局面，福建更是占领了半边天。这一时期，小城镇发展迅速，泉州更是如此。90 年代中期，由于小城镇的过度分散，不能支撑中国工业化的产业升级和深加工发展阶段，不能支撑第三产业的高速增长阶段，不能支撑经济质量的提升阶段，大城市扩张逐渐成了我国城市化的主流。上海 1000 万人口，又扩张了将有 600 万人口的浦东，杭州整合了周边的萧山市、余杭市，广州整合了番禺市和花县，无锡整合了锡山市，苏州整合了吴县市，常州整合了武进市，等等。跨入新世纪，一股做大城市的旋风刮遍神州大地。

改革开放以来，乡镇企业的发展使许多乡镇成为工业聚集的中心，在泉州市区附近的晋江市、石狮市、南安市、惠安县及周围乡镇形成了以泉州市区为核心的密集城镇群，大多数城镇与泉州市区的行车半径都在半小时以内，这些联系紧密的城镇群产业相互关联，优势相互补充，人员和经济往来密切，经济交往大大提高了泉州地区的产业竞争力。这种城市群不是从一个大城市中分离出来的城市群，而是"有中国特色的"由乡镇企业推动发展起来的城市群，但作为城市群，同样都具有聚合关联作用，都能推动经济发展。显然，泉州的半小时城市群在泉州经济发展的过程中起了十分重要的载体作用。多年来，泉州市委、市政府积极发展和强化半小时城市群的思路和措施是十分正确的，是符合泉州地区经济发展的客观要求的。

但是，随着泉州地区经济的高速增长，对泉州产业发展和产业升级的要求更高了，对第三产业发展的需求更高了，对泉州城市化的要求也更高了，整个城镇群体对其中心城市的凝聚力要求更高了。我们试比较发达国家的都市群和泉州的半小时城市群，可以明显地看出，二者最大的差别在于：国外都市圈的核心是一个大城市，而泉州半小时城镇群的核心是夹在晋江和洛阳江之间，再加上江南的泉州市区，它已经没有多大的发展空间，搞一个清濛工业区都要把腿伸到晋江的池店镇里去。泉州市区人口含外来人口只有 65 万，而这个城市的各种远景规划也只不过是发展成一个70 万～80 万人口的城市。这和泉州大市已经达到的 1100 多亿元 GDP 是不相符的，和泉州已经取得的工业化水平是不相符的。要使泉州的半小时城市群发挥类似发达国家城市群的作用，就得把这个城市群的核心做大，把泉州中心市区做大。

泉州半小时城镇群的发展愈益显示这个群体缺乏一个有力的核心。光有"群"不够，泉州市中心市区没有具备一个大城镇群应有的核心凝聚力，泉州地区应当有一个高经济聚集效益的大城市作为这个群的核心。这就是本规划的出发点：缔造一个有都市规模的泉州中心市区来带动整个城市群，带动整个泉州地区，进而带动与泉州将以高速公路相连接的三明地区。一旦泉州的中心城市做成特大城市，泉州半小时城市群就有资格称作泉州都市圈。

泉州的工业已走过了发展的初级阶段，现在到了需要产业升级的时候，到了劳动密集型产业向资金密集型和技术密集型产业过渡的时候，到了需要用先进技术来改造传统产业的时候，到了需要提高企业创新能力的时候。企业需要信息、通讯、金融、仓储、物流、广告、设计和各类咨询机构、中介结机构为他们服务，需要科技、教育为他们服务，需要发达的商贸业为他们营销产品，所有这些第三产业都需要以城市为载体，依附城市发展。工业的深度发展需要人才，而人才要靠具有现代化生活条件的大都市人居环境来吸引，来集聚。没有大城市，没有发达的第三产业，没有人才，泉州的工业化就难以进入成熟阶段。

二、环泉州湾中心城市概念的提出

人类历史上，城伴水生，水绕城过，城市素来选址在河流边上。随着人类取水供水技术的进步，城市对河流的依赖减弱了，而人类亲水的本性又使许多城市走向海滨，走向海湾。泉州市区也正是从丰州走向泉州古城，再走向新市区，走向东海。

当今世界城市中，海湾城市是最具有魅力和活力的城市。我国的大连、青岛、厦门、深圳，美国的纽约、旧金山、西雅图，澳大利亚的悉尼，加拿大的温哥华等，都是美丽的海湾城市。泉州，守着一个不大不小的泉州湾，已经在周边形成了大都市的雏形，没有理由不把海湾城市的特色和魅力显现出来。走向海湾，建成环海湾大都市，是 21 世纪泉州城市化不容推卸的使命。

在原泉州市区附近，晋江市区、石狮市区是两片经济实力最强的城市建成区。三片市区加总起来，是泉州半小时城镇群实实在在的经济核心。整个城镇群的人流、物流、资金流大部分都往这三片市区聚集，第三产业和宾馆等服务设施也大部分集中在这三片市区。

泉州现中心市区，即鲤城区、丰泽区和洛江区南部，现有人口含外来人口 64 万多（普遍反映不下 70 万人）。晋江市区，即青阳、陈埭、罗山连成一片的建成区，现有人口含外来人口约 45 万人，离泉州市区 12 公里，东海—陈埭大桥建成后将减少到 10 公里以内。石狮市区人口含外来人口约 45 万人，现有公路离泉州 24 公里，如从陈埭和机场的东北面开一条快车道通石狮，可将距离缩短到 16 公里。这种距离在任何一个大都市里都可以看成是市内距离。现在，在三片市区之间已经星星点点地建设了许多厂房和楼房，尤其是泉州市区和晋江市区之间已经几乎连接。三片市区连成一片是历史的必然。

泉州后渚港水浅泥淤，已经不能满足货物运输的要求，泉州已经在规划秀涂港，东海通往秀涂的后渚大桥正在施工。按泉州市规划，秀涂港要作为泉州替代后渚港的外港。泉州市区已没有多少土地可作为工业用地，准备在秀涂港区后方的惠安县百崎、东园、洛阳开辟港口工业区。泉州火车站拟迁往洛阳，因而，在惠安县的洛阳、东园、百崎三个乡镇形成泉州的新组团已经是规划之内的事了。

洛秀组团、泉州市区、晋江市区、石狮市区，恰恰围着泉州湾绕一圈。未来的秀涂港和石狮市已经建成并投入营运的石湖港，就在泉州湾口南北两侧。秀涂与石湖之间的距离仅 2 公里。因此，围绕泉州湾，一个环海湾城市的雏形事实上已经显现出来了。

整个城市规划范围内的现有人口含外来人口已经接近 200 万，其中包括惠安的洛阳、东园、百崎，晋江的池店、陈埭、西滨，石狮的蚶江等乡镇的约 30 万以农业、渔业为生的农民。

为此，环泉州湾中心城市的规划规模，近期可定为我国东南沿海 200 万人口、连片建成区面积 250 平方公里的大都市，一颗海峡西岸繁荣带的耀眼新星，一个在福建省可以与福州和厦门并驾齐驱、一争高低的特大城市。在未来的两岸关系中，泉州也将以一个大都市的身份，介入两岸的经贸关系。

远期目标，除现规划范围内城市的发展和陈埭、西滨、蚶江滨海地区以及晋江、石狮间地块的开发外，市区向东，完成洛秀组团的开发后，4 公里就连接上惠安县城。泉港区的石化一体化项目一旦落地，湄洲湾南岸港口工业区将高速成长。斗尾港将建成大港口，泉州市延伸向湄洲湾势在必行。向西，城市将扩向磁灶、紫帽，还可能连上官桥、内坑及闽南重镇安海和水头。那时，泉州大都市将可能成为以环泉州湾城市为躯体，以螺城、泉港和安海、水头为两翼的展翅高飞的雄鹰，泉州市中心市区将向350万以上人口的大都市迈进。

迈入21世纪，我国城市化步进高成长期，中央政策在鼓励城市发展，全国各地纷纷做大城市，这是泉州构建环泉州湾中心城市的外部环境和氛围，也是泉州构建大都市的大好时期。没有这样的外部条件，如在90年代对大城市构建还有诸多限制的时候，泉州就是制定了200万人口大都市的规划，报上去也批不下来。

泉州的工业化水平，泉州经济的高速成长，泉州居民的高收入，是构建环泉州湾大都市的经济基础。

表1中的数字表明，泉州市区、晋江市、石狮市的人均GDP大约是全国平均水平的4倍多。当然，和厦门、深圳等一样，上述人均GDP计算有个误区，外来劳动力参与了GDP的创造，而人均GDP是按本地人口来平均的，没有把外来人口计入分母。据估计，如果把外来人口也拿进来平均，泉州市区、晋江、石狮的人均GDP约在2200～2300美元。由于我国物价水平低于发达国家物价水平，因此，认为这一地区的人均GDP相当于5000美元左右是大致合理的。人均3000～5000美元，是世界各国处于城市化高潮的时期。泉州在这个时期构建大都市，不是早了，而是稍嫌晚了。

表1　泉州与相关地区发展水平比较（2000年）

区域	人均GDP（元）	人均GDP（美元）
全国	7078	855
东部沿海地区	10722	1295
福建	11601	1401
泉州市	15956	1929
泉州市区	28176	3403
晋江市	27358	3305
石狮市	31767	3837

资料来源：《中国统计年鉴2001》《泉州统计年鉴2001》。

三、构建环泉州湾中心城市的障碍

构建环泉州湾中心城市的障碍首先在于人们的观念,特别是各级领导干部的观念:满足于小富即安,满足于小城市的安逸,相对于改革开放前,的确已是天翻地覆。但社会在前进,中国的城市化在快速发展,不进则退。泉州在城市发展中已显滞后,必须迎头赶上。只要各级干部都认识到构建大都市的必要性,都认识到实现现代化的迫切性,都愿意从小城镇、小城市跳进大都市,泉州跻身全国大都市的行列就一定能实现。

环泉州湾中心城市涉及三个区、三个县级市、一个县,行政区划的制约可能是大都市构建的障碍,地方长官的"屁股指挥脑袋"可能给整体的协调带来困难。相信在市委、市政府的统一领导下,这些障碍是可以克服的。

建成了 200 万人口的大都市,农民、小城镇居民、小城市居民一下子都变成了大都市的居民,他们一时还难以适应跨度这么大的身份转变,尤其是那些居住在被城市楼房包围的"城中村"里早已不务农的农民和数量更多的来自全国各地的务工人员。因此,市民的成熟是泉州大都市构建的一个障碍。持续的精神文明建设,持续的市民道德建设,将是泉州市委、市政府的一项长期的使命。

四、市政府迁往海滨

泉州、晋江、石狮,三个城市都临近泉州湾,但都没有给人以滨海城市的感觉。构建环泉州湾城市,三个城市都必须把"海"的特色体现出来,都应当向海湾挺进。为此,建议市政府带头走向海滨。

泉州市政府现在躲在老城区中,四周被旧城包围,没有发展空间,一些市直部门已经往外迁移。建议市政府迁往东海,开辟新的行政中心。原拟作为市政府新址的旧农校校址可辟为城市公园。

东海是个新区,原来主要是后渚港区,这几年疏港公路沿线已经挤进了许多工厂,也建了许多住宅,如东海滨城等高级住宅区。现在只剩下面对泉州湾的山坡地和海滨的一大片滩涂地没有开发。该地块南面的 2000 亩坡地已批给泉州师范学院建新校园，在泉州师院以北到后渚港之间，即北星村附近，大约还有 2000 多亩低山坡地和海滨的 2000 多亩原滩涂地，可供建设市政府大楼和宾馆、超市、服务设施、写字楼、公务员住宅。

东海还将是文化教育中心，泉州师范学院与黎明大学已在此落户。将来东海还应当建一些配套设施，要有一流的医院、一流的中小学、一流的文化娱乐休闲设施和相应的体育设施。

新市政府建在东海坡地上，恰好俯视整个泉州湾，遥望石湖塔和石湖、秀涂两个港口，是统领整个泉州建设海湾城市最适宜的统帅部。东海又恰好在环泉州湾城市的中心点，回原市区十几分钟，过东海—陈埭大桥到晋江、到机场十几分钟，开辟了陈埭以东到石狮的快车道，到石狮也只要十几分钟，过后渚大桥到秀涂、洛阳、东园、百崎和新火车站也分别只要十几分钟。还将开一条直通泉港区的大道，30 分钟可行车到达。把行政中心安在东海，对市委、市政府控制全局、统筹整个中心城市发展是最恰当不过的。

东海要成为行政中心，现在就要把土地严格控制起来，科学规划。预留山坡地不能再安排工厂，但可以进公司总部、进写字楼。政府大楼要作为泉州湾的标志性建筑来设计，要位于东海的中轴线上，精心设计的中轴线正对泉州湾的湾口。东海土地有限，坡地上要多建高层建筑来增加城市容量，要做到高楼、广场、绿地、地下停车场相配套，原滩涂地可建造低层建筑和商住区，将海滨改造成可供休闲的花园。

五、建设城市轨道交通

一个 200 万以上人口的大城市，光有公共汽车已不足以解决城市的市内交通需求，快速的轨道交通是大城市发展的必要条件。何况环泉州湾中心市区的核心是由现有的鲤城、丰泽、洛江三区以及晋江市区和石狮市区组成的，彼此间有一定的间隔距离，贯穿这几个部分的快速公共交通工具是形成一个城市整体的纽带。

地铁虽然是最便捷的快速交通工具，但建造成本太高，一般 500 万人口以上规模的城市适合建造。从国内外发展城市轨道交通的经验来看，泉州适宜于建造轻轨。轻轨是一项投资较大的城市快速交通工具，其特点是速度快，运量大，运距长。通常，一条繁忙的公共汽车、电车线路每小时运量 5000～8000 人，而轻轨每小时运量 1 万～3 万人，运量更高就应当建地铁了。轻轨适合于 100 万～300 万人口的城市作为主交通线，或更大的城市作为地铁的辅助交通线。停车站应选在出入人流较多的地方，并且和公共汽车站相衔接。规划一条轻轨线路对泉州中心城市发展是必要的。未来环泉州湾城市的主交通线比较明确：原中心城区、东海、晋江、石狮。这条线路不仅客流量大，而且是培育整个大都市成长的必要条件，来往方便了，原来三个城市的融合也就加快了。

由于泉州市区原来并没有建轻轨的规划，现有泉州的道路几乎都难以在道路中间架设轻轨，唯一能利用的是刺桐路的中间隔离带，从小河上空通过。因此，可拟以刺桐北路作为轻轨的起点，沿整条刺桐路建高架轨道，在刺桐大桥北桥头泉州晚报社前绕向宝洲路，穿过高速公路，再从云鹿路折向通往东海的原疏港大道，该道路拓宽时要留出中间隔离带供轻轨通行。

东海（关山）通往陈埭（仙石）的晋江大桥是我省 8 纵公路规划中的大桥，后渚大桥 2003 年中即可完工，新晋江大桥应尽快开始前期工作。本桥可建成双层桥，桥面通汽车（六车道），然后在桥墩上方钢支架之间腾出一条通道，供轻轨过桥。过桥后轻轨向东南经陈埭西北，从青阳、陈埭之间穿过，经机场候机楼前，由罗山镇政府以东通往石狮，可从石狮环城路高架进入恰当的市区终点。

鉴于轨道交通是构建环泉州湾中心城市的重要环节，泉州应尽快将现市区至晋江、石狮的路段修通，用钢铁的臂膀把三个城市连为一体。

六、环城快车道

一个大城市，必须有不设置红绿灯而只设若干进出口的环城快车道或环城高速公路。泉州已经有一条高速公路贯穿市区，有黄塘、西福、牛山三个出口，解决了上下福厦高速公路的问题。整个环泉州湾中心城市的环城快车道可作如下规划：

三明到泉州的高速公路经丰州通往惠安黄塘，可将高速公路收费站移到丰州附近。自高速公路收费站，向南沿江南北端、隧道穿过紫帽山，跨

324 国道，利用现有的牛山—泉州高速公路连接线通往牛山，再从牛山向南利用现有高速公路连接线，绕向石狮市区南侧、东侧通往石湖港。从石湖到秀涂或建海底隧道，或建跨海大桥，从秀涂穿过东园镇、张坂镇边界，跨过 324 国道，再到黄塘与福泉高速公路立交。然后沿原定的高速公路回到三明至泉州高速公路出口收费站。环城快车道全长约 70 公里，基本上环绕了环泉州湾中心城市的市区，它的修通必将促进环泉州湾大城市的形成。

七、变公路交通为公共交通

泉州、晋江、石狮、洛阳之间的交通，现在都还是公路交通。构建环泉州湾中心城市，就要把公路交通转变成城市内的公共交通。要有一个功能强大的公交公司来统一策划和经营全市的公交线路，要把公共交通与火车站、长途汽车站、机场、客运码头及将来的轻轨车站衔接起来。各市、县、区内部的公共交通可以由各地自行管理，大市的公交公司管跨市、县、区的公共交通。同时，可以按一定条件把一些公交线路交给民营车队去经营。

八、环泉州湾中心城市的功能分区

未来的泉州将不是"摊烙饼"的城市，而是一个有山（清源山、紫帽山、大坪山、桃花山、晋江罗裳山、石狮宝盖山）、有水（泉州湾、晋江、洛阳江、白崎湖、西北洋）的城市，是各组团明显分离的组团式城市。这种城市布局对维护泉州的生态环境及城市的可持续发展是十分有利的，这使泉州与我国许多城市相比具有得天独厚的优势。环泉州湾城市大致可分为九个组团：

一是中心组团，由老城区和温陵路以东发展起来的新市区组成，本区高楼林立，是全市的商贸中心、金融中心、文化体育中心和各类服务业的聚集地，也是全市旅游资源最集中的区域。本组团主要发展第三产业，如电信、信息、商贸、房地产、中介机构、广告等，为环泉州湾城市乃至整个泉州大市提供产业服务，并把历史文化名城的旅游业开拓作为一项使命来完成。中心组团近期（2010年）人口约40万人，远期（2020年）人口维持40万人。

二是东海组团，建设成生活服务设施齐全的新行政中心和文化教育中心。近期人口约10万人，远期人口15万人。

三是城东组团，依托华侨大学，在城东发展高科技产业。高速公路在此出口，交通便捷，还可以发展物流业和其他工业。大坪山隧道打通后，城东有较多土地可以开发，以华侨大学和洛江区政府所在地为核心，向洛阳江边推移。近期人口约10万人，远期15万人。

四是北峰组团，包括丰泽区的北峰镇和南安市的丰州镇，可建设成大型娱乐游览区。除游览区功能外，北峰现在已经有一片工业区，也修了多片住宅区，在维护旅游景观的同时，利用北峰、丰州的余地，在交通便捷的地点有规划地开发一些房地产住宅，可以适当疏散老城区过于密集的人口，也可以作为江南北部工业区的生活住宅区。近期人口约10万人，远期12万人。

五是洛秀组团，包括惠安县的洛阳镇、东园镇和百崎回族乡。三乡镇面积108平方公里，人口12.7万，还有几万外来劳动力。这里乡镇企业发达，有600多家生产鞋、服装、石雕等传统产品的企业。整个洛秀组团有3.3万亩耕地，还有大片低丘陵地和河滩地可供开发，这里是泉州最适宜建设港口工业区的场所。将来洛秀组团的开发应依托港口和火车站的交通优势，重点发展重化工业。尽可能把跨国公司的大企业引进洛秀组团，借此促进泉州的产业的升级。湄洲湾石化项目建成后，下游工业需要扩散，洛秀组团也是恰当的石化下游产业区。洛秀组团近期人口约20万人，远期40万人。

六是江南组团，包括鲤城区的江南镇、浮桥镇，晋江市的池店镇及清檬工业区。这里现在已经是民营企业密布，主要是传统工业，也有少量新兴产业。在展览城附近已经形成较繁荣的商业圈。将来江南组团的功能主要是工商业区，以发展民营企业为主。近期人口约15万人，远期20万人。

七是滨海组团，包括晋江市的陈埭镇、西滨镇和石狮市的蚶江镇，即泉州湾西南部的海滨地带。海滨，素来是海湾城市最宝贵的地方，由于泉州至今尚未显示出"海"的特色，海滨地带的价值至今尚未被人们所认识。从陈埭仙石到蚶江镇区，近20公里海滨的三四公里纵深都是良田，大部分是农田保护区。这片土地的前景是环泉州湾城市的高级住宅区、别墅区、休闲区和某些不需要多少厂房的高科技产业如软件业、生物工程等可能落户的地区。只要环泉州湾大都市真正繁荣起来，将来这里的地价可以与现在泉州中心市区的地价相媲美。滨海组团的头号难题是规划好陈埭镇。陈埭是我国的运动鞋之乡，拥有 1800 多家企业，年产运动鞋 5 亿多双，70％出口。陈埭鞋材市场是全国最大的鞋材市场，各种鞋材一应俱全。全镇 8 万人口，外来劳动力在秋冬生产旺季时 22 万～23 万人，春夏淡季时也有 17 万～18 万人。陈埭镇现在工厂、鞋材市场和近 30 万人口挤在一起，原来的镇区和周边几个村子已连成一片，建成区面积不足 15 平方公里，四条主街道拥挤不堪。陈埭的建设布局已经制约经济的发展。因此，要尽快制定陈埭镇的城市规划。滨海组团近期人口约 35 万人，远期50 万人。

八是晋江组团，晋江市已是一个工业城市。鉴于现其市区向东受陈埭和机场的制约，向北受高速公路制约，将朝西南在罗裳山下建设新市区。近期人口（不含陈埭）约 25 万人，远期 40 万人。

九是石狮组团，石狮已是工贸城市，石狮市区宜向北发展，逐步靠拢蚶江，走向海湾。近期人口约 40 万人，远期 50 万人。

上述九个组团 2010 年人口共约 205 万人。2020 年人口可达 282 万人。但远期东北方向的泉港区、惠安县城以及与斗尾港有关的区域可能并入中心城区，西南方向的磁灶、官桥、安海、水头也可能并入中心城区，届时，泉州中心城市的人口将达到 350 万人以上。

第四部分
农业、农村、农民 ■

提高劳动生产率是农业
现代化的关键所在*

　　农业劳动生产率（即每一个农业劳动力每年生产的农产品数量）过低，是我国农业与发达国家农业的根本差距。在美国、加拿大、澳大利亚，每个农业劳动力年生产粮食二三十万斤，我国才几千斤。农业要谈得上发达，关键要看劳动生产率的提高，要看劳动生产率提高以后每个农业劳动力能够提供多少剩余农产品，要看一个农业劳动力所能养活的人口。中华人民共和国成立之初，我国一个农业劳动力的可供养人数含本人在内约2.5人，现在已接近5人；走向富裕，大约要供养10人；要能供养30人以上才接近发达国家的水平。而美国当今一个农业劳动力平均可以提供89人所需要的农产品。

　　研究农业的专家们对我国农业现代化提出了许多良好的建议，如改良农业品种、建立生态农业、立体农业、设置农业，推广各种先进的农业技术、建立完善农业的服务体系，以及各种各样科学种田的主张，这些主张和措施无疑都是十分正确的，我们当然必须在这些方面下功夫，尽可能地提高农业的生产效益，尽可能增加农民的收入。但是，在农业生产还十分分散的小生产状态下，在农民还处于亦农、亦工、亦商的多种经营的兼业状态下，对于非专业化、非规模化生产来说，各种改善农业技术的措施对提高劳动生产率所起的作用都将是有限的。中华人民共和国成立以来，中国之所以能在占世界7％的土地上，养活了世界22％的人口，除了社会主义制度的优越性，品种改革和化肥使用是最大的两项突破。50年代末开始的绿色革命、袁隆平的杂交水稻，化学肥料的广泛运用，对12亿多人口吃

　　* 原载于《福建论坛（社会科学版）》2000年第1期。

饱饭起了至关重要的作用。但是，在人均只有一两亩甚至只有几分耕地的情况下，在一家一户一个生产单位、农业和副业相结合、自己尽可能生产自己所需要的一切的自给自足生产方式下，无论推广多么先进的农业技术，无论有多么完善的外在产业化体系，农民要达到发达国家的富裕程度，要生产出发达国家农民生产的那么多农产品，是根本办不到的，除非在小块的耕地上能种出金子来。因此，只有农业资源的集中，包括土地、资金、滩涂、果树、林木等资源在农业劳动者手上的集中，并实现生产工具的真正变革，大幅度提高农业劳动生产率才有现实的基础。

但是，实现农业的规模经营在我国当前的经济条件下受到很大的限制：农业基础脆弱，农民缺乏规模经营的资金，缺乏规模经营的观念和文化素质，缺乏专业化生产的技能和知识。更重要的是，资源集中了，农业劳动生产率提高了，多出来的人往哪里去？有什么动力将他们吸引走？一个村子的土地要是由一两户人家采用现代农业的机械和手段来耕作，其前提条件是大多数人已经离开土地，已经有足够的第二产业和第三产业的空间预先吸纳他们，已经有大量的农村人口进入城市、城镇并定居下来成为居民，而这个条件我国现在还没有具备。

放眼世界各国的经济发展进程，都有个逐渐转化农业人口为非农业人口的过程。世界各发达国家都曾经从农业人口占80％～90％的传统农业社会中走过来。随着经济的发展，随着工业化的逐步实现，农业人口的比例逐步减少，留下来的农民拥有越来越多的农业资源。比照当今世界各国的情况，农业人口减少到50％左右，大致与摆脱贫困后的小康水平相对应；减少到30％左右，大致相应于中等发达国家的富裕水平；而发达国家的农业人口大都在10％以下。

从经济意义上说，伴随着农业现代化的过程，是一个大批农民"下岗再就业"的过程，是一个劳动人口的大转移过程。这将是一个十分困难的过程，甚至是充满转型痛苦的过程，但也是走向现代化、走向富裕的必然过程。

革命领袖毛泽东曾一再强调，中国最大的问题是农民问题。在农业人口占80％以上的旧中国，毛泽东从农民人口最多、受压迫最深、最要求革命的状况来理解旧中国的现实，因而确立了农村包围城市的革命路线。今天我们要建设现代化的社会主义强国，是否还应当把农民问题看成是中国最大的问题？这是无可置疑的。但是，今天的农民问题已经不是农村包围城市的革命路线的问题，而是在奔向现代化的进程中如何逐步减少占人口大多数的农业人口的问题，是工业化，是工业化推动下的城市化，是工业化推动下的第三产业发展，为农民创造新的生活空间的问题，是这一进程中农业剩余劳动力逐步转移的问题，是农民进入城市、城镇安家落户并成为城市居民的问题。

农民问题、农村问题和农业问题的解决，是 21 世纪中国面临的最大的也是最艰巨的历史使命。中国一定要走过这个历史阶段，实现这一历史巨变，不管针眼多小，骆驼必须从这里穿过。

其实，改革开放以来，我国在转移农业劳动力方面已经取得十分可喜的成就，异军突起的乡镇企业已经吸纳了超过 1 亿的劳动力，自发异地转移的"民工潮"也走了八九千万人。据有关部门测算，今天中国的实际农业人口已经降到总人口的 70％以下，经济发达的珠江三角洲这一比例已降到 30％左右，福建沿海最发达的两个县级人口大市，晋江市和福清市，真正从事农、林、牧、渔的人口已不及 40％。这么大的变化 20 年前简直是不可想象的。可以预见，再过 20 年，再过 50 年，我们完全有可能在降低农业人口比重上再迈出更大的步子。

然而，我国毕竟还处于并将长期处于社会主义初级阶段，完成农业劳动力的转移毕竟是一个相当漫长的历史过程，完成这一历史使命的决定因素倒不在于农业自身，而在于工业化的实现，在于城市化以及与之相适应的第三产业的腾飞，就这个意义来说，农业现代化取决于工业化。社会经济的总体发展是实现农业现代化的前提条件，而这一根本条件的成熟需要经过几代人的努力。发展是硬道理。正因为如此，在经济落后地区，在第一产业还占较大比重的地区，实现农业现代化还只能是一个漫长的渐进过程，许多问题的解决还有待经济的成长和工业化的逐步实现，对这些地区来说，从传统的自然经济和半自然经济的农民，走向多种经营的农民，走向什么挣钱就干什么的农民，走向亦农、亦商、亦工的兼职化农民，是中华人民共和国建立以来尤其是改革开放以来中国农业和中国农民的一大进步。这些地区的农民现在还只能靠推广"科学种田"和发展多种经营，逐步摆脱贫困，走向小康。

正因为如此，农业现代化的使命首先落到经济比较发达的沿海地区，逐步实现农业现代化也才成为"有条件的地区"必须探讨的课题。

改革开放以来，沿海地区的经济有了长足的发展，大批"三资"企业和乡镇企业在沿海建立了起来，大批"泥腿子"成了企业家，成了各种各样的经营者和非农业劳动者。大多数原来的农民已不再从事农业生产，或只在农忙的时候花少量时间兼营一下自己的责任田。农业已经不是大多数沿海地区农民收入的主要来源，不使承包地抛荒从而保住自己名下的土地，只是为了保住一条他自己也说不清的后路。

事实上，土地使用权如何转让，完全取决于当地转让者和承接者的供求状况。往往越偏僻的地方，劳动力转移越少的地方，有偿度越高，二八分成有之，三七分成有之；经济越发达的地方，土地收入在当地农民收入中所占比例越小的地方，有偿度越低，甚至是无偿的；时至今日，倒贴钱的也已不少见，拿钱求人种地，只要地不荒，能保住承包者的名分。显然，一个地区土地使用权转让的状况，是衡量该地区是否具备扩大土地经营规模的重要标志。土地使用权无偿转让或接近无偿转让的地区，更不用说倒贴钱的地区，土地经营规模适度集中的条件应当说是已经成熟了。

沿海经济发达地区，农民或通过第二、第三产业的经营，或通过农业自身的扩大再生产，已有不少人积累起一定规模的资金，资金的积累使规模农业的高额投资成为可能，种植大户、饲养大户、水产大户、果树茶叶大户在沿海农村出现了，生产要素在少数农民手上的集中已呈现出明显的趋势。沿海发达地区实际上已经具备了实现农业现代化的初步条件。这些地区不但实现了自身农业剩余劳动力的转移，而且还吸收了大量从中西部省份自发涌来的劳动力投身于第二、第三产业，甚至还吸引他们来从事农业生产。

我认为，适时扩大农业生产的规模经营和推动专业化经营是沿海地区实现农业现代化的根本问题。农业专家们所阐述的农业技术角度的农业现代化，无疑是绝对正确的，它既适用于分散的小农户，也适用于大农户。但是，只有在适度规模经营和专业化经营的基础上，农业机械化、先进农业科技的推广、农业产业化才有更现实的基础和载体，真正的农业现代化才有实现的可能。

我们还应当从更大的范围观察中国的农业现代化问题。21世纪中国必将进一步开放，中国必将融入经济全球化。中国加入WTO后，农产品的平均关税率将由现在的 45％，2004 年降至 17％，最低品种降至 14.5％，还将取消对美国部分小麦、牛肉、柑橘等农产品进口的限制。鉴于现在中国部分农产品价格，如小麦、玉米、食用油的价格，高于国际市场价格，国外部分农产品进入中国市场竞争的趋势在所难免。要提高中国农产品的竞争力，就必须降低中国农业的成本。过去中国农业的低成本来自中国农业的精耕细作，来自中国劳动力的低成本，也就是中国农民的贫穷。随着中国农民生活水平的逐步提高，农民收入只有增长的趋势，绝没有降低的趋势。所以，只有提高每个农业劳动力的劳动生产率，每个农民生产出更多的粮食、更多的鸡鸭肉奶蛋，同时也提高农产品的品质以提高产品的单价，达到一定经营规模的专业化生产之后，才有可能摊薄单位农产品的劳动力成本，中国的农业也才有能力应对国际市场的竞争。21 世纪中国融入国际农业市场，将迫使中国走上尽快提高农业生产规模的道路，这是不以人们的意志为转移的客观规律。

有能力走上规模农业和专业化农业道路的，首先是沿海经济发达地区，接着将是有条件采用大型农业机械的大平原地区。我以为，二者的侧重点将有所不同：平原地区侧重于粮食生产，而以丘陵地为主的沿海地区和南方水稻田地区，鉴于水稻面临的价格竞争压力较小，眼下可着力于提高稻米品质，同时适度扩大每个劳动力的种植面积。沿海经济发达地区扩大农业经营规模和推动专业化生产的重点将在畜牧业、水产业、林果业上。

从现代科学技术的眼光来思考，中国农业现代化问题还取决于农业科学技术的发展。世界各国还有不少已经运用的先进农业技术，在我国尚未得到推广，世界各地许多适合移植到我国来的动植物品种，我们还没有做好引种工作。我们的农业科技部门还需要因地制宜地研究适合本地区的农业技术，农业科技的研究和推广的任务还十分艰巨。

放眼 21 世纪，现代农业的概念取决于生物科学的发展，尤其要取决于遗传基因工程的突破。未来学家们都预测 21 世纪是生物学的世纪，我们现在还不清楚基因工程会给农业带来什么革命性的成果，DNA 嫁接技术会使动植物的物种及其种植、养殖的方式发生多大的变化，能不能有西瓜一样大的西红柿和大象一样重的猪；我们也还不清楚海洋开发会给人类提供多少取代传统农业产品的食物，不清楚高分子化学的发展有没有可能实现光合反应的工厂化生产，从而把淀粉的生产从土地移入车间；我们更不清楚正在向我们走来的知识经济时代会开辟哪些新的农业领域，出现哪些农业生产的新变革。科学技术的重大突破必将改变整个"农业现代化"的观念。今天我们只能估计，只能猜测，这类问题还是留给比我们聪明百倍的子辈、孙辈去讨论吧！

基于以上认识，对福建沿海经济发达地区率先实现农业现代化，特提出以下思路：

1. 树立大农业、大食品观念，把福建农业现代化的重点放在畜牧业、水产业、林果业以及花卉、食用菌上，引导农民特别是已经有一定资金积累的农民，包括一些赚了钱的第二、第三产业的企业主，投资创办有一定规模的专业化农场和农业企业。引导农民从事专业化的农、林、牧、渔业的生产，培养他们成长为农业大户。引导农业大户学习、掌握先进的农业技术，抓农业大户应成为沿海经济发达地区农业工作的一项重要的内容。

2. 促进土地使用权的适度集中，在落实土地承包 30 年不变的基础上，探索各种能促进土地使用权向种田能手集中的好办法，鼓励签订中长期限的土地使用合同，推动种植业的适度规模经营。在当前经济条件下，水稻种植大户要取得相当于沿海小企业主、小商业主的收入，大约要集中经营百亩左右的耕地，当然现阶段不一定就提这么高的要求。

3. 推动农业剩余劳动力的转移，鼓励已经择业的农民移居城市和城镇，加快沿海经济发达地区的城市化、城镇化步伐，创造农民进城的政策氛围，引导农民由乡下人变为城里人。与此同时，制定政策逐步清理土地上的老屋，制定不让一个农户占用多套住宅和住宅基地的政策，以腾出耕地。长远地看，农村人去楼空将是发达地区的普遍现象。

4. 在规模经营的基础上推动农业产业化，尤其要注重各类农产品的加工和销售，形成以加工销售企业为龙头的产业化组织。当农户生产还不能达到大规模经营的情况下，可以用小区域（村、乡、县）的群体规模来达到规模效益的要求，形成一村一品，一乡一柱，形成某种农产品的市场和集散地，进而打出品牌。

5. 由于我国劳动力成本的低廉，由于农业劳动力的出路还十分有限，农业机械的采用受到很大的限制。但农业机械化是走向农业现代化的不可逾越的阶段，沿海发达地区已具备一定的经济实力，现在就应当着力发展农业机械，这也是走向农业规模经营的需要。我国农业机械生产能力尚十分薄弱，发展农用机械工业和推广适用农业机械是沿海经济发达地区的一项十分重要的使命。当然，由于有廉价的外地劳动力进入发达地区的农业生产，这势必阻碍农业机械化的推广。

6. 发展在自愿基础上建立起来的农业合作组织。农业合作组织是推动农业专业化规模经营的有力手段，在所有的发达国家，每一户农民几乎都参加多个合作组织。这种农业合作组织当然不是 50 年代初级社、高级社的翻版，它包括按产品组成的同业合作社，如养奶牛者组织的牛奶合作社、种花者组织的花卉合作社；它包括按生产销售需要组织的合作社，如某片土地的灌溉合作社、满足运输需要的运输合作社、满足农机具修配的农机合作社；还有金融合作社、消费合作社等。乡镇企业中取得成效的股份合作制在农业中也可以广泛推行。

7. 尽快制定取消农业户与非农业户之间户籍壁垒的政策，为农业人口的转移扫清最后一道障碍。事实上，人口转移的经济障碍已经消除，当今户籍制度对人口移居的最大影响在于子女教育，在于没有户口的子女上学要交一笔可观的赞助费，皮球现在已经踢到教育部门手中。

8. 强化农业的科学技术研究和推广，把现代农业的建设奠定在现代科学技术的基础上。国家有责任对农业科研工作给予一定的资助，当前各级科研机构体制改革的推行，必须考虑到部分农业科研机构现在还不具备"断奶"的条件，他们面向社会还难以实现自负盈亏，他们的工作在一定意义上还具有公益性。必须向他们提供一定比例的财政支持。就整个国家及省一级高等学校和农业科研机构来说，还要培育一支追踪世界生物科学、海洋科学和其他与农业相关的学科研究前沿的创新队伍，争取攀登世界科学技术的高峰。

此外，依靠教育提高农民的素质，建设社会主义新农村、建设农村精神文明的各种措施，都是十分必要的，专家们对此已经做了充分的论证，不赘述。

规模化、专业化是
提高中国农业竞争力的关键[*]

我国已加入 WTO，在逐步放开农产品准入并降低农产品关税后，大家都为我国的农民感到担忧，因为小麦、大豆、玉米、棉花、食用油、糖等产品，我国的市场价格明显高于国际市场价格。目前，我国粮食依然过剩，库存仍在上升，农民收入增长缓慢，常出现增产不增收的状况。国外农产品大量进入我国市场，势必冲击我国的农业，造成我国上述农产品产区的部分农民不得不离开土地。中国农业如何应对未来几年国外农产品带来的冲击，专家、学者们见仁见智，提出了许多十分合理的主张：有的主张加快农业产业化，有的主张推动农村市场化，有的主张发展高优农业、生态农业，有的建议发展设施农业，有的建议加大政府在 WTO "绿箱""黄箱"范围内对农业的财政扶持力度，这些主张和建议无疑都是十分正确的。党中央也正在采取措施尽力减轻农民的负担。但笔者认为，所有的这些措施中，尽快提高农业生产的专业化和规模化水平，是我国农业应对加入 WTO 冲击的关键所在。本文想就提高农业生产的专业化和规模化问题谈一些粗浅的看法。

一、回眸历史

中国几千年封建社会的基础是中国农村自给自足的自然经济。每家每户为一个生产单位，男耕女织，自己种粮，自己纺纱织布，自己挑水砍柴，自己生产自己所可能生产的一切生活必需品。在这样的经济结构中，

---

* 原载于《中国经济问题》2002 年第 4 期。

农业劳动生产率低下，农民除交税赋、地租外，大部分产品供自己和家人消费，能作为商品提供到市场上交换的东西十分有限，而农民除了盐、锄头等少量自己无法生产的东西外，几乎也不依靠市场，他们过着基本上自给自足的生活，这种自给自足农户的组合，成为中国封建社会稳固的经济基础。

鸦片战争打破了中国封建社会的封闭状态，但洋枪洋炮并没有改变中国的自然经济基础。攻破中国大门的英国人把许多工业生产的"洋货"运到上海，却发现在中国市场上很难找到买主。鸦片战争后二三十年时间里，最使侵略者赚钱的商品仍然是鸦片。帝国主义者费了好大的工夫，才找到能真正冲破中国自然经济基础的商品，那就是与农民生活密切相关的洋纱和洋布。先是工厂生产出来的廉价优质的洋纱，打垮了农民副业的一个重要内容——农民家庭的纺纱，继而洋布打垮了土布，迫使农民必须拿出更多的农产品来换取工厂生产的纺织品，中国自然经济的基础从此受到动摇。

鸦片战争以来，帝国主义的军事侵略和经济侵略，使中国由封建社会变成半封建半殖民地社会。中国农村的自然经济基础逐渐瓦解，由自然经济转变为半自然经济。

中华人民共和国成立以来，中国农业的商品化有了一定程度的提高：农业技术的改进、化肥农药的使用、农用生产工具的增多、良种的引进、农业机械的逐步推广，同时农民生活中消费的工业品数量也逐渐增加，这都由于新中国的农民有了更高的劳动生产率，有更多自己消费之外的农产品可以出售，从而才能有更多的购买。经济发达地区，特别是城市郊区，农产品的商品化程度逐渐提高，不为自己消费而为市场生产的产品逐渐增多，农村市场在原来集市、圩场的基础上有了相当程度的发展。

但是，在我国经济落后地区，在偏远山区，仍然有一部分农村在改革开放之前，甚至在21世纪的今天，还仍然处在半自给自足状态。那里农民的产品大部分还用于养活自己，少量的需求通过农村集市的交换和农村供销社、小商店的少量购买来满足，农民仍然没太多的产品可卖，手头没多少钱，也没有太多的东西可以买。农业劳动生产率低下，大部分农产品没有成为商品，农村市场难以扩大，农业的现代化显得步履艰难。

二、改革开放后中国农民的变迁

改革开放使中国农村发生了巨大的变化，80 年代初的家庭联产承包责任制极大地解放了农村生产力，农民的生产积极性充分地调动了起来，可以在较短的时间里完成自己承包土地的耕作，有了较多的空余时间。他们利用空余时间从事土地耕作之外的多种经营，找各种各样可以赚钱的活干，从家庭副业，到小商小贩。解脱贫困、发财致富的迫切愿望推动他们走向商品生产，走向市场。

20 世纪 80 年代，乡镇企业在中国大地上异军突起，昔日的农民自筹资金在村庄、乡镇办起了自主经营、自负盈亏的乡镇企业。经过几十年突飞猛进的发展，各类乡镇企业吸纳了农村约 1.3 亿劳动力，提供了我国工业近一半的产值，在经济较发达地区，乡镇企业已成为农民收入的主要来源。

紧接着，中国农村又涌出几千万外出打工的农民，形成了浩浩荡荡、震惊世界的"民工潮"。他们涌向城市，涌向经济特区和沿海开放地区，成为当地企业的主要劳动力。他们还承揽城市的各类重、脏、累活，经营各种城市生活不可缺少的行当。今天，绝大多数进城务工人员还是"候鸟"，每年春节前后还要成群结队地挤进拥挤不堪的火车、汽车和轮船，回一趟老家，多年来春运已使交通部门不堪重负。

如今，农民已不仅仅是和泥土打交道的土地耕作者，君不见，路是农民修，楼是农民盖，任何一个城市的正常运转都离不开进城务工的农民，甚至事业有成的企业主里，不少人十几年前还是"泥腿子"。

经过 20 多年的演变，原来的中国农民分化了，虽然他们还保留着一个"农业户口"的身份，但他们在中国经济社会中的地位已经发生了巨大的变化：

1. "离土又离乡"到城市或工业区打工的农民

"离土又离乡"进工厂打工的"民工"，现在实际上已经不是农民，他们是工人阶级的新成员，是城市的新居民。他们与原来意义的工人差别在于，他们在家乡还有一块承包的土地，还有一座老屋和宅基地。承包的耕地大都由留守在家乡的家庭成员耕种，小部分人则交给别人耕种。在田地少或经济欠发达地区，他还能从耕种者手中拿到一点"租金"，田地多或经济较发达地区，他还得倒贴耕种者一点钱。为了不让这块土地荒芜，这些"民工"总是尽力保住这块挂在自己名下的土地，保住所谓的"后路"。

作为"候鸟"的进城务工人员终究要逐渐变成"留鸟"，他们定居的愿望已越来越高，举家外出打工已经是越来越普遍的现象。随着户口制度城乡藩篱的彻底打破，这些"打工仔""打工妹"，连同进城从事第三产业的谋生者，都有可能从"乡下人"变成"城里人"。如何促进他们由"候鸟"变成"留鸟"，如何处理他们老家的承包土地以及老家的房子和宅基地，是现在政策研究部门要着力研究的问题，政府对此要拿出积极的政策。

2. 兼业化的农民

"离土不离乡"的转移劳动力，虽然在家乡进入了新的行业，或务工，或经商，或从事其他产业，但他们大部分人仍然没有放弃土地。一到农忙，他们全力投入把承包的土地耕好，甚至每天早晚还抽点时间下田。他们成了兼业化的农民，但是，他们的收入已主要不是来自农业，因而他并不把耕地当作自己的主业，只要不抛荒，只要土地不被集体收回，他也就完成了种田的使命，收成多少似乎并不太在意。世界各国农业发展的经验证明，不以农业为主业的兼业化农民的大量存在，对农业的发展来说不是一件好事情。他们不会把主要精力放在农业上，这部分农业也就难以进步。当前中国的兼业化农民之所以还要耕地，主要也还是出于保住一条退路的考虑。

3. 多元化生产的农民

除以上两类农民，中国数量最多的还是继续留在土地上的农民。改革开放以来，他们几乎都已经走上多元化生产的路子，除种好承包的土地外，或种点果树，或养些家禽家畜，或种点食用菌，或做点小商贩，或出去打点零工，或搞些副业生产，基本上是种地解决口粮问题、干杂活解决钱的来路。农业还是他们的主业，主业之外干什么并不固定。农业的商品化程度虽然有了显著的提高，农民可卖和要买的东西虽然有了明显的增加，但自产自销的比重依然不小。农业生产还是小规模的、分散的、低效率的，本质上说，他们中的多数人还没有完全摆脱半自给自足的状态。

4. 当了"老板"的农民

少数农民经过自己的辛勤劳动，有的成了企业主，有的成了二、三产业个体户。他们由农民变成大大小小的"老板"，他们与农业和土地大都脱离了关系，但那块承包土地有的至今还挂在他们的名下。

放眼世界各国农业走过的道路，大致都经历了三个历史阶段，即由自给自足的自然经济，走向半自给自足的多元化经济，最终走向商品化、专业化的规模经济。在整个进程中，农业劳动力在社会总劳动力中的比重不断下降，城市化比重不断上升。比较世界农业的发展进程，中国农业大致正走在第二个阶段，即多元化生产阶段，经济落后地区则刚刚进入第二个阶段。下一个阶段的历史任务是：向农业生产的专业化和规模化过渡，大幅度提高农业劳动生产率，提高农业的商品化程度，逐步实现农村市场化，从而为农业现代化奠定坚实的基础。

三、农业的专业化与规模化

随着农业技术的提高和普及，随着市场意识的逐步增强，随着新一代有文化的农民替代老一代靠经验务农的农民，多元化的经营者将逐渐意识到，必须在农业市场上找到一种最适合自己的农活，找到一种最能挣钱的农活，把一件农活做好做大，才能从市场中赚得到更多的钱。畜牧业、水产养殖业、花卉业、水果业、食用菌、大棚温室等设施农业，往往最容易成为农民走向专业化生产的选择。

中国农业走向专业化生产的途径是多种多样、千差万别的，具体可有以下途径：

1. 来自个体农户的漫长积累。在多元化经营的过程中，农户在这类经营里找到自己认为发展得最顺利的一种，逐步做大，逐步积累资金，逐步扩大规模，逐步掌握技术，并逐步放弃其他经营，终于成了某类专业户乃至专业大户。通常，这种积累过程历时很长，要经过相当艰苦的奋斗。但这也是大多数专业户必须经历的道路。

2. 来自某种原始积累，甚至是在第二、第三产业赚到了钱，回过头来投资规模农业，办专业化农场。这类投资往往起点高，技术先进，容易形成规模效益，容易成为学习的样板。

3. 来自外商投资，外商从海外带进品种、技术、资金，租用土地，雇用劳动力，其起点就是专业化的规模农场。现在福建、广东、海南的许多台商农场，投资者大多数原来就是台湾地区的农民。

4. 来自某个农业企业的引导。由于村庄周围出现了某个农产品加工企业或农产品销售企业，例如，建起了一个毛豆的冷冻加工厂，加工的袋装冷冻毛豆销往各超级市场，甚至销往海外，于是工厂周围的农民就大量种植毛豆，他们甚至从工厂取得良种和种植技术，和工厂建立了稳定的收购关系。当承包的土地给他们带来足够的利益后，他们就会去承接别人的土地，扩大毛豆的种植面积，成为毛豆的种植专业大户。一个奶品厂会造就一批奶牛大户，一个花卉公司会造就一批种花大户。农业产业化的龙头企业是农业专业化和规模化的火车头。

5. 来自某种生产的聚集效应。例如，村里的某人种食用菌成功，赚了钱，大家都来仿效，整个村子成了食用菌的生产基地，远近闻名，于是做买卖的、加工的、提供生产原材料的都加入进来，一家一户不可能做到的规模经营，一个村、一个乡则完全可以做到，这就是海外农业发展进程中曾经提倡过的"一乡一柱，一村一品"，形成小区域的专业化和规模化。

不论通过何种途径，中国农业走向专业化、规模化的道路将是一个艰巨的历程，将要经历一两代人甚至更长的时间。专业化和规模化是个相辅相成的过程，没有专业化不可能形成规模，没有规模，专业化也没有效益。当一个农民种田则上百亩，种花则二三十亩，养猪则几千头，养鸡则几万只，那就将形成一支新的农民队伍，他们主要将不生产自己生活所需要的东西，他们的生产和生活需求几乎都靠向市场购买来满足，而他们专业化生产的产品，也几乎都向市场销售。完全的商品化为农村市场化既提供了买者，也提供了卖者。与此同时，对于专业化的农业生产者，农业机械的使用也会普及开来。

反过来，农村市场化建设的各项措施，包括流通体制的完善，农产品运输系统的改善、国际农业市场的开拓、各种农业要素市场的建立，又都促进农业走向专业化和规模化。

中国现有 19.5 亿亩耕地，按第五次人口普查，从事农、林、牧渔业的农业人口占总人口的 64%，约 8.5 亿人，人均 2.3 亩地。应当说，中国农业的精耕细作已经达到较高的水平，亩产也高于世界平均水平。但要在这人均 2.3 亩土地上把农民收入提高到发达国家或中等发达国家的水平，要在人均 2.3 亩地上实现农业现代化，是根本不可能做到的。中国农业要与美国、加拿大、澳大利亚等农业发达国家竞争，就必须改变这种小块土地的经营状况。

20 世纪 80 年代初的家庭联产承包责任制，是中国农民的一大创举。90 年代中央做出的土地承包 30 年不变的决定，对稳定农村、调动农民的生产积极性起过重要的积极作用。随着中国农业与国际农业接轨，农户小块土地经营已经无法与发达国家的农户规模经营相抗争，这将迫使中国农民也不得不走向规模经营。现在土地承包 30 年期限未到，国际竞争要求我们必须探讨农民走向规模经营的道路，特别是土地流转的道路。事实上，我国东部地区农民已经创造了许多土地流转和实现规模经营的路子，如土地入股、集体向外出农民长期租地、农业企业租用土地并回雇农民等，各地特别是经济发达地区应当寻找适合自己的土地流转方式。

和各种改革一样，农业专业化和规模化的困难在于：钱从哪里来？人到哪里去？任何一种成规模的农业专业化生产都需要投资，投资额都不是一般从事小生产的中国农民所能够承受的。怎样完成这个漫长的积累过程？农业金融能给他们提供多大的支持？怎样引导有一定积累的第二、第三产业从业者进入第一产业？农业怎样吸引外商投资？这些都是需要付出艰巨努力才能实现的事。另一方面，少数农民要实现规模经营，怎么为他们腾出农业资源，特别是土地？怎么通过土地流转使土地向种田大户集中？原来的农民剩出来到何处去？而这又必须借助于农业剩余劳动力的广泛转移，借助第二、第三产业的发展来吸纳他们，借助加快城镇化步伐以容纳转移出来的农业人口。

有人担心，中国大量农村劳动力流向城市和工业区，强劳力走了，有文化的走了，农村留下老人、妇女，农业怎么现代化。这种现象是当前城乡比较利益造成的，进城好赚钱，走的就不是"剩余"劳动力，而是优秀劳动力。到了农业上规模的农业收益高于进城打工，留在农村的将是优秀劳动力。发达国家农民是中产阶层，将来我国也许也能像发达国家那样，当农民需要文凭，需要特定的绿色证书，需要持证上岗。

原则上说，中国农业现代化的前提是多数农民的非农化，是总劳动力中农业劳动力比重的大幅度下降，这是一个复杂的系统工程，它首先需要第二、第三产业的优先发展，需要城市、城镇的优先发展。换言之，农业、农村、农民问题的根本解决，需要农业以外问题的解决作为前提，而农业的逐步现代化又反过来促进第二、第三产业的发展。

预计 21 世纪前二三十年，中国必须围绕着上述问题的协调发展而努力。当中国农业劳动力占总劳动力的比重下降到 30％以下，中国的城镇人口提高到总人口的 50％以上，农业专业化、规模化的前景就比较明朗了，农业现代化和农村市场化也就更有条件实现了。我们还可以把农业劳动力比重降低到 10％以下、城市化水平提高到 70％以上，作为中国和中国农村走向现代化的两个衡量标准。

解决"三农"问题的根本出路 *

中国最大的问题是农民问题。在农业人口占 80% 以上的旧中国，毛泽东从农民人口最多、受压迫最深、最要求革命的状况来理解旧中国的现实，因而确立了农村包围城市的革命路线。中国革命胜利的实践证明了这是一条正确的革命路线。

我们正在建设社会主义强国，正在全面建设小康社会，而今天，众所周知，中国最落后的地方依然是农村，特别是偏远地区的农村。尽管改革开放以来农民的生活水平也在提高，但生活改善的速度远低于城镇居民，他们与城镇居民的收入差距事实上在不断扩大。解决占人口大多数的农民问题及农村问题、农业问题，仍然是 21 世纪中国面临的最大的也是最艰巨的历史任务。中国一定要解决"三农"问题，一定要实现农村的现代化，一定要最大限度地缩小城乡差距，实现农民的普遍小康。这是中国成为社会主义强国必须完成的历史任务，不管针眼多小，骆驼必须从这里穿过。

怎样实现农业现代化？怎样改变农村的落后面貌？怎么让广大农民富起来？专家、学者们见仁见智，就"三农"问题的解决发表了许多见解，现在有关"三农"问题的论文、著作很多：有主张实现农业产业化的，有主张推动农村市场化的，有主张发展高优农业、生态农业的，有主张大力推广先进农业技术的，有建议发展设施农业的，有主张推广农业合作的，有主张工业反哺农业的。这些主张和建议都很有道理，每一项建议都应当认真实施，而且每一项措施都有助于"三农"问题的解决。

几年来，党中央为提高农民收入出台了一系列政策，减免特产税、农业税，发放粮食生产补贴，补助化肥、农药、农用薄膜等农业生产资料的

---

* 原载于《福建论坛（人文社会科学版）》2005 年第 12 期。

生产与流通，发放小额贷款，建造农村路网等，这些措施给农民带来许多实惠，得到广大农民的衷心拥护。福建省还为农村低收入群体发放最低生活保障金。据一些县乡干部测算，近两年出台的政策措施，为每个农民提高了 160～200 元不等的收入。

但是，我们应当实事求是地看到，最近十年来，农民收入提高的速度还是赶不上城镇居民收入提高的速度，城乡差距还在扩大，即使把最近各项政策落实带给农民的好处计算在内，大多数农民还是穷，还是没法和城里人相比，没法和农村中"吃公家饭"的人相比。

为什么中国的农民穷？我认为，中国农民穷的根本原因是小块土地的兼业化的小农个体经营。

中国现有 18.37 亿亩土地，以目前的农业劳动力计算，每个劳动力约 2 亩地。福建是全国人均耕地最少的省份，每个劳动力仅 1 亩多地，莆田仙游 1 亩地都摊不上。我在农村就被农民问过："你是专家，你教教我，这 1 亩地我种什么才能富起来？"我无言以对！

地种 1 亩多，鸡鸭养二三十只，猪养两三头，山上有一二十棵果树，农闲外出打点工，做点小买卖，当今的农民多数是这种什么都干的兼业化的小农。有地种，除自然条件特别恶劣的地区（如甘肃定西、宁夏西海固，福建基本没有特别恶劣的地区），除天灾人祸，大家都能吃饱饭。但是要赚到足够的钱可就难了。外出打工现在是他们赚钱的首要渠道。小块土地、兼业经营的小农凭什么致富，仅靠一两亩地？靠不稳定的兼业收入？的确，他们没有致富的条件，没有致富的基础。

在发达国家、发达地区，农民往往不是穷人，农民被看成是中产阶层。发达国家的农民同样也是个体经营，但那里的农民基本上是规模化、专业化经营：种粮食的，种个几百亩、几千亩地；养鸡的，养 5 万～10 万只；养猪的，养三五千头；种果树的，种一两千株。发达国家的农民并不是什么活都干，所谓农民，都只专门从事农、林、牧、渔中的某一项生产，有一定规模的专业化生产。只有规模化、专业化经营，农民才有富的条件和基础。

福建省晋江市有个陈埭镇，号称中国鞋都，全镇有生产经营运动鞋的企业一千多家，年产 6 亿多双鞋子，多半出口。陈埭镇户籍人口 8 万多，却有 20 万～22 万外来劳动力。大家都忙于鞋子，地没人种了。于是镇、村就把土地承包给种田大户去种，少的几十亩，多的几百亩，最大的两户一千多亩。我找这些种田大户聊过，问他们种多少地得到的收入可以顶一个小干部或一个小老板。他们给我算个账，种一亩水稻（陈埭镇的土地是非常平坦肥沃的水稻田），扣除成本，可以赚400~500元，如果有50亩地种，一年可收入2万多元，大致顶得上一个小干部；如果种100亩，年收入4万多元，大致顶得上一个小老板。

要让中国农民种田都能种50~100亩，从事其他农业的专业化生产都能有一定的规模，那是多么难的事啊！一个小村子的地只要三五户人种，一个大村子的地也只要二三十户人种。因此，只有大量农村富余劳动力转移到非农产业，进入城市、城镇和工业区就业，剩下的农民才有可能像晋江市陈埭镇农民那样成为一定规模的种粮大户。因此，要让农民富裕，首先必须减少农民数量。转移农村富余劳动力是解决"三农"问题的根本出路。

1890年，美国农民占人口的70%，如今这一比例已经下降到2%。所有发达国家都走过农民占人口多数到农民占人口少数的过程，今天发达国家和地区的农业人口大都在10%以下。减少农民，这也是世界各国经济发展的普遍规律。

改革开放27年，中国经济发展的重要成就之一体现为农民人数的减少。乡镇企业转移了1.2亿劳动力，异地转移的"民工潮"少说也超过1亿人。改革开放前是"10亿人口8亿农民"，如今这一比例已经下降到60%，福建则下降到50%。但这还远没有达到农业富余劳动力转移的目标。

预计21世纪前二三十年，中国必须为大量农业人口的转移而付出艰巨的努力。当中国农业劳动力占总劳动力的比重下降到30%以下，中国的城镇人口比重提高到50%以上，农业专业化、规模化的前景就比较明朗了，农民的普遍小康就有可能实现，农业现代化也就能初见端倪。如果像发达国家那样，我们把农业劳动力比重降低到10%以下，城市化水平提高到70%左右，中国也就到了大致实现现代化的时候。估计一二十年，中国难以完成这一历史任务，也许需要几代人的艰巨努力。

问题的关键在于：大量农业劳动力怎么转移？转移出来的农村劳动力到哪里去？他们首先要找得到工作，有岗位空缺接纳他们，或者有能力自谋职业，同时他们还要找得到房子住，有条件居住下来，进而定居下来，成为新环境下的新居民。这是一个何等复杂的系统工程，需要工业、第三产业的发展，需要城市、城镇的发展，需要非农产业大量吸纳离开土地的农民。与此同时，还需要提高农民的素质，提高他们的受教育年限，还要做好农民转移前的职业培训工作，更需要政府各个部门的工作朝着有利于劳动力转移的方向转变。

因此，"三农"问题，既要在"三农"中解决，更要靠"三农"以外问题的解决来解决。靠经济的发展，靠工业的发展，靠吸纳劳动力数量最多的服务业的发展，靠城市城镇的发展，靠工业区的发展。眼睛只盯着"三农"来解决"三农"问题，"三农"问题是难以根本解决的。

转移入城市、城镇和工业区的"农民工"问题，就是"三农"以外的一个极为重要、极为现实的问题。

我国的城市、城镇和工业区现在已经容纳了一亿左右从农村涌来的农民。如今，路是农民修，楼是农民盖，劳动密集型企业工厂流水线上的岗位几乎都由他们包揽。他们还承揽了城市居民许多不愿承担的重活、脏活，经营了许多与城市居民生活息息相关的服务行业，城市生活已经离不开他们。但是，众所周知，进城务工人员的生活远不如城市居民，他们的居住环境、生活水平、子女就学、医疗条件、文化生活都不能和城市居民相比，他们的劳动条件差，常常每天要工作 10～12 小时，他们无法享受城市居民应有的公民权，不时遭到各种歧视。居住在城市里，他们的生活与城市居民形成明显的反差。进城务工人员现在基本上还是"候鸟式"的移居，他们常年在外务工，根还留在老家。每年春节前后他们还要成群结队地塞进拥挤不堪的火车、汽车和轮船，回一趟家，过个年。进城务工人员节前返乡、节后回城，形成了交通部门难以承受的有中国特色的"春运"高潮。

既然农业劳动力转移是中国经济社会发展的大势所趋，"农民进城"是中国实现现代化的必不可少的、无法逾越的过程，我们就应当竭尽全力帮助农民工解决劳动力转移过程中的种种问题：劳动力市场与就业引导问题、就业培训问题、子女入学问题、欠薪和劳资冲突问题，进而帮助农民工由"候鸟"变成"留鸟"，在异地定居下来，由"乡下人"变成"城里人"。2003 年 10 月党的十六届三中全会通过的《中共中央关于完善社会主义市场经济体制若干问题的决定》已经明确要求："逐步统一城乡劳动力市场，加强引导和管理，形成城乡劳动者平等就业的制度。深化户籍制度改革，完善流动人口管理，引导农村富余劳动力平稳有序转移。加快城镇化进程，在城市有稳定职业和住所的农业人口，可按当地规定在就业地或居住地登记户籍，并依法享有当地居民应有的权利，承担应尽的义务。"

应当说，这份决定已经十分明确地表达了党中央推动农村富余劳动力转移的政策导向。近两年，各地政府在解决农民工问题上做了许多工作，例如，农民工子女入学问题现在已基本解决，城市、城镇的义务教育已经完全对农民工子女开放，并和本地居民的子女收取同等费用。但是，在一些城市和地区，不公平对待农民工甚至歧视农民工的事件还时有发生。如何善待农民工，如何保障农民工的正当权益，如何引导农民工在本地定居下来，应当是每一个地方政府必须认真应对的问题。

2005 年春节后，我到浙江台州考察，了解当地政府在进城务工人员问题上采取的对策。台州一些市县的做法：一是引导企业提高进城务工人员工资，当地进城务工人员月工资普遍已上升到 1100～1200 元；二是为长期在当地企业工作的进城务工人员办理养老保险、医疗保险、工伤保险，而"长期"的解释，有的地方是半年，有的是一年；三是政府和企业各投一些资，为携家带口的进城务工人员盖小套住宅，名曰"新民住宅"，廉价租给进城务工人员居住，鼓励他们定居下来成为当地的"新居民"。台州领导告诉我，他们那里没有明显的"缺工"现象。浙江台州善待进城务工人员的做法值得我们借鉴。

我们现在都在努力做大做强中心城市，城市要做大，城市人口要增加，靠的绝不是城市自身人口的自然增长。因此，做大城市的过程，事实上就是吸引外来人口前来定居的过程，而所吸引的外来人口主要是进城务工人员。我们的市长、市政府，应当不仅是户籍居民的市长、市政府，而且应当也是居住在这个城市里的进城务工人员的市长、市政府。我们今天都在强调要转变政府职能，善待进城务工人员，解决他们就业、生活的种种问题，是否也应当成为政府职能转变的一个内容。我想，这就是城市为解决"三农"问题应当做出的贡献。

走中国特色的农业现代化道路[*]

一、中国的农业、农村和农民

中国走的道路是中国特色社会主义道路，中国农业也必然要实现中国特色的农业现代化。因此，我们首先要了解中国的农业、农村、农民的特色是什么？

（一）中国特色

中国是一个历史悠久的文明古国，农业经济在中国存在了三千多年，封建社会的基础是中国农村自给自足的自然经济。农民或拥有一小块土地，或租有一小块土地，一家一户为一个生产单位，男耕女织，自己种粮、自己纺纱织布、自己挑水砍柴、自己生产自己所可能生产的一切生活必需品。在这样的经济结构中，农业劳动生产率低下，农民除交税赋、交地租外，大部分产品供自己和家人消费，能作为商品提供到市场上交换的东西十分有限，而农民除盐、锄头等少量自己无法生产的东西外，几乎也不依靠市场，他们过着基本上是自给自足的生活。这种自给自足的小农户的组合，成了中国封建社会稳固的经济基础，尽管朝代更迭，农村、农业的面貌并没有太大的变化。

鸦片战争打破了中国封建社会的封闭状态，但洋枪洋炮并没有改变中国的自然经济基础。攻破中国大门的英国人把许多工业生产出来的"洋货"运到上海，却发现在中国很难找到买主。鸦片战争后二三十年时间里，最使侵略者赚钱的商品仍然是鸦片。帝国主义者费了好大的工夫，才找到能真正冲破中国自然经济基础的商品，那就是与农民生活密切相关的

---

[*] 节选自严正主编《福建发展现代农业研究》，福州：海风出版社，2008年，第一章。

洋纱和洋布。先是资本主义国家用机器生产的价格相对低廉的洋纱逐渐替代了农民自己的手摇纺纱、继而是廉价的洋布替代了农民的家庭梭机织布，迫使农民必须拿出更多的商品来换取工厂生产的纺织品，中国自然经济的基础从此受到动摇。但中国沦为半封建半殖民地后，农业商品化的步伐极其缓慢。

中华人民共和国成立后，农民翻了身，中国农村发生了巨大变化，农业生产力大幅度提升。20 世纪 50 年代中期至 70 年代末，中国共产党人在农村社会主义道路上进行了艰辛探索，初级合作社、高级合作社、政社合一的人民公社，一大二公的集体经济，以粮为纲，割资本主义尾巴，但未能根本改变农村、农业的落后面貌。

党的十一届三中全会开辟了改革开放的新时代，取消人民公社、推行家庭联产承包责任制是解放思想后的第一项重大改革。从安徽省凤阳县小岗村 23 户农民包产到户算起，20 多个年头，中国的农村发生了多大的变化！农民个体经营自己的承包土地，极大地调动了生产积极性，极大地提高了劳动效率，农民有空余时间从事耕地以外的劳动，或从事副业生产，或饲养家禽家畜，或挑沙挑土打小工，或摆摊贩卖。随着乡镇企业异军突起，一些农民进企业做工，但还在家人的帮助下耕种着承包地，早期乡镇企业农忙放假可不是新鲜事。商品生产，商品交换，逐渐渗透进农民的生活，自然经济状态下的自给自足的农民逐渐转变为社会主义初级阶段市场经济状态下的兼业化的农民。

中国农民的收入普遍较低，但经济较发达地区和欠发达地区的差异十分显著，城郊农民和早已经不是农民的城中村农民属于农民中的高收入群体。中国农民受教育程度普遍较低，由于青壮年劳动力大量外出打工，留在农村的农民年龄偏大，且以妇女居多，乃至有"386061"部队的戏称（"38"指妇女、"60"指老人、"61"指儿童）。1.2 亿左右进城务工的农民，虽然还冠以"农民工"的称号，他们实际上已经是从事第二、第三产业的城镇居民，有的已经携家带子，基本定居下来，他们的收入普遍低于城市、城镇的当地居民。

（二）福建省情

福建省素有"八山一水一分田"之称，耕地总量小，可开发为耕地的后备资源不足。福建省陆地面积 12.14 万平方公里，地势西北高、东南低，山地、丘陵和平原分别占 75％、15％ 和 10％。山地基本是林地，丘陵有的是林地，有的是梯田，面积原本不多的平原大量被城市、城镇和农民住宅占用，剩下的土地还被纵横交错的铁路、公路所分割，福建成为全国耕地最紧缺的省份之一。福建省耕地面积由中华人民共和国成立初的 2175 万亩，减少到 1995 年的 1806 万亩，如今人均耕地面积已降至全国最低水平的不及 0.5 亩，大大低于联合国制定的人均耕地 0.795 亩的耕地危险线。福建粮食自给率已经不足 50％，一半以上粮食要从江西、安徽以至东北调进，部分还通过港口从海外进口。

福建每个农民承包的土地已经很少，承包地还被分割成零星小块。由于大部分农村平地上的肥沃田地有限，因此村集体在实行家庭联产承包责任制时，承包土地的分配不得不实行好田、差田搭配，于是每个农户既有肥田、也有瘦田，既有洋面田，也有山垄田，既有低处的梯田，也有高处的梯田，一家农户三四亩地分割成十来块是常有的事，机械化连片耕作几乎是不可能的。

改革开放 30 年，农村大量劳动力外出打工或自谋职业，外出打工已经成为福建农民收入的主要来源，留下妇女、老人和小孩，农村实际上已经出现劳动力缺乏，再加上近几年猎枪收缴，野猪被定为所谓的"保护动物"，造成野猪大量繁殖，泛滥成灾，许多梯田受害无法种植，导致已经缺少耕地的福建省，山区大片山垄田抛荒，严重的村庄抛荒的山垄田几近一半。

外出打工的，土地由留守的家人耕作。举家外出的，土地则找亲朋好友代耕，以免荒废，被村集体收回。经济较落后的地区，请人代耕，有的还能由代耕者付给一两成收成；更多的情况是所有收成都归代耕者，换来的只是一旦打回老家地要归还。而在外出务工人员较多和经济比较发达的地区，请人代耕是要付钱的，不但收成全归代耕者，一亩地还要给代耕者几十元至一两百元不等。由于土地使用权流转无序，土地依然零碎而不连片，当前的土地承包经营权流转方式对于推动种粮大户的产生尚未有明显的作用。按照依法自愿有偿原则，健全土地承包经营权流转市场，是福建农业值得探讨的一个课题。

（三）中国农业和发达国家农业的差距

表象上看，中国农业和发达国家农业的差距首先表现在农民生活水平的差异。

在发达国家、发达地区，农民往往不是穷人，农民被看成是中产阶层。他们拥有的固定资产（农业机械、运输工具、仓储设备等）往往比许多工业部门每个工人平均使用的固定资产还多。他们有小轿车、小洋房，家庭生活设施和城市居民没有明显的差异，农闲时他们也可以携家带口到世界各地旅游。就收入水平和生活水平而言，城乡差距并不显著。

中国最落后的地区依然是农村，特别是偏远地区的农村。尽管改革开放以来农民的生活水平也在提高，但生活改善的速度远低于城镇居民，他们与城镇居民的收入差距事实上在不断扩大。解决占人口大多数的农民问题以及农村问题、农业问题，仍然是 21 世纪中国面临的最大的也是最艰巨的历史任务。

生活水平的差异，本质上是由劳动生产率的差异决定的。

中国农民每个劳动力种两三亩地，尽管精耕细作，充其量生产四五千斤粮食。中华人民共和国成立之初，我国一个农业劳动力可供养人数含本人在内约 2.5 人，现在农业技术水平提高了，亩产增加了，可供养人数也就是 4～5 人。美国农民每个劳动力耕几百至一千多亩地，加拿大更高达两三千亩，平均每个劳动力年产 30 万～40 万斤粮食，美国一个农业劳动力可供养人数为 90 人左右。欧洲的农民人均耕地没有北美洲高，但他们精耕细作，在品种选育、推广农业科技方面下功夫，每个劳动力取得的农产品价值接近美国。

中国农民穷的根本问题是每个农民生产出来的农产品不多，养活自己和家人之外，所能提供的剩余产品有限。因此，中华人民共和国成立之初，需要 80% 的人搞饭吃，发展到今天，13 亿人口也还要有一半人从事农业生产。

中国农民劳动生产率低的原因，当然有农民素质方面的原因，有生产工具方面的原因，有农业科学技术方面的原因，有种种前面罗列过的原因。但最根本的问题，是农民的小块土地经营。

在田地里曾有农民问我："我就这么一亩多耕地，种什么我才能富起来？"我无言以对。

小块土地经营难以致富，从事兼业化多种经营很难保证有稳定的收入来源，这是中国农民劳动生产率低下的根本原因。

二、规模化、专业化是中国走向现代农业的必由之路

（一）必须倡导适度规模化

放眼世界各国农业走过的道路，大致都经历了三个历史阶段，即由自给自足的自然经济，走向半自给自足的多元化经济，最终走向商品化、专业化的规模经济。在整个进程中，伴随的是农业劳动力在社会总劳动力中的比重不断下降，城市化比重不断上升。比较世界农业的发展进程，中国农业大致正走在第二个阶段，即多元化生产阶段，经济落后地区则还刚刚进入第二个阶段。下一个阶段的历史任务是：从分散的、小规模兼业化经营，向农业生产某一领域的专业化和规模化过渡，大幅度提高农业劳动生产率，提高农业的商品化程度，逐步实现农村市场化，从而为农业现代化奠定坚实的基础。

一个从事小规模生产的农民，既种地，又养猪，又养鸡，又种果树，又栽培蘑菇。一旦他找到一种最适合自己的农活，找到一种最能挣钱的农活，把一件农活做好做大，例如专业养猪，不是养两三头，而是养一两千头，那时，他学习养猪的科学技术就成了他的头等大事，我们推广农业科技也有了明确的对象，学习科学技术、提高农民素质也就成了水到渠成的事。同样，农业机械的推广对兼业化、小规模经营的农民说来十分困难，而对于有一定规模的专业户，他自身会急不可待地使用机械，提高劳动效率。农村市场体系的培育，对于专业户和分散的多种经营者，两者的意义完全不同。农业合作组织也只有在同类专业生产者中才有现实的基础，种花找种花的合作，养奶牛找养奶牛的合作。其他如农村金融、农村公共服务体系，在不同的经营状况下也有不同的作用。前面讨论过的那些推动农业现代化的举措，对于专业化、规模化生产的农民有着更为重要的意义。

小规模多种经营，农民没有富起来的条件，一小块农田，几头猪，十几棵果树……什么都干，每一项都难成大器，难以使用专业的机器设备，难以学习专业的先进技术，难以把握产品的市场和销售，都挣不到大钱。只有逐步走向规模化、专业化生产，或者耕百来亩地，或者养几百头牛，或几千头猪，或几万只鸡，或者经营百来亩果园，或者养几百箱蜜蜂，农民才有富起来的基础。畜牧业、水产养殖业、花卉业、水果业、食用菌、

大棚温室等设施农业，往往最容易成为农民走向专业化生产的选择。

（二）走向规模化、专业化的途径

中国农业走向规模化、专业化生产的途径可能是千差万别的：

一是来自农户自身的漫长积累。在多元化经营的过程中，农户在这些经营里找到自己认为发展得最顺利的一种，逐步掌握技术，逐步积累资金，逐步扩大规模，并逐步放弃其他经营，终于成了某类专业户以至专业大户。通常，这种积累过程历时很长，要经过相当艰苦的奋斗。但这也是大多数专业户必须经历的道路。

二是来自某种原始积累，甚至是在第二、第三产业赚到了钱，回过头来投资规模农业，办专业化农场，从事某项专业化生产。这类投资往往起点高，技术先进，容易形成规模效益，容易成为学习的样板。

三是来自外商投资，外商从海外带进品种、技术、资金，租用土地，雇用劳动力，其起点就是专业化的规模农场。现在福建、广东、海南的许多台商小农场，投资者大多数原来就是台湾的农民。

四是来自某种农业企业的引导。由于村庄周围出现了某个农产品加工企业或农产品销售企业，例如，建起了一个豌豆的冷冻加工厂，加工的袋装冷冻豌豆销往各超级市场，甚至销往海外，于是工厂周围的农民就大量种植豌豆，他们甚至从工厂取得良种和种植技术，和工厂建立了稳定的收购关系。当承包的土地给他们带来足够的利益后，他们就会去承接别人的土地，扩大豌豆的种植面积，成为豌豆的种植专业大户。一个奶品厂会造就一批奶牛大户，一个花卉公司会造就一批种花大户。农业产业化的龙头企业是农业专业化和规模化的火车头。

五是来自集体仿效。例如村里的某人种某种食用菌成功，赚了钱，大家都来仿效，整个村子成了这种食用菌的生产基地，远近闻名，于是做买卖的、加工的、提供生产原材料的都加入进来，一家一户不可能做到的规模经营，一个村、一个乡则完全可以做到，这就是农业发展过程中经常提倡过的"一乡一柱，一村一品"，形成小区域的专业化和规模化。一些专业大户也会在这样的经营环境中成长起来。

六是来自农业以外的投资。一些在工业、商业或其他行业创业取得成效、完成了资本积累的老板，当农业比较利益上升时，对农业的某项投资感兴趣，回过头来投资农业，有的创办农业生态园、林业生态园，有的大面积种植某种经济作物，有的办畜牧业养殖场，有的种花卉，其中也不乏想到农村发展的"城里人"。这类农业投资往往起点高，规模较大、技术较先进。

不论通过何种途径，中国农业走向专业化、规模化的道路将是一个漫长而艰巨的历程，将要经历一两代人甚至更长的时间。正因为专业化、规模化要经历一个相当长的渐进的发展阶段，欲速则不达，因此当前的口号提"适度规模化"是比较切合实际的。

专业化和规模化是个相辅相成的过程，没有专业化不可能形成规模，没有规模的专业化也没有效益。当一个农民种田上百亩，或种花二三十亩，或养猪几千头，或养鸡几万只，那就将形成一支新的农民队伍，这些新一代有较高劳动生产率的农民，将几乎不生产自己生活所需要的东西，他们的生产和生活需求几乎都靠向市场购买来满足，而他们所生产的产品，也几乎都向市场销售。完全的商品化为农村市场化既提供了买者，也提供了卖者，这样，农村市场化建设也就顺理成章了。反过来，农村市场化建设的各项措施，包括流通体制的完善，农产品运输系统的改善、国际农业市场的开拓、各种农业要素市场的建立，又都促进农业走向专业化和规模化。与此同时，适应规模化生产、专业化生产的农业机械的使用也会普及开来。

三、钱从哪里来？人到哪里去？

要让中国农民种田都能种 50～100 亩，养猪能养三五千头，养鸡能养三五万只，果树能种两三千棵，从事各项农业专业化生产都能有一定的规模，那是多么难的事啊！

首先，从事规模农业需要投资。

种百亩地，靠锄头、镰刀解决不了问题，得有拖拉机、插秧机、收割机等一整套农机具，得有排灌设施，得有运输车辆。畜牧业、花果业、水产养殖业、食用菌业等规模农业，投资额比粮食作物还要多。如今的中国农民，绝大多数已经解决了温饱问题，但还没能实现全面小康。据统计，2007 年我国农村居民人均纯收入 4140 元，（信息来自 2007 年 1 月 31 日中央农村工作领导小组办公室主任陈锡文在国家新闻办公室新闻发布会上的讲话），而在此前的 2002 年，农村居民人均纯收入才 2476 元。期间这 5 年是惠农力度不断加大的 5 年，是取消农业税、特产税等减轻农民负担的 5 年，但即使提高到年人均 4140 元，要购买价值几万元、十几万元甚至几十万元的农业机械装备，多数农民还是力不从心。中国农民现有的收入水平还很难具备规模农业的投资能力，因此，走向现代农业，就有一个"钱从哪里来？"的问题。

在发达国家，农民是中产阶层，美国农民拥有的平均固定资产比美国钢铁工人拥有的平均固定资产还要高，一般农民的收入水平也高于一般的蓝领工人和普通的白领职工。可是在中国，农民向来是低收入群体，中华人民共和国成立以来，为了实现工业化，在高度集中的计划经济体制下，我国靠工农业产品剪刀差来筹集工业化资金，农民收入水平提高相对缓慢。改革开放以来，从落实家庭联产承包责任制到 1985 年，是农民收入提高最快的 5 年，农民收入提高的速度高于城镇居民，但此后，农民收入增长的速度就落后了，从 20 世纪 90 年代到 21 世纪初，城镇居民收入增长的速度几乎每年都比农村居民高 4～5 个百分点，十几年下来，城乡差距不断拉大，直到最近几年农村居民收入的增长速度才逐渐向城镇居民收入的增长速度靠拢。全面建设小康社会最艰巨的任务莫过于把所有农民的生活都提高到小康水平，而小康离现代农业的投资能力还有相当的距离，现代农业的实现还需要社会的支援，政府的扶持。

在科学发展观指导下，中央提出了"统筹城乡发展"的方针，提出了"城市支援农村，工业反哺农业"，中央财政和各级地方财政大大加强了财政支持"三农"的力度，把相当额度的新增财政收入用于农村，主要投入农村公共产品的建设。近几年，福建省投入巨资建设农村道路，实现水泥路进入所有行政村；投巨资建设农村电网、农村有线广播网、农村电信网以及水利、防护林等基础设施建设，投巨资用于低收入农民的社会保障，用于合作医疗、农村医疗卫生设施建设，农村义务教育等公共事业，同时还直接向农民发放种粮补贴、化肥农药补贴，对农民购买大型农业机械直接给予补贴，中央财政收入和地方财政收入已经有相当一部分用于支农。

但是，农业现代化建设仅仅依靠政府补贴是无法实现的，世界各国走向现代农业的经验证明，现代农业建设需要农村金融的支持。

目前，福建省农村除一些工业重镇和工业集中区金融体系较齐全外，多数农村地区只有四种金融机构：农村信用社、农业银行、农业发展银行、邮政储蓄。农业发展银行是国家政策性银行，只完成国家政策规定的如粮食采购、种子化肥等信贷，邮政储蓄只把农民储蓄收进来交给人民银行，农业银行过去主要从事农业贷款，遗留下巨额不良资产，现在已经把主要业务转向工商业等现代产业，农业业务的比重已经大大降低。因此，实际上支撑农业信贷、满足农民信贷需求的是农村信用社。

比"钱从哪里来?"更难解决的难题是"人到哪里去?"

一个小村子的地只要三五户人种，一个大村子的地也只要二三十户人种，因此，只有大量农村富余劳动力转移到非农产业，进入城市、城镇和工业区就业，剩下的农民才有可能像晋江市陈埭镇农民那样成为一定规模的种粮大户。因此，要让农民富裕起来，首先必须减少农民数量。转移农村富余劳动力是解决"三农"问题的根本。

1890 年，美国农民占人口的 70%，如今这一比例已经下降到 2%。所有发达国家都走过农民占人口多数到农民占人口占少数的过程，今天发达国家多数农业人口大都占 10% 以下。减少农民数量，这也是世界各国经济发展的普遍规律。

改革开放以来，中国经济发展的重要成就之一体现为农民人数的减少。乡镇企业转移了 1.2 亿劳动力，异地转移的"民工潮"少说也超过 1 亿人。改革开放前是"10 亿人口 8 亿农民"，如今这一比例已经下降到 60%，福建则下降到 50%。但这还远没有达到农业富余劳动力转移的目标。

预计 21 世纪前二三十年，中国必须为大量农业人口的转移而付出艰巨的努力。当中国农业劳动力占总劳动力的比重下降到 30% 以下，中国的城镇人口比重提高到 60% 以上，农业专业化、规模化的前景就比较明朗了，再加上农产品价格朝着有利于农民的方向调整，农民的普遍小康就有可能实现，农业现代化也就能初见端倪。如果像发达国家那样，我们把农业劳动力比重降低到 10% 以下，城市化水平提高到 70% 左右，中国也就到了大致实现现代化的时候。估计一二十年，中国难以完成这一历史任务，也许这需要几代人的艰巨努力。

问题的关键在于：大量农业劳动力怎么转移? 转移出来的农村劳动力到哪里去? 他们首先要找得到工作，有岗位空缺接纳他们，或者有能力自谋职业，同时他们还要找得到房子住，有条件居住下来，进而定居下来，成为新环境下的新居民。这是一个何等复杂的系统工程，需要工业、第三产业的发展，需要城市、城镇的发展，需要非农产业大量吸纳离开土地的农民。与此同时，还需要提高农民的素质，提高他们的受教育年限，还要做好农民转移前的职业培训工作，更需要政府各个部门的工作朝着有利于劳动力转移的方向转变。

因此，"三农"问题，既要在"三农"中解决，更要靠"三农"以外问题的解决来解决。靠经济的发展，靠工业的发展，靠吸纳劳动力数量最多的服务业的发展，靠城市城镇的发展，靠工业区的发展。眼睛只盯着"三农"来解决"三农"问题，"三农"问题是难以根本解决的。

（一）乡镇企业异军突起

在中国"三农"问题的解决进程中，异军突起的乡镇企业发挥了重要的作用。

20世纪80年代初，我国农村率先进行了经济体制改革，实行了以家庭联产承包责任制，从公社化的集体经营分解为一家一户的承包经营，农民获得了经营自主权，农村生产力得到了充分解放，农村劳动力出现剩余。但是，当时城乡严格隔绝的户籍管理制度，限制了农民进城就业和定居，在农村巨大的就业压力和农民强烈的致富愿望的双重作用下，在原来微弱的社队工业的基础上，极具特色的农村工业—乡镇企业，趁计划经济时代的商品短缺而异军突起。当时的倡导口号是"离土不离乡""进厂不进城"，这些乡镇企业都分散在乡镇和村庄，形成了遍地开花的局面。到1996年，乡镇企业产值已占农村社会总产值的2/3，成了农村收入的主要来源，成了我国经济的一支重要力量。

乡镇企业的迅猛崛起，对我国城镇化进程产生了巨大的推动作用。它打破了"农村搞农业，城市搞工业"的传统观念，农村第二、第三产业迅速发展。1987年，农村中非农产业的产值比重首次超过农业，农村非农产业与农业首次形成了农村经济的"二分天下"格局，此后乡镇企业的比重连年上升，到1992年，农村工业产值已经超过农村社会总产值的50％。农村非农产业特别是农村工业的快速发展，为城镇化发展奠定了坚实的产业基础。小平同志南方谈话后的三四年，是我国乡镇企业发展最快的年份，同时也是农村中镇和县城发展最快的年份。

从 80 年代末开始，出于第二、第三产业对城镇的依托需求，出于企业对积聚效益的追求，乡镇企业逐渐向乡镇所在地转移，特别是向乡镇设立的工业小区转移。由于乡镇企业大多都是劳动密集型企业，它向乡镇集中在促进人口集中方面有着特殊的效果。1998 年全国乡镇企业职工人数达 12536.5 万人，占乡村从业人员总数的 25.4%。这些劳动力大部分集中在乡镇，造就了我国小城镇的繁荣。

改革开放以来，我国的工业化主要表现为农村工业化的高速发展，与此相适应，农业剩余劳动力的转移走了一条"离土不离乡"的道路。发展乡镇企业是我国工业化的一个非常独特的选择，是中国特色社会主义的奇葩。世界各国的工业化都伴随着城市化，但我国工业化选择的道路相当比重上是农村工业化，是在农民"离土不离乡"体制下的工业化，这种工业化战略由于我国资本积累不足、城乡体制分割的条件下推行的。异军突起的乡镇企业举世瞩目，我国农村工业化取得了巨大成就，这是不可磨灭的。乡镇企业消化了一亿多农村劳动力，创造了巨大的工业生产力。对应于我国的农村工业化，发展小城镇作为 80 年代至 90 年代中期我国城市化道路的选择也就应运而生了。

尽管农村工业化对于我们这样一个特殊的人口大国、农业大国具有不可忽视的积极意义，但这个过程已经持续了 20 多年，也带来了一系列弊端，如农村工业规模不经济，土地资源的浪费，部分农村生态环境的破坏，分散发展阻碍了技术进步和产业升级，过多的兼业兼营使农业成了部分农民的副业，不利于农业的发展。由于乡镇企业聚集效应差，服务业也因此不能得到相应的发展，影响了就业增长。

回眸改革开放 24 年的历程，乡镇企业这个名称，作为中国特殊历史阶段、特殊历史条件的产物，应当说已经光荣地完成了它的历史使命。设在农业部里和各省区农业厅里的乡镇企业局，也已经完成了它的历史职能。我国农业户口与非农业户口的藩篱很快就要彻底打破，农民和企业进城的限制已经在逐渐消除，乡镇企业已经逐渐进入各级的工业集中区，农村工业与城市工业的区分已经没有必要。上规模的乡镇工业将和城市工业一样纳入相关的行业管理，乡镇企业中的中小企业也将和城市中的中小企业一样有它的协调机构，也许将像国外那样成立中小企业局。乡镇企业作为中国改革开放的产物，为中国经济腾飞做出了巨大贡献，在中国历史博物馆中应当占有其重要的位置。

（二）"农民工"

转移入城市、城镇和工业区的"农民工"问题，既是"三农"问题，也是"三农"以外的一个极为重要、极为现实的问题。

我国的城市、城镇和工业区现在已经容纳了一亿以上从农村涌来的劳动力。如今，路是农民修，楼是农民盖，劳动密集型企业工厂流水线上的岗位几乎都由他们包揽。他们还承揽了城市居民许多不愿承担的重活、脏活，经营了许多与城市居民生活息息相关的服务行业，城市生活已经离不开他们。但是，众所周知，进城务工人员的生活远不如城市居民，他们的居住环境、生活水平、子女就学、医疗条件、文化生活都不能和城市居民相比，他们的劳动条件差，常常每天要工作10～12小时，他们无法享受城市居民应有的公民权，还不时遭到各种歧视。居住在城市里，他们的生活与城市居民形成明显的反差。农民工现在基本上还是"候鸟式"的移居，他们常年在外务工，根还留在老家。每年春节前后他们还要成群结队地挤进拥挤不堪的火车、汽车和轮船，回一趟家，过个年。进城务工人员节前返乡、节后回城，形成了交通部门难以承受的具有中国特色的"春运"高潮。

既然农业劳动力转移是中国经济社会发展的大势所趋，"农民进城"是中国实现现代化的必不可少的、无法逾越的过程，我们就应当竭尽全力帮助农民工解决劳动力转移过程中的种种问题：劳动力市场与就业引导问题、就业培训问题、子女入学问题、欠薪和劳资冲突问题，进而帮助农民工由"候鸟"变成"留鸟"，在异地定居下来，由"乡下人"变成"城里人"。2003年10月党的十六届三中全会通过的《中共中央关于完善社会主义市场经济体制若干问题的决定》已经明确要求："逐步统一城乡劳动力市场，加强引导和管理，形成城乡劳动者平等就业的制度。深化户籍制度改革，完善流动人口管理，引导农村富余劳动力平稳有序转移。加快城镇化进程，在城市有稳定职业和住所的农业人口，可按当地规定在就业地或居住地登记户籍，并依法享有当地居民应有的权利，承担应尽的义务。"

应当说，这份决定已经十分明确地表达了党中央推动农村富余劳动力转移的政策导向。近两年，各地政府在解决农民工问题上做了许多工作，例如，进城务工人员子女入学问题现在已基本解决，城市、城镇的义务教育已经完全对进城务工人员子女开放，并和本地居民的子女收取同等费用。但是，在一些城市和地区，不公平对待进城务工人员甚至歧视进城务工人员的事件还时有发生。如何善待进城务工人员，如何保障进城务工人员的正当权益，如何引导进城务工人员在本地定居下来，应当是每一个地方政府必须认真应对的问题。

我国的城市和城镇现在已经容纳了一亿左右从农村涌来的劳动力前来就业，这些劳动力已经是部分企业的主要劳动力，路是农民修，楼是农民盖，他们还承揽了城市居民许多不愿承担的重活、脏活，经营了许多与城市居民生活息息相关的服务行业，城里人的日常生活现在似乎已经离不开这些进城的乡下人。尽管我国的农民进城现在还处于"候鸟"阶段，对农村脱贫致富已经起了巨大的作用。据估算，一个农民工平均每人每年给家庭寄钱 2000 元，深圳市的农民工每年通过邮局汇走的钱就达 164 亿元之多，四川是全国外出民工最多的省份，一年农民打工收入约 400 亿元，超过了省地方财政的收入。这些收入对于当地农民生活的改善、当地农业的发展以及地方市场的繁荣举足轻重。一部分农民外出打工后回到家乡，带回了市场经济意识，带回了技术和经营本领，对当地经济发展已经产生了积极影响。在市场经济的条件下，城市容纳人口的潜在能力不可低估，人多了，能增加生产、增加税收，能增加消费、繁荣市场，还能自行创造出许多就业岗位来。上海自太平天国以来历史上有过多次难民潮，每次都有来自苏北、江浙的大批难民涌进上海，而每次大部分难民也都被城市消化，今天的上海人不少就是当年难民的后裔。香港自抗日战争结束至今，人口翻了两番还要多，从广东、从全国各地偷渡进入、迁入香港的人，如今不也都成了这座繁华大都市的市民。当今由于体制上的障碍，由于城市本身缺乏留住的善意，绝大部分没有进城务工人员——也不敢有定居城市的打算。试设想，如果进城务工人员有在城市定居的可能，把家属从农村接到城市，他寄往家乡的钱就能留在城市消费，他也不用再像候鸟一样在城乡之间奔波，他的配偶也会在城市找活干，他的下一代长大后就是无差异的城里人，这对城市的发展有什么不好？

进城务工人员无法融入城市社会，实际上已经造成社会资源的浪费。企业招进进城务工人员，培养他们掌握了较为熟练的技能，却无法使他们安定下来，劳动力过于频繁的流动已经造成企业培训成本增加。企业希望职工相对稳定，希望职工对企业有归属感，但进城谋生的临时观念使进城务工人员不可能以企业为家。同时，只有短期打算的进城务工人员，不注重技术培训，无法提高劳动力素质，结果只能在低级劳动力市场上徘徊，不能创造更多价值，不利于人力资源的充分利用。进城务工人员对所生活的城市社区没有归属感，甚至产生对立抵触心理，造成一系列社会问题，增加了社会管理成本。还有每年的"春运"也使交通部门徒增了运输成本。因此，从城市、从企业发展的角度，我们应当尽量留住进城的农民。

四、"三农"问题要靠"三农"以外问题的解决来解决

中国的"农民进城"是充满艰辛的，在相当一段时间里，他们进城并没有得到正面的认可，20 世纪 80 年代曾被戴上"盲流"的帽子，很难在城市立足。90 年代放开了，但进城务工还要办理各种各样的手续，收取各种各样的管理费用，一些没办全证件和没找到工作的农民常被作为"三无人员"而遭到收容和遣返。直到 2002 年 2 月，国家计委才下文要求各地取消暂住费、暂住人口管理费、计划生育管理费、城市增容费、劳动力调节费、外地务工经商人员管理服务费、外地建筑企业管理费等七项费用。

农民进城，城市对他们的歧视是显而易见的，警察管着他们，一大堆防范措施等着他们，因为大量城市犯罪是流动人口引发的（这是事实！）；劳动部门管着他们，老怕进城务工人员影响了城市下岗工人的再就业；城市政府出于对自己居民的保护，担心"民工潮"的无序涌动会对城市的生活、就业和社会安定带来冲击，往往对进城务工人员就业采取限制措施，如 2000 年北京市劳动和社会保障局规定的限制外地来京务工人员的行业有8 个，限制的职业有 103 个。有时政府还会采取地方保护主义措施，要求企业清退外来务工人员，把位子腾给下岗工人或本地待业者。进城农民在找工作的过程中被所谓职业介绍所、中介人骗取介绍费、培训费之类的事不胜枚举。找到工作，被迫向老板交押金以及被克扣工资甚至干完活拿不到工资的事也时有发生。他们的人格经常得不到尊重，他们在城市的住宿条件、生活条件有的比起他们在农村的条件还要差。他们在城市属于低收入者，而他们从事的往往是高强度的劳动。据山东大学社会学系的调查，进城务工人员的工作时间远远大于国家法定的劳动时间。在被调查的农民

工中，一个月休息 8 天以上的人仅占 6.9％，休息 5～7 天的占 5.4％，休息 3～4 天的占 11.5％，休息 1～2 天的占 12.4％，根本就没有休息日的占 63.8％。在正常情况下，进城务工人员每周平均工作时间达 56 小时的人数占 68.9％。一些企业主还用计件工资驱使进城务工人员"自愿"加班加点，一天工作 10～12 小时甚至更长的时间是常有的事，即使这样，据被调查进城务工人员自述，他们害怕的还不是工作时间长，而是怕没有活干。他们和城市居民的生活形成了十分显著的反差，这给他们造成沉重的精神压力，有时逆反心理也造成一系列社会问题，甚至成了犯罪和社会不安定的源泉。进城农民的医疗、社会保障、子女就学都未能妥善解决，至于参与城市的政治生活，享受城市公民的政治权利，那就更不用提了。

关注农民进城，关注进城务工人员，已经成为社会舆论的一个热点。其实，农民在收入差距驱使下涌向城市，这既是城市化加快发展的需要，更是农业自身发展的需要。

农业、农村、农民是我国当前经济社会发展中的一大难题。改革开放以来，虽然农村面貌有了很大的变化，但平均而言，城镇居民生活水平的增长要快于农民生活水平的增长，城乡差距实际上在扩大。1996—2000 年，农民收入增长滞缓，甚至还出现过下降。尽管党和政府在提高农民收入方面做了大量的工作，但由于农产品市场已趋饱和，农产品增产往往导致价格下降，农民增产和增收的增长不同步，有时甚至出现增产不增收的情况。近几年大部分农民收入的增长不是来自农业收入的增长，而是农业外的打工、经商等非农收入。

我国是一个有五千年历史的农业大国，农业精耕细作，农民辛劳勤俭。加入 WTO 后，和国际市场农产品价格一比较，我国农民才逐渐认识到国际农产品市场对他们的冲击。小麦等大宗农产品，我国市场价格高于国际市场价格 30％～40％，差价较小的水稻也高出 15％～20％。过去，由于我国农产品关税高约 45％，国际市场对我国农产品价格的影响被掩盖了。加入 WTO 后，按照入关协议，农产品关税将在 2004 年末降到 15％上下。因此，小麦、玉米、大豆、棉花、植物油、糖等大宗农产品，两三年内将要有一个相当困难的与国际市场的磨合期，生产这些产品的农民将要承受冲击。

为什么中国农产品会比美国、加拿大等发达国家价格高？为什么中国农业会落后于发达国家？其根本原因在于中国农民的小块土地经营。我国的农业资源十分有限，耕地只有 19.5 亿亩，农业劳动力人均耕地面积仅2.3 亩，农民在这么小块的土地上，无论种什么都很难富起来。美国每个农民耕地通常几百亩至一千多亩，加拿大则更高达两三千亩，一个农业劳动力生产的粮食约 30 多万斤，那里的农民有小轿车、小洋房，生活水平相当于城市的中产阶层，农闲时可以全家到国外旅游，他们的高收入是摊在30 多万斤粮食上；而我国的农民虽然还很穷，只有自行车、小瓦房，但很低的收入要摊在他们所生产的几千斤粮食上，结果，摊在每斤粮食上的成本，反而是我们高，发达国家低。因此，发达国家的大宗农产品价格比我们便宜。

十几年来我们提出了许多提高农民收入的措施，如普及农业科学技术，发展高优农业、生态农业，建设农村市场和农产品销售体系，大力推动农业产业化等等，这些措施无疑都是必要的、有成效的。但是，如果我们每个农民都还守着那一小块土地，都还靠着一小块土地致富，靠一小块土地追赶城镇居民的生活水平，是基本不可能实现的。因此，提高农民收入的根本途径是减少农民，是让五个人、十个人的地一个人种，是让每个农民的经营规模扩大起来，在扩大规模的基础上提高劳动生产率，在扩大规模的基础上实现专业化，种地种个几十上百亩，养鸡养个几万只，养猪养个三五千头，有规模，农民才有富起来的条件和基础。而要做到这一点，必须大批农民从土地上走出来，必须有城市、城镇接纳离开土地的农民，他们必须能进工厂做工或从事服务业等非农劳动。要创造这么多岗位，需要巨额投资来带动，需要吸引外商投资，更重要的是引导民间的各种所有制的投资，同时，也需要鼓励农民自己创办个体工商户或服务企业，自身创造就业岗位。因此，中国"三农"问题的解决，从根本上说，是要靠"三农"以外问题的解决来解决的。

19 世纪末，美国农业人口也曾占总人口的 80％，德国、日本等发达国家历史上也都如此，如今这些国家农业人口都已经降到 10％以下，也就是说，它们也都走过一个漫长的农民进城的过程，走过一个农业劳动力转移的过程，这是个城市化的过程，也是个农业现代化的过程。中国的城市化过程，实际上是一个农业人口不断减少、非农产业人口不断增加的过程。按世界各国发展的经验，农业人口下降到 50％左右，大致与走出贫困、奔向小康相对应；而农业人口下降到 30％ 左右，大致是走向富裕的象征；下降到 10％ 以下才是走向现代化的标志。我国改革开放 24 年来，乡镇企业"离土不离乡"和农民进城"离土又离乡"大约共转移了 2 亿农民，使我国农村人口比例由原来的 85％ 大致已降到 64％，沿海较发达省份农业人口都已降到 50％ 上下。疏导我国农业剩余劳动力继续转向第二、第三产业，积极发展第二、第三产业容纳这些劳动力，是我国加快城市化进程的一项根本性的任务，也是提高农民收入、改变农村落后面貌、实现农业现代化的一项根本性的任务。

一部分农民走出土地，就为留下的农民创造了扩大生产规模的条件，从而也为他们提高收入创造了条件。中国的农业要现代化，必须建立在农业经营规模扩大和农业生产专业化的基础上。实质上，工业化的实现，第三产业的发展，农业剩余劳动力的转移，农业生产规模的扩大，农业的产业化和现代化，城市和城镇的发展，城市化的实现，这都是同一个经济发展过程中相辅相成的不同侧面，任何一个方面的滞后都将制约整个经济社会的发展。

在计划经济体制下，城市管理者们认为，城里人多了，要吃饭，要供应副食品，要盖房子，要搞城市基础设施，要办学校、办医院，好像多了一个城市居民，政府就要多投许多资，多花许多钱。正因此，20 世纪 50 年代末至 70 年代，我国的城市规模始终受到严格的控制，多次出现动员城市居民上山下乡的热潮，当时的口号叫"我们也有两只手，不在城里吃闲饭"，似乎城市里人多了需要国家来养，殊不知人多了能生产、能消费、能创造财富，政府也能多收税收，整个社会经济也因此能得到发展。在经济发展没有成为我党的工作中心之前，积极发展城市的观念的确是难以形成的。

改革开放以来，我国的城镇化率（即城镇人口占总人口的比重）已经由 18％ 提高到 43％，根本改变了"十亿人口八亿农民"的状况，逐渐从农业国过渡向工业国。今天，世界人口的城镇化率为 50％，我国的城镇化水平依然低于世界的平均水平。胡锦涛总书记在党的十七大报告中指出，要"走中国特色城镇化道路，按照统筹城乡、布局合理、节约土地、功能完善、以大带小的原则，促进大中小城市和小城镇协调发展。以增强综合承载能力为重点，以特大城市为依托，形成辐射作用大的城市群，培育新的经济增长极"。"社会主义新农村建设取得重大进展。城镇人口比重明显增加。"中国未来的发展，必然是城镇化比率不断增长的过程，必然是人口集中居住的过程，现代农业的建设和人口从农村向城镇、城市转移的过程是相辅相成地向前推进。

第五部分　福建经济　■

浅谈福建省主体功能区规划[*]

福建省主体功能区规划正在紧锣密鼓地编制，这是一项贯彻落实科学发展观、构建社会主义和谐社会的重大举措，福建省陆地面积 12.14 万平方公里，地势西北高、东南低，其中山地、丘陵和平原分别占 75%、15% 和 10%。山地基本是林地，坡度陡，人类难以居住生活，更发展不了工业，但绿化的山地使福建拥有 63% 的森林覆盖率，创造了良好的生态环境。福建的丘陵有的是林地，有的是梯田，现在各地都在寻找低矮的缓丘陵，用推土机推出一些平地和台地来，建设工业园区，拓展城镇，拓展居住用地。福建平原面积原本不多，一部分是良田，一部分被城市、城镇和农民住宅占用，近十几年还被纵横交错的铁路、高速公路、普通公路、乡村道路所分割，福建成为全国耕地最紧缺的省份之一。全省耕地面积由中华人民共和国成立初的 2175 万亩，减少到 1995 年的 1806 万亩，2007 年只剩下 1693 万亩。如今人均耕地面积已降至全国最低水平的 0.48 亩，大大低于联合国制定的人均耕地 0.795 亩的耕地危险线。福建粮食自给率已经不足 50%，一半以上粮食要从江西、安徽乃至东北调进，部分还通过港口从海外进口。

福建有限的土地是我们赖以生存和发展的空间，不是所有的国土空间都适宜大规模、高强度的工业化和城镇化开发，工业在哪些地方集中发展，城镇在哪些地方开拓，人口往哪些地方集聚，可以取得经济社会效果的最大化，是一个值得认真研究的问题。世界各国的发展历程证明，工业应当聚集发展，人口应当集中居住。日本东京、名古屋、大阪、神户、北九州一线狭窄的沿海地带，城市城镇密集，集中了全日本 70% 以上的人口

　＊　原载于《发展研究》2008 年第 12 期。

和主要的工业和港口，而内地人口稀少，基本上是农业地区，山坡上森林郁郁葱葱，保持良好的生态。福建省的未来趋势也必然如此。最有效地利用越来越稀缺的土地资源，是贯彻落实科学发展观的重要举措。

编制福建省主题功能区规划，就是要将福建省的地域，根据不同区域的资源环境承载能力、现有开发密度和发展潜力，确定主体功能定位，合理划分为优化开发、重点开发、限制开发和禁止开发四类区域，确定每个区域的主体功能定位，明确开发方向，控制开发强度，规范开发秩序，完善开发政策，逐步形成人口、经济、资源环境相协调的可持续发展的空间开发格局，以尽可能少的资源消耗、尽可能小的环境代价，实现区域经济社会又好又快地发展。

优化开发区域，是指开发已经比较充分的地区，如福州、厦门、泉州等城市的区和沿海一些已经挤满工业项目的工业区、开发区。这些地方人口密集、厂房林立、土地紧缺，应当在原来的基础上优化开发，加快产业升级，加快现代服务业的发展，开发软件、动漫和其他高新技术的都市型产业，建设中心商务区，并把不适宜在其中生存的低端工业和劳动密集型企业迁出，"退二进三"。福建省需要优化开发的区域不多，占国土面积的比例不大。

禁止开发区域非常明确：风景名胜区、自然与文化保护区、森林公园、地质公园及红树林保护区、鸟类保护区等各类保护区。禁止开发区域除了在保护生态的前提下可以进行有规划的旅游开发外，禁止发展工业，禁止发展城市城镇。福建省这类区域已经有现成的目录，都已经通过相应的审批程序，边界也已经划清。禁止开发区域占省域总面积的比例也相对有限。

重点开发区域是准备进行大规模工业开发和城镇建设的区域。最适宜发展工业的区域是交通最方便、运输成本最低的地方。公路、铁路、航空、海运、管道等运输方式中，除石油、天然气适宜用成本最低的管道运输外，大型船舶运输是一般货物的运输量最大而运费最低廉的运输方式。福建省有长而曲折的海岸线，从北到南有沙埕湾、三都澳、罗源湾、福清湾、兴化湾、湄洲湾、泉州湾、厦门湾、东山湾，都适合建设深水避风良港，工业最适宜分布在港口特别是大型深水港后方，被称为临港工业。全世界70%以上的工业集中在水运可以到达的地方，图的就是运输成本低。

福建海边环境容量相对较大，企业运作成本最低，经济效益最好，因而未来福建省的重点开发区域必然主要分布在各个海湾、港口的后方，聚集在各个临港工业区。

内地山区，在重要交通枢纽，在铁路、高速公路汇合点，运输也相对低廉、便捷，特别适宜于发展当地林业、农业、矿业资源的加工工业，这些地方也将是重点开发区域。

工业化带动城镇化，工厂和为工厂服务的现代服务业是人口集居的依托，所以，工业的重点开发区域也同时是城镇化发展的重点区域。福建省的人口今后大部分要向沿海城市、城镇和港口工业区聚集，汇入海峡西岸城市群的核心区，小部分人口也向内地中小城市和交通枢纽聚集，其余山区县的人口将逐渐减少。事实上，改革开放30年，大批农村富余劳动力转移，每个山区县实际居住人口都已经减少了几万人不等，随着城乡一体化实现，城市农村分隔的二元体制将逐步打破，农民工可以申报工作所在地户口，山区县人口还将进一步大幅度下降。所有发达国家农业人口占总人口的比重都下降到10%以下，改革开放30年，福建这一比重已经从80%下降到50%左右，未来二三十年还有很大的下降空间。

福建省余下的地区以山区和丘陵为主，交通不便，宜林宜竹，除县城之外，绝大部分属于限制开发区域。限制开发不等于限制发展，限制的是大规模工业化和城镇化建设。限制开发区域的主体功能首要任务是保护自然生态环境，建设现代化农业，发展特色农业。有矿业资源的地方可以适度开发有开采价值的矿藏，也可以发展当地农产品、林产品和其他资源的加工工业，同时还可以发展旅游休闲。限制开发区域的人口将逐渐迁移到优化开发和重点开发区域。

"无工不富"，限制开发区域搞大规模工业建设，当地政府拿不到足够的财政收入，势必难以为继。由于财政收入随着工业和服务业集中到优化开发区域和重点开发区域，省政府将主要从这些地方收税，因此必须加大转移支付力度，以财政转移来支持限制开发地的发展，以保证限制开发地区能做到与优化开发和重点开发地区具备相同的公共服务水平。加大转移支付力度、加大城市支援农村、工业反哺农业力度是制定主题功能区规划必须要有的政策保障。与此同时，不同类别的地区政绩考核应当有不同的标准，例如对限制开发地区的政绩考核，就不能强调GDP的增长，不能强调工业的增长，重点考核生态保护状况，考核现代农业的发展，考核教育、文化、卫生等公共服务的水平。所以，制定主题功能区规划不仅仅是区域主体功能的划分，还必须制定一系列配套政策，包括财政政策、投资政策、产业政策、土地政策、人口管理政策、环境保护政策、绩效评价和政绩考核办法等。各主体功能区域，应考虑地区的特点和差别，用不同标准去衡量各地发展，用不同政策去指导各地发展，实行有效的分类指导。

主体功能区规划的实施需要依托一定层级的行政区，全国主体功能区规划，要求以县为基准单位来编制。福建省主体功能区规划，如果以县为单位，划分就显得过于粗放。福建的一个县里，地理差异太大，有高山，有河谷、有平原。例如福州市晋安区，作为城市的市区，照道理应当属于优化开发区域，但是晋安区面积最大的部分是鼓岭、北峰、寿山、日溪等乡镇，这些高山地区无疑应当限制开发，其中还有鼓山风景区和福州森林公园应当属于禁止开发，晋安区真正属于优化开发区域的只是平原上的市区部分。又如罗源湾北岸的罗源县，真正进行工业和城镇开发的也就是县城和沿海的松山、碧里等乡镇，大部分山区乡镇仍然应当归类于限制开发区域。所以，省级主题功能区规划要具备现实的指导意义，必须以乡镇为编制单位，把区域划分落实到乡镇。

福建省限制开发和禁止开发区域，估计要占省域面积的60%左右，优化开发区域和重点开发区域占40%左右，表面上看，这个数字和发达国家的状况有差距。发达国家中，按工业、居住、交通等建设用地占国土总面积比重这一开发强度来衡量，日本只有8.3%，德国只有12%，荷兰只有13%。但是，我们的规划是按乡镇来计算的，福建省的许多乡镇，即使列入重点开发区域，其中的高山和高坡度丘陵仍然无法建设工厂、建设城镇，真正能成为建设用地的也仅仅占整个乡镇面积的一小部分。因此，把全省所有实际开发面积加总在一起，估计不会超过总省域面积的15%。省的主体功能区规划只能做到乡镇划分这一步，成为对国家规划的补充。具体到哪块地建设，哪块地保护，属于规划细化的事，应当由县或具体建设主体去落实省规划对主题功能区的定位，细化地域界限。

编制主题功能区规划，要根据土地、环境等各项指标的数值，利用遥感、地理信息等空间分析技术，对省域空间进行综合分析评价，拿出具体的区划方案。拿方案不容易，要让各级政府接受方案就更难了。方案一拿出来，想必是争议纷纷，互不相让，市、县、乡镇，谁都想成为重点开发区域，谁都不愿意成为限制开发区域。现在福建省几乎所有的县，都提出"工业立县""工业兴县"，每个县都在红红火火地建设开发区、工业集中区，有的县甚至要规划建设十几个工业集中区。各地的发展热情的确是难能可贵的，但这本身也说明了制定主体功能区的必要性。遍地开花地盖工厂，羊拉屎式地搞工业区，效益势必低下，环境势必破坏，资源势必浪费，这绝不是福建省科学发展的路子。因此，制定主题功能区规划的过程，争论规划草案的过程，实施规划的过程，本身就是一个深入学习实践科学发展观的过程。在这个过程中，全省上下一起来协调区域发展，协调城乡发展、协调局部利益与整体利益，协调人与自然的关系，最终确定一条产业相对集聚发展、人口相对集中居住的发展路子，使福建省有限的国土资源能得到最有效的利用，这才是福建可持续发展的道路。

福建山区经济崛起的基本方略[*]

众所周知，福建山区四地市在福建经济中的比重逐年下降，山海差距不断拉大。在全国西部大开发的大好形势下，福建加快开发山区四地市的步伐，改变山区相对落后的面貌，最终实现福建经济的平衡发展，已成为福建经济社会发展中的一件大事。

一、山区更要创造优良的投资环境

投资环境，包括硬环境和软环境。就福建山区四地市而言，硬环境不如沿海。首先是交通条件不如沿海。时至今日，标准集装箱货车还无法开进龙岩、三明和南平。104 线实际通行的集装箱货车也不多。因此。尽快完成漳龙高速公路、京福高速公路福州—南昌段，打通同（江）三（亚）沿海高速公路福州—温州段，这是改善山区四地市交通条件的根本。这几条路已经动工或即将动工。近几年还将适时上马三明—泉州、南平—浙江衢州、龙岩—江西赣州的高速公路。相信这几条高速公路建成后，福建山区的形象将会有根本的改变。

投资的软环境主要是税费环境和办事效率、是当地政府对投资者真心实意的帮助。不论是外商还是国内的投资者，到山区投资，一怕乱收费，二怕有关部门"踢皮球"。应当承认，山区和沿海投资的现实环境就是不相同，沿海一个镇有上百家企业，年销售额几个亿至几十个亿，镇上要办些花钱的事，如盖学校、修路、计划生育、征兵等，镇里开个口，企业一帮忙，什么困难都能很快解决。山区一个乡镇没几家企业，各有关部门都

---

* 原载于《福建改革》2000 年第 9 期。

往为数不多的企业上打算盘，谁受得了？沿海企业反映税外费相当于税收的15％～20％。其中大多数用于公益事业。企业家们说，该花的钱，特别是为公众谋利益的，他们也愿意花。但在山区，税外费的比例就高得多，有高于50％的，甚至出现费高于税收的怪现象。哪家企业发了，大家都围上来，企业长大就很难。同样是国家的税收、工商管理、城市管理政策，沿海和山区的执行情况也不尽相同，凡是有高限和低限的，山区就高限的多，就低限的少。各相关部门进企业检查和查账的频率和方式也不尽相同，常使企业应接不暇。虽然各市县政府近几年都相继出台了一系列鼓励民营企业发展的政策，但具体执行的基层干部、各部门的经办人员，各类有检查权和罚款权的"大盖帽"，未必都能从"三个有利于"出发去积极执行这些政策。

山区县市，每万人中靠财政供养的人口，即吃财政饭的人，比沿海高得多，为了解决县和乡镇的财政困难。往往要靠多收费来维持，因而要养人收费，再借助收费养人；往往是越穷的地方越收，结果是越收越穷。

山区也有比较注重软环境改造的县。例如沙县县委、县政府近年推出了一系列政策规定：部门要进企业一律通过政府的一个口，统一把关协调，非经协调任何部门不得进企业。县政府每年组织企业对所有政府相关部门的服务进行测评，连续两年居末两位的部门主管领导自动辞职；政府拿钱开辟民营工业区，三通一平，以每亩比开发成本低4万元的价格供新办企业使用；财政从地方税政收入中拿出一部分收入，补贴企业因在沙县设厂而增加的运输费；政府为每一个新办企业派一个工作组，专门替企业协调关系、办各类手续，企业投产一段时间后撤回。沙县的投资环境受到投资者的称赞，从而使沙县成为近几年山区四地市中经济发展较快的一个县。

二、山区应积极引导和推进民营经济的发展

一段时期内，山区经济的发展，除搞好现有国有企业的改革外，相当程度上要靠民营经济的发展。我省山区民营企业的发展明显滞后于沿海，山区经济总量中民营经济的比重明显低于沿海。因此，山区特别要解放思想，创造条件，为民间投资、为推动民营企业上规模、上档次、上水平提

供良好的条件。

当前制约山区民营经济发展的障碍，首先是前面提到的投资环境问题，即投资者对政府和公务人员的信任。其次是资金难筹，多数山区至今尚未完成资本积累过程，融资又十分困难，小型民营企业从国有银行里很难贷到款。再则，民营企业在投资领域方面尚受到政策的许多限制，许多领域还不允许民营企业进入。此外，税收政策上民营企业除了和国有企业一样交纳33％的所得税外，还要交纳20％的个人所得税；所得税减免，外资企业是"从获利年度起"，而民营企业则是从开办期算起。当然，实际上民营企业避税、漏税的现象也是十分普遍的。

民营企业经营者对乱收费、乱罚款、乱摊派反映强烈，说"三资"企业享受的是"超国民待遇"，国有企业享受的是"准国民待遇"，民营企业只剩下"低国民待遇"。因此，应当将各种所有制企业拉在一个起跑线上，执行同样的政策。同时也允许地方政府对从外地引进的民间投资给予部分外资享受的特殊政策。我国1999年4月修改宪法后，必须对有关法规做一次全面的清理，凡是与十五大报告及1999年4月宪法修正案不相符的法律法规和政策，要尽快废止或修改，同时制定一些促进民营企业发展相关的法律法规。

要开辟民营企业融资渠道，建立和完善为民营企业服务的金融组织体系，建立民营企业的信用担保与监控体系，允许有条件的民营企业发行债券，尽可能多支持民营经济合理的资金需求。要鼓励有实力的民营企业积极参与国有企业的公司化改制和资产重组。支持民营企业向国有大企业参股。有条件的民营企业还可以收购、兼并、租赁、托管国有企业。要拓宽民间资金的投资领域，除工业和服务业项目外，还应鼓励民间资本进入公共投资领域，进入有稳定收益的城市基础设施和部分社会事业项目，鼓励和引导民间资金投资教育、医疗、旅游，市场中介、社区服务（如托老院、社区卫生院）等层次较高、供应相对不足的行业。鼓励有一定规模的民营企业"走出去"，出境投资和从事境外贸易，公安、边防、外事部门在出国出境审批和办理护照时尽可能给民营企业经营者提供方便。对具有行业规模优势的民营企业应加大扶持力度，突出扶持一批具有福建区域特色的、在全国乃至世界上叫得响的民营企业集团的发展，使其上规模、上档次、上水平。要把民营经济的发展纳入省和地、市、县的"十五"国民经济和社会发展规划中去，政府的行业管理部门要将民营企业纳入行业管理的范围。现在除商会外，还缺乏为民营企业发展提供服务的社会体系，应当加快如生产力促进中心、经济信息中心等为中小型企业服务的社会中介机构的建设。

三、山区"十五"期间的主要使命仍然是工业化

山区四地市要从传统农业经济走向现代化，工业化这个过程不可逾越，当前的主要使命仍然是工业化。现在山区多数地区三大产业的比重中，第二产业的比重都还只有 35％上下，离工业化应达到的水平 48％～50％还有相当的距离。

最近有些山区的同志提出以发展第三产业作为振兴山区经济和扩大就业的主要手段，对此笔者颇有疑虑。当然，第三产业必须加快发展，特别是为生产服务的第三产业更要加快发展，但第三产业成为占国民经济中占最大比重的产业，甚至超过第二产业而成为国民经济的主要产业，那是在第二产业充分发展、工业化任务已经完成之后的"后工业化"阶段的事。最近山区有些地区出现第三产业超过第二产业，三大产业在经济总量中比重大致相当的情况，这是因为沿海地区第三产业的发展（如交通运输、邮电、金融的发展）带动了山区第三产业的超前发展。从产业结构来分析，山区当前三大产业比重相当甚至第三产业比重还略高的现象是不正常、不合理的，其症结就在于工业的落后，这正是今后调整产业结构必须解决的问题。只有实现工业化，并在工业化的带动下促进城市化和第三产业的发展，山区经济才能进入良性循环。因此，山区四地市"十五"期间必须以工业化为主要使命，致力于提高第二产业的比重，使之逐步上升到 50％左右的水平，并使第一产业的比重逐步下降到 10％以下。除有特殊旅游资源的地区必须全力开发旅游业外，山区大力提高第二产业的比重应是以后的历史使命。

在发展山区加工工业的同时，山区四地市还要妥善处理好历史遗留下来的"五小工业"问题，关闭 4 万吨以下规模的小水泥，关闭小煤矿、小纸厂等。山区现有一批县级国有企业经营不善，要尽快通过企业重组改制等办法加快改革。山区数量不少的乡、镇办集体企业，也应参照国有小企

业的改革办法妥善改革。今后除大型开发性项目外，山区市县政府不要再动用地方财力去兴办国有独资的竞争性企业。但为了能以少量国有资本调动大量的社会资本，对某些混合型经济的项目可考虑适当参股。

四、山区不要背资源包袱

山区资源的丰度比沿海更高。但是，山区也不能背资源的包袱。现在一些山区县市的发展规划，基本上都是以资源利用为主，好像离开了山区现有资源的项目都不敢涉足。山区要考虑开发资源的项目，但也应当敢于去发展自身没有资源的项目。日本是世界上资源最贫乏的国家之一，但它却利用别人的资源通过加工工业赚了世界上最多的钱。台湾有什么资源？晋江、石狮有什么资源？现在却是经济较发达的地区。所以山区的各级领导不要老围着资源兜圈子，要拓展思路，敢于发展外来资源的项目，敢于发展加工工业，敢于引进外来的企业，有运输条件的也可以大进大出。

五、山区城市化的步伐应当加快

福建山区的城市化建设仍滞后于经济的成长。山区四地市的中心城市都太小，难以对整个区域发挥辐射作用，难以体现出中心城市的聚集效应。要把中心城市做大，龙岩、三明、南平的市区将来要朝50万人口的大城市方向发展，现在就要高起点地按大城市的框架来制定城市规划。近5年内，先争取城市有一个新架构、新风貌。三城市建成区人口（含外来常住人口）争取接近或达到40万。宁德将来要朝20万人口的中等城市发展。

要尽力扩大县级市市区和县城的规模，使之成为县域经济的中心。要尽可能引导乡镇企业向县城集中，以提高工业和服务业在县城的积聚效应。永安、邵武、建瓯、福安要以20万人口的中等城市来规划，大部分县城要按10万人口的小城市来规划，小县城也要朝5万～10万人口的大城镇发展。

农村小城镇的发展是城市化的重要组成部分，小城镇应成为农村迈向现代化的示范。但鉴于财力，鉴于小城镇很难聚集工业，鉴于小城镇土地使用的不经济，福建山区的小城镇不可能遍地开花，不可能所有的乡镇所在地都朝现代化小城镇的方向发展，只能保重点。各县市建议选择一两个重点城镇，作为县域经济的次中心加以规划和发展，原则上要以城镇连片建成区 5 年内能达到 1 万以上人口、将来有望发展到 2 万人口，并成为一片区域的经济中心，作为选择重点城镇的标准。县城和重点城镇的发展并不是人口的集中和住宅的集中，关键是非农产业的发展和集中。如果住进城镇的人依然从事农业和兼职从事农业，对改变城乡二元经济就不会有什么太大的作用。

六、山区要适度推进农业的规模经营和专业化经营

农业要走向现代化，农民要富起来，还得靠扩大经营规模，靠专业化生产，靠农业劳动生产率的提高，必须有一部分农民从土地上转移出来。因此，未来 5 年山区四地市引导农业剩余劳动力转移是一项迫切的任务。要引导部分本地农民离土离乡变农民为居民。要放手引导农民走向沿海，走向大中城市，异地转移，以腾出农业资源，使留下的农民有可能扩大生产经营规模。为了形成投资额度较大的规模农业，还要引导已经在外从事第二、第三产业积累了一定资金的人，回山区来投资有一定规模的农、林、牧、渔、农产品加工等农业企业，为山区农村树立现代农业的榜样。

七、山区要进一步实施"科教兴国"和 "可持续发展"战略

山区当前科技力量的不足，生活条件不如沿海，山区要以利益分享、让出股份等形式吸引外面的技术和人才到山区来、并重奖做出实际贡献的科技人员，为他们解决各种实际的后顾之忧。对于引进山区的科技人才来说，没有一定的经济利益肯定是不行的。但是对于科技人员来说，更重要的是认同感，是他们自身价值的实现，因而为他们创造工作条件更为重要。要善于用事业留人、用感情留人。

"十五"期间，山区每一个地市要力争办成一所本科大学，为山区经济发展培养自己的人才。小学和初中由于人口出生率的变化，未来 5 年面临一次大调整，一批小学教师由于生源减少要"换岗"，初中由一个大幅

扩充进入紧缩的过程，高中普及将是艰巨的任务。以山区的财力，完成上述任务要付出相当的代价。

福建的发展，山区的发展，都有赖于环境保护，有赖于山区的植被和水土保持。随着加入 WTO，国外木材价格对福建山区林业将造成冲击，利用此契机应将山区的林业结构进行调整，扩大生态林的面积，扩大阔叶林的种植，使山区的水土保持状况得以改善。山区的工业尤其要注意污染防治，以维护山区的生态环境。

当然，山区的崛起离不开沿海的支援，离不开省政府和各级部门的扶持。沿海先富起来的县市应当对口支援山区经济的发展，扩大山海协作，沿海政府也有义务引导各类企业向本省山区投资。省政府除了对较为困难的山区县实行财政转移支付外，还要通过山区发展基金和各类公用设施建设资金、技改资金的拨付支持山区经济的发展。但沿海的支援和省政府的支持，最终还要通过山区自身的努力才能发挥作用，有的支持还要依赖市场机制才能起作用。因而，山区经济的崛起必须靠山区的人民、山区的干部共同努力。

福建建设什么样的"港口群"*

福建经济是外向型经济，进出口贸易与外商投资是推动福建经济增长的重要因素，大进大出的大项目和重化工业的发展需要港口支持，港口是福建基础设施建设的要害与关键，临港工业是福建经济的主要增长点。因此，把港口群和产业群、城市群并列为福建经济发展的三个重点，是符合福建省情的决策。

一、当代世界经济培育了什么样的"港口群"？

随着世界各国经济的发展和全球经济一体化的进程，国际货物贸易量日益增长，而在国际货物运输中，海洋运输因其通过能力大、运输能力强且运费低廉，是当今世界各国对外贸易最主要的运输方式。日益增长的大运输量要求港口功能不断完善，码头泊位集聚形成了港口的规模效益，促使一些港湾成为码头林立的港口群。

日本东京湾是港口群，南北长 80 公里，东西宽 30 公里，入口处宽 8 公里，湾内水深浪小，有东京、川崎、横滨、横须贺、千叶、君津六个大港口，港口间有分工，如东京、横滨专运集装箱，千叶专运石油、液化气，整个东京湾港口群吞吐能力已达 5 亿吨以上，在世界港口群中名列前茅。日本政府正在推动东京湾内六大港口一体化，统一管理，办法是"中央集权"。东京湾内各港口分属不同的行政主体：东京都、神奈川县、千叶县，地方政府总想争取自己更有利的竞争地位，为了统筹规划各港口的职能，中央政府委托国土交通省港湾局依照日本的《港湾法》来统一管

---

* 原载于《发展研究》2007 年第 12 期。

理，国家的这种调控行为主要是通过审查和控制预算方面进行调节。大项目国家负责拨款，直接监督实施，小项目国家提供补贴，交给地方政府去做。

荷兰鹿特丹港是港口群，莱茵河在这里入海，是一个典型的河口港，港口水域 277.1 平方公里，水深 6.7～21 米，冬季不冻，常年不受风浪侵袭，全港有远洋船泊位 380 多个，其中有石油泊位 70 多个，共有 8 个港区，可以停靠从内河驳船到特大油轮等各类船舶，最大可泊 54.4 万吨超级油轮。海轮码头总长 56 公里，河船码头总长 33.6 公里，实行杂货、石油、煤炭、矿砂、粮食、化工、散装、集装箱专业化装卸，年吞吐量超过 3 亿吨。鹿特丹港承担着荷兰、德国、比利时、卢森堡、法国及瑞士等国的货运，素有"欧洲大门"的美称。荷兰政府的鹿特丹港务管理局对港区内的土地、码头、航道和其他设施统一规划，统一建设码头和工业园区，港务局再以租赁的方式将码头交由私营企业经营，企业只需投资码头上部的装卸机械设备、库场和其他配套设施，就可以运营了。

纽约港是港口群，香港港、新加坡港是港口群，上海港、深圳港、宁波港也是港口群。2006 年，上海港货物吞吐量 5.3 亿吨，居全球第一位，集装箱吞吐量 2171 万标准箱，仅次于新加坡、香港，居全球第三位；深圳港 2006 年集装箱吞吐量达到 1847 万标准箱，居全球第四位。宁波港以散货为主，2006 年货物吞吐量突破 3 亿吨，位居中国大陆港口第二位，其中集装箱突破 700 万标准箱。

二、港口是什么？

福建的深水港口岸线资源居全国第一位，可用于建港的深水岸线长达 190 公里，沙埕湾、三都澳、罗源湾、福清湾、兴化湾、湄洲湾、泉州湾、厦门湾和东山湾都可建设 10 万吨级以上深水泊位，26 处岸段可建 20 万吨级至 50 万吨级大型深水泊位 100 多个。所以一些福建干部谈起港口，总夸自己的海湾有多大、水有多深、风浪有多小、离主航道有多近，有时还说些外行话，例如推介材料中鼓吹航道最深处有多少米。最深有什么用？决定航道等级的是最浅处，船不会跳高，最浅处的水深决定能进多大的船。

自然条件是建设港口的必要条件。但是这些港湾、这些自然条件历史上已经存在了多少万年，为什么过去只是蓝蓝的海湾，今天要谈论起港口来，可见决定港口的不仅仅是自然条件，更重要的是经济社会条件。

首先，建港口要有货可运，建集装箱码头要有可成箱的需要运输的货物，建矿石码头要有进出矿石的需求，没有需求，自然条件有什么用？三都澳是福建省建港条件最好的海湾，可以建10万吨级以上泊位几十个，1993年国家就批准三都澳的城澳港作为一类口岸对外开放，省发改委投资在城澳建设了一个万吨码头，历时11年建成，也修了疏港公路，可城澳港至今除了石头又有多少货可运？万吨码头尚且吃不饱，建10万吨、30万吨码头运什么？

港口是经济发展的产物，只有在工业高度发展的前提下，才会有货物大进大出的需求。当然，在先有港、后有货还是先有货、后有港的互动关系中，港口建设必须适度超前。

厦门湾的港口天然条件比三都澳差，外海进入厦门港的航道有几处水深只有9米多，所以过去东渡码头只能停靠3万~5万吨级货轮。由于厦门、泉州、漳州一带工业成长迅速，厦门港货运量激增，把厦门建设成深水大港的愿望日益迫切。2001年开了一场专家论证会，专家们分析，厦门进港航道的几个水浅处，加在一起也只有3000多米，建议采取水下爆破的方法炸出一条深水航道来。经过几年的水下爆破和整治，2006年10万吨以上的第六代集装箱货轮开进了海沧国际货柜码头，这标志着厦门港从此迈进国际大商业港的行列，成为我国跻身世界集装箱30强港口的7个港口之一。2007年9月，厦门嵩屿集装箱码头一期工程剪彩，投资32亿元建成了拥有3个深水集装箱船舶专用泊位，岸线长1246米，堆场总面积353000平方米，泊位水深17米，具备停靠第六代超大集装箱船舶的能力，厦门港又上了一个新台阶，有希望成为真正意义的港口群。

港口除了深水海湾、码头之外，它还应当是一个多样性设备的复合体。首先要有现代化的装卸设备，港口后方还要有完善的物流体系，要有给远洋货轮供水、供电、供油的设施，还要有金融、保险、船务、报关、检疫、引水、拖轮等服务，要有高技术的现代仓储设备。更重要的是，现代化的港口要有完善的信息管理体系，每一个集装箱装什么货，在堆场什么位置，上哪条船，何时调动，一切都在计算机上掌控，要配备无线扫描、自动提存系统等现代信息技术设备。码头泊位集聚形成的码头林立的港口群，购置这些设备才有规模效益，分散的港口想每一个港都配齐所有的设备是不可能的，因而分散的小港口效率必然低下。

离国际主航道的远近也是港口发展的重要因素。福建的港湾都靠近国际主航道——台湾海峡，世界货运主航道从美国东海岸，跨过大西洋到欧洲、穿地中海、苏伊士运河过印度洋到新加坡、中国香港，然后穿台湾海峡到韩国、日本，再横跨北太平洋到美国加拿大西海岸，这条航道是世界货物运输最繁忙的航道，每天有200多艘大轮船从台湾海峡通过。长期以来，尽管福建有许多小港口，却缺少深水码头让它们停靠。只要每天200多艘大船中有几艘往福建停靠，福建的货物运费即可大幅下降。

三、"多、小、散"的港口布局不符合经济规律

20世纪70年代末，福建港口建设伴随改革开放的步伐迅速展开，北起沙埕，南到东山，陆续建起了60多个港口，但大都是小港口。改革开放以来，这些港口发挥了重要作用，把福建和世界联系起来。但是，面对世界船舶大型化的趋势，福建现有港口规模明显偏小，只能满足沿海和近海运输的要求。每天通过台湾海峡200多艘大船靠不进来。福建与美洲、欧洲、大洋洲的进出口远洋货物，要通过香港、高雄港中转。福建的小港口只能充当香港、高雄的喂给港，出口货物必须运到香港、高雄，上岸进堆场，再转装上大船，中转费用接近运费的一半，徒增了福建货物的运输成本。企业投资选址，当然首选容易直接上大船、运费更便宜的地方，福建缺少大港口，实际上弱化了福建的投资环境和竞争力。

近两年大船停靠厦门，厦门港迈入了世界集装箱大港的行列，多条国际航班挂靠厦门，大大提高了厦门港对福建沿海各地集装箱的吸引力。近来福州一些企业宁可雇汽车把集装箱拉往厦门，上大船直运欧美，算下来比送到马尾港再到香港中转更便宜，如搭得上船期也更快捷，这就是深水大港的经济效益。

但是，长期以来，福建建设深水大港的意识并不强，一直热衷于到处建小港，根本原因是地方利益作祟。沿海几乎每个县市，都有建港的自然资源，都想有自己的出海口，都想成为港口城市，因而都制定建港规划。曾有一段时期，省主要领导的建港思路是"哪一壶水开提哪壶"，听任各

地方发挥各自的积极性。两者一合拍，20世纪80—90年代，小港口如雨后春笋般冒起来，连国家重点建设湄洲湾的计划，也因为南岸泉州搞泉州的，北岸莆田搞莆田的，至今未能成为大港。罗源湾现在还是北岸罗源县和南岸连江县各行其是。

与此同时，浙江省集全省之力重点建设宁波港，包括北仑和大榭岛港区，如今，福建全省诸多港口货物吞吐量的总和还抵不上一个宁波港。

"港口群"，是在一个区域范围内（如一个海湾）众多码头的集合，是众多码头的分工协作，是港口集聚形成的规模效益。福建建设"港口群"，决不能理解为"多、小、散"的港口总和。

如上所述，福建从沙埕湾到东山湾，把他们的港口规划都搬出来，加总一下，要建设的港太多了，处在社会主义初级阶段的福建，不可能也没有能力按各市、县的意愿把所有规划的港口都建设起来。听任各地方首长的意愿，听任各市县自行招商投资，其结果必然是"多、小、散"。

世界船舶已经大型化，福建省在建的泊位以3万～5万吨的居多，如江阴港已建、在建、前期规划13个5万吨级泊位，泉州湾口南北4个5万吨泊位。5万吨集装箱船属第四代，目前已经不是世界货运的主力，甚至第五代集装箱船都有逐渐淡出国际航运的趋势，当今集装箱货轮的主力是第六代和介于第五代、第六代之间的超巴拿马型宽体货轮，新造超第六代载10000标箱以上的货轮已经投入使用，只是第七代这个名词还没用上。福建的建港规划是否应当重新审视。福建小码头已经够多了，要按国际主流船型建港。集装箱10万吨（第六代）以上，石油码头30万～50万吨，矿石码头20万～30万吨，

港口是设备和服务机构的综合体，以当前各地方的经济实力，不可能所有的港口都配齐这些设备，即使配上一些设备，利用率也必然低下。因此，港口建设必须讲究规模效益，绝不能撒胡椒面。福建港口建设迫切需要在少数港湾的基础上形成真正意义的"港口群"。

四、省政府集权是福建"港口群"建设的关键

福建港口建设要摆脱"多、小、散"的局面，关键是集权，要有权威管住各地市县。交通厅作为省政府的部门，权限不够，最近各地大兴修造

船热潮，大占岸线，交通厅无可奈何。因此港口规划、港口建设、岸线保护，要由能管住地方官官帽子的人来管，由省委、省政府来管。日本东京湾，一个海湾6个港口，都懂得要"中央集权"；福建3千多公里海岸线，9个海湾，省政府不集权，必然是撒胡椒面。

省交通厅最近制定了福建省港口建设"两集两散"的规划，即集中力量建设厦门港、江阴港集装箱港口群和湄洲湾、罗源湾散货港口群。这是福建建港思路的一次大飞跃，排除了各市县"多、小、散"建港的做法，明确了福建港口建设的方向，希望交通厅能坚定不移地贯彻下去。

按笔者个人观点，"两集两散"还应当有重点、有先后。厦门港已经迈入世界大港的行列，应当尽快完善港口配套设施，续建10万吨级新泊位，把物流配送搞起来，把金融等各项港口服务业发展起来。建议厦门市抑制一下建散货码头的积极性，集中力量建设集装箱大港，吸引内地集装箱货源，跻身世界集装箱大港前10名。散货港的重点，权衡湄洲湾、罗源湾，湄洲湾已经在建30万吨油码头、液化天然气接收站，国家南方木材进口基地已经选在秀屿，实际上就是决策30万吨矿石码头先在哪儿建起来，如果北岸的罗屿岛可行，是否应当配合向莆铁路建设，集中力量先把湄洲湾的散货港搞上去。先"一集一散"，再走向"两集两散"。

这几年福建省交通经费，高速公路安排居多，港口建设安排居少。这里有个思路问题，总认为高速公路用收费站作抵押，用的是银行的钱；建港口却要政府掏腰包。其实不然，可以参考荷兰鹿特丹港的做法，政府建码头，把码头租赁费抵押给银行，和高速公路一样不要政府掏钱。只要港口有货源、有效益，采取政府建码头再租给企业或外商去经营还是可行的。

福建：对接珠江三角洲[*]

一、福建经济社会稳步发展

1979 年，中央政府决定广东、福建实行"特殊政策、灵活措施"，为福建的发展带来机遇。自此，福建不断拓展对外开放领域，形成了自由经济特区、沿海开放城市、沿海经济技术开发区、台商投资区、高新技术产业开发区、国家级旅游度假区、闽台农业合作实验基地等全方位、多层次、宽领域的开放开发格局。福建吸引和利用外资的规模迅速扩大，进出口贸易快速增长。乡镇企业 20 世纪 80 年代以来增长迅速，民营经济已经成为福建经济的重要组成部分。改革开放 24 年，福建一个 3400 万人口的省份，经济总量从 1978 年全国各省区第 22 位上升到第 11 位，人均 GDP 从全国第 23 位上升到第 7 位，由一个穷省迈进了经济较发达省份的行列。

2002 年，福建经济运行明显回升，扭转了自 1998 年以来增速逐年趋缓的状况，呈现平稳快速上升的趋势。初步统计，全年省内生产总值 4681.97 亿元，按可比价格计算，比上年增长 10.5％。其中，第一产业增加值 663.00 亿元，增长 2.7％；第二产业增加值 2159.94 亿元，增长 14.2％；第三产业增加值 1859.03 亿元，增长 9.4％。人均 GDP13510 元，比上年增长 9.7％。产业结构继续优化。在生产总值中，第一产业比重继续下降，第二产业比重稳步上升，第三产业比重基本持平。三大产业增加值占国民生产总值的比重由上年的 15.3％、44.8％和 39.9％调整为 14.2％、46.1％和 39.7％。重点建设工程进展顺利。全省 45 个在建重点建设项目年度计划投资规模 151.7 亿元，全年完成投资 164.6 亿元。2003

＊　原载于《中国城市经济》2004 年第 4 期。

年头9个月，福建经济增长又比2002年有明显回升，特别是民间资本投资增长迅速，全省1—9月份GDP增长11.6%，预计2004年经济可望比去年上一个新台阶。

福建地处我国经济最发达的长江三角洲和珠江三角洲之间，夹缝之中求发展，这对福建来说，既是挑战，又是机遇。福建省委书记宋德福同志在省第七次党代会上提出，21世纪之初，要着力构建福建发展的"三条战略通道"：一是拓宽山海协作通道，加大山区开发力度，加快向海洋发展步伐，山海联动，促进区域经济协调发展，二是拓宽对外连接通道，北承长江三角洲，南接珠江三角洲，发挥地处东南沿海中间地段的作用，西连京广线，东出台湾海峡，增进省际经贸互补，积极参与西部大开发，进一步拓展发展空间，三是拓宽对外开放通道，密切闽台港澳四地合作，联手加强与世界各国特别是发达国家经济往来和技术交流，合作发展，增强经济综合竞争力。通过构建三条战略通道，完善基础设施，改善创业环境，调整发展布局，扩大经济腹地，吸引和活跃人流、物流、资金流和信息流，促进生产要素优化组合，努力建设海峡西岸繁荣带，使福建经济发展和社会进步迈上新台阶。

二、珠江三角洲的辉煌成就令世人瞩目

改革开放以来，经过20多年的快速发展，珠江三角洲已成为中国最有活力的工业区、市场最繁荣的都市群。在珠江三角洲经济圈中，城乡连成一片，珠江东岸上形成了以深圳、东莞、惠州为主的电子信息产业群，西岸上形成了以广州、佛山、珠海为主的电器产品产业群，还有服装、家具等产业也发展迅速。廉价的劳动力和优惠的税收政策吸引了数千家国内外企业到这里投资建厂，生产芯片、光盘、鞋子、玩具、衬衣、牛仔服等商品，占领了国内外市场。香港、澳门的企业已经把生产基地都搬到珠江三角洲，一幢幢崭新的标准化工业厂房、一片片现代化的工业园区移植到这片热土，昔日的柑橘和香蕉种植园变成了工厂车间、购物中心、游乐场和居民区。这里聚集了中国大量知名的高新技术企业和世界知名大企业，外向型经济取得了令人瞩目的成就，广东已成为全国最具生机与活力的省份之一，广东生产的商品和提供的劳务已占全国总量的10%，货物出口量占

全国出口总量的 40％，吸引的外资占全国的 1/3。

特别应当提到珠江三角洲的 IT 产业，珠江三角洲电子信息产品制造业的主要优势领域为通信设备、计算机、家用电器、视听产品和基础元器件，产业配套能力偏重电脑产品和通信产品，东莞成为世界级的电脑产品配套基地，从事电脑制造的企业有 2800 多家。深圳以华为、中兴等通信设备制造企业为主，确立了通信设备制造的产业体系。2002 年珠江三角洲地区电子信息产业实现总产值 7182 亿元，占全国的 40.3％，销售收入 5143 亿元，占全国的 38.3％。

三、福建必须对接珠三角

改革开放时，福建与广东一同起步，24 年来虽然福建自身有一定的进步，但与广东相比，则是远远被甩在后头了。福建必须迎头赶上，必须对接珠江三角洲，接受珠江三角洲的辐射，这是福建经济社会发展的重要决策之一。与此同时，辐射福建也是珠江三角洲扩大经济腹地、扩大市场的需要。

为了强化与广东的经济互动，福建近几年在基础设施重点项目中增加了两项关联福建与广东的项目。一个项目是漳诏高速公路，2000 年 5 月份开始大规模动工建设，它是我国沿海大通道黑龙江同江至海南三亚高速公路主干线的组成部分，与广东汕头连接。2003 年 6 月，福建省第一条出省高速公路——漳诏高速公路全线通车。从此，福建到广东的行车里程被大大缩短，从福州到广州只要 8 个小时，而厦门特区到汕头特区仅需 3 个小时，这将大大促进福建旅游业和物流业的发展。漳诏高速公路建成通车，改善了东南沿海的通行能力，拉近了沿海地区主要经济中心城市的距离。同时，由于其连接两大经济特区，作为沿线地区的经济纽带，有力带动了沿线地区的经济发展，并使福建沿海经济圈与珠江三角洲经济圈的互动更为有效。另一个项目是修通了梅州至坎市的铁路，从此福建铁路与广东铁路在福建龙岩与广东梅州之间有了直接的通道，不用再绕道江西、湖南。福州、厦门至广州、深圳的直达客运列车也已经贯通，为两地人员、物资的交流往来提供了方便。

福建的产业结构与广东相比既有同构性，也有互补性。福建的电子行业已形成了自动数据处理设备及其部件、打印机、显示器、鼠标、电脑整机及配套件、数字视听产品等电子产品的规模生产优势，一定程度上与东莞、惠州的 IT 产业相呼应。福建的鞋业和服装业也有一定的规模，与广东形成竞争态势。另一方面，福建工资水平低于珠江三角洲，大量山区富余劳动力到珠江三角洲务工，一些福建民间资本也进入投资条件优越的珠江三角洲投资，福建一些劳动密集型产品，如纺织类产品（纱、工业基布、面料）、石板材等也进入广东市场。广东进入福建市场的产品则更多，外省在福建零售商品市场中广东货占据最大的份额。

四、"大珠三角""泛珠三角"已经浮出水面

珠江三角洲已经成长为一个实力强大的都市带，经济总量占全国约 10%，人口 4000 多万。但近十年来，珠江三角洲在全国的发展格局中又遇到长江三角洲的挑战，总量占全国 20% 的长江三角洲已经成为我国经济实力最为强大的都市带，近几年发展速度在珠江三角洲之上，对珠江三角洲形成竞争压力。随着祖国内地与香港、澳门关于建立更紧密经贸关系安排（CEPA）先后签署，并将于明年（指 2005 年）1 月 1 日生效，粤港、粤澳经济将更加紧密地起来融合，三地 GDP 加起来相当于长江三角洲的 GDP。香港、澳门与珠江三角洲之间存在很强的互补性，80 年代以来的"前店后作坊"模式已经进化为"粤主制造、港澳主服务"的模式，大珠江三角洲的概念也就油然而生。有了香港、澳门的加盟，大珠江三角洲最大的优势就是它的市场优势，就是香港、澳门国际化城市的地位，它可以促进珠江三角洲国际竞争力的提升。

正由于有粤港、粤澳联手的优势，珠江三角洲才在大珠江三角洲的基础上，从 CEPA 再向前一步，把大珠三角扩展为大华南经济协作区。今年（指 2004 年）8 月 8 日，来自福建、江西、广西、海南、湖南、四川、云南、贵州和广东 9 个省区的计委主任在广州聚首，初步达成了共识：争取中央有关部门的支持，推进与港澳的交流与合作，探讨建立政府联席会议制度，促进区域内资源有效利用和合理共享，合作开拓新领域、新途径、新空间，营造互补互利、互相促进、共同发展的区域经济发展"多赢"格局。这就是这次会议所要讨论的"泛珠三角"经济区，即"9＋2"。

　　粤港澳联手的大珠三角，必然对整个华南地区的经济发展产生强大的辐射力。现在广东邀请华南各省区，一起来搭乘 CEPA 和中国—东盟自由贸易区的"头班车"，共建"泛珠三角"经济区，这当然是一件大好事。对于珠江三角洲来说，腹地有望大大延伸，区域竞争力可望大大增强。对于华南各省区来说，也希望借助这个超级经济区的构建加强与大珠三角的分工协作，拉动各省区自身经济社会的发展。

　　作为福建的经济研究工作者，我们积极拥护这一规模宏大的经济协作区的诞生。在研究福建经济社会发展战略时，我们都认为福建的发展应当走北承南接，西联东拓，兼收并蓄，奋力自强的道路，与长三角、珠三角共建中国东南沿海繁荣带，构筑祖国统一的战略基地。相信在两大火车头的带动下，东南沿海地区一定能成为亚洲的一块腾飞的热土。

苏州投资软环境对福建省的启示[*]

2001 年 4 月中旬，我带队到江苏省苏州市考察一周，重点考察了苏州工业园区、苏州高新技术产业开发区和昆山经济技术开发区，目睹了苏州地区凭借吸引巨额外资取得高速发展的成绩，感触颇多。

古城苏州，一个地级市，利用外资起步比福建晚，20 世纪 80 年代至 90 年代初利用外资规模也比福建沿海地区小。90 年代中后期，苏州市吸引外资规模迅猛增长，"九五"期间合同利用外资 213 亿美元，实际利用外资 133 亿美元，上述三个开发区是外资的主要落脚点，周边如太仓、吴江等县（市）甚至一些镇的开发区利用外资也增长迅速，苏州农村到处可见外资企业的旗帜。

苏州工业园区位于苏州老市区以东，1994 年与新加坡合办，总规划面积 70 平方公里，首期 11 平方公里已摆满项目，二期更大面积的开发正进行之中，已实现合同外资 80.3 亿美元，实际利用外资 41 亿美元，批准进入的企业 214 家，开工企业 135 家，多是欧、美、日资企业，平均投资规模在 3000 万美元以上，世界 500 强中有 37 家落户该工业园区。

苏州新区在老市区以西，始建于 1990 年底，集高新技术产业开发区（1992 年建立，现已是上市公司）、商贸区和生活区为一体，规划面积 52 平方公里。2000 年底累计已引进外商投资企业 450 多家，实际利用外资 44.6 亿美元，该区 2000 年实现 GDP140 亿元，财政收入 19.33 亿美元。

昆山是个县级市，与上海交界，2000 年 GDP 达 200.8 亿元，财政收入 20.3 亿元。昆山已成为台资聚集地，仅 2000 年一年就新批外资项目 250 个，合同外资 15 亿美元，实际到资 7 亿美元。台湾五大笔记本电脑厂

* 原载于《福建日报》2001 年 6 月 6 日。

商集聚昆山，年生产能力达 1000 万台，占全球产量的 20％。2000 年 10 月经国务院批准，昆山建立了我国第一个封关运作的出口加工区，面积 2.86 平方公里，不到半年就引进外资企业 16 家，合同外资 8.1 亿美元，其中 7 家已开工。

2001 年一季度，苏州、昆山的利用外资计划都已大幅度超额完成，周边有的县和镇一个季度就把全年的利用外资计划都超额完成了。望着苏州大地上连绵的厂房和建筑工地，乘车穿越比市区面积大得多的开发区，但见人气沸腾，车水马龙，一派欣欣向荣的景象，苏州经济发展的后劲可想而知。

相比之下，福建利用外资步伐明显落后了。亚洲金融风暴后，福建利用外资的合同金额和实际到资金额都一度呈下降趋势。由于福建利用外资 90％来自港澳台地区、东南亚地区及世界其他地区海外华人的资本，其中以祖籍福建的海外华人资本居多，乡情亲情在吸引外资中起重要作用。但这部分资本受亚洲金融风暴的影响较大，自身资本缩水，致使投资额下降。而其他外国资本，尤其是大跨国公司的资本，来福建投资的数量有限，且主要集中在厦门特区。相比于广东、上海、北京、天津、大连等地大跨国公司落户数都高达两三百家的情况，福建对大型外资的吸引力明显不足。

2000 年台湾民进党上台后，政局动荡，股市暴跌，企业大批移出岛外，纷纷来祖国大陆投资。全国台商投资额大幅上升。台商投资首选江苏，次选广东，上海、大连和浙江省也是热点，相反，同年福建的台商投资额却下降了。尽管有些人用两岸军事紧张来解释台商少来福建的现状，但据我所知，台商对福建投资环境颇有微词也是一个重要的原因。已经在福建落户的大型台资企业，有的已经或准备往上海、北京等地转移，如厦门灿坤在上海设厂、福清冠捷拟去北京，马尾的中华映管，新项目液晶显示器，投资 8 亿美元，也已落户在苏州吴江，这一形势不能不发人深省。

其实，外移的不只是外资。近几年，福建民间资金往省外转移的步伐也大大加快，有的去上海、广东投资，有的去中西部省区投资。笔者在晋江市调研得知，跑的和准备跑的企业不少，亲亲食品分别到辽宁、河南、四川、山东设厂，浔兴拉链到上海设厂，磁灶镇一批瓷砖厂转移到全国各地，陈埭镇的鞋厂至少已走了 29 家。上海、深圳都有福建投资商的联谊组织，反馈回来的信息惊人。资金在国内的流动本来是正常现象，但令人惊异的是，很少见到外省资金来福建投资，很少见到省外厂商进入福建设厂。除厦门有少量省外企业入驻外，福厦线上笔者只知泉州有一家山西运城来的印刷制版厂。在北京、上海、深圳，笔者遇到许多投资发展卓有成效的福建人，但在福建极少见到来福建发财的外省人。也许是笔者孤陋寡闻，但明显的反差不能不令人反思。资本总是寻求投资条件最好的地区，寻求最有利于其成长的地区，资本净外流至少可以说明福建的投资环境并不尽如人意。

福建与苏州对比，苏州毗邻我国金融中心、信息中心、经贸中心、航运中心、人才中心的上海，依托上海当然得天独厚，这一点福建的确稍逊一筹。就好像珠江三角洲依托香港而具有独特的优势一样。因此，就交通、港口等投资硬环境而言，福建与经济条件较好的长江三角洲、珠江三角洲有不可比性。

但是，福建也有福建的优势，即人缘和地缘的优势，海外有1000多万福建的华人、华侨，80％的台湾同胞祖籍是福建，福建与台湾仅一水之隔。而且改革开放以来福建经济已有长足的发展，人均国内生产总值已跃居全国第六位。过去交通问题制约了福建的发展，福建省内的铁路只有鹰潭一个出口通道。现在多了横南铁路和梅坎铁路，温福铁路即将动工，2002年修通"同三"高速公路福鼎到诏安段，北接浙江、上海，南连广州、深圳，再加上2003年修通漳州至龙岩的高速公路、2005年修通福州至南昌的高速公路，还有几个港口的建设，"十五"期间福建交通条件将会显著改善。电力、通信、航空，福建已有超前的发展。应当说，福建投资硬环境的改善指日可待。

福建的投资环境问题在于投资的软环境，即政府部门的办事效率，地方政府对企业的支持程度，企业的税费环境，以及土地、人才、金融支持等问题。

笔者接触的许多福建的企业经营管理者，包括外资企业和非公有制企业管理者，普遍反映福建"办事难""关卡多"，经常"卡壳"。在江浙地区和广东可以办得到甚至很容易就能办到的事，在福建却常常遇到办事人员拿出种种红头文件予以推诿、扯皮。办事人员手中的权限及所掌管的圆印子都力图充分显示其作用，跑一次可以解决的问题，常常要跑多次还跑不下来。"三个有利于"的原则，先进社会生产力的发展要求，在各个管理部门未能得到充分的体现。企业家们对省、市、县主要领导评价都不错，都认为领导十分开明，但是对领导做过的许诺甚至下达的文件在执行部门得不到执行的意见却相当多，对办事疲于奔命颇有怨言。他们反映，一些掌握实权和各类罚款权的职能管理部门工作人员，过于频繁地光临他们的企业，过于频繁地进行各种检查、评比，使他们要花费许多时间、精力和费用来应对。至于一些部门搞赞助、搞摊派，少数人利用手中职权"吃、拿、卡、要"之类的现象时有发生，业主虽然深恶痛绝，但又得罪不起，这方面受害的主要是中小企业主。

相比之下，苏州的上述三个开发区在改善投资软环境方面所做的工作是值得称道的。他们崇尚"亲商"的理念，组织工作班子为外商做好各项服务，跟踪项目的全过程。苏州工业园区管委会还提出：投资者需要我们帮助的事我们要积极办理，投资者没有提出要求则不轻易进入企业。园区还规定，除国家部级以上领导可以联系参观企业外，其他参观学习者一律只由管委会接待，在办公楼里听介绍、看录像，乘车绕企业围墙外参观。管委会干部有事需要进入企业，必须预先征求企业的同意，市直各部门均不得直接与企业联系，有事都得过管委会这个口。怎样才能提高园区管理的工作效率呢？苏州工业园区的一位处长介绍，关键是干部要精，人要少。人多了，每个人都想做事，都要有所表现，摩擦和扯皮也就多了起来，反而降低效率。苏州工业园区只有150个干部，统揽从招商到管理的全部工作。台商罗礼电脑决定在苏州高新区落户，办理各种手续仅用了两天半时间。他们的口号是"公开、公正"，"量化责任、简化程序、优化服务"。昆山在"亲商"的口号下还加上"富商""安商"，提出要让投资的外商、内商有钱可赚，有利可图，政府要为企业的"降本增效"着想；要解决如台商住宅、台商子女就学及区域治安等问题，使几千名住在昆山的台商能安心工作和生活。苏州在吸引外资的同时，也积极吸引内资，包括中央各部门的企业和上海以及各省的企业，也包括民间资金，现有一批浙江民间资金在苏州落户，园区以服务外资的政策和热情为内资提供同样的服务。

投资环境还包括税费环境。毫无疑问，企业应遵照国家的税收政策按章纳税，但在具体执行的过程中，也还有一些类似上限、下限之类的掌握，也还有一些宽严程度的掌握。例如，很多省份木材只收一道特产税，而福建要收两道。福建近几年税收增长幅度大于国内生产总值的增长幅度，2000年福建财政总收入增长幅度为20.9%，比GDP增长幅度9.5%高出一倍多，这对福建经济的发展后劲来说未必是好事。个别地方收过头税、猪没杀收屠宰税、水果没熟收特产税等违反税收政策的事时有发生，挫伤了生产者的积极性。生产不发展，税从何来？从长远看，我们还应当从培植税源的角度来积极扶持企业的成长。只有企业办多了，长大了，税才会多起来。竭泽而渔、杀鸡取卵肯定是行不通的。

国税、地税之外，还有费的问题。福建各地税外费的情况差异较大，名目也各不相同。往往经济越落后的地方税外费越多，个别甚至出现费大于税的现象。以收费来解决穷的问题，越穷越收，往往导致越收越穷。一些部门，特别是乡镇，为了"养人"，不得不多收费，为了收费，又不得不增加人手，多"养人"。过多的收费还造成干群关系紧张，矛盾增加。

到省外投资的福建企业纷纷反映，福建的税费环境不仅比广东、江浙地区差，甚至比中西部的部分省区还差。笔者请教了一些在多个省份设厂的福建企业，对比一下，哪里最优惠，哪里最严？回答往往是：福建最严。税费环境差，是福建资本净外流的重要原因。看来，藏富于民，藏富于企业，是增强福建经济发展后劲的一个值得思考的问题。

笔者就如何处理税费问题请教苏州的同志，得到的回答是：税由企业自行向税务部门申报交纳。他们认为外资大企业在交税这个环节上比较自觉，进企业查税的事较少发生。至于地税怎样用于扶持企业，则由地方政府出台办法，通常在地价和企业外部环境建设等问题上体现。费在苏州工业园区里基本上没有，他们不收管理费，也不准任何部门和单位以各种名目向企业收费。现在招商引资，是投资环境的竞争，同时也是拼经济实力。谁能出更优惠的条件，谁也就更容易招到商。苏州三个园区环境条件好些，优惠相对少些，地价相对高些；周边的县和镇环境稍差，他们给出的优惠就更多，这一点在地价上表现得最为显著。

福建地少人多，建设占用耕地较多，土地资源不能自求平衡，1998年、1999年两年用地超过占地，致使中央对福建土地审批趋紧，沿海工业较发达县市发展用地紧张。上述状况造成福建沿海地区批地困难，常出现项目等土地，一个土地手续三五个月办不出来是常有的事，延误了内外投资。泉州市这一矛盾尤为突出，已成为制约泉州经济发展的首要难题。苏州市的做法是，通过省里协调，用苏北的土地指标来解决苏南发展的需求，每亩地由苏州向苏北提供3000元的造地费，实现异地土地平衡。上述三个工业区占用的大多是良田，有的也曾经是农田保护区，但他们都通过一定的法律程序解决了开发区的用地问题。苏州开出的工业土地使用费低于福建，基本上是倒贴给外商，靠的就是他们的经济实力，而他们财政的后劲从现在企业的发展中可以想见。

福建山区土地尚不缺，但我却常见到山区地价比沿海更高的怪现象，一些地方的同志眼光短浅，只图眼前利益，其理由也是冠冕堂皇："国有资产不能流失。"其实，尽管一时从工业用地上少拿了钱，甚至财政贴了钱，但工厂建起来，就业多了，税收多了，将来受益的则是地方、是政府。

在苏州考察时笔者还注意到，三个园区里就业的工人，本地人的比例相当高，一般都达到半数以上。苏州大量的职业学校培养了大批具有一定专业特长的职业技术人才，他们是投资企业十分欢迎的工人，而且也是企业稳定的劳动队伍，在企业只有重活、杂活才雇用外地民工。这和福建特别是福州、厦门、泉州的情况差异较大，这些地方的企业外地用工的比重都在80％以上。劳动力流动性过大，企业的培训经费相对较多，这已成为福建外资企业和大型非公有制企业头疼的问题。看来，从中低档的劳动密集型产业向高新技术产业升级，培养大批中专、职专文化水平和专业技能型劳动力也是一项重要的投资软环境。

这几年，福建各级政府在改善投资软环境上做了大量的工作，如一栋楼办公、现场办公、清理乱收费、取消部分审批项目等，成绩是肯定的，但福建的投资环境和工作效能还是不如先进省区，审批和收费的项目仍然比人家多，有些工作还流于形式，如一栋楼办公，坐在楼里的人无权决定，结果成了一栋楼的收发室。

改善投资软环境，是福建增强经济发展后劲刻不容缓的课题，关键要转变观念，首先要转变各级干部的观念。大家都按"三个有利于"的原则办事，大家都争当先进社会生产力发展要求的代表，都将本单位、本部门的利益服从于经济发展的大局，上下齐心协力，环境自然就会好起来。这里抄录一段中共昆山市委近期全委扩大会文件的规定："坚决破除行业壁垒，坚决制止为局部利益、小团体利益，巧立名目，层层设卡，滥收规费的现象。从现在起明确行政管理部门'两个一律''三个不准'，即：所有中介机构一律脱钩，不准以咨询服务名义收费；所有有偿服务一律停止，不准以行政权力强行收取'会费'；不准下达收费罚款指标。对打着依法管理的幌子吃拿卡要的，发现一个查处一个，决不手软。"福建如果也能这样动起真格来，福建投资软环境何愁不能改善？

对福建省"十二五"规划的三点建议[*]

一、加快产业结构调整步伐

改革开放以来，福建发展最快的是劳动密集型传统产业。当前福建劳动密集型产业、传统产业比重高，高科技含量、高附加值、高档次产品等高新技术产业所占份额低，产业结构属于允许类的偏多，属于鼓励类的偏少，整体市场竞争力不强，在一定程度上影响着经济增长的速度、质量和效益。能源消费增幅大，能源消费弹性系数逐年走高，而资源利用率、能源自给率却比较低，经济发展遇到了资源、能源瓶颈约束，转变福建经济发展方式、调整福建产业结构刻不容缓。

调整产业结构主要靠增量，即通过新建企业投产将产业结构改变。泉州泉港区石化一体化工程投产，一批台资石化企业进驻，中化公司在惠安外走马埭的重油裂解工程开工，泉州市的产业结构迅速变化。因此，"十二五"时期福建要致力建设电子信息、光电、石化、装备制造、生物医药及新兴产业的新企业，特别是大型企业，要抓大项目、抓技术含量高的项目，通过增量改变产业结构。

对于存量，即现有企业，属于鼓励类产业的，要尽可能扶持他们扩大生产规模，加快发展；属于允许类企业的，要引导他们提高科技含量，适当使用机器替代人工。要鼓励以企业为主体的自主创新，包括技术创新、产品创新、品牌创新、管理创新、体制创新、营销创新。随着经济发展，工资提高是不可逆转的趋势，低技术含量的高劳动密集型企业丧失竞争优势不可避免，"十二五"期间，福建不可能也不应当主动淘汰劳动密集型

---

　* 原载于《政协天地》2010 年第 8 期。

企业，相反，还要尽可能立足技术改造维护其生存。

福建现代服务业欠发达，加快第三产业发展是经济结构调整的重要方面。要特别重视为生产服务的现代服务业，如金融保险、物流交通、商贸会展、旅游、房地产等，同时也要加快教育、文化、卫生等事业的发展。

国务院要求福建建设成为我国重要的自然和文化旅游中心。与我国其他地区旅游中心相比，福建缺少游客"人山人海"的气势。多年来福建旅游投资"撒胡椒面"，有点县县搞旅游的气势，形不成拳头。"十二五"期间，福建要集全省之力推出两三条有能力接纳大批量游客在全国乃至全世界有知名度的旅游路线，如武夷山—大金湖，先精选景点，组织好第一条线路，要有畅通的进出交通、完善的旅游设施、足够的宾馆餐厅和接送车辆，配好导游。一条线路应由一个游客服务中心统一调度、安排，跨越行政区划的应由省旅游局协调。第一条成熟后再推第二条，福建旅游景点很多，切忌争先恐后，遍地开花。

福建现在正处于工业化的中高级阶段，第三产业增加值在经济总量中的比重十几年时间都在38％～40％之间徘徊。"十二五"期间，福建仍然处在工业化阶段，加快先进制造业发展仍然是主要任务。预计第三产业占50％以上阶段将会在"十四五"或"十五五"到来，现在只有厦门跨过50％。福建必须为后工业化阶段做准备，必须加大第三产业的发展速度，必须打破第三产业比重长期徘徊的局面。"十二五"期间，争取每年第三产业的增长速度能高于第二产业的增长速度，2015年将三次产业增加值比重调整到6.5：50.5：43。

转变经济发展方式，就要依靠科技进步，提高自主创新能力，提高劳动者素质。因此，"十二五"期间福建要加大对科技进步和企业研发的支持力度，增加研发费用（R&D）占地区生产总值的比重，以更加积极的政策鼓励以企业为核心的自主创新，扶持高新技术产业发展。对新兴的软件、动漫、服务外包、文化产业也要积极推动。

二、让民间资本浮上地面

福建民间资金雄厚，还有大批福建人在国外、国内经商投资，卓有成效，其中不乏实力雄厚的财团。

目前福建的民间资金，一部分活跃于民间借贷，即所谓"地下钱庄"，利息二分左右，不受法律保护。福建民间借贷对于向银行贷款难的中小企业来说，关键时刻起了重要的支撑作用，是福建民营经济发展的一支隐性力量。但民间借贷和高利贷划不清界限，也常有纠纷发生。"十二五"期间福建能不能探索让民间资金从地下浮上地面的办法，让地下民间借贷成为人民银行可监控的民间金融机构，成为民间借贷公司、民间担保公司、互助银行等，以4倍银行贷款利率为合法界限。浙江采取的一些调动民间资金的做法值得福建借鉴。

还有一部分民间资金用于投资，私募是常见的集资方式，一些投资几十亿元的项目也往往私募，先是几个大股东募集，大股东再去募集小股东，小股东甚至再去募集小小股东，参加者通常都是信用好的亲朋好友。算下来，一个大项目参与者多的甚至高达几百上千人。对于私募投资，地方政府的态度是默认，不告不理。一旦项目出问题，集资者告起状来，私募就成了诈骗。"十二五"期间福建能否制定措施让私募浮上地面，让私募投资纳入规范的股份制，明晰股东和产权，明晰权利与义务，管理部门也可以监控。还可以在金融监管部门的帮助下通过私募建立民营的产业投资基金，培育出一批以盈利为目的，推动福建高新技术产业发展的民营风险投资基金。

总之，必须给福建庞大的民间资金以出路，让民间资金浮出地面，纳入政府视野，进入统计数字，让它在加快福建建设中发挥作用。市场经济国家都有活跃的地方民间金融，福建如引导得当，则民间资金可成为一支重要的经济力量。这也是做强做大福建金融业的重要举措。

三、努力提高城乡居民的收入水平

富民才能强省。福建GDP增长速度比全国平均每年都高2至3个百分点，但福建城乡居民收入并没能按相应比例增长。福建属东部地区，一度还被列为最富的7省俱乐部，给中央财政上缴的多，返还的少，而西部地区一些省区，给中央上缴的少，从中央拿到的转移支付多。因而福建实际人均财政支出比中西部许多省区少，在全国属中等偏下水平。除厦门外，福建总体工资水平低于东部地区，甚至比一些中西部省区还低，这显然不利于拉动消费，也不利于民间投资。

根据我省地区生产总值及人口发展趋势测算，"十二五"末的 2015 年，福建 GDP 总量有可能突破 2 万亿元。人均 GDP 有可能突破 5 万元，达到中等收入国家水平。福建应争取"十二五"期间城镇居民人均可支配收入年均增长 10.5％，2015 年突破 36000 元，比 2008 年翻一番，实现 7 年中收入倍增；农民人均纯收入年均增长 10.5％，2015 年突破 12500 元，比 2008 年翻一番，同样实现 7 年收入倍增。要适当提高居民收入占 GDP 的比重，不断提高福建的工资水平，存富于民。

国务院让福建 20 个原苏区县享受西部地区政策，让革命老区和少数民族地区享受中部地区政策，要充分发挥这些政策的作用，争取更多的中央财政转移支付。只要我们努力做好工作，上述 7 年收入倍增的计划完全有可能提前到 6 年完成。

增强福建经济发展后劲的若干思考[*]

改革开放以来，福建走过了灿烂辉煌的 22 年。1978 年，福建国内生产总值只有 66.4 亿元，2000 年已达到 3920 亿元。1978 年财政收入只有 15.13 亿元，2000 年已增长到 369.5 亿元。福建人均国内生产总值 1978 年居全国各省、市、自治区的 22 位，2000 年已跃居全国第 6 位。昔日的"福建前线"，已建立起欣欣向荣的沿海工业区，城市、城镇的面貌日新月异，城乡居民生活水平显著提高，应当说，改革开放以来福建经济建设的成就是有目共睹的。

但是，从新世纪的发展后劲来看，我们不能不意识到，福建经济的发展存在着潜在的隐忧。

首先，支撑起福建经济的主要力量，是依靠民间，尤其是农民的积极性创办起来的遍地开花的乡镇企业，以及台、港、澳和海外华裔中小资本投资的中小三资企业。福州至漳州沿海一线是这类企业聚集的地区。这类企业数量固然众多，但规模普遍偏小，技术设备也欠先进，产品大都是中低档次的劳动密集型产品。在商品经济发展的初始阶段，在"短缺经济"的特征还没有消失时，这类企业有较广阔的拓展空间，谁先开办，谁走得快，谁先占领市场，谁就能赚到钱。随着市场经济体制的逐步建立，过多的同一档次的重复建设越来越多，同类商品逐渐充斥市场，企业间的竞争必然日趋激烈，供过于求出现之后，一部分企业面临生死存亡的考验。

中低档次劳动密集型产业是从传统经济走向现代经济的一个重要历史阶段，是工业化进程的一个重要历史阶段。但是劳动密集型产业发展到一定程度，如不适时升级换代，终将因过度竞争和工资成本上升而陷入困

---

* 原载于《福建论坛（经济社会版）》2001 年第 4 期。

境，虽然涌入福建的 200 多万中西部劳动力已经大大延缓了福建工资成本的上升。引导中低档次劳动密集型中小企业上档次、更新技术、开发新产品、增加附加值，是福建新世纪经济结构调整的重要使命。

再则，福建缺少在全国市场有较高市场占有率的产品，缺少在全国有影响力的名牌商品，更不用说国际市场了。福建产品市场占有率能跻身全国头三名的，充其量只能列举出恒安卫生巾、冠捷显示器、南孚碱性电池等为数不多的几种。随着社会主义市场经济框架的逐步构建，买方市场逐步形成，只有具备市场竞争力的名牌商品才能在市场上站得住脚，才能成为区域经济的领头羊。青岛市仅海尔、青啤、海信、双星等十强企业，就占全市工业总产值的一半以上；广东顺德，一个县级市就有 5 个全国知名品牌。福建工业的集约度远没有达到这种程度。福建的企业难长大，尽管这几年全省上下都在着力培植大企业和企业集团，都在培植名牌产品，但成效尚不十分显著。福建在这方面的竞争力，不仅落后于大部分东部沿海省区，甚至还落后于一部分中西部省区。从北京王府井、上海第一百货等著名大商场和大型连锁超市看，福建生产的商品，在 20 世纪 80 年代曾经有过一定的占有率，有过一些专柜售卖，90 年代反而被逐渐挤出这些商场；另一方面，福建自身的商品市场越来越被广东货、浙江货所占领。因此，培植福建的大企业，培植福建的名牌商品，培植福建企业的竞争力，已经是福建刻不容缓的使命。

值得注意的是，亚洲金融风暴后，福建利用外资的合同金额呈下降趋势，2000 年全国台商投资大幅上升，而福建的台商投资却下降。已经在福建落户的外资企业，有的也在往上海等地转移。福建民间资金近几年往省外转移的步伐加快，有的去上海、广东投资，有的去中西部省区投资。资金在国内的移动本来是正常的现象，但福建却很少见到外省资金进来，很少见到省外厂商进入福建。资本总是寻求投资条件最好的地区，寻求最有利于其成长的地区，资金净外流至少说明，福建的投资环境并不尽如人意。

更为重要的是，在跨世纪的竞争中，科学、技术和人才具有更为重要的意义。与多数省区相比，福建科学研究的力量不强，技术开发和创新的力量也较弱，高等学校和有实力的科研机构也偏少。福建的高等教育发展相对滞后，高中毕业生升入高等院校的比率落后于较发达的省份，且大量省外就学的福建学生毕业后留在省外就业，因而福建高等级人才相对缺乏。据科技部发展计划司 1999 年《科技统计报告》第 2 期的统计资料，1998 年福建的人力资源在全国各省区的排名是第 19 位，科研物质条件的排名是第 26 位。就传统产业而言，福建的制鞋业居全国第二，服装业居全国第四，福建的陶瓷业也很发达，但这些行业都缺乏培养其专业技术人才的高等学府。解决福建企业"满天星"的状况，提高福建产品的市场占有率，推出更多的福建名牌，归根结底还是取决于科技，取决于教育，取决于人才。福建必须尽快改变高等教育的落后面貌，改变高等教育专业设置不符合福建经济发展需要的面貌，才能为福建经济的进一步腾飞增添后劲。

基于以上认识，笔者特提出增强福建经济发展后劲对策的下列思路：

一、切实改善福建的投资环境

福建背靠山区，投资环境当然不如经济条件较好的长江三角洲、珠江三角洲。"十五"期间修通"一纵两横"高速公路，交通环境将会改善。福建投资环境的问题在于投资的软环境，即政府部门的办事效率，地方政府对企业的支持程度，以及企业的税费环境。较之于江浙和广东，企业（包括外资企业和非公有制企业）普遍反映福建"办事难""关卡多"，经常卡壳，在江浙、广东可以办得到甚至很容易就能办到的事，这儿却常常遇到办事人员拿出种种条条块块的红头文件予以推诿、扯皮。往往办事人员手中的权限以及所掌管的圆印子充分发挥了效用，而"三个有利于"的原则和先进社会生产力的代表却未能得到体现。以笔者所接触的外资和非公有制企业的负责人，对省、市、县主要领导的意见并不多，对领导做过的许诺甚至下达的文件在执行部门得不到兑现的意见却相当多，对办事疲于奔命颇有怨言。至于一些掌握实权和各类罚款权的干部利用手中职权"吃、拿、卡、要"之类的现象，受害的主要是中小企业，企业主虽然对此深恶痛绝，但又得罪不起。

投资环境还包括税费环境。企业当然应按照国家的税收政策按章纳税，但在具体执行的过程中，也还有一些类似上限、下限之类的掌握。福建近几年税收增长幅度大于国内生产总值的增长幅度，2000 年福建财政总收入增长幅度为20.9％，比GDP增长幅度9.5％高出一倍多，这对福建经济的发展后劲来说未必是好事。个别地方预征税等违反税收政策的事时有发生，挫伤了生产者的积极性。长远来看，我们还应当从培植税源的角度来积极扶持企业的成长。税之外，还有费的问题。福建各地税外费的情况差异较大，往往经济越落后的地区费越多，越穷越收，导致越收越穷。一些部门，特别是乡镇，为了"养人"，不得不多收费，为了收费，又不得不增加"养人"。到省外投资的福建企业纷纷反映，福建的税费环境不仅比广东、上海差，甚至比中西部的部分省区还差，这也是福建资金外流的重要原因。看来，藏富于民，藏富于企业，是增强福建经济发展后劲的一个值得思考的问题。

这几年各级政府在改善投资软环境上做了大量的工作，如一栋楼办公、现场办公、清理乱收费、取消部分审批项目等，但福建的投资环境和工作效能还是不如先进省区。一般说来，开发区的工作做得比地方政府好，东南沿海地区做得比内地山区好。

改善投资软环境，是福建增强发展后劲须面对的刻不容缓的课题。改变投资环境，关键要转变观念，首先是转变各级干部的观念，大家都按"三个有利于"的原则办事，都争当先进社会生产力的代表，都将本单位、本部门的利益服从于经济发展的大局，甚至为了增强后劲不惜搬掉那些从中梗阻的绊脚石。上下齐心协力，环境自然就会好起来。

二、着力调整福建的经济结构

首先，福建的工业化任务尚未完成，三大产业比例中第二产业的比重至今还在44％左右，不少地市甚至在40％以下，而广东、浙江第二产业的比重都已超过50％。晋江、福清、石狮等市，就业劳动力中农业劳动力的比重已降到40％以下，而多数县市，尤其是山区县市，农业劳动力比重还占80％以上，基本上是传统农业县的特征。改革开放以来，福建东南沿海工业的发展，吸引了200多万外省劳动力来福建就业，但福建自身农村剩余劳动力转移的任务完成得并不理想。因此，未来十年内，福建仍应把工业化作为首要使命，力争使加工工业的比重提高到50％左右，并在第二产业的带动下提升第三产业的比重。与此同时，利用本省工业发展提供的职位空缺，大力促进本省农村剩余劳动力的转移，力争十年内沿海农业劳动力比重普遍降到30％左右，山区普遍降到50％左右。未来，福建经济要实现现代化，全省农业劳动力比重必须降到10％以下。

再则，要调整福建以劳动密集型消费品为主的工业结构，逐步实现福建工业的产业升级。当然，福建的中低档鞋业、服装、纺织、塑料加工、陶瓷、石材等产品，在我国加入WTO后仍有较强的竞争力，用先进技术改造这些传统产业是福建近几年工业发展的重要使命。但随着我国中西部工业的崛起，这类中低档劳动密集型工业的竞争力终将因工资水平的提高而衰竭，福建工业的后劲，一方面是传统工业技术改造的程度，另一方面则是产业升级的进度。福建应以电子、机械、石化作为工业升级的方向。福建电子工业已经有较好的基础，未来十年既要抓住电子工业的高新技术，开发有自主知识产权的产品，同时也要注意发展劳动密集型的电子产品，接受境外、海外劳动密集型电子产业向福建转移。福建机械工业基础较差，自身许多行业的生产设备都依赖进口，必须从零配件和易耗品做起，逐步建立生产成套设备和整机的生产能力。福建的石化要等待泉州泉港区大型石化企业的上马，先从扩建800万吨炼油厂做起，逐步建立石化的上游产业，再向下游扩散。福建的工业必须适度重型化，实现升级换代，才能增强福建经济的发展后劲。

还有，农业的结构也要调整，既要保住粮食生产，又要大力发展畜牧水产、水果、食用菌、花卉等。研究农业的专家们对我国农业现代化提出了许多优秀的建议，如改良农业品种、建立生态农业、立体农业、设置农业，推广各种先进的农业技术、建立完善农业的服务体系，以及各种各样科学种田、科学养殖的主张，这些主张和措施无疑都是十分正确的，我们当然必须在这些方面下功夫，尽可能提高农业的生产效益，尽可能增加农民的收入。但是，在福建人均只有0.57亩耕地的条件下，在农业生产还十分分散，一家一户一个生产单位、农业和副业相结合、自己尽可能生产自己所需要的一切的半自给自足生产方式下，在农民还处于亦农亦工亦商的多种经营的兼业状态下，光靠推广先进的农业技术，农民要达到发达国家的富裕程度，要生产出发达国家农民生产的那么多农产品，是根本办不到的。因此，只有农业资源的集中，包括土地、资金、滩涂、果树、林木等资源在农业劳动者手上的集中，并实现专业化生产，实现生产工具的真正变革，才能大幅度提高农业劳动生产率。因此，适时扩大农业生产的规模经营和推动专业化经营是沿海地区实现农业现代化的主要途径。只有在适度规模经营和专业化经营的基础上，农业机械化、先进农业科技的推广、农业产业化才有更现实的基础和载体，真正的农业现代化才有实现的可能。在规模经营的基础上推动农业产业化，尤其要注重各类农产品的加工和销售，形成以加工销售企业为龙头的产业化组织。当农户生产还达不到大规模经营的情况下，可以用小区域（村、乡、县）的群体规模来达到规模效益的要求，形成某种农产品的市场和集散地，打出品牌。鼓励自愿的农产品销售和生产资料采购的农业合作，鼓励股份制农业企业，也是走向农业现代化的重要措施。福建的农业结构调整和农业现代化可逐步从沿海较发达地区向铁路、高速公路沿线，进而向内地山区推进。一个地区土地使用权转让的现有状况，是衡量该地区是否具备扩大土地经营规模条件的重要标志。土地使用权无偿转让或接近无偿转让的地区，更不用说倒贴钱请人种承包地的地区，土地经营规模适度集中的条件应当说是已经成熟了。较发达地区的资金积累也是农业规模经营和专业化经营的基础。

改革开放以来，福建山区的经济明显滞后于沿海，2005 年前"一纵两横"高速公路建成后，山区交通状况将有根本改观。山区崛起是提高福建经济发展后劲的关键。一方面，山区要创造良好的投资环境，以成片工业区吸引沿海企业向山区扩散，逐步提高山区的工业化程度；另一方面也要积极组织山区的剩余劳动力向沿海港口工业区转移，腾出农业资源来扩大内地农业的经营规模。

加速福建城镇化也是提高福建经济发展后劲的重要措施。福建城镇化比率只有 32%，已经制约了福建经济的发展。未来十年，一是要加快福州、厦门、泉州等大城市的建设，福州以 300 万人口、厦门以 200 万人口、泉州以 80 万人口为目标，成为福建经济的三个中心；二是加快其他区域中心城市的发展；三是扩大所有县城的规模；四是 100 个左右重点城镇的建设。城市和城镇的扩大不仅仅是楼房的增加，首先必须是工业和第三产业的发展，近期还必须以工业的发展为首要的基础。一些县市的规划只考虑城市建设、房地产开发，那是不可能把城市和城镇做大的。

三、加大"科教兴省"力度，发展高新技术企业

众所周知，经济发展的后劲在于科学技术，在于把"科学技术是第一生产力"落实到生产。福建这几年也着力发展高新技术产业，办了福州、厦门两个国家级高新技术园区。此外还有泉州高科技走廊、三明、南平园区，也有 400 多家企业取得省科委高新技术企业认证。但实际上，福建真正科技含量高的企业并不多，有的园区办了多年，基本上也还是一般的工业区。为加快福建高新技术产业的发展，首先要把科技园区办好。创办科技园区已被世界各地的发展经验证明是一个行之有效的发展高科技企业的好办法。科技园区作为高科技企业的"孵化器"，以优惠的条件——现成的厂房、现成的基础设施、高效率的办事机构，能提供各项服务的中介组织，吸引高科技企业前来落户。让这些企业在园区办大、办好，成长为大企业。一般来说，科技园区往往依附于有实力的高等学校和科研机构，如美国硅谷依附斯坦福大学，波士顿工业园依附于麻省理工学院，台湾的新竹科技园区依附于台湾的"清华大学"和"交通大学"。这种相互依存一方面有利于科技成果的转化，另一方面也有利于人才的培养和吸收。

"孵化器"是高科技园区的重要功能，国家或风险投资基金以一定的资金在园区内提供一定的厂房设备，为经过审定的高科技项目提供初期发展的财力支持，一般是让这些项目免费或按一定比例免费进入"孵化器"，在经费支持下促其成长，项目开发成功，按协议归还经费，效益好的还可以超额归还；如果开发不成功，损失全部或大部分由"孵化器"承担，个人可不承担或少承担损失。世界各国的高科技企业大多数是靠"孵化器"培育起来的，经验证明，这是一条行之有效的培养高科技企业的途径。福建虽然也曾经建立了几个高科技企业的"孵化器"，如福州留学生科技园的"孵化器"，但成功的实例还不多，现在主要还只提供免费厂房和税收减免的支持，真正的开发资金上的支持还很少。十年内厦门、福州应依托厦门大学、福州大学先把两个高科技园区切切实实地办好，把两地的"孵化器"办好，加大投入，办出规模。其他园区应视各地条件加以发展。泉州是福建工业基础较好、财力较足而高科技产业相对较薄弱的地区，加快高新技术企业的培育刻不容缓，应加快其发展。

国外高科技企业发展的经验表明，科技风险基金是扶持高科技企业成长的重要条件。由于科技企业都具有风险性，以致一般投资者望而却步。于是，以各种形式组建的风险基金应运而生。风险基金由经济、科技、金融、财会、法律专家组成管理班子，具备较强的判断力，其经营策略能容忍一部分高科技企业创业的失败，对它说来，办三四个企业只要能成功一个就能盈利。风险基金通常扶起这一个苗子，高速成长，做大做强，控股经营期限通常为5年，最长不超过7年，然后将公司上市或以其他形式卖掉，回收资金，再投入下一轮风险经营。福建现在没有一家投资基金，科技风险基金刚建立，由证券公司主办，尚未正常运作。有关方面应当尽快研究这一问题。现在筹措一笔资金相对容易，能操作风险基金并能通过资本运作使基金不断增值的人才难觅。科技风险基金切忌以政府的行政管理方式来经营，而应当按市场机制办成能自主营运的金融企业。

民营科技企业是我国改革开放中涌现出来的新事物。据福建省科委统计，福建现有民营科技企业约3250家，它们为福建经济发展做出了重要贡献。福建民营科技企业几乎都由具有高学历或中高级职称的科技人员创办，这些企业体制新，机制灵活，市场导向明确，善于经营，但大多数民营科技企业也有规模小、资金不足、技术档次偏低等缺陷。相当一部分民营科技企业现在还是家族式经营，内部管理欠规范。扶持民营科技企业成长是福建贯彻"科教兴省"战略的重要组成部分，政府应当为他们的成长提供更加宽松的环境，促进这些企业迅速长大，将来能从中飞出"金凤凰"来。

不论是成规模的高科技企业，还是规模不大的民营科技企业，都需要政府的政策扶持，也都需要社会各界的多方支持。最近中央制定了一系列促进科技创新的政策，省里也应当有一定的配套政策，鼓励科技人员下海或兼职从事科技开发，投身科技企业；支持科技成果转化为现实生产力；发展技术市场，加快科技成果转让；促进企业把更多的收入投入到技术改造和新产品开发中；对有贡献的科技人员给予更多的奖励，促进技术和管理作为生产要素参与企业分配等。

福建有一批科研机构，历史上大都也有过辉煌的业绩。但过去由国家全额拨款的科研体制有不少弊端，随着社会主义市场经济体系的构建，需要改革科研体制，将科研机构推向经济主战场。近几年，福建科研机构改革已经取得一定的成效，一批科技机构已经逐步减少了财政划拨的经费，通过自身的科研开发和创办产业实体取得了自收自支的能力。但也有部分科研机构的改制并不理想，应用开发的成效尚不显著。如何加快福建原国有科研机构的改革，使他们在发展高新技术企业中发挥作用，是福建必须面对的改革课题。

福建要发展高科技企业，现有的人才显然是不够的。有关方面要拿出更加具体的措施，广泛招揽人才。要创造发挥人才作用的社会氛围，创造适宜人才工作和生活的条件，吸引各类人才前来创业。尤其要注意吸引海外学子回国投身高科技企业的创建，提供来去自由的条件，通过海外学子把国际前沿的技术移植福建。福建不但人才相对缺乏，人才流向也不合理，受过高等教育的人才70％集中在政府、教育和卫生部门，而在企业的高等人才较少，这和发达国家的情况恰恰相反，发达国家70％的人才在企业工作。因此，扭转人才流向，改变就业观念，也是经济发展和高科技产业发展的必要环节。

长远地看，科学技术的基础是教育。相对于沿海发达省份，福建的九年义务教育虽已普及，但高中教育和高等教育相对滞后。1999年福建初中毕业生升入各类高中的升学率为49％，低于全国平均50％的水平，同期广东为61.88％，江苏为62.39％，浙江为67.91％。1999年，福建高等教育毛入学率（大学生年龄段中大学生的比率）为9.9％，低于全国平均10.5％的水平，同期浙江为13％，江苏为15.7％。福建的研究生规模更低于发达省份。这里既有教育投入不足的问题，也有民办高校发展缓慢、政府对民办高校政策上支持不足的问题。同时，福建的高等教育还存在专业设置与经济发展不相适应的问题，许多福建经济建设急需的专业人才在高等学校中没有相应的系、科和专业来培养。十年树人，教育对发展后劲的影响是长远的，只有提高全民素质，才能有经济发展的后劲。

四、努力吸引大跨国公司和台湾大企业来闽落户

改革开放以来，福建吸引的外资多数是劳动密集型行业的外资，而且多数是中小资本。这些外资对福建经济22年的发展起了重要的推动作用。为了提高福建利用外资的档次，福建在继续吸引各类外资的同时，特别要

注意吸引有较高科技含量的外资，尤其是拥有高技术的大跨国公司。现在世界的新产品和新技术80％以上集中在跨国公司手中，创造条件将大跨国公司吸引来闽，将拥有高新技术的台湾大企业吸引来闽，应作为福建利用外资的一项重要战略。

近几年，跨国公司纷纷挤入中国这个大市场，世界500强，已有300多家进入上海、深圳，但进入福建的只有31家，其中大多数在厦门。尽管进入厦门的大跨国公司只有20多家，却已经成为支撑厦门经济高速成长的重要力量。亚洲金融风暴以来，厦门经过了风风雨雨，近两年仍能维持高速增长，2000年不但增长速度居福建各地市之首，同时也居深圳、珠海、汕头、厦门四个特区城市之首。进入21世纪，不但厦门要继续创造良好的投资环境吸引大跨国公司前来投资，福州、湄州湾等有条件的地区也要创造条件，在吸引大跨国公司方面迈出步子。

近年来，台湾政局动荡，企业纷纷出走，福建与台湾仅一水之隔，应当在吸引台湾大企业来福建投资方面做出成绩。现在台商大批北上，江苏、广东的台商投资都已超过福建。福建应当发挥台湾同胞80％的祖籍在福建的人缘优势，发挥距离最近的地缘优势，开拓利用台资的新局面。

当然，增强福建经济的发展后劲，需要解决的问题很多，如深化改革，转变政府职能；调整国有经济布局，完善国有企业改革；培植大企业和企业集团，培植名牌商品；鼓励民间投资，发展非公有制经济和混合经济；本文所阐述的只是众多需要解决问题中的四个。但笔者以为，解决所有这些问题的关键是观念，是环境，创造良好的投资环境已成为制约福建经济发展的瓶颈。只有打通这个瓶颈，经济结构的调整、高新技术产业的建立、大跨国公司的引进及上述问题的解决才有了基本条件。愿以本文的粗略见解，唤起学界乃至全社会对这些问题的讨论。

敞开玻璃门，勇闯创新路[*]

——以十八大精神推动福建民营经济大发展

党的十八大报告中，在"毫不动摇巩固和发展公有制经济"，"毫不动摇鼓励、支持、引导非公有制经济发展"后面，加上了"保证各种所有制经济依法平等使用生产要素、公平参与市场竞争、同等受到法律保护"，这里的"平等"、"公平"、"同等"，意味着社会主义市场经济将给民营经济更加广阔的发展空间，民营经济将会有更加蓬勃的拓展。

一、民营经济半边天

改革开放 34 年来，在改革开放春风的沐浴下，我国民营经济从小到大，从弱到强。为国家贡献了大约 50％以上的税收，60％以上的 GDP 增量、固定资产投资和发明专利，80％以上的新产品，90％以上的新增就业。全国登记注册的私营企业已达 900 多万家，个体工商户超过 3600 万户，注册资金总额达到 24.3 万亿元，从业人员超过 1.8 亿人。民营经济为我国经济发展和社会稳定做出了重大贡献。福建省是民营经济发展较快的省份，截至 2010 年底，福建民营经济实现增加值 9480.36 亿元，占福建地方生产总值的比重达 66％，规模以上民营工业企业达 15558 家，占全省规模以上工业企业数的 78.4％。

20 世纪 80 年代，国家大力支持乡镇企业发展，党的十四大确立了社会主义市场经济体制，推动了民营经济快速扩张，堪称民企成长的黄金期。1998 年通过的《宪法修正案》第十六条，把宪法中原有的"私营经济

＊ 原载于《福建论坛（人文社会科学版）》2012 年第 12 期。

是社会主义公有制经济的补充"，修改为"是社会主义市场经济的重要组成部分"，随之法规中关于民营经济的歧视性内容逐步得到修改。党的十六大将民营企业家定义为"社会主义建设者"，解决了身份问题。2003年1月，中小企业促进法正式实施，该法是我国关于中小企业的第一部专门法律。2005年2月，国务院发布《关于鼓励支持和引导个体私营等非公有制经济发展的若干意见》，即通常所称的"非公老36条"。2010年5月，又颁发了《关于鼓励和引导民间投资健康发展的若干意见》，即"非公新36条"，同年7月还出台了《鼓励和引导民间投资健康发展重点工作分工的通知》，对各项政策措施实施的各部门和地方工作分工进行了细化，并提出了具体实施办法。"新36条"的主要精神是：鼓励民间资本进入垄断行业，进一步拓宽民间投资的领域和范围，给予信贷支持和用地保障等多种方式；鼓励民间资本参与国企改制重组，通过参股、控股、资产收购等多种方式；减少行政审批，放开市场准入，清理和修改不利于民间投资发展的法规政策；鼓励和引导民营企业发展战略性新兴产业。

应当说，党中央、国务院支持民营经济拓宽领域，政策也十分具体，国家发改委、工信部等多个部门在积极落实。如福建省发改委2011年11月推介了11个行业474项总金额4140亿元的项目供民间投资，[①] 能否真正由民间资本运作起来还有待观察。

二、敞开玻璃门

但是，不论是2005年的"老36条"，还是2010年的"新36条"，几年来执行的效果并不理想，成效甚微，许多说法停留在纸面上。民间资本对进入传统垄断领域的积极性不高，观望情绪浓厚。并不是民间资本不想进入，而是金融、公路、铁路、港口码头、民用机场、航空、电力、石油天然气、电信、自来水等部门基本上由国有企业垄断，资源被国有企业占有，资金、技术、人才都集中在国企手中。政策虽然已经白纸黑字写得十分明朗，但真正办起事来并不那么简单，存在各种显性和隐形的壁垒，与

---

① 《福建推介474项民间投资项目总投资4140.72亿元》，《中国经济导报》，2012年11月8日。

国有垄断企业的矛盾冲突时有发生，说到底是国企与民企的利益纠葛。民营业者把这种看得见而进不去的现象形容为"玻璃门"，弄不好还会碰得鼻青脸肿。

国有企业隶属于政府，国有企业官员与政府官员之间还常有互动，因此政府部门对国有企业偏爱、青睐是可以理解的。银行给国有企业贷款，是左口袋与右口袋的关系，即使出现呆账坏账也可以解释清楚，经办人员不至于获罪；而贷给私营企业，出了问题就不好交代了，因而宁可贷款给国企。尽管据工商银行提供的 2011 年数据，5 年来中小企业贷款的不良率仅为 1.35％；小企业贷款的不良率仅为 0.82％。

在市场经济中，政府和国有企业，裁判员和运动员合二为一，不利于打破国有企业垄断，放开准入，建立竞争性的市场体系。处理好政府与市场的关系，是经济体制改革的核心，坚持市场化改革的方向，坚持市场在资源配置中起基础作用，是十八大提出的深化改革的精神。深化改革必须加强顶层设计，约束公权力，解决行政无序扩张的问题。我们期待十八大之后能把改革带入"深水区"，收获改革的最大红利。

敞开玻璃门，落实"老 36 条"和"新 36 条"，制定具体的可操作性的实施细则，让这些利好政策落地。我们期待加大对非公有制经济的财税支持，对中小企业实行结构性减税，增加对民营和中小企业的金融和信贷支持，真正保护民营企业的合法权益、合法财产。中国的经济发展需要民营企业家的创业热情，而不是移民热情。

我们期待加快建设与中小企业规模相适应的多种金融机构，进一步规范和引导民间借贷，积极发挥好各类小额贷款公司和担保公司的作用，建设与各类企业规模相适应的多种金融机构。期待温州的金融改革能让温州 8000 亿元民间资本发挥作用，并把温州试点经验推向全国。

三、勇闯创新路

十八大报告提出，"实施创新驱动发展战略。科技创新是提高社会生产力和综合国力的战略支撑，必须摆在国家发展全局的核心位置。""促进创新资源高效配置和综合集成，把全社会智慧和力量凝聚到创新发展上来。"

中国的民营经济总体说来"低、小、散"，处在产业链的中低端，利润率较低。福建的民营企业更是以小微企业为主，满天星星。改革开放之初，我们主要靠引进国外先进技术、购买先进设备，生产国外早已经生产过的产品，这在当时无疑是正确的选择。我们在国际市场的优势主要靠廉价劳动力。经过 34 年的快速发展，中国经济迈上了新台阶，人均 GDP 超过 5000 美元，人民生活水平大幅度提高，这也就必然带来工资水平的上涨。十年前福建沿海普通工人的月工资七八百元，按当时汇率不到 100 美元，如今已涨到二千左右，超过 300 美元。工资的上涨，加上劳动保障（养老、医疗等）逐步健全，人民币汇率上升，原来的竞争优势正逐步丧失。

2012 年 8 月，世界著名品牌阿迪达斯关闭了在苏州的中国工厂，又与其 300 家中国代工厂终止了合作，把生产基地迁往东南亚。另一个名牌耐克 2011 年底宣布，原来它在中国的产量占 80%，如今在越南的产量已经超过中国。劳动密集型产业撤离中国是一个信号，其实近几年出口企业订单减少并不完全是国际金融危机和欧债危机造成的，而是工资比我国低的印度、印度尼西亚、越南等抢走了我们的订单。中国经济发展到这个阶段，就要求工业必须调整结构，必须进行产业升级，必须发展新兴产业和高技术产业，必须进行自主创新，必须拥有更多的自主知识产权，打造更多的世界级品牌，由中国制造向中国创造转变。

广州市政府最近要求民营企业实现六个转型，即从传统商贸业向电子商务转型升级，从传统批发市场向现代物流转型升级，从低端加工制造业向先进制造业转型升级，从传统制造业向生产性服务业、高端服务业转型升级，从传统农业向现代农业转型升级，从传统文化产业向现代文化产业转型。[1] 这六个转型对福建民营企业很有借鉴价值。

福建的民营企业，劳动密集型居多，已经痛感到原来竞争优势在减弱，政府也在号召民营企业"二次创业"，可以朝着电子信息、装备制造等技术密集型和资本密集型产业发展，可以朝着节能减排、节水降耗、生物医药、信息网络、新能源、新材料、环境保护、资源综合利用等具有发

---

[1] 《深入贯彻落实党的十八大精神推动民营经济大发展大提升》，《广州日报》，2012 年 11 月 21 日。

展潜力的新兴产业发展，也可以朝着金融、物流、电子商务、旅游等现代服务业发展。传统产业可以利用高新技术、电子信息技术改造企业，用先进设备取代人工。所有这些发展都意味着创新，尤其是技术创新和产品创新。

想创新的民营企业普遍感受到人才不足、资金有限，期待得到社会支持。我们期待社会能引导人才流向民营企业，期待产学研结合能给民营企业带来创新的支撑。同时也期待金融能给民营企业自主创新更多扶持，期待风险投资基金能更多涌现。民营企业的自主创新和产业升级还需要社会化的服务和帮助，大学和科研机构的重点实验室可以向全社会开放，各地还可以创办生产力服务中心、监测中心等，为民营企业充分利用国家的科研资源开展自主创新和产业升级提供便利。

品牌创新和营销创新也是重要的创新。这几年福建贯彻品牌战略颇有成效，创造了许多中国名牌，尤其是泉州。现在已经到中国名牌走向世界名牌的时候了。福建的品牌离世界品牌还有相当的距离，起家于江苏常熟的羽绒服企业波司登创造世界名牌的经验值得借鉴。20世纪90年代后期，波司登先登上国内羽绒服销量第一的宝座，21世纪开始到海外开设营销点，今年波司登投资3亿多元，在伦敦开设旗舰店及欧洲总部，伦敦奥运开幕前一天，旗舰店及欧洲总部开业运营，迎来汹涌的人潮。英国商会还把英国商业大奖颁发给波司登。希望福建各著名品牌也能迈出走向世界品牌的步伐。

管理创新也是重要的创新，它可以整合企业内部和外部与生产经营过程相关的资源，提高企业效率，实现利润最大化。

我们期待福建的民营企业勇于创新，焕发活力，实现民营经济的新发展、新提升、新突破。

第六部分　思　考■

从通货膨胀到通货紧缩的思考[*]

一、当前经济运行环境分析

从 1997 年 8 月至 1999 年底，我国物价已经连续回落 28 个月。市场上大部分商品的生产能力过剩，设备闲置率高达 30％至 50％，相当一部分生产企业经营困难，产品销不出去；农产品价格下落导致农民增产不增收，挫伤了农民扩大生产的积极性；城市、城镇下岗工人增加，失业率上升已成为影响社会稳定的令人担忧的因素。按照国际上的流行观点，连续 24 个月物价下降是通货紧缩的重要标志之一，所幸我国经济仍维持较高速度的增长，因而还不是真正含义上的通货紧缩，但已存在通货紧缩的阴影。2000 年第一季度，我国消费物价指数略有回升，4—5 月份，钢材大幅涨价，能否企稳还有待观察，但总体来看，商品价格下跌的拐点似乎还没有真正到来。

另一方面，与供过于求、商品销售困难并存的是，我国金融系统中居民储蓄却以每年几千亿至上万亿元的速度增长，尽管人民银行已经第 7 次降低了存款利率，并开征 20％的利息税，但这些措施也只是使储蓄增长的幅度有所放缓而已。2000 年 5 月末，我国城乡居民储蓄存款余额高达 62195 亿元，这还没包括 300 多亿美元的外币存款和数额巨大的居民手持现金。另一方面，呆账烂账的顾虑使商业银行在信贷上越来越谨小慎微，致使银行出现大面积存款大于贷款的"存差"，资金市场也已经出现买方市场。

由于两年前的亚洲金融危机，导致我国出口贸易增长受阻，出口对经

---

* 原载于《发展研究》2000 年第 8 期。

济的拉动效能减弱，直到 1999 年下半年，出口困难的局面才有所好转。金融危机还导致我国直接利用外资的合同金额和实际到资额都有所下降，更增加了当前的经济困难。

由于市场的不景气，投资者对投资效益的预期降低，各种所有制的投资者都对投资抱观望态度。尽管政府为刺激经济，采取了力度较大的基础设施投资措施，政府投资对经济启动起了一定的作用，但企业扩大生产和技术改造的投资至今仍呈下降趋势。

投资不足，消费不足，出口不旺，供过于求，商品滞销，就业困难。不尽快改变当前的经济疲软趋势，我国经济将陷入被动局面，将导致一系列影响社会稳定的因素出现。

二、关于通货膨胀

改革开放以来，我们长期没有走出通货膨胀与治理整顿的怪圈。计划经济体制下的投资饥渴症和投资体制的软约束，使得低层次的重复建设不断出现。每当经济高潮来临，难以抑制的重复建设就一拥而上，各级政府、各个企业都热衷于上项目，投资规模迅速膨胀，过热的投资引发过热的资金投放，通货膨胀随之而来，紧接着的以行政措施为主的宏观调控就不可避免。我国的经济周期也就在"经济过热—通货膨胀—宏观调控—经济冷却"的起伏曲线中运行。

过高的通货膨胀率是社会经济发展的障碍，世界各国政府都把治理通货膨胀作为经济宏观调控的目标之一。

计划经济体制下投资饥渴症的顽固性，以及这一体制下利率调控的非敏感性，使得通货膨胀的治理显得特别困难。我国不得不使用诸如信贷额度管制、基建规模管制等强制性的行政措施，并要各级政府和银行官员提着官帽子来执行。不论 1989 年的"急刹车"，还是前几年的"软着陆"，都主要是靠强制性的行政命令来实施的，利率、税率等财政金融手段相对而言还只是行政命令的辅助。

多次反复的经济过热和通货膨胀，多次的通货膨胀治理，使我国经济管理者对调控通货膨胀的时期和力度，有了较为丰富的经验积累。近几年的"软着陆"是在维持经济高速增长的前提下逐步实现的，与"急刹车"

相比，它对延长经济周期的正向曲线方面起了十分重要的作用。我国自1995年以来之所以还能维持较高的、虽然是逐级下落的经济增长率，是与成功的"软着陆"政策分不开的。

三、关于通货紧缩

虽然目前还不能做出我国已发生通货紧缩的断言，但通货紧缩的部分特征已经呈现。而当前我国的通货紧缩征兆，是计划经济体制向市场经济体制转轨过程的特有现象。

20世纪90年代初社会主义市场经济的口号和目标还没有提出，计划经济的成分还较大，国家借助直接的计划调节来左右经济的手段还有较大的作用。1992年之后我国经济上了一个新台阶，各种非国有的经济成分有了较大的发展，国有企业在整个经济中的比重下降了，国家直接的计划调节逐渐为间接调节所取代，除基础设施建设外，国家不再投资一般的竞争性生产性项目。因而，国家直接调节市场供求关系的能力减弱了，这也使当前的经济启动显得特别困难。

经济的持续增长并不主要是和居民的支付能力相矛盾，而更主要是和居民的消费意愿相矛盾。

在市场经济下，老百姓要考虑住房、教育、医疗、养老、失业等具体问题，而在经济体制转轨阶段，社会还没有建立较为成熟的保障制度，对未来的不确定的预期，使得人们不断地推迟消费，从有限的收入中不断抽出一部分钱积存起来，而风险较小的银行储蓄就成了老百姓存钱的主要去处。现在的中国人不可能像西方人那样提前消费，甚至不可能从手到口，挣多少、花多少，这是导致当前有效需求不足的重要原因之一。

再则，收入增长缓慢也是需求不足的重要因素，我国公务员和事业单位人员的工资水平依然较低，国有企业的工资水平也明显低于其他体制的企业。尤其是农村，近两三年农民收入增长的速度减缓，农产品价格的跌落使得增产不增收成了普遍现象，给农村市场的开拓增加了难度。

从经济学的角度，从政府管理者的角度，解决供过于求的难度，实际上不会比解决供不应求的难度小，动员老百姓把钱掏出来给自己买东西，不是一件容易的事情。

　　与此同时，我国的政策体系也还没有转到刺激消费、刺激需求上来。至今还有许多限制消费的政策在施行之中。例如，国家希望刺激住宅消费，而对住宅建设和交易却有许许多多的收费和限制，尽管中央已经一再提出要取消和减负，但几十个印子、几十道关卡、几十种收费的现象至今在许多地区仍没有明显的改变。又如，国家希望推动轿车、摩托车进入家庭，而加在轿车、摩托车及其牌照上的多种费用、交警部门对驾驶执照领取方面的诸多规定等，都阻碍了消费的增长。

　　当前的供过于求，从供给的角度看，商品过剩有一定结构性。中低档次的商品，技术含量低的商品，重复生产往往较为严重，生产能力过剩也较为严重。生活消费品等大路货竞争激烈，低档品越降价越卖不掉、而花色新颖的、高质量的、高性能的商品依然为市场所宠爱，名牌产品依然占据着市场。

　　随着社会主义市场经济体制框架的逐步形成，生产者的生产积极性在"看不见的手"的推动下充分调动了起来，来自不同渠道的投资向所有能赚钱的生产经营领域涌去。但绝大部分生产者，包括国有中小型企业、乡镇企业、个体私营企业和规模较小的股份制企业，也包括国外、境外来投资的小资本，由于资金有限，技术水平有限，因而往往涌向那些投资门槛较低、产品技术含量较低的行业和部门，往往什么好挣钱，什么好生产，大家都一拥而上，生产出来的往往是档次相近的商品。因而，相对于低投资、低技术、低档次的产品，业内过度竞争和恶性竞争经常发生。低层次重复建设和区域经济结构趋同已经是多年来困扰我国经济发展的两个老问题。

　　由于资金的限制，更由于技术水平的限制，我国中小企业的技术创新能力不足，新产品开发能力不足，不善于更新产品，有些产品的市场至今还被进口商品占领。我国相当一部分企业满足于引进国外的机器设备，用引进的先进设备生产产品，于是低层次重复生产又表现为同类设备的大量重复引进，造成同一层次的生产能力过剩、形成同一层次商品的供过于求。随着国外新设备的不断开发，现在已经出现淘汰旧进口设备再引进新进口设备的状况，我们的企业在生产设备采购上很有被人家牵着鼻子走的危险。在相当一部分工业原料领域、生产设备领域、高新技术产品领域，我国的生产状况还远不能满足经济发展的需求，有的产品甚至还不会制造。逐步开拓这些生产领域，替代进口，是从供给角度解决供过于求矛盾的一项长期艰巨的任务。

因此，在当前应当采取的扩大内需的对策中，除了刺激消费、拓展市场等必要措施外，还应当包括从生产方面调整供给结构的对策。重视科学技术和鼓励创新是调整供给结构的根本措施。

四、关于当前对策的若干思考

1. 通货膨胀率与失业率，是宏观经济调控的两个对象。应当说，二者孰轻孰重，在不同的情况下有不同的选择，从社会稳定的角度考虑，失业的痛苦是由社会的少数成员承担的，因而造成的社会不平衡远大于通货膨胀，降低失业率也必然为我国当前宏观调控的主要目标。

2. 以投资刺激经济是世界各国在经济疲软时大都采用的政策，一年多来，我国扩大基础设施建设投资的做法是成功的，其扩大内需的效应将逐渐显露出来，投入与效应的时滞大约为一年。问题在于，投入的资金是否完成了有质量保证的工程，所选的项目现在、将来是否有经济效益和社会效益，所投的资金是否被挪为他用。当前投资刺激的政策应继续维持，除增加对企业技改的投入外，还可以考虑投入学校、医院、科研设施、市政建设等公用事业。

3. 为刺激经济，扩大内需，抑制物价下降，是否应加大货币投放的力度，甚至不惜制造一些低度通货膨胀。有的情况下，矫枉必须过正，不过正难以矫枉。扩大货币投放，包括投资，包括加工资，也可以考虑建设各类公用事业。只要符合社会发展的需要，钱总可以找到恰当的用处。

4. 要把发展经济的工作重点转移到科教兴国的战略上来。在经济发展的初始阶段，靠增加劳动力，增加设备，增加投资，靠调动社会各方面发展生产的积极性，靠企业家的敢拼敢闯，可以较快地增加产品的数量，增加供给。这一时期的特点表现为同种产品的生产厂家数量空前增加。但要使社会需求水平不断提高并得到不同层次的全面满足，就要调整社会的供给结构，企业就要不断创新，不断开发新产品，靠提高产品的层次来扩大社会的需求。在执行出口导向战略的同时，要积极完成进口替代，实现产业升级，逐步满足社会对生活资料和生产资料的需求。这就必须依靠科学技术，依靠人才。

5. 由于我国的市场经济体系有待发展，降低利息对经济的刺激效果并不显著。在金融手段之外，是否应考虑财政手段。减税是当前可以考虑的措施。提高出口商品的退税率是一种减税，在不改变现行税制的前提下，是否可以把减"费"作为刺激经济的重要手段，减轻农民负担实际上也是减"费"。当前各地的税外费千差万别，各行其是，个别地区和企业甚至反映费大于税。对全国的"费"可否作一次统一的清理，为了启动经济，应不惜砸掉一些部门的利益，把乱收费纳入法律治理范围，严惩不贷。

6. 我国经济条件已发生变化，在实行扩大内需政策的同时，国家及各省、市、地方的政策体系要作一番仔细的清理。一切以当前的经济需要为转移，该取消的文件要取消，该修改的规定要修改。

换个角度思考扩大内需问题*

当前人们已就扩大社会需求进行了广泛的探讨，如开拓国内市场、完善市场体系、扩大商品营销、拓展农村市场、增加消费信贷、健全社会保障体系以消除消费者对消费预期的顾虑等，这些探讨无疑是有益的和必要的。但我以为，可以换一个角度来思考扩大内需问题，从社会供给的角度来探讨供给结构不良对社会需求造成的影响，研究现有供给结构的不合理性，以及如何通过调整供给结构来增加社会需求。

仔细分析，我们会发现市场上存在的商品供过于求，并不是普遍的、全面的，我国仍然有许多商品不能自给，甚至不会生产，需要从国外大量进口，如计算机的处理器和存储芯片、移动通信的相关设备、大型客货飞机、高档服装面料、洗涤剂原料、部分新药品、彩色胶卷等，更不用说企业里大量采用的成套机器设备。即使是同一种商品，不同档次、不同品种、不同花色的情况也不尽相同。例如，现在全国钢材生产过剩，决定整个钢铁行业要压产10％，但在众多的钢材品种中，积压最多的是普通建筑钢材，而薄钢板、宽带等依然好销，有的钢材品种至今还要靠进口；水泥也是严重产大于销的产品，生产能力过剩的主要是425♯立窑小水泥，525♯旋窑大水泥及其他高规格水泥市场上仍然好销。我国现在仍在大量进口制作服装的纺织面料，我国生产的低档纺织面料却大量积压，纺织行业正在压锭。农产品的供给结构中也有类似的情况，近两年福建尤其是闽北、闽中山区的橘子卖不掉，收购价一度落到每斤一角钱以下，以至于农民都不愿意去采摘；而同一时期，福建闽清县的橄榄、平和县的柚子、诏安县的青梅、莆田市的枇杷等水果，尽管价格有所回落，却依然旺销，果农也有

---

* 原载于《福建改革》1999 年第 7 期。

较好的收入。闽北、闽中橘子卖不掉原因在于几年前号召"人均一亩果"，闽北、闽中把这个口号大部分落实到最容易种的橘子上去了，橘子的供给超过了社会的需求，加工又没跟上，一部分橘子烂在山上，最终不得不砍掉一些橘子树。

社会的生产和消费是统一的、相互促进的。消费固然是社会生产发展的先导，它为生产提供动机和目的，也为生产创造主观的条件，并对生产的效果起检验作用。但生产的发展毕竟是人类经济活动的起点，生产的发展是满足消费需要的前提，因此，是生产决定消费，生产是二者关系中居于支配地位的要素。只有生产出能满足社会需要的产品，才能把社会的需求更大程度地调动起来。前几年我们还无法想象移动通信有多大的社会需求，一旦 BP 机走上市场，手提电话走上市场，其消费增长率雄踞我国商品销售增长率之首。VCD 推出市场，短短三四年时间年销售就超过 2000 万台，VCD 生产的低技术门槛和蜂拥而上的 VCD 厂家造成了 VCD 生产的严重过剩。

剖析我国当前市场的供过于求，主要是技术含量较低的产品供过于求，中低档产品供过于求。随着社会主义市场经济体制框架的逐步形成，生产者的生产积极性在"看不见的手"的推动下充分调动了起来，来自不同渠道的投资向所有能赚钱的生产经营领域拥去。但绝大部分生产者，包括国有中小型企业，乡镇企业，个体私营企业和规模较小的股份制企业，也包括国外、境外来投资的小资本，由于资金有限，技术水平有限，因而往往拥向那些投资门槛较低、产品技术含量较低的劳动密集型的行业和部门，往往什么好挣钱，什么好生产，大家都一拥而上，拿出来的往往是档次相近的商品。通常，每个领域的先行者常常还能捞一把，先占领市场的有更多立足的机会，后来跟上的就要饱尝价格竞争的苦果，看到人家赚了钱才跟进的则赔本居多。因而，相对于低投资、低技术、低档次的产品，业内过度竞争和恶性竞争经常发生。

综观我国的企业结构，凡是供过于求的产品，生产同一个产品的厂家数量往往居世界首位，往往此地能生产，彼地也跟上来，好走的路大家都往上挤，低层次重复建设和区域经济结构趋同已经是多年来困扰我国经济发展的两个老问题。

另一方面，由于资金和技术水平的限制，我国中小企业的技术创新能力不足，新产品开发能力不足，不善于更新产品。相当一部分企业满足于引进国外的机器设备，使用先进设备生产产品，于是低层次重复生产又表现为同类设备的大量重复引进，造成同一层次的生产能力过剩，形成同一层次商品的供过于求。随着国外新设备的开发和更新，现在已经出现淘汰旧进口设备再引进新进口设备的状况。我们的企业总不能老躺在进口设备上，总不能老被人家牵着鼻子走。

在当前应当采取的扩大内需的对策中，除了刺激消费、拓展市场等必要措施外，还应当包括从生产方面调整供给结构的对策。

第一，要把发展经济的工作重点真正转移到科教兴国的战略上来。

改革开放以来，福建靠地处沿海和毗邻台、港、澳的区位优势，靠拥有海外华裔乡亲的优势，劳动密集型产业的高速发展走在全国的前列。这些优势固然在下世纪初还能继续发挥作用，劳动密集型产业在相当一段时间内（至少十年）还有强盛的生命力，但这一生命力终究将随着人们收入水平的提高而逐渐减弱。经济起飞的初始阶段的特点表现为同种产品的生产都空前增长，烟囱林立，企业遍地开花。但要提升生产层次，使社会需求水平不断提高并得到不同层次的全面满足，起决定意义的是科学技术的竞争力。是企业的创新能力，是善于开发产品和开拓市场的人才。

企业是市场经济的主体，生产力水平的提高最终必须体现在企业中。在美国，70％以上的硕士、博士在企业服务或自己创办企业，而据福建人事部门的最新统计，高层次人才的 41.4％ 集中在教育系统；30.5％ 集中在政府机关和事业单位；而企业所占的比重只有 28.1％。人才的配置说明福建的科技进步没有充分落实在企业上、落实在生产第一线。福建应当促进企业尤其是大型企业配备更多的人才，建立更多的企业研究机构和开发机构。要改变当前福建科研成果主要出自高校和科研机构的现象，支持企业多出科研成果，多出新产品。只有企业能提高科研和创新的能力，才能不断开发出引导社会需求的新产品，生产和消费才能得到良性的互动和发展。

近来许多经济工作者都在谈论调整福建的经济结构，其实，比调整更重要的含义是产业升级。高科技产业应当成为福建产业升级的方向。20 世纪后期，发达国家的经济增长主要依靠的不是实物形态的商品型经济，而是知识密集的服务型经济。在生产线上从事劳动的"蓝领工人"，20 世纪中叶还占从业人数的 40％ 以上，现在已降到 15％ 左右。科学家、技术人员、软件设计师、企业管理者、市场营销专家、金融财务专家、策划咨询专家等在社会财富的创造中具有日益重要的作用，他们自身也日益成为高收入的"知识富翁"，一个被称为"知识经济"的时代特征在发达国家正日益显现出来。信息产业的突飞猛进，因特网的发展，电子商务的普及，生物、原材料、能源、航天、海洋等各类新技术的不断涌现，已经大大改变了经济生活的面貌，改变了当今世界的经济结构。

我并不认为 21 世纪初福建马上就要走进"知识经济"时代，在物质产品经济的发展进程中，福建也还有许多任务没有完成，福建现在仍然处在"工业化"的过程之中，从传统经济向工业化经济过渡仍然是当前福建经济发展的主要使命。但是，如果我们不把高科技产业作为产业升级的方向，不迅速接受国内外高科技产业已经取得的成果，我们也将落后于时代的要求，福建经济的持续成长也将缺少后劲。

高科技在经济增长中的作用，主要应落实在技、工、贸一体化的高科技企业中。这些企业必须人才富集，高学历科技人员占较大比重，具有靠智力开发高新技术产品和软件的创新能力，同时还具有雄厚的研发资金。在这些企业提供的商品和服务中，高技术的脑力劳动创造的价值占据越来越大的份额。高科技企业具有较大的风险性，一旦成功，又具有较强的成长性。着眼于 21 世纪的发展，福建应当创办更多的高科技企业，应当生成几个或十几个百亿集团，使之成为福建经济的新增长点，使之带动福建乃至全国的需求向更高的层次发展。

第二，要特别重视新技术的引进、消化、推广、应用。

作为发展中国家，我们要特别注意新科技成果的推广应用。当然，中国要赶超世界的先进水平，基础理论研究和应用理论研究具有十分重要的意义，我国必须有一支攀登世界高峰的创新队伍，必须集中一批顶尖的科研人才来攻关。可以说福建在攀登世界高峰方面并没有领先的优势，福建能进入这支国家级"登山队"的团组并不多。因此，对于一个地方省份而言，更多的使命是应用技术的开发和推广，是国内外先进技术的引进、消化和吸收，是在消化的基础上创新并赶上世界的先进水平。这一使命，主要不是在高等学校和科研院所的试验室里完成的，而是在工厂、在车间、在耕地上、在畜牧场和养殖场里完成的，是通过新产品的不断开发，并通过企业的营销活动取得市场的承认，最终体现在国内外市场的占有上的。

现在国内外的先进技术很多，有专利，有诀窍，有各种种植、养殖的新种苗，只要大家都能提高追求科技进步的意识，许多新东西可以推广使用，专利和诀窍可以购买，新种苗可以因地制宜地引育、引种，过期的专利有的甚至可以无偿使用。发展中国家不见得每一种技术都自己从头研究起，不见得每一个企业都要自己完成产品开发的各项工作，重要的是消除国内外科研成果、技术成果转化为生产力的障碍，是加大消化吸收的力度为大规模采用新技术、新工艺创造良好的氛围和条件，"拿来主义"在相当一段时期还是值得倡导的好办法。

推广应用也要有投入，有的靠政府投，更多的是企业投，农业技术的推广要充分调动种植业、养殖业的大户的积极性。

第三，要重视发展生产资料的生产。

我国特别是一部分沿海省市，改革开放以来的发展主要靠从事以轻纺工业为代表的消费资料的生产，走的基本上是买进口设备、用中西部劳工的发展路子。生产资料的大量重复引进，说明消费资料生产的发展已经对生产资料生产提出了要求，适度发展机器设备的生产，尤其是沿海自身所需要的生产设备的生产，已成为当前经济发展的一项使命，已成为社会供给的一项要求。因此，在大量进口甚至是大量重复进口生产设备的同时，福建必须逐步消化这些设备，至少从零配件做起，从易制作的部件做起，逐步创造出能武装本省劳动密集型企业进而能走向全国的机械生产能力，在未来这些产业向内地转移、向中西部转移中，福建要争取到一份设备市场。

出口导向是福建生产发展的重要方向，但进口替代也应当成为值得注意的方向。为此，福建的工业必须适度重型化。

我们正在努力跨越"陷阱"*

1978 年底十一届三中全会拨正航向至今，我们走过了举世瞩目的 35 年，中国跃升为世界第二大经济体，2012 年底人均 GDP 超过 6000 美元。经济的高速增长带动近几年普通工人的工资迅速提升，五年前，东部沿海普通非熟练工人月薪 800 元左右，按当时汇率约折合 100 美元，如今 2000 多元未必请得到工人，加上新《劳动法》规定的养老医疗等社会保障，约合 400 美元。熟练技术工人月薪几千甚至上万元的情况已不罕见，令普通白领羡慕不已。"用工荒"原来只存在于东部经济较发达地区，现在正向中、西部地区蔓延，劳动力供求关系的所谓"刘易斯拐点"已经不期而遇。聘不到人，雇主们只好学会"以人为本"，采用各种福利措施留人，而劳动者"用脚投票"又将进一步推动工资水平提升。尽管今年存在近 700 万大学毕业生就业难，其实那是结构性就业问题，大学生既填不进普通工人的缺口，更填不进熟练技工的缺口。中国的人口红利正在逐渐消失，无怪乎越来越多的人开始质疑独生子女政策。一个国家、一个民族，实施独生子女政策决不应当超过两代人，否则将后患无穷。

30 多年来，中国以工资低为优势，拉动劳动密集型产业快速发展，吸引了全球各大公司来中国办工厂，廉价的"made in china"占领了世界市场。今天，在中国人渐渐富起来的同时，工资低廉的优势正在丧失。现在南亚、东南亚地区的大部分国家工资都比中国低，印度、巴基斯坦、印度尼西亚、越南的工资只有中国的一半左右，孟加拉、缅甸、柬埔寨则更低，还有非洲国家。这些国家人口总和远超中国，他们生产劳动密集型产品的优势已经显现，孟加拉已经成为仅次于中国的服装加工大国，而越南

---

* 本文发布于 2013 年 8 月昆明"全国马克思列宁主义经济学说史学会第十四次学术研讨会"。

正大量承接中国的鞋业。2008 年国际金融危机以来，我国外贸形势严峻，人们把下滑的原因归咎于人民币升值，归咎于原材料涨价，归咎于发达国家经济危机导致钱包捂紧、订单减少，其实这些原因之上更为本质的因素是中国工资成本上升，订单不断被比我们工资低的发展中国家接手。出口企业面对外商压价，接单则亏，不接又没活干。与此同时，一些外资也基于工资成本而从中国撤离。前几年美国名牌耐克鞋 80％以上在中国生产，如今越南生产的耐克鞋产量已经超过中国。德国名牌阿迪达斯关闭了苏州工厂出走东南亚。我国利用外资正呈缩减态势。

工资上涨、收入提升无疑是好事，中国从低收入迈进中等收入，同时也面临所有国家经济发展进程中必然要面临的不可回避的阶段，即所谓"中等收入陷阱"。

中等收入陷阱的概念由世界银行 2006 年的《东亚经济发展报告》首次提出，指一个经济体人均 GDP 达到 3000～10000 美元，由于不能顺利实现发展战略和发展方式转变，导致新的增长动力不足，经济停滞，发展中积聚的问题爆发，出现贫富分化加剧、产业升级艰难、城市化进程受阻、社会矛盾凸显等。拉美、东南亚一些国家早已经跨过人均 3000 美元的坎儿，成为中等收入国家，之后却陆续掉进了"陷阱"，经过二三十年的努力，有的国家甚至四五十年，几经反复，一直没能跨过人均 1 万美元的门槛，至今仍未进入高收入国家行列。日本和韩国是较快跨越中等收入陷阱的典型。日本人均国内生产总值 1972 年时接近 3000 美元，到 1984 年突破 1 万美元。韩国 1987 年超过 3000 美元，1995 年达到 11469 美元。从中等收入国家跨入高收入国家，日本用了大约 12 年时间，韩国则用了 8 年。

《人民论坛》杂志社 2011 年采访了 50 位专家，调查了 6575 位网友，得出了以下结论：陷入"中等收入陷阱"国家的主要表现有经济增长回落或长期停滞、严重的贫富分化、过度城市化、增长转型困局、腐败问题突出、社会冲突加剧、金融体系脆弱、民主乱象等[①]。

中国 2008 年人均 GDP 突破 3000 美元大关，达到 3266 美元，虽然当时转变经济发展方式已经作为发展战略提出，虽然贫富差距拉大已经引起人们的广泛关注，但中国经济的增长势头依然不减，面对国际金融危机的

---

① 《人民论坛》2011 年 7 月（上），总第 295 期。

冲击，依然保持快速发展。明显的增速回落出现在跨过 6000 美元大关后的 2013 年，企业大面积出现景气回落、利润下滑、订单减少、产品库存增加、亏损面增加、转型压力加大。尽管可以罗列出经济回落的种种原因，但最重要的是，2008 年至 2013 年正是中国工人工资增长最快的五年，正是中国劳动力供求关系明显转折的五年。

中国已经面临"中等收入陷阱"，跨越陷阱是今后几年的艰巨使命。而且，中国面临的陷阱除了与拉美、东南亚国家相似之处外，还有中国自己的特色，表现在以下方面：

1. 房地产泡沫

中国尚未成为发达国家，而房价却已高企，特别是一线、二线城市。房价与收入比过于悬殊，早为国人所诟病，甚至于指责推高房价的"丈母娘"。但如果所有房子都住上人，那也无可厚非，需求所致。事实上很多房子不是买来住的，而是用于投资。这几年炒股票的人大都亏了，怨声载道；炒房子的大都赚了，弹冠相庆。中国有多少空置房，谁也说不清，于是有人晚上去数灯光，有人去查电表、水表。据报道，国家电网公司在全国 660 个城市的调查显示，有高达 6540 万套住宅电表连续 6 个月读数为零，这些空置房足以供 2 亿人居住①。姑且不去查实本数据是否可靠，中国空置房大量存在却是不争的事实，这可是实实在在的房地产泡沫。房地产泡沫是中国经济的潜伏危机，20 世纪 90 年代初日本房地产泡沫破灭造成十几年经济停滞，便是前车可鉴。国家如果真想打压房地产投机，办法其实也简单：全国房子实名联网，二套房征轻税，三套以上征重税，一棍子就打死了。可泡沫刺破、房价打下去，银行怎么办？地方财政怎么办？钢铁、水泥、装修、家具一大串产业链怎么办？政府下猛药其实顾虑重重，尤其是在经济不景气的今天，无异于投鼠忌器啊！房地产软着陆是中国跨越陷阱的一道两难的难题。

2. 金融泡沫

中国钱多，多到不知道怎么用好这些钱。2013 年 6 月，银行存款余额 100.91 万亿元，其中个人储蓄 44.17 万亿元，人均 3.3 万元。2013 年 3 月，中国有 3.44 万亿美元外汇储备，其中 1.3 万亿美元是美国国债。这些

---

① 《北京晨报》2010 年 7 月 8 日。

钱反映了中国的高储蓄率，与此并存的是老百姓的低消费率。

银行存款余额，20%是准备金，80%是贷款。钱贷到哪里去，有多少进入实体经济，多少体现出赚钱效应？又有多少进了房地产？这是银行应当检讨的课题。银行热衷于理财，如果钱没有进入实体创造价值，实际上创造的是金融泡沫。

中国大量贷款投入基础设施建设，但基础设施也并非多多益善。全国修那么多高速公路，有的修了没多少车跑，扣除收费站费用和维护费用，连贷款利息都还不起，用造价低得多的普通公路来替代也许经济效益更好。高铁也有些路段几乎看不到投资回收期，该不该修、什么时候修？值得认真论证。是不是每个城市都要修地铁？用轻轨或悬挂车厢是否更经济？这些问题都是地方政府和贷款银行必须要认真研究的，必须要算投入产出比，否则贷出去的钱回不来，亏的还是国家和人民。

居民储蓄多，对国家对银行都是好事，但也需要提防，这是只笼中的老虎，跳出来是要咬人的。2013年6月银行闹钱荒，我出了一身冷汗，难以想象万一出现挤兑会是什么样的后果。44万亿元个人储蓄，人均3.3万元，到底怎么分布？西部和农村不少人是被平均的，有人说总体是二八结构，即20%的人拥有80%的钱，也有人说是三七结构。总之，多数人储蓄少，没有能力消费；少数人钱多，该有的消费都已经有了，不想消费。再加上社会保障制度不够健全给多数居民带来消费的顾虑，中国居民消费率远低于发达国家，甚至低于"金砖国家"的巴西、印度。中国钱多并没有成为拉动经济增长的动力，引导居民消费还是一项十分艰巨的任务，像浙江江山中学那样组织学生把钱花到美国去办夏令营，岂不是咄咄怪事！

3万多亿美元外汇储备如何用好？今天这或许还不是每个中国人都关心的问题。但这笔钱也是全中国老百姓的钱，它是一双双出口鞋子、一件件出口衣服积累起来的。我总觉得中国人借钱给美国人花不是滋味，也关注中投公司这几年在黑石、摩根斯坦利交了多少学费。巨额的外汇储备如何保值，如何不让这笔钱成为泡沫，如何用好这笔钱为跨越中等收入陷阱服务？只能寄厚望于"掌门人"。

中国钱多，但都集中在大银行，中小微企业贷款难已经是议了多年而始终解决不好的难题。纵观发达国家，中小企业贷款是由中小银行来做的，中国缺了这么一大层民营的中小金融机构。与此同时，民间却有庞大的地下钱庄、民间借贷，非法的民间金融在支持民营小企业渡过难关曾起过重要作用，但处于监管之外的民间借贷也不时带来令人烦恼的社会问题。民间金融没有进入国家监督和统计的视野，其实中国第三产业 GDP 少算了一大块。能否让地下金融浮上地面，能否"招安"民间金融？这事关经济发展大局。中央提出让民间资本进入金融领域，以温州做试点，试了一年多好像还没有试出什么经验来。民营中小金融的政策有如"玻璃门"，说是都允许，误闯进来会碰得鼻青脸肿。人民银行、银监会只有彻底解放思想，放宽准入，实行低门槛、严监管，中国才有可能形成数以万计的中小银行、村镇银行、信用社等民营金融机构，才有可能为广大中小微企业以及农户、个体户提供金融服务，中国的市场经济才有可能健全起来。

3. 地方财政泡沫

据国家审计署对 36 个省级、市（区）级的本级政府性债务审计，2012 年底政府债务余额 38475.81 亿元，① 其中省级 18 个，占比一半以上，市区级 18 个，占比很低，县级、乡镇级未包含在本报告中。全国地方政府债务总额究竟有多大，没人说得清，穆迪评估达 12.1 万亿。政府债务主要是地方债券和银行贷款。地方政府负债缘于财政体制，中央财政拿走大头，省级还好过，市级次之，县乡则十分困难，卖地是地方政府填补缺口的主要来源。地方政府没钱，但又想做事，想建设，以致近几年债务呈攀升态势。现在地方政府不断借新债还旧债，泡沫越滚越大，迟早可能引爆地雷。

4. 城市化泡沫

2012 年末中国城镇化率达 52.6%，相对于 1978 年的 18% 可谓天翻地覆。但是进入城镇的 2.6 亿外来务工者，还没有成为真正意义上的城镇居民。他们中的绝大多数人身份还是农民，一方面，他们还不能完全融入城市，不能享受城市居民可以享受的种种福利；另一方面，他们家里还有承包的土地，还有房子，还把农村视为自己的归宿。每年春节前后的"春运"和"民工潮"被外国人称为世界奇观。我们在城市见到的外来务工者大多是青年人和中年人，四五十岁的大都选择回乡，能留在城市养老的少

① 《审计结果公告》，中华人民共和国审计署 2013 年第 24 号。

之又少，农民工不能在城市待到退休客观上加剧了用工荒。这 2 亿多外来务工者"被城镇化"，是中国城镇化的虚假成分，是城镇化的泡沫。中央最近强调人的城镇化就是要解决这个问题。

5. 产能泡沫

中国部分产品产能过剩早已是众所周知。例如钢铁，生产能力已经超过 9 亿吨，一般认为过剩 2 亿吨，但各地追逐 GDP 的热情总在推动重复建设。大家都忘不了中共湛江市委书记亲吻钢铁项目批文的情景，可拿下这个项目湛江未必就有好日子过。君不见唐山曹妃甸，新上马的首钢千万吨钢铁项目至今依然亏损，二期只好遥遥无期地推迟。在国家发改委产能过剩的清单上，摆在钢铁之后的是水泥、煤化工、风机设备、多晶硅、平板玻璃等一长串产品，而不少过剩产品的项目依然在各级政府的规划、报批之中。低水平重复建设纠正起来为什么就那么难？

上述五个特点，无疑加大了中国跨越中等收入陷阱的难度，我们既要应对所有发展中国家都必须面对的经济增长带来的土地、资源、能源、劳动力等要素成本上升、投入边际效益递减、发展比较优势弱化，原有增长机制失灵、社会失序、心理失衡等问题，还需要控制上述泡沫可能带来的风险，尤其是房地产泡沫。

跨越陷阱，是一项系统工程，必须统筹兼顾，渐进推动，不能硬着陆，只能软着陆，许多问题都要在发展中逐步解决。人均 1 万美元这个坎儿，估计 2020 年之前可以跨过。考虑到当今世界经济发展态势和美元贬值的因素，中国要到人均年收入 1.5 万～2 万美元才好认定为已经从中等收入国家跨入高收入国家。也就是说，跨越陷阱我们也许必须努力到 2030 年。

未来发展万绪千头，许多对策都已经出台，但最重要的莫过于创新。一部分传统的劳动密集型产业可能逐渐淡出中国，一些低水平、低技术的产业可能被淘汰，旧的退出了，新的怎么进来？科学技术创新是吐旧纳新的关键。中国要有自己的核心技术，要有自己的专利，要有自主知识产权。美国靠页岩气开发实现了能源自给，我们如何尽快掌握页岩气开发技术，掌握可燃冰利用技术，闯出中国的能源之路？如何尽快攻克大容量电池的难关，开创新能源汽车替代汽油车、柴油车之路？如何攻克 LED 白光效率和发热的难关，实现电光源革命？如何在石墨烯、量子通信、IPV6

第二代互联网等等新科技领域拿出中国人的新成果？科技和人才，是跨越陷阱最有力的武器。

创新，还在于机制和体制创新。前面谈到的数以万计的中小金融机构就是一种体制创新。30多年前小平同志带领我们进行了多少创新：联产承包、恢复高考、特区、股票、市场经济等，今天，我们也一定会创出一条创新的路子。

经过35年改革开放，我国综合国力已大大增强，抗风险能力已大大提高，发展的回旋余地大大拓宽，我们的党也具备了更强的执政能力。相信在习近平同志为总书记的党中央领导下，中国有能力逐步攻克摆在我们面前的一道道难关，跨越中等收入陷阱，跻身高收入国家行列，进而实现中华民族伟大复兴的梦想。

中国：迈向制造业强国[*]

制造业是工业的主要组成部分。国民经济统计中，第二产业包括工业和建筑业，工业又包括制造业和采掘业，制造业是工业的主体。世界工业革命从英国开始，现代制造业也从英国发端。1760—1830年，英国占欧洲工业产量增长的2/3。18世纪50年代至19世纪30年代，英国完成了纺织业的机械化，劳动生产率因此提高了几百倍。1860年前后，也就是马克思写作《资本论》第一卷的年代，英国人口仅占全世界人口的2％、欧洲人口的10％，却拥有相当于全球45％、欧洲60％的现代工业生产能力，工业制造业制成品的产量占全球的2/5，生产了全世界纺织品的71％，铁的53％，当时英国被称为"世界工厂"。

19世纪后半叶，美国的工业迅速崛起，1860年，美国工业还居世界第四位，19世纪80年代逐渐赶上英国，第一次世界大战前的1913年，美国工业的产量已经等于英国、法国、德国、日本4个国家的总和，成为全球的制造业中心。第一次、第二次世界大战期间，躲在战火之外的美国乘机加快了制造业的发展，经济实力进一步增强，从而确立了全球经济霸主的地位。

20世纪60年代开始，日本在全球制造业的地位空前上升，继而亚洲"四小龙"也随之崛起。1963—1973年，日本制造业增长了3.18倍，增长速度远远超过了美国和西欧。1953年，美国轿车生产量为612万辆，占全球的75％，日本仅仅生产1万辆。1971年，美国生产850万辆，日本生产372万辆；到了1980年，美国轿车产量为638万辆，日本则高达704万辆，1990年日本轿车产量更高达995万辆，占全球轿车产量的比重接近

---

[*] 本文发布于2004年10月15—18日湘潭大学"中国《资本论》研究会第12次学术研讨会"。

30%，不仅把美国远远甩在背后，并且使美国成为日本轿车的重要市场。①值得注意的是，作为新兴的电子信息产品制造业，日本也曾在 1990 年前后处于领先的地位，当时日本及包括韩国、新加坡、马来西亚和我国台湾地区在内的东亚地区，其电子信息产品制造业的产值约为美国的 1.6 倍。②美国的电子产业一时陷入困境。

但是，20 世纪 90 年代，美国电子信息业出现了突破性增长，信息产业为美国带来了持续十年的经济繁荣。到了 2002 年，美国由硬件制造和软件、服务生产构成的信息产业，总产出规模明显大于东亚地区，占全球信息产业总产出的份领已经超过 40%，处于绝对的控制地位。与此同时，日本经济却出现了十年的停滞不前，在世界经济竞争中渐显落伍。

就在美日争雄的 20 世纪最后 20 年，中国经济在世界众目睽睽之下迅速崛起，中国制造业也在改革开放中走向辉煌。由于发达国家进入"后工业化社会"和"信息时代"，形成了传统制造业生产基地从发达国家向发展中国家转移的历史趋向。中国利用这个历史条件吸收了世界各个发达国家和地区的制造业，迅速发展成为新的世界制造业中心之一。2002 年，中国的外商直接投资超过了美国，成为世界利用外资最多的国家。世纪之交，中国已成为继美国、日本、德国之后的世界排名第四的制造业大国。

2002 年 8 月，长城企业战略研究所公布了《科技创新与中国制造》研究报告，报告指出，我国已经跻身世界制造业大国。其中，我国集装箱制造业占世界总产量比重高达 80% 以上；拖拉机制造业占世界总产量的比重高达 80% 以上；纺织品制造业占世界总产量的比重高达 70% 以上；房间空调器占世界总产量的比重为 60%；显示器占世界总产量的比重为 42%；彩电占世界总产量的比重为 29%；电话机占世界总产量的比重为 50%；洗衣机占世界总产量的比重为 25%；微波炉占世界总产量的比重为 51%，电冰箱占世界总产量的比重为 16%。目前我国已有钢材、水泥、玻璃、家电、鞋帽、服装等 100 多种制造业产品的产量名列"世界第一"。中国已经形成长江三角洲、珠江三角洲、环渤海湾三大世界级制造业密集区，三大经济区在全国制造业总产值比重达到 66%，出口额比重超过 85%。改革开放以

---

① 中华人民共和国国家统计局：《国际统计年鉴 1995》，中国统计出版社，1996 年，第 275 页。
② 《2002 World Eoonomy Outlook》Ch. 3。

来，中国制造业的增长速度全球最快。标有"Made in China"（中国制造）的许多商品，如今已经走进美国、日本及欧洲和大洋洲发达国家的千家万户，并以价廉物美受到广大消费者的青睐。2001年中国加入世贸组织，获得与140多个国家和地区贸易的平等地位和条件，更是为中国制造业的发展带来新的机遇与挑战。

改革开放以来，中国经济持续增长主要依赖于制造业的发展，制造业增加值在国内生产总值中所占的比重基本维持在40％以上，近年来甚至接近50％，财政收入近一半也来自制造业。制造业吸收了接近一半的城市就业人口，农村富余劳动力转移约2亿人，其中近一半流入制造业。中国商品出口的主体是制造业产品，90年代以来，制造业出口所占比重一直维持在80％以上，创造了3/4的外汇收入。[①]

在值得骄傲与自豪的同时，我们又不能不清醒地看到，中国制造业虽然名列世界第4位，但总体规模依然落后。中国出口商品大多数是一些科技含量低、技术水平落后、附加值低的产品，中国制造业仅仅占世界制造业总额不及7％，仅相当于美国的1/5，日本的1/4。在制造业的人均劳动生产率方面，我国更是远远落后于发达国家，仅为美国的1/25，日本的1/26，德国的1/20。

中国制造业虽然有工资成本低的优势，但工资以外的其他成本如材料成本、运输成本、储备成本等都高于发达国家，资源消耗偏高，资金周转偏慢，单位产品的能耗、水耗、材料耗费也高于发达国家，管理效率则低于发达国家。2003年我国经济总量116692亿元，折合1万4千多亿美元，人均1090美元，经济总量占世界经济的比重只有4％左右。但与此同时，我们消耗的主要资源却大大高于这个比重。原油我们消耗了2.52亿吨，占全球7.5％；钢材消费2.71亿吨，占全球消耗量的27％；原煤消耗15.79亿吨，占全球消耗量的34％；水泥消耗8.36亿吨，占全球使用量的40％；氧化铝消耗1168万吨，占世界消耗量的25％；铁矿石占全球消耗的30％。而且，其中原油消耗量的34％、氧化铝和铁矿石消耗量的50％已经依靠进口。由于技术水准低，我国每万元GDP的能耗是日本的9.7倍，是世界平

---

① 国家统计局局长朱之鑫在"2002中国经济增长论坛"上的讲话。

均水平的 3.4 倍。33 种主要产品的单位能耗我国比国际平均水平高出 46％。① 到 2020 年，我国经济总量要实现翻两番的目标，我国制造业如此高消耗地发展，显然中国乃至世界的资源状况都难以承受，中国已经不得不改变粗放型和资源依赖型的发展模式了。

技术工人匮乏是我国制造业存在的一个突出问题。我国有源源不断放下锄头进入工厂的农民，甚至也已经不缺少大学本科和大专毕业生，但却缺少技师和熟练技术工人。在广州，按规划"十五"期间需要技师 10 万人，可实际人数不足 8000 人，其中，高级技师不足 300 人。不少企业感慨，招聘一个技师比招聘一个研究生还难。加拿大一外商独资企业想在山西太原市招聘一名车工，通过报纸刊登招聘广告，然而，两个多月过去了，非但没有招到，甚至连一个报名的人都没有。上海一家企业登报招聘一名模具工，开出 10 万元年薪。正因为缺乏有一定技术能力的技术工人，我国企业产品平均合格率只有 70％，不良产品每年的损失近 2000 亿元。技术工人出现断层在很大程度上成为制约企业技术革新和发展的阻力，也是制造业资源消耗成本居高不下的重要原因。

标准是国际竞争的基本手段和语言，标准是制造业的游戏规则，改革开放以来，我国已将国际标准化组织（ISO）和国际电工委员会（IEC）的 6300 多项国际标准转化为我国的国家标准。这为加快我国各行业的产业升级提供了技术支撑。但是，在目前的 1.6 万项国际标准中，99.8％是由外国人制定的，② 中国企业只能遵守。这意味着在国际贸易中，我国企业只能遵守由外国人制定的标准，按人家的规矩办事，不利于我国企业提升国际竞争力。一些专家指出，如果在国际标准中有五六百项标准是由中国参与制定的，那么中国各行业的国际竞争力将大大提高。中国必须提高制造业的技术水平，创造制定各类标准的能力，中国不能只当世界制造业"游戏规则"的遵守者，而应当逐渐成为"游戏规则"的制定者。

最为致命的是，制造制造业产品的机器设备，我国的生产能力太弱。走进我国的制造业企业，进口设备比比皆是，国产设备寥寥无几。我国全

---

① 周蕾：《网络世界》，2002 年 5 月 15 日。
② 国家标准委主任李忠海 2003 年 9 月在"中国国际标准化与装备制造业发展战略论坛"上的讲话。

社会固定资产中设备投资的 2/3 依赖进口，光纤制造设备、集成电路芯片制造设备，石油化工装备、轿车工业设备、数控机床、纺织机械、胶印设备等，绝大部分被进口产品挤占。我国每年要花费 6000 亿元从国外进口重大设备，中国装备制造业产品每年的外贸逆差高达数百亿美元。而且，许多第一轮进口设备过时淘汰之后，跟着又要买第二轮、第三轮新进口设备。装备制造业是大国的立国之本，中国必须大力振兴装备制造业，装备制造业必须从模仿为主向自主研发转变。

如果说今天中国勉强可以称得上制造业大国，但绝对谈不上是制造业强国。一个制造业强国，应当既是制造业的生产大国，同时又是制造业出口大国，生产和出口总量一般应占世界总量的 10% 以上。更重要的是，制造业强国必须是科技强国，必须是世界的科技中心，具有较高水准的产品开发和技术创新能力，拥有众多的自主知识产权，成为世界的产品研发中心、设计中心、关键设备和零部件生产中心，其生产技术、工艺、品种、质量、产品性能及生产与管理的效率等，都应当在世界上名列前茅。制造业强国还必须是营销强国，必须拥有许多世界级的知名企业和国际著名品牌，拥有一批实力雄厚的跨国公司，在生产和消费领域起着领导世界潮流的作用，在制造业发展的基础上成为"流通业大国""服务业大国"。这些要求，我们现在还没有具备。要实现这些目标除了需要大量熟练的技术工人外，还需要数量众多的科技人才和管理人才，需要让人才在创业的环境和优良的氛围中脱颖而出。

在世界经济竞争日益激烈的情况下，在印度等值得中国关注的竞争对手正在穷起急追的情况下，中国保住制造业大国的地位尚需付出艰巨的努力，走向制造业强国更是征途漫漫。但是，中国要实现民族复兴，要在世界民族之林中和平崛起，又必须依靠制造业的支撑，制造业是中国经济增长的主体和支柱。中国必须成为制造业强国，必须用高新技术改造传统制造业，才能实现自己的现代化目标，才能创造出足够的非农就业机会，最终解决几亿农民脱离农业的进程，也就是工业化、城市化的进程，才能最终解决"三农"问题、城乡差距问题、地区差距问题、贫富差距问题，才能最终成为一个现代化强国。

中国制造业发展任重而道远！

以今人视野回眸先哲庄子[*]

先哲庄子，姓庄名周，字子休，战国时代宋国人，生活年代约为公元前 369 年至公元前 286 年，大约与孟子同时代。庄子是我国历史上著名的哲学家、思想家，他秉承了老子的道家学说，主张"天人合一"，宣扬"无为而治"。他留给后人的著作有《庄子》33 篇，其中"内篇"7 篇、"外篇"15 篇、"杂篇"11 篇，关于"外篇"和"杂篇"有学者认为可能出自庄子弟子之手，真伪难辨。《庄子》一书多以故事寓言来表达他的思想，书中文笔挥洒，超凡脱俗，极具浪漫主义色彩和文学魅力，所以他也常被后人称之为文学家。庄子一生愤世嫉俗，淡泊名利，主张修身养性，清净无为，顺应自然，现实生活中庄子穷困潦倒，曾无米下锅，找监河侯借粮。但他能超越贫困，谢绝楚国邀他出仕，过着深居简出的隐居生活，教一群学生，乐在其中。庄子的思想对后人影响深远，千年之后，唐玄宗追封庄子为"南华真人"，宋徽宗又追封其为"微妙元通真君"。时至 21 世纪，我们还举行盛会来研究这位先哲的思想。

一、庄子哲学的思想要义

庄子是继老子之后道家的代表人物，他主张宇宙与人的关系是"天人合一"，在庄子看来，"天"与"人"是相对立的两个概念，"天"代表着自然，而"人"指的是"人为"，庄子主张顺从"天道"，摒弃"人为"，宣扬"万物齐一""天地与我并生，万物与我为一"。庄子最后把物的产生归于道，以"道"为精，以"道"为本，"主之以太一"，"道"把所有的

---

* 原载于《福建论坛（人文社会科学版）》2009 年第 12 期。

一切都包涵覆盖、通融为一，这种思想本质上是唯心主义的。

庄子认为："无物妄然，必有其理。"世界上没有一件事物的产生是无缘无故的，必有其存在的理由和根据，这与比庄子晚了两千年的西方哲学家黑格尔的名言"凡是合理的都是存在的，凡是存在的都是合理的"哲理有共通之处。庄子的哲学思想有着十分丰富的辩证法，他认为事物存在着矛盾的对立统一："安危相易，祸福相生，缓急相摩，聚散以成"，"天下莫大于秋毫之末，而泰山为小；莫寿于殇子，而彭祖为夭"。他的名言"一尺之棰，日取其半，万世不竭"被江泽民引用到在美国哈佛大学的演讲中，博得满场喝彩。

庄子鼓吹"无为"，主张一切顺应自然。他断言：弓箭、鸟网、机关多了，天上的鸟就要被搅乱；钓饵、渔网、竹篓多了，水底的鱼就要被搅乱；木栅、兽笼、兔网多了，山林里的野兽就要被搅乱。这种思想蕴藏着朴素的自然生态观。至于社会，他认为狡辩、曲辞、诡论多了，人们便会被迷惑，所以天下趋于大乱，罪过莫不在于政客们的喜好智巧，"民知力竭，则以伪继之，日出多伪，士民安取不伪，"庄子的政治主张是"无为而治"。他看不惯当时列国争斗的乱象，屡次拒绝王者征召，宁愿做在泥中摇尾巴的活着的鱼，也不愿做被藏在庙堂上的死了的神龟。

庄子是个无神论者，他认为人死了不存在什么灵魂，"人之生，气之聚也，聚则为生，散则为气""齐生死，一物我"，生死是自然规律，生死齐一，无就是有，有就是无。著名的"鼓盆而歌"故事说的是，庄子的妻子去世了，好朋友惠子前去吊唁，到他家一看，庄子在那儿敲盆唱歌。面对亲人之死，庄子坦然欣慰，认为妻子是解脱。庄子交代他的学生，他死了以后，就用整个天地做大棺材，日月为连璧，星辰为珠玑，万物为葬品。这说明庄子有着通达的生死观。

二、庄子的养生观

庄子的人生哲学是"中道"，主张"寿而不悦，夭而不悲，通达不以为荣，穷困不以为丑"。但庄子并不是一个宿命论者，他主张养生，主张精神的修炼，认为"哀莫大于心死，而身死次之""为善无近名，为恶无近刑，缘督以为经，可以保身，可以全生，可以养亲，可以尽年"，即养生的人为善不可求名，不可作恶，远功名，却利欲，与世无争，才可以尽养生之道，享尽天年。庄子认为："汲汲于富贵，戚戚于贫贱，逞逞于功名，皆足以伤身损性。"

庄子将人的知识分为有为的小知与无为的大知，提倡无为的大知，摈弃有为的小知。他鼓吹大知即精神上的追求，主张大胆追求真理。因此，庄子的养生并不是脱离世界，而是要大胆感知和观察世界万物运动的内在规律。就这个意义上说，庄子的认识论有其积极的一面。

三、庄子的《逍遥游》

《逍遥游》体现了庄子主张的最高精神境界，所谓"逍遥"，就是自由，就是超越时空的、绝对而永恒的自由。庄子所追求的自由，是精神上的自由，是精神上的超越束缚。庄子主张顺应自然，反对人为束缚，这与倡导"仁义道德"、主张"克己复礼"的孔孟儒家学说形成鲜明的反差。他反对孔子的"仁、义、礼、知"，认为这是对人的本性的约束，他主张人的自由发展，主张返璞归真，超越一切名誉和功利之上。

要实现"逍遥"，庄子主张要"无名，无功，无己"。庄子认为："名者，实之宾也"，"名"都只不过是虚名。人如果热衷于求名，就势必与别人发生冲突，难以处理好个人与社会之间的关系。所谓"无功"，就是不"以物为事"。庄子主张"无为谋府，无为事任""不与物交，淡之至也"。没有了物的欲望，人就可以摆脱"物累"，一切顺应自然，达到逍遥于物外，任天而游于无穷。只有"无功"，才能处理好人与自然的关系。物不会牵累人，人与物才能和谐相处。所谓"无己"，就是"丧我"。只有"无己"才能彻底解决精神与自身形体的关系。"无己""丧我"就是忘掉自己的形体，使精神得到彻底的解脱。庄子所谓的"逍遥"，就是要坚持无为，超越一切名誉与功利之上，不能超于功名利禄，心意就不能自正，就会使自己的生命意向受到拘束而丧失其真性。这样不但不能达到逍遥，反而会"行不知所往，处不知所持，食不知其所味"。庄子的"游"，就是若即若离，活在这个世界，但是又和这个世界保持距离。所谓"逍遥游"就要达到自由自在、若即若离、不拘名利、追求精神解脱，同时又大胆思索，追求真理。

四、庄子给了现代人哪些启示？

庄周梦蝶两千秋。庄子的时代是封建社会初期的战国群雄争斗时代，毕竟和今天的社会经济状况有着太大的差异。但作为古代哲学家的庄子，还是留给我们许多可供借鉴的宝贵精神财富。

汉代史学家司马迁说过："天下熙熙皆为利来，天下攘攘皆为利往。"在封建社会，追逐名利已经是社会的常态。如今我们生活在市场经济时代，创业牟利是推动社会发展的动力，如果我们把庄子的"无名""无功"片面理解成什么都不追求，那么在当今社会，只有遁入空门。其实，庄子的"通达不以为荣，穷困不以为丑"，从积极的方面去理解，是既要努力争取，奉献社会，君子爱财，取之有道，同时又能超越名誉与功利，不"汲汲于富贵，戚戚于贫贱，遑遑于功名"，做到潇洒超脱。人生在世，各人的机遇条件不同，各人的努力不同，有成功的，有失败的，如能从积极的方面理解庄子的"无名，无功，无己"，保持平常心，得到并不欣然自喜，失掉并不忧愁烦恼，则有利于个人的心理健康，也有利于社会的和谐。

庄子关于个人修身养性的观点至今仍然有着积极意义。庄子的养生，实际上是热爱生命，他主张人不为物累，顺应自然，远功名，却利欲，与世无争，做到仁者乐山，智者乐水，才能够养生，享尽天年，这和现代医学所主张的情绪乐观，心态平衡才能保持健康是一个道理。

儒、道、佛，是中国哲学思想上的三大最有影响的流派。儒主张仁义道德、克己复礼，引导人们入世，引导天下书生走入仕途。佛主张四大皆空，引导人们看破尘世，"脱离苦海"。而老庄道家是中国哲学思想中唯一能与儒家和佛家分庭抗礼的学派，它主张若即若离，顺应自然。中国有句老话："内用黄老，外示儒术。"儒道两家思想，其实都潜移默化地影响着中国人的思想和行为。